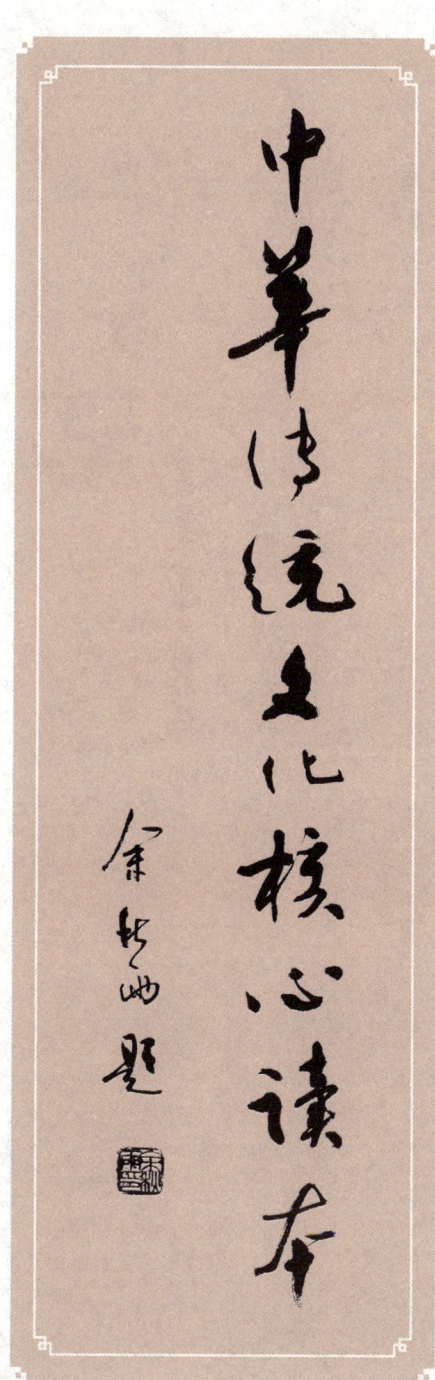

传承中华文化精髓

建构国人精神家园

礼记

精粹

原编 [汉]戴 圣
注译 傅春晓
主编 唐 品

天地出版社 | TIANDI PRESS

图书在版编目（CIP）数据

礼记精粹/唐品主编.—成都：天地出版社，2017.4（2019年重印）

（中华传统文化核心读本）

ISBN 978-7-5455-2380-5

Ⅰ.①礼… Ⅱ.①唐… Ⅲ.①礼仪—中国—古代—通俗读物 Ⅳ.①K892.9-49

中国版本图书馆CIP数据核字（2016）第283058号

礼记精粹

出 品 人	杨 政
主 编	唐 品
责任编辑	陈文龙　沈海霞
封面设计	思想工社
电脑制作	思想工社
责任印制	葛红梅

出版发行	天地出版社 （成都市槐树街2号　邮政编码：610014）
网　　址	http://www.tiandiph.com http://www.天地出版社.com
电子邮箱	tiandicbs@vip.163.com
经　　销	新华文轩出版传媒股份有限公司
印　　刷	河北鹏润印刷有限公司
版　　次	2017年4月第1版
印　　次	2019年5月第4次印刷
成品尺寸	170mm×230mm　1/16
印　　张	27.25
字　　数	460千字
定　　价	39.80元
书　　号	ISBN 978-7-5455-2380-5

版权所有◆违者必究

咨询电话：（028）87734639（总编室）

购书热线：（010）67693207（市场部）

本版图书凡印刷、装订错误，可及时向我社发行部调换

序言

　　上下五千年悠久而漫长的历史，积淀了中华民族独具魅力且博大精深的文化。中华传统文化是中华民族无数古圣先贤、风流人物、仁人志士对自然、人生、社会的思索、探求与总结，而且一路下来，薪火相传，因时损益。它不仅是中华民族智慧的凝结，更是我们道德规范、价值取向、行为准则的集中再现。千百年来，中华传统文化融入每一个炎黄子孙的血液，铸成了我们民族的品格，书写了辉煌灿烂的历史。

　　中华传统文化与西方世界的文明并峙鼎立，成为人类文明的一个不可或缺的组成部分。中华民族之所以历经磨难而不衰，其重要一点是，源于由中华传统文化而产生的民族向心力和人文精神。可以说，中华民族之所以是中华民族，主要原因之一乃是因为其有异于其他民族的传统文化！

　　概而言之，中华传统文化包括经史子集、十家九流。它以先秦经典及诸子之学为根基，涵盖两汉经学、魏晋玄学、隋唐佛学、宋明理学和同时期的汉赋、六朝骈文、唐诗宋词、元曲与明清小说并历代史学等一套特有而完整的文化、学术体系。观其构成，足见中华传统文化之广博与深厚。可以这么说，中华传统文化是华夏文明之根，炎黄儿女之魂。

　　从大的方面来讲，一个没有自己文化的国家，可能会成为一个大国甚至富国，但绝对不会成为一个强国；也许它会强盛一时，但绝不能永远屹立于世界强国之林！而一个国家若想健康持续地发展，则必然有其凝聚民众的国民精神，且这种国民精神也必然是在自身漫长的历史发展中由本国人民创造形成的。中华民族的伟大复兴，中华巨龙的跃起腾飞，离不开中华传统文化的滋养。从小处而言，继承与发扬中华传统文化对每一个炎黄子孙来说同样举足轻重，迫在眉睫。中华传统文化之用，在于"无用"之"大用"。一个人的成败很大程度上取决于他的思维方式，而一个人的思维能力的成熟亦绝非先天注定，它是在一定的文化氛围中形成的。中华传统文化作为涵盖经史子集的庞大思想知识体系，恰好能为我们提供一种氛围、一个平台。潜心于中华传统文化的学习，人们就会发现其蕴含的无穷尽智慧，并从中领略到恒久的治世之道与管理之智，也可以体悟到超脱的人生哲学与立身之术。在现今社会，崇尚中华传统文化，学习中华传统文化，更是提高个人道德水准和构建正确价值观念的重要途径。

近年来，学习中华传统文化的热潮正在我们身边悄然兴起，令人欣慰。欣喜之余，我们同时也对中国现今的文化断层现象充满了担忧。我们注意到，现今的青少年对好莱坞大片趋之若鹜时却不知道屈原、司马迁为何许人；新世纪的大学生能考出令人咋舌的托福高分，但却看不懂简单的文言文……这些现象一再折射出一个信号：我们现代人的中华传统文化知识十分匮乏。在西方大搞强势文化和学术壁垒的同时，国人偏离自己的民族文化越来越远。弘扬中华传统文化教育，重拾中华传统文化经典，已迫在眉睫。

本套"中华传统文化核心读本"的问世，也正是为弘扬中华传统文化而添砖加瓦并略尽绵薄之力。为了完成此丛书，我们从搜集整理到评点注译，历时数载，花费了一定的心血。这套丛书涵盖了读者应知必知的中华传统文化经典，尽量把艰难晦涩的传统文化予以通俗化、现实化的解读和点评，并以大量精彩案例解析深刻的文化内核，力图使中华传统文化的现实意义更易彰显，使读者阅读起来能轻松愉悦并饶有趣味，能古今结合并学以致用。虽然整套书尚存瑕疵，但仍可以负责任地说，我们是怀着对中华传统文化的深情厚谊和治学者应有的严谨态度来完成该丛书的。希望读者能感受到我们的良苦用心。

前言

《礼记》，儒学经典之一，所收文章是孔子的学生及战国时期儒家学者的作品，与《周礼》《仪礼》合称"三礼"。汉朝学者戴德将汉初刘向收集的130篇综合简化，共得85篇，称为《大戴礼记》，后来其侄戴圣又将《大戴礼记》简化删除，得46篇，再加上《月令》《明堂位》和《乐记》，一共49篇，称为《小戴礼记》。《大戴礼记》至隋、唐时期已散逸大半，现仅留传39篇，而《小戴礼记》则成为今日通行的《礼记》。

《礼记》内容丰富，涉及上古时代的礼制、哲学、伦理、道德，以及社会生活的各个领域，它所形成的众多典故和汇集的对自然与社会的许多真知灼见，涵盖面十分广泛，极具警世意义。它的内容广博，门类杂多，集中体现了先秦儒家的政治、哲学和伦理思想，是研究先秦社会的重要资料。

《礼记》全书用散文写成，具有极高的文学价值。有的用短小生动的故事阐明某一道理，有的气势磅礴、结构谨严，有的言简意赅、意味隽永，有的擅长心理描写和刻画，书中还收有大量富有哲理的格言、警句，精辟而深刻，对于我们现今的生活实践具有重要的借鉴意义。如教导我们如何学习的步骤："博学之、审问之、慎思之、明辨之、笃行之"——《中庸》；完善人格的八大步骤：格物、致知、诚意、正心、修身、齐家、治国、平天下——《大学》；教育教学的九个原则："教学相长、豫、时、孙、摩、长善救失、启发诱导、藏息相辅、因材施教"——《学记》，这些思想对于今天的教育事业仍具有十分重要的指导意义。《礼记》还结集了如《中庸》《大学》《礼运》等蕴涵深邃思想内容的学术论文，它们是中国学术思想史上的名作，影响极其深远，其中《大学》和《中庸》两篇更位列"四书"，堪称经典中的经典。

从语言的艺术成就方面看，《礼记》中的议论文，如《礼运》《乐记》等篇的部分章节，雍容大雅，气势沛然，结构严整。记叙文如《玉藻》《坊记》等篇的部分章节，文笔凝练，言简意赅。尤其是《檀弓》《仲尼燕居》等篇中的叙事小品，写得生动形象、意味隽永，都是较优秀的作品。

《礼记》不仅是一部描写规章制度的书，也是一部关于仁义道德的教科书。我们今天读《礼记》不仅有助于具体地了解古代礼制的思想和文化、认识古代社会等级和阶级的构成、深入把握古代典章制度的原则和精神，还有助于增强对当今社会现象的认识和评判能力，有助于建设我们今天的礼仪文化。

礼，是体现儒家"仁"与"德"的各种社会规范，在中华民族历史上曾经是维系社会人群生活秩序的重要因素，是我们传统文化中色彩最浓厚、影响最深远的重要内容，对正在建设和谐社会的现代中国人来说，礼文化仍有值得借鉴的成分。

孔子说："不学礼，无以立。"这告诫我们，不学礼就没法立足于社会。而中国号称礼仪之邦，每一个炎黄子孙都应该懂得"礼"的含义和重大意义。曾国藩也曾说过:"先王之道,所谓修己治人,经纬万汇者何归乎?亦曰礼而已矣。"所谓的修己治人、经纬万汇,是指小到个人修养,大到治国平天下,都应该包括在礼中,由此可见礼的内涵和外延,范围广泛而浩大,学习礼、实践礼势在必行。

  本书对所选取的《礼记》中的重要篇章,做了注释和翻译,帮助读者加深对这部儒家经典的理解和把握,使经典不再束之高阁,而成为传承文明的传家宝。历代为《礼记》注释的著作很多,当代学者在这方面也有不少新的研究成果。在编著此书时,我们尽量吸取前贤的精辟之论,选录的原文主要依据清代阮元校刻的《十三经注疏》,注释和译文力求准确简明,但是限于水平,错误在所难免,敬请读者批评指正。

目录

- 曲礼上 …………… 001
- 曲礼下 …………… 024
- 檀弓上 …………… 038
- 檀弓下 …………… 070
- 王制 ……………… 099
- 文王世子 ………… 125
- 礼运 ……………… 138
- 礼器 ……………… 154
- 内则 ……………… 168
- 玉藻 ……………… 189
- 大传 ……………… 206
- 少仪 ……………… 212
- 学记 ……………… 224
- 乐记 ……………… 233
- 祭法 ……………… 258
- 祭义 ……………… 263
- 祭统 ……………… 281

- 经解 ……………… 294
- 仲尼燕居 ………… 298
- 孔子闲居 ………… 304
- 坊记 ……………… 308
- 中庸 ……………… 319
- 表记 ……………… 340
- 缁衣 ……………… 356
- 问丧 ……………… 366
- 服问 ……………… 371
- 间传 ……………… 374
- 三年问 …………… 379
- 儒行 ……………… 382
- 大学 ……………… 388
- 冠义 ……………… 399
- 昏义 ……………… 402
- 聘义 ……………… 407
- 丧服四制 ………… 412

曲礼上

【题解】

　　《礼记》凡四十九篇,《曲礼》是其第一篇,因篇首引"曲礼"而命名。《曲礼》原是古礼书名,已佚。"曲"有细微曲折之意,故所记内容多为日常生活中的细小礼仪。本篇论及礼的社会意义及功能,其思想非常深刻,内容繁杂但大致可分为五点:第一,阐述"礼"的重要性和为人处世之道;第二,记录卿大夫和士日常生活中所应遵循的礼仪;第三,记述有关的丧葬、祭祀礼仪;第四,记述了君臣之礼和军礼;第五,记述天子、诸侯之礼和相关职官制度、称谓。

【原文】

　　《曲礼》曰:毋不敬,俨①若思,安定②辞,安民哉。敖不可长,欲不可从,志不可满,乐不可极。贤者狎而敬之,畏而爱之。爱而知其恶,憎而知其善。积而能散,安安③而能迁。临财毋苟得,临难毋苟免。很④毋求胜,分毋求多。疑事毋质,直而勿有。

【注释】

　　①俨:通"严",庄重的样子。②安定:此指和气,审慎。③安安:满足于平安的境遇。④很:通"狠",意为争论,争执。

【译文】

　　《曲礼》说:凡事待人必须恭敬严谨,神态庄重若有所思,说话和气、谨慎,这样就可以使民众安定了。傲气不可以滋长,欲望不可以放纵,志向不可以自满,享乐不可以达到极点。对待贤者要亲近而尊敬,敬畏而爱慕。对于所爱的人要了解他的短处，对于憎恨的人要看到他的长处。能积聚财富而又能布施，安于习惯了的生活而又能适应变迁。面对财物不随便获取，面对危难不随便逃避。与人争执不要求胜，分配财物不要求多，有疑问的事情不要随便判断，正确时也不要自以为是。

【原文】

若夫坐如尸①，立如齐②，礼从宜，使从俗。夫礼者，所以定亲疏、决嫌疑、别同异、明是非也。礼，不妄说人①，不辞费。礼，不逾节，不侵侮，不好狎。修身践言，谓之善行。行修言道，礼之质也。礼，闻取于人，不闻取人。礼闻来学，不闻往教。

【注释】

①尸：古代祭祀时用以代替神鬼受祭的人。②齐（zhāi）：通"斋"，指古人祭祀前的斋戒。

【译文】

如果坐，就要像代替鬼神受祭的人那样端庄，站着就要像斋戒时那样恭敬，礼仪要顺从时宜，出使要遵从别国的风俗。礼，是用来确定亲疏、判断嫌疑、区别同异、辨明是非的。礼，不胡乱说话，不随便讨好人，不说多余的话。礼，不超越节度，不侵犯侮辱，不轻佻亲狎。修养自身，说到做到，叫作善行。行为有修养，言谈符合道理，这是礼的本质。礼，只听说学礼者要前来学习，没听说授礼者跑上门去传授的。

【原文】

道德仁义，非礼不成，教训正俗，非礼不备。分争辨讼①，非礼不决。君臣上下父子兄弟，非礼不定。宦学②事师，非礼不亲。班朝③治军，莅④官行法，非礼威严不行。祷祠祭祀，供给鬼神，非礼不诚不庄。是以君子恭敬撙节⑤退让以明礼。鹦鹉能言，不离飞鸟；猩猩能言，不离禽兽。今人而无礼，虽能言，不亦禽兽之心乎？夫唯禽兽无礼，故父子聚麀⑥。是故圣人作⑦，为礼以教人。使人以有礼，知自别于禽兽。

【注释】

①辨讼：辩论，争论。辨，通"辩"。②宦学：谓学习仕宦所需的各种知识。③班朝：谓整肃朝班。④莅（lì）：到职；居官。⑤撙（zǔn）节：抑制、节制。⑥麀（yōu）：母鹿。⑦作：兴起。

【译文】

道德仁义，没有礼就不能成就；教导训诫人民端正风俗，没有礼就不能完备；论辩争执，没有礼就不能解决；君臣、上下、父子、兄弟之间，没有礼就不能确定；为学习仕宦所需的知识而侍奉师长，没有礼就不能亲密融洽；整肃朝班治理军队，官员到位执行法令，没有礼就没有威严；临时的祭祀和定期的祭祀，供奉鬼神，没有礼就不能虔诚和庄重。因此君子以恭敬、节制、退让来彰显礼。鹦鹉能说话，始终是飞鸟；猩猩会说话，也始终是禽兽。现在作为人而没有礼，即使能说话，不也是禽兽的心态吗？只因禽兽无礼，所以父子才共一雌兽。因此圣人兴起，制定礼来教育人，使人们有礼，知道将自己与禽兽区别开来。

【原文】

太上①贵德，其次务施报②。礼尚往来。往而不来，非礼也；来而不往，亦非礼也。人有礼则安，无礼则危。故曰：礼者不可不学也。夫礼者，自卑而尊人。虽负贩者，必有尊也，而况富贵乎？富贵而知好礼，则不骄不淫；贫贱而知好礼，则志不慑③。

【注释】

①太上：指犹太古，上古。②施报：谓有所施与，则有所报答。③慑：指胆怯，困惑。

【译文】

上古时以德为贵，后世才讲究施惠和报答。礼崇尚有往有来。施惠于人而人不来报答，这不符合礼；别人施恩惠而我不去报答，这也不符合礼。人们有了礼社会就会安定，没有礼社会就会危险，所以说："礼是不能不学的。"所谓礼，要自我谦卑而尊重别人，即使是挑着担子做买卖的人，也一定有值得尊敬的，更何况富贵的人呢？富贵而懂得喜好礼，就不会骄横淫逸，贫贱而懂得喜好礼，那么心志就不会胆怯和困惑。

【原文】

人生十年曰幼，学；二十曰弱，冠①；三十曰壮，有室；四十曰强，而仕；五十曰艾②，服官政③；六十曰耆④，指使；七十曰老，而传⑤；八十九十曰耄⑥，七年曰悼。悼与耄，虽有罪，不加刑焉。百年曰期，颐。

【注释】

①冠：冠礼，举行加冠的仪式，表示已成年。②艾：衰老，指发色苍白如老艾草。③官政：指国家的政事。④耆（qí）：年老，六十岁以上的人。⑤传：谓传重，即把宗庙主的地位传给嫡长子。⑥耄（mào）：年老，八九十岁的年纪。

【译文】

人生十岁称为幼，开始学习；二十岁称为弱，行冠礼；三十岁称为壮，娶妻成家；四十岁称为强，可以做官；五十岁称为艾，就可以处理国家的政事了；六十岁称为耆，可以指使别人了；七十岁称为老，可以将主持宗庙祭祀的事传给嫡长子；八十岁、九十岁称为耄，七岁称为悼。幼年和耄年龄段的人，即使有罪，也不施加刑罚。百岁称为期，由人赡养，颐养天年。

【原文】

大夫七十而致事①。若不得谢，则必赐之几杖②，行役以妇人。适四方，乘安车③。自称曰老夫，于其国则称名。越国而问焉，必告之以其制。谋于长者，必操几杖以从之。长者问，不辞而对，非礼也。

【注释】

①致事：犹致仕。辞官。②几杖：坐几和手杖，皆老者所用，古常用为敬老者之物，亦用以借指老人。③安车：古代可以坐乘的小车。古车立乘，此为坐乘，故称安车。

【译文】

大夫到了七十岁就要辞官退休，如果不同意他辞官，就一定要赐给他坐几和手杖，出外办事要派妇人照顾，出使四方要乘坐安车，可以自称为老夫，但在自己国家仍然称名。别国使者来访，一定要将本国的制度告诉对方。凡向长者请教，一定要拿着坐几和手杖跟随着他。长者问话，不谦让而回答，这是不符合礼的。

【原文】

凡为人子之礼，冬温而夏清①，昏定而晨省，在丑夷②不争。夫为人子者，三赐③不及车马。故州闾乡党称其孝也，兄弟亲戚称其慈也，僚友称其弟④也，执友⑤称其仁也，交游称其信也。见父之执，不谓之进不敢进，不谓之退不敢退，不问不敢对。此孝子之行也。

【注释】

①清（qìng）：凉，清凉。②丑夷：指同辈，同类的人。③三赐：指三命之赐。④弟：同"悌"，孝悌。⑤执友：指志同道合的朋友。

【译文】

作为儿子的礼节，冬天要使父母感到温暖而夏天要使父母感到清凉，傍晚要为父母铺好枕席而早晨要向父母请安，在同辈之间不和人争斗。做儿子的，做到三命之赐而不接受车马，因此州、闾、乡、党的人都称赞他孝顺，兄弟亲戚都称赞他慈爱，一起做官的人都称赞他孝悌，志同道合的朋友都称赞他仁爱，和他有交往的人都称赞他诚信。见到父亲志同道合的朋友，别人不说上前就不敢上前，不说退下就不敢退下，不发问就不敢随便回答。这就是孝子的行为。

【原文】

夫为人子者，出必告，反必面，所游必有常，所习必有业，恒①言不称老。年长以倍，则父事之；十年以长，则兄事之；五年以长，则肩随②之。群居五人，则长者必异席。为人子者，居不主奥③，坐不中席，行不中道，立不中门。食飨④不为概⑤，祭祀不为尸。听于无声，视于无形。不登高，不临深。不苟訾⑥，不苟笑。孝子不服暗，不登危，惧辱亲也。父母存，不许友以死，不有私财。为人子者，父母存，冠衣不纯素。孤子当室，冠衣不纯采。

曲礼上

【注释】

①恒：平常。②肩随：指并行而稍退后。③主奥：坐于尊位。奥，屋内西南角，平时为尊者所坐之处。④食飨：谓以酒食宴请宾客或祭祀宗庙。⑤概：刮平量器的木棒。指限量。⑥訾（zǐ）：毁谤，非议。

【译文】

做儿子的，外出一定要告诉父母，回家后一定要面告父母；出游一定要有规律，所学的一定是正业，平常说话不称自己年老。比自己年长一倍的人，就像父亲一样侍奉他；比自己年长十岁的人，就像兄长一样侍奉他；比自己年长五岁的人，就可以与他并行而稍后一些。五个人聚坐在一起，则一定要为年长者另外设立坐席。做儿子的，起居不能占据室中西南角的位置，坐不能坐在席的正中，走路不能走在路的中间，站不能站在门的中央。宴请宾客时不能擅自做主决定限量，祭祀时不充当代替鬼神受祭的人。能在无声中听到自己应该听到的，能在无形中看到自己应该看到的。不攀登高处，不靠近深渊，不随便非议，不随便嬉笑。孝子不在暗中做事，不登临危险的地方，担心使父母受辱。父母在世时，不能对朋友以死相许，不能私存钱财。做儿子的，父母在世时，帽子和衣服不能镶白边。孤子主持家事，帽子和衣服不能绣彩边。

【原文】

幼子常视毋诳。童子不衣裘裳，立必正方，不倾听。长者与之提携①，则两手奉长者之手。负、剑，辟咡②诏之，则掩口而对。从于先生，不越路而与人言。遭先生于道，趋而进，正立拱手。先生与之言则对，不与之言则趋而退。从长者而上丘陵，则必乡长者所视。

【注释】

①提携：牵扶，携带。②辟咡（èr）：谓交谈时侧着头，不使口气触及对方，以示尊敬。

【译文】

对幼儿要经常拿正确的东西来教育他而不要欺骗他。儿童不穿皮裘和裙裳，站立时一定要端正，不歪头侧耳倾听。长者牵着儿童行走时，儿童应该用双手捧着长者的手。儿童在长者身后，或在长者身旁，长者倾头与儿童说话，而儿童要用手掩住口来回答。跟随先生走路，不能走到前面与别人说话。在路上遇见先生，应快步前进，站直身体向先生拱手致敬。先生与你说话就回答，不与你说话就快步退下。跟随长者登上丘陵时，一定要面向长者所看的方向。

【原文】

登城不指，城上不呼。将适舍，求毋固。将上堂，声必扬①。户外有二屦②，言闻则入，言不闻则不入。将入户，视必下，入户奉扃③，视瞻毋回。户开亦开，户阖亦阖；有后入者，阖而勿遂。毋践屦，毋踏席④，抠衣趋隅，必慎唯诺。大夫、士出入君门由闑⑤右，不践阈⑥。

【注释】

①扬：大声。②屦（jù）：古代用麻葛制成的一种鞋。③奉扃（jiōng）：双手犹如捧着门闩的样子。这里表示恭敬之意，不是真的捧扃。扃，门闩，是关闭门户时用的横木。④踏（jí）席：古人席地而坐，到席子上就位时，要从席子的后方走上坐下，不能从席子的前方走上去。如果从席子的前方走上去，就叫作踏席。踏，践踏。⑤闑（niè）：门橛，古代竖在大门中央的短木。⑥阈（yù）：门槛。

【译文】

登城不要指指点点，在城上不要大声喊叫。将要到别人家时，不要像平常那样随便。将要进入厅堂时，声音一定要高一些。如果门外有两双鞋，听到室内说话就进去，听不到室内说话就不要进去。将要进门时，目光一定要下视，进门时双手要像捧着门闩一样恭敬地放在胸前，眼睛不要四处张望。进门之前室门是开着的，进门后就仍然让它开着；进门前室门是关着的，进门后也要将门关上。如果后边还有人要跟着进来，关门时就要慢慢地而不可随即把门关上。不要踩别人的鞋子，不要从坐席前方上席，要提起衣服快步走到席的下角上席就座。谈话时一定要谨慎地应答。大夫、士出入国君的大门，要从门橛的右侧走，不能践踏门槛。

【原文】

凡与客人者，每门让于客。客至于寝门①，则主人请入为席，然后出迎客。客固辞，主人肃客②而入。主人入门而右，客入门而左。主人就东阶，客就西阶。客若降等，则就主人之阶。主人固辞，然后客复就西阶。主人与客让登，主人先登，客从之，拾级③聚足，连步以上。上于东阶则先右足，上于西阶则先左足。帷薄之外不趋，堂上不趋，执玉不趋。堂上接武④，堂下布武⑤，室中不翔⑥。并坐不横肱⑦。授立不跪。授坐不立。

【注释】

①寝门：古礼天子五门，诸侯三门，大夫二门。最内之门曰寝门，即路门。后泛指内室之门。②肃客：迎进客人。③拾（shè）级：逐级登阶。④接武：步履相接。谓小步前进。⑤布武：足迹分散不重叠。谓疾走。⑥翔：指走路时张开双臂。⑦肱（gōng）：胳膊由肘到肩的部分。

【译文】

凡是主人与客人一起进门，每经过一个门，主人都要让客人先进。当客人走到寝门前时，主人要先入内铺设坐席，然后再出来迎客。客人一再推辞后，主人就引导客人进门。主人进门向右走，客人进门向左走。主人来到东阶前，客人来到西阶前。客人的地位如果低于主人，就要到主人的阶前，主人一再推辞，然后客人再回到西阶前。登阶之前主人与客人谦让一番，然后主人先登阶，客人跟随而登，登阶时是前脚登上而后脚随之并立，两脚连步相随向上。登东阶就先迈右脚；登西阶就先迈左脚。在帐幔和帘子的外边不用小步快走，在厅堂上不要小步快走，拿着玉不小步快走。在厅堂上行走要小步前进，堂下可以疾走，在室内不可以张开手臂走路。一起坐的时候不要横着胳膊。把东西交给站着的人不用下跪，把东西交给坐着的人不用站立。

【原文】

凡为长者粪①之礼，必加帚于箕上，以袂拘而退。其尘不及长者，以箕自乡而扱②之。奉席如桥衡③。请席何乡，请衽④何趾。席南乡北乡，以西方为上；东乡西乡，以南方为上。若非饮食之客，则布席，席间函丈⑤。主人跪正席，客跪抚席而辞。客彻⑥重席⑦，主人固辞。客践席，乃坐。主人不问，客不先举。将即席，容毋怍。两手抠衣去齐尺，衣毋拨，足毋蹶。

【注释】

①粪：扫除，指扫除垃圾污秽。②扱（xī）：收取。③桥：桔槔。衡：指桔槔中用作杠杆的横木。④衽（rèn）：指卧席。⑤函丈：亦作"函杖"。原谓讲学者与听讲者坐席之间相距一丈。后用以指讲学的坐席。⑥彻：撤去，撤除。⑦重席：为了表示尊敬，主人给客人铺两重坐席。

【译文】

为长者清扫垃圾之时，一定要将扫帚放在簸箕上，扫除时要用自己的袖子遮住灰尘而向后退着扫，使灰尘不飞到长者身上。让簸箕口向着自己而将垃圾扫进去。捧席子给长者时，要像桔槔上的横木那样左高右低。为长者铺席时，要先请问长者坐席面朝哪个方向，卧席脚的一头朝哪个方向。席子如果面朝南或朝北，就以西方为尊；面朝东或朝西，就以南方为尊。如果不是来饮酒吃饭的客人，就要为他铺设坐席，席与席间隔一丈距离。主人跪下将席子摆正，客人要跪下用手按着席子表示辞谢。客人要求撤去重席，主人则一再推辞。客人上席之后，主人才坐下。主人不发问，客人不先主动说话。客人将就席时，脸色不要改变，要用两手提起衣裳，使衣裳的下边离地一尺，衣裳不要摆动，脚步不要急促。

【原文】

先生书策①琴瑟在前，坐而迁之，戒勿越。虚坐②尽后，食坐③尽前。坐必安，执尔颜。长者不及，毋儳言④。正尔容，听必恭。毋剿说⑤，毋雷同。必则古昔⑥，称先王。侍坐于先生，先生问焉，终则对。请业则起，请益则起。父召无诺，先生召无诺，唯而起。侍坐于所尊敬，毋余席。见同等不起。烛至起，食至起，上客起。烛不见跋。尊客之前不叱狗。让食不唾。

【注释】

①书策：书册，书籍。②虚坐：谓非进餐时的坐法。相对于"食坐"而言。③食坐：指进餐时的座位。④儳（chàn）言：谓别人说话未完便插话，打乱别人的话题。⑤剿（chāo）说：抄袭别人的言论为己说。⑥古昔：往昔；古时。

【译文】

老师的书籍、琴瑟在前面，弟子要跪着将它移开，千万不要从上面跨越过去。不饮酒吃饭要尽量靠席后坐，饮酒吃饭就要尽量靠席前坐。坐必须安稳，要保持你的容颜。长者没有同你谈话，就不要插言。要端正你的仪容，听讲必须恭敬。不要抄袭别人的学说，也不要与别人雷同，必须效法古代的正道，称引先王的教诲。在老师跟前陪坐，老师提问，要等老师把话说完了再回答。向老师请教问题要起立，听了一遍不懂，请老师再讲一遍也要起立。父亲召唤不要答应而不行动，老师召唤不要答应而不行动，答应的同时就要起身行动。在所尊敬的人跟前陪坐，要恭敬地坐在席端距离尊者最近的地方而不使自己的前面留有余席。见同辈的人进来不用起立。到天黑时有人点了火烛送来，要起立。到吃饭时有人把饭送来，要起立。有尊贵的客人到来，要起立。火烛不要等到烧到根部再换。在尊贵的客人面前不要呵斥狗。向客人让食的时候不要吐唾沫。

【原文】

侍坐于君子，君子欠伸，撰①杖屦，视日蚤莫，侍坐者请出矣。侍坐于君子，君子问更端②，则起而对。侍坐于君子，若有告者曰："少间③，愿有复也。"则左右屏而待。毋侧听，毋嗷应④，毋淫视⑤，毋怠荒⑥。游毋倨⑦，立毋跛⑧，坐毋箕⑨，寝毋伏。敛发毋髢⑩，冠毋免，劳毋袒，暑毋褰⑪裳。侍坐于长者，屦不上于堂，解屦不敢当阶。就屦，跪而举之，屏于侧。乡长者而屦，跪而迁屦，俯而纳屦。

【注释】

①撰：持，拿。②更端：另一事。③少间：稍稍空闲。④嗷（jiào）应：高声急应。⑤淫视：流转眼珠斜看。⑥怠荒：懒惰放荡。⑦倨：傲慢。⑧跛：单足踏地。⑨箕：臀部着地，两腿前伸。⑩髢（dí）：头发披散下垂。⑪褰（qiān）：揭起。

【译文】

在君子身边陪坐，如果君子打呵欠，伸懒腰，拿手杖，穿鞋，看天色的早晚，陪坐的人就应该请求退出。在君子身边陪坐，如果君子变换话题问别的事，就应该站起来回答。在君子身边陪坐，如果有人来告诉君子说："一会儿，有事向您报告。"那左右的人就应该退隐到一边去等待。不要侧耳倾听别人说话，不要高声答应，不要转动眼珠斜看，不要懒惰放荡。走路不要显得傲慢，站立时身体不要偏斜，坐时不要伸开两条腿，睡觉不要趴着身子，头发要束好，不要披散下垂，帽子不要摘下，劳动时不要袒露身体，天气炎热时不要撩起衣服。在长者身边陪坐，鞋子不能穿上堂，脱鞋带也不能在台阶上面。穿鞋时，要跪着取鞋，然后隐到一边去穿。为长者穿鞋要面向长者，先跪着把鞋拿过来，再俯身为长者穿上。

【原文】

离坐离立，毋往参焉。离立者，不出中间。男女不杂坐，不同椸枷①，不同巾栉②。不亲授。嫂叔不通问，诸母③不漱裳。外言不入于梱，内言不出于梱。女子许嫁，缨，非有大故，不入其门。姑、姊妹、女子子已嫁而反，兄弟弗与同席而坐，弗与同器而食。父子不同席。男女非有行媒，不相知名；非受币，不交不亲。故日月以告君，齐戒④以告鬼神，为酒食以召乡党僚友，以厚其别也。取妻不取同姓，故买妾不知其姓则卜之。寡妇之子，非有见焉，弗与为友。

【注释】

①椸枷：二者均指衣架。枷，通"架"。②巾栉：毛巾和梳篦。泛指盥洗用具。③诸母：庶母。④齐戒：古人在祭祀或举行典礼之前，常沐浴更衣，戒绝嗜欲，使身心洁净，以示虔敬。

【译文】

看到两人坐在一起，或两人站在一起，就不要再往那挤了。看到两人站在一起，就不要从他们中间穿过。男女不要混杂坐在一起，晾挂衣服不共用一个衣架，不共用毛巾和梳篦，不亲手给予东西。嫂子和小叔子不相互问候。不可让庶母为自己洗衣服。男人在外面的职事不要说给家中的妇女，家中妇女们的职事也不要拿来烦扰男人。女子答应结婚，就要系缨，不是因为重大变故则不能进入她的屋门。姑姑、姐妹、女儿出嫁后回到家里，兄弟不与她们同席而坐，也不能与她们共用一个餐具吃饭。父亲与女儿也不能同席而坐。男女之间不通过媒人，相互之间不得知道姓名；没有接受聘礼，双方不交往相亲。因此将结婚的日期报告给国君，双方都要沐浴更衣，戒绝嗜欲以祭告鬼神，准备酒食招待乡亲、同事、朋友，用来强调这之间的分别。娶妻不娶同姓的女子，因此买妾如果不知道姓氏就要用占卜来决定吉凶。寡妇的儿子，如果不是有见识，就不要和他交朋友。

【原文】

贺取妻者，曰："某子使某，闻子有客，使某羞。"贫者不以货财为礼，老者不以筋力①为礼。名子者不以国，不以日月，不以隐疾②，不以山川。男女异长，男子二十，冠而字。父前子名，君前臣名。女子许嫁，笄而字。

【注释】

①筋力：指体力。②隐疾：指位于体表而不暴露于衣外的某些疾患。

【译文】

祝贺娶妻的人说："某人派我前来，听说您有客人，派我将礼物进献给您。"贫穷的人不必以财物作为礼物，年老的人不以体力为礼。给儿子取名不用国家的名称，不用日月的名称，不用身体隐蔽处的疾病的名称，不用山川的名称。男女分别按长幼排行。男子到了二十岁，要为他举行冠礼，并为他取字，但在父亲面前凡兄弟都互相称名，在国君面前凡臣僚也都互相称名。女子答应结婚后，要为她举行加笄礼，并为她取字。

【原文】

凡进食之礼，左殽右胾①，食居人之左，羹居人之右；脍炙②处外，醯酱③处内，葱渫处末，酒浆处右，以脯脩置者，左朐右末。客若降等，执食兴辞，主人兴辞于客，然后客座。主人延客祭，祭食，祭所先进。殽之序，遍祭之。三饭，主人延客食胾，然后辩殽。主人未辩，客不虚口。侍食于长者，主人亲馈，则拜而食；主人不亲馈，则不拜而食。共食不饱，共饭不泽手。

【注释】

①胾（zì）：切成大块的肉。②脍炙：细切的肉和烤熟的肉，亦泛指佳肴。③

醯（xī）酱：醋和酱。亦指酱醋拌和的调料。

【译文】

　　凡向客人进食之礼，左边放带骨的肉，右边放没有骨头的肉，饭放在客人的左边，汤放在客人的右边。细切的肉和烤熟的肉放在外侧，醋和酱放在里边，葱屑放在末端，酒浆放在右边。如果再加放干肉，那就使它们弯曲的部分朝左而放在最右边。客人的地位如果低于主人，就要拿着食物站起来谦让。主人也要站起来向客人谦让，然后客人坐下。主人引导客人行食前祭礼。行食前祭礼时，所祭的食物要从先端上的开始，先从带骨的肉块开始，依次遍祭各种食物。客人吃过三口饭之后，主人引导客人吃纯肉块，然后客人依次遍吃各种食物，而最后吃带骨头的肉块。主人还没有吃遍各种食物时，客人不饮酒洁口。陪侍长者吃饭，主人亲自劝自己进食，就要行拜礼而后再吃；主人不亲自劝自己进食，就不行拜礼而开始吃。与人共用食器吃饭不要求吃饱，与人共用食器吃饭时不得揉搓手。

【原文】

　　毋抟饭①，毋放饭，毋流歠②，毋咤食③，毋啮骨，毋反鱼肉，毋投与狗骨。毋固获④，毋扬饭⑤。饭黍毋以箸。毋嚃羹⑥，毋絮羹⑦，毋刺齿，毋歠醢⑧。客絮羹，主人辞不能亨。客歠醢。主人辞以窭⑨。濡肉⑩齿决，干肉不齿决。毋嘬炙。卒食，客自前跪，彻饭齐以授相者，主人兴，辞于客，然后客坐。

【注释】

　　①抟饭：捏饭成团。②流歠（chuò）：大口喝汤。歠：喝，饮。③咤食：进食时口中作声。④固获：谓独占和争取食物。⑤扬饭：扬去饭的热气。⑥嚃羹（tà gēng）：谓饮羹不加咀嚼而连菜吞下。⑦絮羹：加盐、梅于羹中以调味。⑧醢（hǎi）：用肉、鱼等制成的酱。⑨窭（jù）：贫穷，贫寒。⑩濡肉：煮烂的肉。

【译文】

　　不要将食物捏成团来吃，不要将手中的饭放回食器。不要大口喝汤。吃饭时口中不要发出声音，不要啃嚼骨头，不要将拿起的鱼肉再放入食器中，不要将骨头扔给狗,不要独占和争取某一食物,不要为使饭快点凉而扬去饭的热气。吃黄米饭不要用筷子,喝羹汤不要不加咀嚼而连菜吞下。不要自己往羹汤中加调料。不要在吃饭时剔牙。不要像喝羹汤一样喝酱。客人往羹汤中添加调料,主人就要以家人不善于烹饪来道歉。客人有喝酱的,主人就要以家贫以致礼不周来道歉。煮烂的肉要用牙咬开来吃,干肉不用牙咬,而要用手撕开吃。吃烤肉不要大口吃。吃完饭以后,客人应向席前跪下,收拾剩下的食物交给服侍的仆人。主人站起来,对客人亲自收拾饭菜加以推辞,然后客人才坐回座位。

【原文】

侍饮于长者,酒进则起,拜受于尊所①。长者辞,少者反席而饮。长者举未醮②,少者不敢饮。长者赐,少者贱者不敢辞。赐果于君前,其有核者怀其核。御食③于君,君赐余,器之溉④者不写,其余皆写。馂⑤余不祭,父不祭子,夫不祭妻。

【注释】

①尊所:陈列酒的场所。②醮(jiào):饮尽杯中酒。③御食:谓君长进食时在一旁侍候。④溉(gài):洗涤。⑤馂(jùn):指吃剩下的食物。

【译文】

陪侍长者饮酒,长者递酒给晚辈,晚辈就要站起来,到陈放酒的地方去向长辈行拜礼而后接受酒。长者对晚辈向自己行拜礼表示谦让,而后晚辈返回到席位上饮酒。长者只举杯而没有饮尽杯中的酒时,晚辈就不能喝。长者赐给食物,晚辈或身份低下的人不敢推辞。如果在国君面前接受国君所赐的果品,其中有核的则要把果核放进怀里。侍奉国君吃饭,国君将剩下的食物赐给你,如果食物是盛在可以洗涤的器具中,就不要倒在别的器具中;其余盛在不可洗涤的器具中的食物,都要倒在可以洗涤的器具中再吃。吃剩下的食物不能用以祭祀,父亲吃剩下的饭不能用来祭奠儿子,丈夫吃剩的饭不能祭奠妻子。

【原文】

御同①于长者,虽贰②不辞,偶坐③不辞。羹之有菜者用梜④。其无菜者不用梜。为天子削瓜者副之，巾以绨。为国君者华之，巾以绤。为大夫累⑤之，士疐⑥之，庶人龁⑦之。父母有疾，冠者不栉，行不翔，言不惰⑧，琴瑟不御。食肉不至变味，饮酒不至变貌，笑不至矧⑨，怒不至詈⑩。疾止复故。有忧者侧席而坐，有丧者专席而坐。

【注释】

①御同：陪同长者参加别人宴请长者的宴饮。②贰：增添。③偶坐：陪坐。④梜（jiā）：筷子。⑤累：裸露，意谓不用巾覆盖。⑥疐（dì）：古通"蒂"，瓜果的蒂。⑦龁（hé）：咬。⑧不惰：戏笑轻慢之言。⑨矧（shěn）：齿龈。⑩詈（lì）：骂，责骂。

【译文】

陪侍长者受邀用餐，待遇与长者相同，虽然主人进上双份食物也不推辞；作为陪客与主客并坐而食，也不推辞主人所进上的食物。羹汤中有菜的，就用筷子吃；那些没有菜的羹汤，就不用筷子吃。为天子削瓜，去皮后要切作四瓣，再从中间横切开来，以细葛布覆盖。为国君削瓜，去皮后切成两瓣，再从中间横切开来，以粗葛布覆盖。为大夫削瓜，削皮后切成两瓣而不覆巾；为士削瓜，削皮后只要横切一刀、去除瓜蒂。熟人只要去除瓜蒂就啃着吃。父母生病时，做儿子的戴帽子而顾不上梳头，走路顾不上注意姿势，说话顾不上讲究辞藻，琴瑟也不弹奏了，吃肉少到不致改变食物的滋味，饮酒少到不致改变脸上的颜色，笑不露出齿龈，怒不致责骂人。等父母的病好了，才恢复原来的常态。心中有忧患的人自己独席而坐。为父母服丧的人只坐单席。

【原文】

水潦①降，不献鱼鳖，献鸟者拂其首②，畜鸟者则勿拂也。献车马者执策绥③，献甲者执胄，献杖者执末。献民虏者操右袂，献粟者执右契④，献米者操量鼓⑤。献孰食者操酱齐，献田宅者操书致⑥。凡遗人弓者，张弓尚筋，弛弓尚角。左手执箫，右手承弣⑦。尊卑垂帨⑧。若主人拜则客还辟，辟拜。主人自受，由客之左，接下承弣，乡与客并，然后受。进剑者左首，进戈者前其鐏⑨，后其刃。进矛戟者前其镦⑩。进几杖者拂之。效马效羊者右牵之，效犬者左牵之。执禽者左首。饰羔雁者以缋。受珠玉者以掬。受弓剑者以袂。饮玉爵者弗挥。凡以弓剑苞苴箪笥问人者，操以受命，如使之容。

【注释】

①水潦：大雨；雨水。②拂其首：指用小竹笼将鸟首罩住。③策绥：指驾车马之具。策，马鞭；绥，登车拉手之绳索。④右契：右券。契，指契券，中分为左右两半，古人以右半为尊，故执右以献。⑤量鼓：量器名，其容量已不可考。⑥书致：即书契。致，通"质"。⑦拊（fǔ）：弓把的中部。⑧帨（shuì）：佩巾。⑨鐏：戈柄下端圆锥形的金属套，可以插入地中。⑩镦：矛戟柄末的平底金属套。

【译文】

雨水多降的季节，不向人进献鱼鳖。进献鸟的人要把鸟头罩住，畜养鸟的人就不用把鸟头罩住。进献车马的人拿马鞭和车绳献上，进献铠甲的人拿头盔献上，进献手杖的人拿着杖的末端，进献俘虏的人抓着俘虏者的右手袖，进献粟的人拿右契献上，进献米的人拿量米用的鼓献上，进献熟食的人拿酱献上。进献田宅的人拿书契献上。凡进献弓给人的，张了弦的弓就要使弓弦朝上，弓弦松弛没有张开就要使弓背朝上，用右手握着弓的末端，左手托着弓背的中部。不论尊卑（授受时都要互相弯腰鞠躬）使佩巾下垂。如果主人行拜受礼，客人就要后退以避让主人的拜礼。主人亲自接受所赠的弓，要由客人的左边，从客人手的下边托着弓背中央，与客人都面向南并排而立，然后接过弓来。进献剑的人要把剑首朝左拿着。进献戈的人要使戈柄下端的金属套朝前，而使戈刃朝后。进献矛或戟要使柄末端的金属套朝前。进献几杖的要拂去灰尘。呈送马或羊的用右手牵着。呈送狗的用左手牵着。拿禽鸟要使鸟头朝左。覆盖羊或雁送人的要用绘有图案的布。接受珠玉的人要用手捧。接受弓剑的人要用衣袖承接。用玉杯饮酒的人不可挥动酒杯。凡用弓、剑，或用苞、苴、箪、笥等盛物送人的，先要拿着这些东西接受主人的吩咐，仪容就像使者奉命出使时一样。

【原文】

凡为君使者，已受命，君言不宿于家。君言至，则主人出拜君言之辱。使者归，则必拜送于门外。若使人于君所，则必朝服而命之。使者反，则必下堂而受命。博闻强识而让，敦善行而不怠，谓之君子。君子不尽人之欢，不竭人之忠，以全交也。礼曰："君子抱孙不抱子。"此言孙可以为王父尸，子不可以为父尸。为君尸者，大夫士见之，则下之。君知所以为尸者，则自下之。尸必式，乘必以几。

【译文】

　　凡作为国君的使者，已经接受了国君的命令，受命的当晚不能住在家里，要即刻启程赶路。国君的命令到达时，主人要出来拜谢使者，说委屈使者屈尊前来向自己传达君命。使者回去时，主人一定要到大门外拜谢致礼。如果要派人到国君那里，一定要穿着朝服命令使者。使者返回后，一定要下堂听取使者所带来的君命。见闻广博、记忆力强而又谦让、厚道、品行良好而不懈怠，这样的人称之为君子。君子不会要求人喜欢自己，也不要求人忠于自己，以使交情得以保持下去。《礼》书上说："君子抱孙不抱子。"这是说孙子可以在祭祀时充当祖父的尸，儿子则不可以充当父亲的尸。代表君主受祭的人，大夫、士见了，就要下车行礼。国君知道了充当先君尸的人，就要亲自下车行礼。尸必须在车上扶着轼行礼，尸上车时必须用几垫脚而上。

【原文】

　　齐者不乐不吊。居丧之礼，毁瘠①不形，视听不衰。升降不由阼阶②，出入不当门隧③。居丧之礼，头有创则沐，身有疡则浴，有疾则饮酒食肉，疾止复初。不胜丧，乃比于不慈不孝。五十不致毁，六十不毁，七十唯衰麻④在身，饮酒食肉，处于内。

【注释】

　　①毁瘠：因居丧过哀而极度瘦弱。②阼（zuò）阶：东阶。③门隧：迎着大门的道路。④衰麻：指丧服，衰衣麻绖。

【译文】

　　斋戒的人不听音乐，也不吊唁死者。守丧之礼，因哀伤过度而消瘦但不要瘦到露出骨头，视力和听觉也不要因此而衰退，上下堂不走东边的台阶，出入不走门正中的路。守丧之礼，头上有疮了才洗头，身上发痒了才洗澡，有病了才可以喝酒吃肉，病好了就恢复原来的样子。如果经不起哀痛，就将被看作是不慈不孝。五十岁守丧不要因过度哀痛而毁坏身体，六十岁守丧不能让身体受到影响，七十岁守丧只穿着丧服就行了，可以喝酒吃肉，住在室内。

【原文】

生与来日，死与往日。知生者吊，知死者伤。知生而不知死，吊而不伤。知死而不知生，伤而不吊。吊丧弗能赙①，不问其所费。问疾弗能遗②，不问其所欲。见人弗能馆，不问其所舍。赐人者不曰来取。与人者不问其所欲。适墓不登垄，助葬必执绋③。临丧不笑。揖人必违其位。望柩不歌。入临不翔。当食不叹。邻有丧，舂不相④；里有殡，不巷歌。适墓不歌，哭日不歌。送丧不由径，送葬不避涂潦⑤。临丧则必有哀色，执绋不笑，临乐不叹，介胄，则有不可犯之色。故君子戒慎，不失色于人。国君抚式⑥，大夫下之。大夫抚式，士下之。礼不下庶人，刑不上大夫。刑人不在君侧。兵车不式，武车绥旌⑦，德车结旌。

【注释】

①赙（fù）：拿钱财帮助别人办理丧事。②遗：馈赠。③绋（fú）：古代出殡时拉棺材用的大绳。④相：舂米时配合劳动节奏唱的歌。⑤涂潦：犹行潦。谓道路泥泞积水。⑥抚式：亦作"抚轼"。乘车时，身子前俯，两手倚凭车前横木。⑦绥旌：垂旒舒展的旗幡。

【译文】

活人为死者服丧的日期从死者死亡的第二天算起，死者的殡葬期从死者死亡的当天算起。认识死者的亲属就要去吊唁，认识死者的就要为死者致伤辞。认识死者的家属而不认识死者的，就只吊唁而不致伤辞；认识死者而不认识死者的亲属，就只致伤辞而不致吊唁。吊丧时如果不能拿出钱财来帮助丧家办理丧事，就不要问丧家花费了多少。慰问病人如果不能馈赠礼物，就不要问病人想要什么。看到客人如果不能安排住宿，就不要问其住在什么地方。送给别人东西不要说"你来拿"。送给别人东西不要问人家想要什么。到墓地去不要登上坟顶。帮助送葬一定要抓着拉灵车的大绳。参加丧礼不可以笑。对人行揖礼一定要离开原位。看见灵柩不可以唱歌。参加丧礼不可张开双臂迈步行走。面对食物不可叹息。邻家有丧事，舂米时不唱歌助舂；同里有丧事，不在巷中唱歌。到墓地去不唱歌。吊唁的日子不唱歌。送丧时不走小路。送葬时不避开泥泞积水的道路。参加丧礼脸上一定要有哀痛的神色。抓着拉灵车的绳不可以笑，参加欢乐的场合不要叹息。穿铠甲、戴头盔就要显出不可侵犯的神色。所以君子要小心谨慎，不要在人前失态。国君扶着轼行礼时，大夫就要下车行礼。大夫扶着轼行礼时，士就要下车行礼。礼不为下面的庶人而制，刑不为上面的大夫而制。受过刑的人不能待在国君身边。在兵车上的人不行轼礼，武车上的旌旗要任其舒展，德车上的旌旗要缠结起来。

【原文】

史载笔，士载言。前有水，则载青旌；前有尘埃，则载鸣鸢①；前有车骑，则载飞鸿；前有士师，则载虎皮；前有挚兽，则载貔貅②。行，前朱鸟而后玄武，左青龙而右白虎，招摇在上，急缮③其怒。进退有度，左右有局，各司其局。

【注释】

①鸣鸢：鸣叫的鸢鸟。古人以为风候。②貔貅（pí xiū）：古书上说的一种凶猛的野兽。③急缮：犹坚劲。

【译文】

史官带着书写工具，士负责记载盟会言论。前边有水，就竖起画有青雀的旗；前边有尘土，就竖起画有鸣叫的鸢鸟的旗；前边有车马，就竖起画有大雁的旗；前边有军队，就竖起画有虎皮的旗；前边有猛兽，就竖起画有貔貅的旗。行军的行阵：前为朱雀阵而后为玄武阵，左为青龙阵而右为白虎阵，画着北斗星的旌旗在阵行上空飘扬，使战士的士气坚劲。前进和后退都有一定的法度，分为左右两个部分，各自掌管各自的部分。

【原文】

父之仇弗与共戴天，兄弟之仇不反兵，交游之仇不同国。四郊多垒①，此卿大夫之辱也。地广大，荒而不治，此亦士之辱也。临祭不惰。祭服敝则焚之，祭器敝则埋之，龟筴敝则埋之，牲死则埋之。凡祭于公②者，必自彻③其俎④。

【注释】

①四郊多垒：四郊营垒很多。本指频繁地受到敌军侵扰。形容外敌侵迫，国家多难。②祭于公：帮助国君祭祀。③彻：同"撤"，撤去。④俎（zǔ）：古代祭祀时放祭品的器物。

【译文】

对于父亲的仇人，不能与他共同生存于天地之间；对于兄弟的仇人，要随时携带兵器准备去报仇；对于朋友的仇人，不要和他处在同一个国家。国都的四郊有很多壁垒，说明国家多难，这是卿大夫的耻辱；土地广大，却荒废而得不到治理，这是士的耻辱。参加祭祀时不可怠惰。祭服坏了就烧掉，祭器坏了就埋掉，卜筮用的龟甲和蓍草坏了就埋掉，祭祀用的牲畜死了就埋掉。凡是帮助国君祭祀的，祭后一定亲自撤去祭祀的礼器。

【原文】

卒哭①乃讳。礼：不讳嫌名②；二名不偏讳。逮事父母，则讳王父母。不逮事父母，则不讳王父母。君所无私讳，大夫之所有公讳。《诗》《书》不讳，临文不讳，庙中不讳。夫人之讳，虽质君之前，臣不讳也。妇讳不出门。大功③、小功④不讳。入竟而问禁，入国而问俗，入门而问讳。

【注释】

①卒哭：古代丧礼，百日祭后，止无时之哭，变为朝夕一哭，名为卒哭。②嫌名：与人姓名字音相近的字。③大功：是用熟麻布做成的丧服，比"齐衰"稍细，比"小功"稍粗。"功"同"工"，意思是做工很粗，故称"大功"。这种丧服要穿九个月。比如为堂兄弟、未婚的堂姊妹、已婚的姑、姊妹、侄女等服丧，已婚女为伯父、叔父、兄弟、侄、未婚姑、姊妹、侄女等服丧，都要穿这种丧服。④小功：也是用熟麻布做成的丧服，比"大功"稍细，故称"小功"。这种丧服要穿五个月。比如为本宗的曾祖父母、堂姑母、已出嫁的堂姊妹等服丧，为母系一支中的外祖父母、母舅、母姨等服丧，都要穿这种丧服。

【译文】

卒哭祭礼以后才避讳说死者的名字。按照礼的规定：不避讳同音的名字。两个字的名不必同时都避讳。得以侍奉过父母的，就要避讳祖父母的名字。如果没有来得及侍奉父母的，就不必避讳祖父母的名字。在国君的住所不用避私人的忌讳，在大夫面前要避国君的名讳。读《诗》《书》时可以不避讳；写文章时可以不避讳，在庙中祝告时可以不避讳。国君夫人的家讳，即使当着国君的面，臣也可以不避讳，这是因为妇人的家讳是不出家门的缘故；服大功、小功期间可以不避死者的忌讳。进入别国的国境要先了解这个国家有什么禁忌。进入别国的都城要先打听当地的风俗。进入别人的家门要先问明这家的忌讳。

【原文】

外事①以刚日②，内事③以柔日④。凡卜筮日，旬之外曰"远某日"，旬之内曰"近某日"。丧事先远日，吉事先近日。曰："为日，假尔泰龟⑤有常。""假尔泰筮⑥有常。"卜筮不过三，卜筮不相袭。龟为卜，策为筮者，先圣王之所以使民信时日，敬鬼神，畏法令也；所以使民决嫌疑，定犹与也。故曰："疑而筮之，则弗非也；日而行事，则必践之。"

【注释】

①外事：古代指郊祭或田猎之事。亦指对外联合或用兵。②刚日：犹单日。古以"十干"记日。甲、丙、戊、庚、壬五日居奇位，属阳刚，故称。③内事：指祭内神及冠、婚、丧、祭等。④柔日：古代以干支纪日，凡天干值乙、丁、己、辛、癸的日子称柔日。⑤泰龟：对龟卜的美称。⑥泰筮：对卜筮的美称。用蓍草占卜叫筮。

【译文】

凡是祭祀及田猎、出兵等，要选用甲、丙、戊、庚、壬单数日进行。凡是祭内神及冠、婚、丧、祭等，要选用乙、丁、己、辛、癸双数日进行。凡用卜筮来选定日期，如果是十天以外的日期就叫作"远某日"，十天以内的日期就叫作"近某日"。办丧事要占卜十天之外的日期，办吉事要先占卜十天之内的日期。占卜时要说："选择日期，要借助你这从无差错的大龟来占卜。"或说："要借助你这从无差错的蓍草来占卜。"无论用大龟占卜还是用蓍草占卜，都不得超过三次。卜和筮不能互相重复进行。用龟甲占问叫卜，用蓍草占

曲礼上

问叫筮。卜和筮，是先代圣王用来让人们信服所选定的日期，敬奉鬼神，畏惧法令的；是用来让人们解除疑惑，决定事情的。所以说："有疑问而占筮，就不会有错误；择吉日而行事，就一定有好结果。"

【原文】

君车将驾，则仆执策立于马前。已驾，仆展軨①令效驾②，奋衣由右上取贰绥③，跪乘，执策分辔，驱之五步而立。君出就车，则仆并辔授绥。左右攘辟，车驱而驺。至于大门，君抚仆之手，而顾命车右④就车。门闾、沟渠必步。凡仆人之礼，必授人绥。若仆者降等则受，不然则否。若仆者降等，则抚仆之手，不然则自下拘之。客车不入大门。妇人不立乘。犬马不上于堂。

【注释】

①展軨（líng）：察看车辆，表示对乘坐者的尊敬。②效驾：试车。③贰绥：副绳。供登车人拉手用绳有正副两条，仆执贰绥而登。④车右：随行卫士。

【译文】

国君的车将套马出行，驾车的人就要拿着马鞭站在马前。马车套好后，驾车的人要察看车辆试车，然后抖落衣服上的灰尘，拉住副绳从车的右边登车，跪乘在车上，双手分别握住缰绳与马鞭，驱车试行五步而后再站起来。国君出来走到车前时，驾车的人要把马缰绳合并于一手而用另一手将绳交给国君。左右群臣都退让避开，车前进时群臣都快步紧跟，一直到大门，国君按住驾车人的手，而回头命随行卫士上车。凡经过门、沟渠时，随行卫士一定要下车步行。凡驾车仆人之礼，一定要把绳递给乘车的人。如果驾车人的身份比乘车人的身份低，乘车的人就接受他所交给的绳，否则就不要接受。如果驾车人的身份比乘车人的身份低，乘车的人就按住他的手再接受，否则乘车的人要从驾车人的手下面取过绳。客人的车不能驶入主人家的大门。妇女不站着乘车。狗和马不能牵上堂。

【原文】

故君子式黄发①，下卿位，入国不驰，入里必式。君命召，虽贱人，大夫士必自御之。介者不拜，为其拜而蓌②拜。祥车③旷左，乘君之乘车不敢旷左，左必式。仆御妇人，则进左手，后右手。御国君，则进右手，后左手而俯。国君不乘奇车。车上不广欬，不妄指。立视五巂，式视马尾，顾不过毂。国中以策彗恤勿驱，尘不出轨。国君下齐牛，式宗庙。大夫、士下公门，式路马。乘路马，必朝服，载鞭策④，不敢授绥，左必式。步路马，必中道。以足蹙路马刍有诛，齿路马有诛。

【注释】

①黄发：指年老；亦指老人。②蒆（cuò）：半跪半蹲。③祥车：死者生前所乘之车，葬时用为魂车。④鞭策：马鞭子。

【译文】

所以国君乘车遇见老人要凭轼行礼，经过卿的朝位要下车，进入国都不赶马快跑，进入里巷一定凭轼致敬。国君命令召见臣下，即使来传达君命的人地位低贱，大夫、士也一定要亲自迎接。身穿铠甲的人不行跪拜礼，因为穿铠甲而拜举止不便、动作失调显得失礼。送葬时的魂车要空着左边的位子。臣乘君车不要将左边的位子空着，在车子左边就一定要俯身凭轼。仆人为妇人驾车，要将左手放在前面，右手放在后面。仆人为国君驾车，将右手放在前面，左手放在后面并微俯身以示恭敬。国君不乘奇邪不正的车。在车上不要大声咳嗽，不要随便指画。立乘在车上只能看到车轮转五周的距离，凭轼行礼时要看着马尾，回头看时目光不得超过车轮中心的圆木。在都城中用竹扫帚搔摩马身以驱赶马，车经过时的尘土不能飞出车辙。国君经过宗庙要下车，看到祭祀用的牺牲要凭轼行礼。大夫、士经过国君门前要下车，看见国君的车马要凭轼行礼。乘坐国君的车马，一定要穿朝服，马鞭放在车上，不能接受别人送给的拉手，在左边必须依扶着车轼。牵着国君的马行走，一定要走道路的中间。用脚践踏了国君的马的草料要受罚，探问国君的马的年龄的人要受到责罚。

曲礼下

【原文】

　　凡奉者当心,提者当带。执天子之器则上衡①,国君则平衡,大夫则绥之,士则提之。凡执主器,执轻如不克。执主器,操币②、圭、璧,则尚左手,行不举足,车轮曳踵。立则磬折③垂佩。主佩倚,则臣佩垂;主佩垂,则臣佩委④。执玉,其有藉者则裼;无藉者则袭。

【注释】

　　①上衡:高于心脏的位置。②币:指的是行礼时所用的束帛,大约有二十丈。③磬折:弯腰的样子。④佩委:指的是腰佩要垂到地上。

【译文】

　　凡捧东西的人要捧在当心处,凡提东西的人手要上屈到当带处。为天子拿器物要上高过心,为国君拿器物要与心平齐,为大夫拿器物低于心,为士拿器物就提着。凡为天子拿器物,即使拿很轻的器物也要像是重物一样。拿着主人的器物,或束帛之类,左手在上,走路时如同车轮滚过一样不张扬,拖着脚跟走。站立的姿势,要如同磬一样向前俯,腰佩悬垂。主人直立,腰佩倚附在身,那么臣的腰佩要悬垂;主人的腰佩悬垂,那么臣的腰佩要垂到地上。拿的是璧琮之类垫着束帛的玉器,袒衣相授受;拿的是圭璋之类没有垫的玉器,则披外衣相授受。

【原文】

　　国君不名卿老①、世妇,大夫不名世臣、侄、娣,士不名家相、长妾。君大夫之子,不敢自称曰"余小子②";大夫、士之子,不敢自称曰"嗣子③

某"，不敢与世子同名。君使士射，不能，则辞以疾，言曰："某有负薪之忧。"侍于君子，不顾望④而对，非礼也。

【注释】

①卿老：是上卿之意。②余小子：指的是天子在丧的自称。③嗣子：指的是诸侯在丧的自称。④顾望：看看四周是否有比自己强的人。

【译文】

国君对上卿、世妇，大夫对世臣、侄娣，士对家相、长妾，不称其名字。国君或大夫的孩子不可自称"余小子"。大夫、士的孩子不可自称"嗣子某"，不能和天子同名。如果君让士与贵宾比赛射箭，士不会射，就要以有病相推辞，说："我背柴累病了。"陪侍君子，如果君子提问，不看看周围是否有胜过自己的人就抢先回答，就会失礼。

【原文】

君子行礼，不求变俗。祭祀之礼，居丧之服，哭泣之位，皆如其国之故①，谨修其法而审行之。去国三世，爵禄有列于朝，出入有诏于国，若兄弟宗族犹存，则反告于宗后②；去国三世，爵禄无列于朝，出入无诏于国，唯兴之日，从新国之法。君子已孤不更名。已孤暴贵，不为父作谥。居丧，未葬，读丧礼；既葬，读祭礼；丧复常，读乐章。居丧不言乐，祭事不言凶，公庭不言妇女。振书③、端书于君前，有诛。倒④筴侧龟于君前，有诛。龟筴、几杖、席盖、重素、袗絺绤⑤，不入公门。苞屦⑥、扱衽⑦、厌冠，不入公门。书方、衰、凶器，不以告，不入公门。公事不私议。

【注释】

①皆如其国之故：都还和在自己国家一样。②宗后：指的是家族的后裔。③振书：弹掉书上的灰尘。④倒：把……打翻。⑤袗絺绤：穿细葛布和粗葛布的衣服。⑥苞屦：草制的丧鞋。⑦扱衽：指的是把上衣的衣边塞到裤子中。扱，与"插"同音。

【译文】

　　君子在别国，不要改变本国的礼俗。祭祀的礼仪，守丧的服制，为死者哭泣的位置，都如同本国的旧礼俗。小心地遵循本国的礼法，审慎地实行。如果离开本国已经三代了，族中仍有人在本国朝廷做官，那么出入往来别国仍要报告本国国君。如果本国仍有兄弟和宗族在，遇有喜事或丧事仍要向本国的族长报告。如果离开本国已经三代，族中已经无人在本国朝廷做官，出入往来别国就不向本国国君报告了，只有在别国做了卿大夫的时候，才遵从新国的礼法。君子死了父亲就不再改换名字，父亲死后即使大显贵，也不为亡父作谥号。守丧而未出葬，研读有关丧礼的书；葬后，研读有关条礼的书；除丧恢复正常生活，研读有关诗乐的书。守丧期间不谈乐事，祭祀时不谈凶事，公庭上不谈论妇女。在国君面前拂去书籍上的灰尘，或整理书籍，要受到责罚；在国君面前弄颠倒了苦草，或弄翻了龟甲，要受到责罚。龟甲、苦草、几、杖、丧车上用的席和伞盖、穿白色的衣裳、穿单薄的细葛布或粗葛布衣裳，不得进入宫门。穿草编的丧鞋、把衣襟按在腰带间、头带丧冠，不得进入宫门。记录宾客所赠送葬物的方版、丧服、丧葬所用器物，不事先报告，不得进入宫门。公事不得私下议论。

【原文】

　　君子将营宫室：宗庙为先，厩库为次，居室为后。凡家造①：祭器为先，牺赋②为次，养器为后。无田禄者不设祭器；有田禄者先为祭服。君子虽贫，不粥③祭器；虽寒，不衣祭服；为宫室，不斩于丘木。大夫士去国，祭器不逾竟。大夫寓祭器于大夫，士寓祭器于士。大夫士去国：踰竟，为坛位乡国而哭。素衣，素裳，素冠，彻缘，鞮屦④，素簚⑤，乘髦马。不蚤鬋⑥。不祭食，不说人以无罪；妇人不当御⑦，三月而复服。

【注释】

　　①家造：制备家中所用的器具。②牺赋：祭祀时用的牲口的棚圈。③粥：变卖之意。④鞮屦：指鞋面没有配件与装饰的草鞋。鞮，与"低"同音。⑤素簚：用白色的狗皮盖在车上。簚，与"幂"同音。⑥蚤鬋：与"爪剪"通假，是剪指甲、理头发之意。⑦当御：接近，服侍之意。

【译文】

　　君子将营建宫室，要先建宗庙，其次建马厩仓库，居室最后建。凡大夫经营家事，要先造祭器，其次建造祭祀时用的牲口的棚圈，制造饮食用具放在最后。没有田地俸禄的人，可以不置备祭器。有田地俸禄的人，要先制作祭服。君子即使贫穷，也不卖祭器；即使寒冷，也不穿祭服。建造宫室，不砍伐墓地的树木。大夫、士离开国家，不可携带祭器过境。大夫和士将祭器寄存在同一官阶的人那里。在大夫、士离开本国时，一过国境，就要在地上堆起土坛，设置庙位，望着祖国而哭泣。要穿着素衣、素裳，戴上素冠，去掉衣边，穿着没有装饰的草鞋，坐着白兽皮包着的车子，驾着没有剪剃鬃毛的马，指甲不剪，头发不理，吃饭时不再行祭食礼，见到人不敢说自己没有罪过，不用妇人服侍，三个月后恢复原来的装束。

【原文】

　　大夫士见于国君①，君若劳②之，则还辟，再拜稽首③；君若迎拜，则还辟，不敢答拜。大夫、士相见，虽贵贱不敌，主人敬客，则先拜客；客敬主人，则先拜主人。凡非吊丧、非见国君，无不答拜者。大夫见于国君，国君拜其辱。士见于大夫，大夫拜其辱。同国始相见，主人拜其辱。君于士，不答拜也；非其臣，则答拜之。大夫于其臣，虽贱，必答拜之。男女相答拜也。

【注释】

　　①国君：在这里指大夫和士随本国国君出行时见到的他国的国君。②劳：赏赐、慰劳。③稽首：稽首礼是一种最正式最重要的礼节。

【译文】

　　大夫或士见到他国国君，国君如果慰劳，就要退身避开，俯首至地再拜；如果国君迎接先拜，就要退身避开，也不敢回拜。大夫与士相见，虽然主客的身份不相当，主人尊敬客人，就先拜见客人；客人尊敬主人，就先拜见主人。大凡不是吊丧，不是朝见国君，就都要答拜。大夫见他国国君，国君回拜。士见大夫，大夫也回拜。同国之人第一次相见，主人回拜。国君对士，不回拜；不是自己的臣属，就要回拜。大夫对自己的家臣，即使他地位低下，也要回拜。男女相互回拜。

【原文】

国君春田不围泽；大夫不掩群①，士不取麑卵②。岁凶，年谷不登，君膳不祭肺③，马不食谷，驰道不除，祭事不县④。大夫不食粱，士饮酒不乐。君无故，玉不去身；大夫无故不彻县，士无故不彻琴瑟。士有献于国君，他日，君问之曰："安取彼？"再拜稽首而后对。大夫私行出疆，必请。反，必有献。士私行出疆，必请；反，必告。君劳之，则拜；问其行，拜而后对。国君去其国，止⑤之曰："奈何去社稷也！"大夫，曰："奈何去宗庙也！"士，曰："奈何去坟墓也！"国君死社稷，大夫死⑥众⑦，士死制⑧。

【注释】

①掩群：追捕成群的猎物。②麑卵：指的是鸟兽等动物未成形的幼卵。麑，与"迷"同音。③不祭肺：古人以肺为食前祭礼所用之物，不祭肺指的就是不杀生祭祀之意。④县：与"悬"同，是指悬挂挂钟之类的东西。⑤止：劝告之意。⑥死：为……而死。⑦众：指军事之事。⑧制：执行君王的命令。

【译文】

国君春天打猎，不可包围整个猎场，大夫不能猎取整个兽群，士不猎取幼兽和禽蛋。荒年，收成不好，国君用膳不杀牲，马不喂粮食，驰道不须整治，祭祀不设钟磬，大夫不再加餐稻粱，士在饮酒时不奏乐。国君不遇灾变，佩玉不离身；大夫不遇灾变，不撤掉钟磬等乐器；士不遇灾变，不撤去琴瑟等乐器。士献礼物给国君，国君不接受，后来国君问士说："如何得到这些东西的？"士先稽首再拜，然后回答。大夫私事出境，一定要申请，回来必定呈献礼物。士私自出境，必须申请，回来要报告。国君慰劳，要拜；问起私行事情，先拜而后答。国君要流亡他国，就劝告他说："怎能离开社稷呢？"大夫要离开国家，则说："怎能抛下宗庙呢？"士要离开国家，则说："怎能舍得祖宗的坟墓呢？"国君当为社稷而死，大夫应与士卒同存亡，士应为执行君命而死。

【原文】

　　君天下，曰"天子"。朝诸侯，分职授政任功，曰"予一人"。践阼①临祭祀：内事②曰"孝王某"，外事③曰"嗣王某"。临诸侯，畛④于鬼神，曰"有天王某甫"。崩，曰"天王崩"。复，曰"天子复矣"。告丧，曰"天王登假⑤"。措之庙，立之主，曰"帝"。天子未除丧，曰"予小子"。生名之，死亦名之。

【注释】

　　①践阼：这里除院子外，还指庙堂和郊坛等的阼阶。②内事：指的是在宗庙祭祀。③外事：指的是在郊坛祭祀。④畛：与"疹"同音，是告诉之意。⑤登假：升天之意。假，与"遐"同音。

【译文】

　　统治天下称"天子"。朝会诸侯，分派官职，授予政务，委任事功，称"予一人"。登阼阶主持祭祀仪式，宗庙内的祝辞自称"孝王某"，郊祭时则称"嗣王某"。巡行诸侯，向当地的鬼神致祭祷告则自称"有天王某甫"。死，称"天王崩"；招魂时，呼喊"天子回来吧！"发讣告，称"天王登仙了"；神主祔祭于祖庙，立牌位称"帝"。新天子即位未除丧时，自称"予小子"。活着时称"小子王某"，如果此时死亡也称"小子王某"。

【原文】

　　天子有后，有夫人，有世妇，有嫔，有妻，有妾。天子建天官，先六大①：曰大宰、大宗、大史、大祝、大士、大卜，典司六典。天子之五官：曰司徒、司马、司空、司士、司寇，典司五众②。天子之六府：曰司土、司木、司水、司草、司器、司货，典司六职③。天子之六工：曰土工、金工、石工、木工、兽工、草工，典制六材④。五官⑤致贡，曰享。

【注释】

　　①大：与"太"同。②众：指的是各自手下的官员。③职：事情、内务。④材：器材之意。⑤五官：指的是公、侯、伯、子、男五等。

【译文】

　　天子的内宫有后,有夫人,有世妇,有嫔,有御妻,还有妾。天子设官,先设事鬼神、奉天时的天官,即大宰、大宗、大史、大祝、大士、大卜,此六官各按一定的法典行事。天子又设立总管人事的五官,即司徒、司马、司空、司士、司寇,此五官各自统辖所属各官。天子又设掌管府库之官六名,即司土、司木、司水、司草、司器、司货,此六官各司其职。为天子服务的工匠有六种,即土工、金工、石工、木工、兽工、草工,他们各自负责用其所长制造器物。到了年终,五官把一年的成绩报告给天子,这叫"享"。

【原文】

　　五官之长,曰伯,是职方。其摈①于天子也,曰"天子之吏"。天子同姓,谓之"伯父";异姓,谓之"伯舅"。自称于诸侯,曰"天子之老",于外曰"公";于其国曰"君"。九州岛之长入天子之国,曰"牧"。天子同姓,谓之"叔父";异姓,谓之"叔舅";于外曰"侯",于其国曰"君"。其在东夷、北狄、西戎、南蛮,虽大,曰"子"。于内自称曰"不谷",于外自称曰"王老"。庶方小侯入天子之国,曰"某人",于外曰"子",自称曰"孤"。

【注释】

　　①摈:辅佐之意。

【译文】

　　五官之长叫作伯,他们是主管国家一个方面的大吏。他们进见天子时,负责通报的要称之为"天子之吏"。他们如果是天子的同姓,天子就称之为"伯父"。他们如果是天子的异姓,天子就称之为"伯舅"。对于天下的诸侯,他们自称"天子之老"。在他们的封国以外,自称"公";在封国之内,自称"君"。九州诸侯的首领,进入天子畿内,自称"牧"。他们如果与天子同姓,天子就称之为"叔父";如果与天子异姓,天子就称之为"叔舅"。对国外,自称"侯";在国内,自称"君"。散处四夷的诸侯首领,如其朝见天子,负责通报的人就称之为"子"。他们在国内,自称"不谷";在国外,自称"王老"。至于散处四夷的小诸侯，进入天子畿内，自称"某国人"。在国外，自称"子"；在国内，自称"孤"。

【原文】

天子当依①而立。诸侯北面而见天子，曰觐。天子当宁而立，诸公东面、诸侯西面，曰朝。诸侯未及期②相见曰遇，相见于郤地③曰会。诸侯使大夫问于诸侯曰聘，约信④曰誓，莅牲⑤曰盟。诸侯见天子曰"臣某侯某"。其与民言，自称曰"寡人"。其在凶服，曰"适子孤"。临祭祀，内事曰"孝子某侯某"，外事曰"曾孙某侯某"。死曰"薨"，复曰"某甫复矣"。既葬，见天子，曰类见。言谥曰类。诸侯使人使于诸侯，使者自称曰"寡君之老"。

【注释】

①依：与"扆"通假，类似屏风之意。②期：指的是事先约定见面的时间和地点。③郤地：两国的边界之地。④信：条文、书面的东西。⑤莅牲：面对神灵杀生。

【译文】

天子背靠绣有斧钺纹的屏风，面南而立，诸侯面向北而拜见天子，这叫"觐"。天子站在殿门与屏风之间，面南，诸公面向东、诸侯面向西而拜见天子，这叫"朝"。诸侯在约定的日期之前相见，叫作"遇"。诸侯在两国交界处相见，叫作"会"。诸侯之间派遣大夫互访，叫作"聘"。订立彼此必须信守的条约，叫作"誓"。书面订立条约，在神灵面前歃血宣读，叫作盟。诸侯朝见天子，自称"臣某侯某"。诸侯与本国百姓讲话，自称"寡人"。诸侯丧服未除，相礼者对吊宾称诸侯为"嫡子孤某"。诸侯主持祭祀，如果是祭宗庙中的列祖列宗，就自称"孝子某侯某"；如果是祭天神地祇，就自称"曾孙某侯某"。诸侯死，史策上应记作"薨"。招魂时应呼其字，高喊"某甫回来吧"！已葬之后，继位的诸侯在丧中朝见天子，叫"类见"。继位的诸侯为去世的诸侯请谥，叫"类"。诸侯派使者聘于诸侯，使者自称"寡君之老"。

【原文】

天子穆穆①，诸侯皇皇，大夫济济②，士跄跄③，庶人僬僬④。天子之妃曰后，诸侯曰夫人，大夫曰孺人，士曰妇人，庶人曰妻。公、侯有夫人，有世妇，有妻，有妾。夫人自称于天子，曰"老妇"；自称于诸侯，曰"寡小君"；自称于其君，曰"小童"。自世妇以下，自称曰"婢子"。子于父母则自名也。

【注释】

①穆穆：威严的样子。②济济：庄重的样子。③跄跄：走路有节奏的样子。④僬僬：匆忙紧张的样子。

【译文】

天子深沉肃穆，诸侯显赫轩昂，大夫稳重端庄，士舒扬自得，庶人急促慌张。天子的配偶称"后"，诸侯的配偶称"夫人"，大夫的配偶称"孺人"，士的配偶称"妇人"，庶人的配偶称"妻"。公、侯有夫人、世妇、妻、妾。公侯夫人对天子自称"老妇"，对诸侯自称为"寡小君"，对自己国君自称为"小童"。从世妇往下，都自称为"婢子"。子女在父母面前，称自己的名字。

【原文】

列国之大夫，入天子之国曰"某士"；自称曰"陪臣某"。于外曰"子"，于其国曰"寡君之老"。使者自称曰"某"。天子不言出，诸侯不生名。君子不亲恶①。诸侯失地，名②；灭同姓，名。为人臣之礼：不显谏。三谏而不听，则逃③之。子之事亲也：三谏而不听，则号泣而随之。君有疾，饮药，臣先尝之。亲有疾，饮药，子先尝之。医不三世，不服其药。

【注释】

①恶：指有罪恶的人。②名：史书记载时，要记录他的真名。③逃：离开之意。

【译文】

各诸侯国的大夫，进入天子国内称"某士"，自称"陪臣某"；国外人称他"子"，国中之人对国外人说话，称他"寡君之老"。出使之人自称

"某"。史书记载天子的活动，不可用"出"字，否则就意味着他犯了失去天下的大恶；史书记载诸侯生前的活动，不可直呼其名，否则就意味着他犯有什么大恶。对于这些大恶，君子在记入史册时是毫不留情的。诸侯如果失去了国土，这是一种大恶，史书上就要称呼其名；诸侯灭掉同姓之国，这也是一种大恶，史书上也要称呼其名。作为人臣的，不当众指责国君。数次劝谏仍不听从，就要离国君而去。子女侍奉双亲，数次劝说仍不听从，就大声哭泣，听任他们所为。国君有病，服药时侍臣先尝。双亲有病，服药时子女先尝。如不是精通医术、经验丰富的医生，不要服用他的药。

【原文】

儗人必于其伦①。问天子之年，对曰："闻之：始服衣若干尺矣。"问国君之年：长，曰能从宗庙社稷之事矣；幼，曰未能从宗庙社稷之事也。问大夫之子：长，曰能御矣；幼，曰未能御也。问士之子：长，曰能典谒②矣；幼，曰未能典谒也。问庶人之子：长，曰能负薪矣；幼，曰未能负薪也。问国君之富，数地以对，山泽之所出。问大夫之富，曰有宰③食力，祭器衣服不假④。问士之富，以车数对。问庶人之富，数畜以对。

【注释】

①伦：身份地位之意。②典谒：主持宴请宾客之事。③宰：同"采"，指的是封地。④假：借。

【译文】

拿人作比拟的时候，一定要注意只有同类的人才能相比。若有人问天子的年龄，应该回答说："听说开始穿很长的衣服了。"若问国君的年龄，如果国君年长，就回答说："能主持宗庙社稷的祭祀了。"若其年幼，就回答说："还不能主持宗庙社稷的祭祀。"若问大夫之子的年龄，若其年长，就回答说："能驾驭马车了。"若其年幼，就回答说："还不能驾驭马车。"若问士之子的年龄，若其年长，就回答说："能接客传话了。"若其年幼，就回答说："还不能接客传话。"若问庶人之子的年龄，若其年长，就回答说："能负薪了。"若其年幼，就回答说："还不能负薪。"若有人问起国君的财富，可先回答国土的总面积，再回答山泽的各种出产。若问起大夫的财富，可以回答有采地若干，采地百姓提供的赋税有若干，祭器祭服用不着借。若问起士的财富，可答士拥有的车数。若问起庶人的财富，可答他拥有的牲口数。

【原文】

天子祭天地，祭四方，祭山川，祭五祀①，岁遍②。诸侯方祀③，祭山川，祭五祀，岁遍。大夫祭五祀，岁遍。士祭其先。凡祭，有其废之莫敢举也，有其举之莫敢废也。非其所祭而祭之，名曰淫祀。淫祀无福。天子以牺④牛，诸侯以肥牛，大夫以索⑤牛，士以羊豕。支子⑥不祭，祭必告于宗子。

【注释】

①五祀：指的是对五种神灵的祭祀。②岁遍：一年祭祀一次。③方祀：祭祀国家所在的方位。④牺：指毛色纯的。⑤索：选择之意。⑥支子：指的是嫡长子以下的众子，包括妾所生的儿子。

【译文】

天子祭天神地祇，祭四方五岳四渎之神，祭山川之神，祭户神、灶神、中霤神、门神、行神，每年祭一遍。诸侯祭所在地方之神，祭其境内的山川，祭户神、灶神、中霤神、门神、行神，每年祭一遍。大夫祭户神、灶神、中霤神、门神、行神，每年祭一遍。士人只祭其祖先。祭祀哪些神是有常规的，有的神被前代废掉了后代也不敢恢复，有的神一直受前代供奉，后代也不敢随便废掉。对不应当祭祀的神进行祭祀，这叫"淫祀"。淫祀是得不到神的保佑的。祭祀所用的牺牲，天子是毛色纯一的牛，诸侯是精心饲养的牛，大夫是经过挑选的牛，士是羊或猪。凡非嫡长子，都不可主持祭祀，如果遇到特殊情况需要他主持祭祀，也要先向嫡长子禀告。

【原文】

凡祭宗庙之礼：牛曰"一元大武"，豕曰"刚鬣"，豚曰"腯肥"，羊曰"柔毛"，鸡曰"翰音"，犬曰"羹献"，雉曰"疏趾"，兔曰"明视"，脯曰"尹祭"，槁鱼曰"商祭"，鲜鱼曰"脡祭"，水曰"清涤"，酒曰"清酌"，黍曰"芗合"，粱曰"芗萁"，稷曰"明粢"，稻曰"嘉蔬"，韭曰"丰本"，盐曰"咸鹾"，玉曰"嘉玉"，币曰"量币"。

【译文】

凡祭宗庙之礼，各种祭品皆有美号。牛称为"一元大武"，猪称为"刚鬣"，小猪称为"腯肥"，羊称为"柔毛"，鸡称为"翰音"，犬称为"羹献"，雉称为"疏趾"，兔称为"明视"；干肉称为"尹祭"，干鱼称为"商祭"，鲜鱼称为"脡祭"；水称为"清涤"，酒称为"清酌"；黍称为"芗合"，粱称为"芗萁"，稷称为"明粢"，稻称为"嘉蔬"；韭菜称为"丰本"，盐称为"咸鹾"；玉称为"嘉玉"，帛称为"量币"。

【原文】

天子死曰"崩"，诸侯曰"薨"，大夫曰"卒"，士曰"不禄"，庶人曰"死"。在床曰"尸"，在棺曰"柩"。羽鸟曰"降"，四足曰"渍"。死寇曰"兵"。祭王父曰"皇祖考"，王母曰"皇祖妣"。父曰"皇考"，母曰"皇妣"。夫曰"皇辟"。生曰"父"、曰"母"、曰"妻"，死曰"考"、曰"妣"、曰"嫔"。寿考①曰"卒"，短折②曰"不禄"。

【注释】

①寿考：正常的老死。②短折：夭折而亡。

【译文】

天子死称为"崩"，诸侯死称为"薨"，大夫死称为"卒"，士死称为"不禄"，庶人死称为"死"。死人在床称为"尸"，已在棺内称为"柩"。飞禽的死叫作"降"，走兽的死叫作"渍"。死于战乱的人叫作"兵"。祭祀去世的祖父，称之为"皇祖考"，祖母则称之为"皇祖妣"，父则称之为"皇考"，母则称之为"皇妣"，丈夫则称之为"皇辟"。活着的时候，要用"父""母""妻"这些字眼，死了以后，要分别改用"考""妣""嫔"这些字眼。对于有道德而未曾出来做官的人，如果是年老自然死亡，就比照大夫称为"卒"，如果是短命夭折的，就比照士称为"不禄"。

【原文】

天子视不上于袷①，不下于带；国君，绥视②；大夫，衡视；士视五步。

凡视，上于面则敖，下于带则忧③，倾则奸。君命，大夫与士肄④。在官言官，在府言府，在库言库，在朝言朝。朝言不及犬马。辍朝而顾，不有异事，必有异虑。故辍朝而顾，君子谓之固⑤。在朝言礼，问礼对以礼。

【注释】

①袷：与"借"同音，指的是衣领。②绥视：视线向下。③忧：拘谨。④肄：研习之意。⑤固：无礼的样子。

【译文】

臣子瞻视天子，目光要上不及其衣领，下不低于腰带。臣子瞻视国君，目光应在其面部以下，衣领之上。大夫的部下瞻视大夫，可以目光平视，直视面部。士的部下瞻视士，允许旁视士的左右五步。凡瞻视尊者，如果目光高过对方面孔，就显得傲慢；如果目光低于对方腰带，就显得自己忧心忡忡；如果目光游移，眼珠左右滚动，就显得心术不正。国君有命，欲做某事，大夫与士要事先演习。若君命涉及版图文书，就在官习议；若君命涉及宝藏货贿，就在府习议；若君命涉及车马兵甲，就在库习议；若君命涉及政事，就在朝习议。在议政之处不可言及犬马，否则有亵朝堂。已经散朝还回头看，即表明此人有别的事情欲讲未讲，对议定之事另有想法。所以，散朝以后还回头看，君子谓之粗鄙无礼。在朝廷上要言必称礼，问话要有礼，答话也要有礼。

【原文】

大飨不问卜，不饶富。凡挚①，天子鬯②，诸侯圭，卿羔，大夫大雁，士雉，庶人之挚匹③，童子委挚而退。野外军中无挚，以缨、拾④、矢可也。妇人之挚，椇⑤、榛、脯、脩⑥、枣、栗。纳女于天子，曰"备百姓"；于国君，曰"备酒浆"；于大夫，曰"备埽洒"。

【注释】

①挚：古人见面时拿的礼物。②鬯：与"唱"同音，是酒的一种。③匹：家养的鸭子。④拾：射箭时套在胳膊上的臂套。⑤椇：与"举"同音，一种味甜的干果。⑥脯、脩：都是指的干肉。

【译文】

　　大飨之礼，不用卜定日期，礼数完备，不用增益。凡见面的礼品，天子用鬯，诸侯用圭，卿用羊羔，大夫用雁，士用雉，庶人用鸭子。童子献给老师的见面礼，不用亲手递交，可以放到地上便走。在野外军中难以置办合适的见面礼物，因地制宜，用马缨、射鞲和箭代替也可以。妇人的见面礼，是拐枣、榛子、肉干、枣子、栗子。送女子嫁给天子称为"备百姓"。到国君那儿称为"备酒浆"，到大夫那儿称为"备扫洒"。

檀弓上

【题解】

本篇是孔门弟子所作，开篇记录了一个名叫檀弓的人的故事。檀弓，鲁国人，精通礼，本篇以檀弓作为篇名以表彰之。篇中较多记录了丧事的礼节，对天子诸侯的有关礼制也做了一些考证，但篇中也有些不切实的传闻和记述。本篇的中心内容虽然是讨论丧葬之礼，但多是就事论事，显得结构零散。其中个别章节义理文采俱佳，为后人传诵不绝，"苛政猛于虎"等章即其例。和《曲礼》一样，由于本篇简策繁重，自郑玄作注时就分为上下两篇。

【原文】

公仪仲子之丧，檀弓免[1]焉。仲子舍其孙而立其子，檀弓曰："何居[2]？我未之前闻也。"趋而就子服伯子于门右，曰："仲子舍其孙而立其子，何也？"伯子曰："仲子亦犹行古之道也。昔者文王舍伯邑考而立武王，微子舍其孙腯而立衍也；夫仲子亦犹行古之道也。"子游问诸孔子，孔子曰："否！立孙。"

【注释】

①免：郑玄认为是免去吊丧之礼，孙希旦认为"免"是一种头缠布匹的扮相；此处从孙说。②居：齐鲁方言中的语气助词，无实义。

【译文】

公仪仲子的嫡子死了，他不立嫡孙为继承人，却立他的庶子为继承人。为了表示对这种做法的讽刺，檀弓故意头缠布匹去吊丧，并且说："究竟是怎么回事啊？我可从来没见过这样的做法。"他快步走到门右边去问子服伯子，说:"仲子舍其嫡孙而立其庶子,道理何在?"伯子为仲子打掩护说:"仲子也不过是沿袭古人的成例而已。过去,周文王舍弃嫡子伯邑考而立武王,宋微子不立嫡孙腯而立其弟衍,所以说仲子也不过是沿袭古人的成例而已。"后来,孔子的弟子子游就此事请教孔子,孔子回答说:"公仪仲子的做法是不对的,应当立嫡孙为继承人。"

【原文】

事亲有隐而无犯①,左右就养无方②,服勤至死,致丧③三年。事君有犯而无隐,左右就养有方,服勤至死,方④丧三年。事师无犯无隐,左右就养无方,服勤至死,心丧三年。

季武子成寝,杜氏之葬在西阶之下,请合葬焉,许之。入宫⑤而不敢哭。武子曰:"合葬非古也,自周公以来,未之有改也。吾许其大而不许其细,何居?"命之哭。

【注释】

①隐:不指明过失;犯:犯颜直谏。②就养:就近奉养;方:法则,方法;无方:无固定法则。③致:极。致丧:极其哀伤。④方:比照,比较。⑤宫:宅。指陵寝墓地。

【译文】

侍奉双亲,对其过失不可称扬,不可直言冒犯,或左或右地精心侍候,任劳任怨,直至双亲过世,极其哀痛地守丧三年。侍奉国君,对其过失要直言不讳地加以指出,如果再有人问起国事,也不妨直言其得失。精心侍候,恪尽职守,任劳任怨,直到国君过世,比照丧父的礼节守丧三年。侍奉老师,对其过失不可直言冒犯,但也不可总是缄默,像对待双亲那样地精心侍候,直至老师去世,虽不披麻戴孝,但三年之中心中的悲哀犹如丧亲一般。

季武子建成一座住宅,其宅地原是杜氏墓地,杜家有人就葬在西阶之下。杜家新死了人,请求季武子允许合葬,季武子同意了。杜氏后人进入季武子的宅院不敢哭泣。季武子说:"合葬不是古制。自周公以来才有合葬,后来再没改变。我既然允许杜家人合葬,而不允许杜家人哭泣,是何道理?"于是让他们尽情哭泣。

【原文】

子上之母死而不丧。门人问诸子思曰："昔者子之先君子丧出母乎？"曰："然。""子之不使白也丧之。何也？"子思曰："昔者吾先君子无所失道①；道隆②则从而隆，道污③则从而污。伋则安能？为伋也妻者，是为白也母；不为伋也妻者，是不为白也母。"故孔氏之不丧出母，自子思始也。

【注释】

①道：礼节，礼制。②隆：提高。③污：地位低下。

【译文】

子上的庶母死了，但子上没有为她穿孝服。子思的门人感到迷惑不解，就请教子思说："从前您的父亲为庶母带不带孝？"子思回答说："带孝。"门人又问："那么您不让您的儿子子上为庶母挂孝，是何道理？"子思回答说："从前我父亲的做法并不失礼。依礼，该提高规格时就提高，该降低规格时就降低。我孔伋怎么敢和先父相比呢？我的原则是：只要是我孔伋的妻子，自然也就是阿白的母亲；只要不是我孔伋的妻子，自然也就不是阿白的母亲。"所以，孔家的人不为庶母挂孝，是从子思开始的。

【原文】

孔子曰："拜而后稽颡①，颓②乎其顺也；稽颡而后拜，颀③乎其至也。三年之丧，吾从其至者。"孔子既得合葬于防，曰："吾闻之：古也墓而不坟；今丘也，东西南北人④也，不可以弗识⑤也。"于是封之，崇四尺。孔子先反，门人后，雨甚；至，孔子问焉曰："尔来何迟也？"曰："防墓崩。"孔子不应。三，孔子泫然流涕曰："吾闻之：古不修墓。"

【注释】

①稽颡：叩头。屈膝下跪，以额触地，表示极度的虔诚。②颓：恭顺，安详。③颀：哀痛之至。④东西南北人：意即四处流浪、居无定所之人。⑤识：通"志"，做标记。

【译文】

孔子说："三年之丧，孝子有两种拜法。一种是先拜而后叩头，这种拜法突出了对宾的恭敬，于礼为顺。一种是先叩头而后拜，这种拜法突出了孝子的哀思，于情为至。三年之丧，应强调的是哀戚之心，所以我赞成后一种拜法。"孔子终于把父母合葬于防之后，说："我听说，古时的墓地上是不积土为坟的。现在我是个四处奔波的人，不可不做个标志。"于是就在墓上积土，高四尺。孔子先从墓地回家，弟子们还在墓地照料，一阵大雨之后，弟子们才来到家。孔子问他们，说："你们怎么回来这么迟？"弟子们答道："防地的墓因雨而坍塌了，我们在那里修墓。"孔子没有作声。弟子们以为孔子没有听见，连说了三遍。这时，孔子才伤心地流下眼泪，说："我听说过，古人是不在墓上积土的。"

【原文】

孔子哭子路于中庭。有人吊者，而夫子拜之。既哭，进使者而问故①。使者曰："醢②之矣。"遂命覆醢。曾子曰："朋友之墓，有宿草而不哭焉。"子思曰："丧三日而殡，凡附于身者，必诚必信，勿之有悔焉耳矣。三月而葬，凡附于棺者，必诚必信，勿之有悔焉耳矣。丧三年以为极，亡则弗之忘矣。故君子有终身之忧，而无一朝之患。故忌日不乐。"孔子少孤，不知其墓。殡于五父之衢。人之见者，皆以为葬也。其慎也，盖殡也。问于郰曼父之母，然后得合葬于防。邻有丧，舂不相③；里有殡，不巷歌。丧冠不緌。

【注释】

①故：死亡，此处是指子路死时的样子。②醢：原指肉酱，此为名词动作，剁成肉酱。③相：配合舂米的节奏而歌唱。

【译文】

孔子在正室前的庭里哭子路。有人来慰问，孔子就以丧主的身份回拜。哭过以后，孔子召见从卫国来报信的使者，问子路死的情况。使者说："已经砍成肉酱了。"孔子听了，就叫人把正要吃的肉酱倒掉，不忍吃它。曾子说："朋友的墓上有了隔年的草，就不该再哭了。"子思说："人死了三天而行殡礼，这时，凡是随尸体入殓的物品，一定要考虑周密，一丝不苟，合乎礼制，不妄增减，以免日后有所遗憾。三个月以后下葬，这时，凡是随棺入圹的物品，一定要考虑周密，一丝不苟，合乎礼制，不妄增减，以免日后有所遗憾。虽然服丧以三年为极限，但除丧以后也不应忘掉双亲。所以君子一辈子都在怀念双亲，但任何时候都不能因思亲过度而有损身体，因此，只在忌日才不做叫人快乐的事。"孔子很小就死了父亲，所以不知道其父之墓是浅殡在五父之衢的。长大后，母亲又去世了。孔子欲将母亲与父亲合葬，但弄不清楚父墓是殡是葬。问了一些见到的人，都以为是葬。孔子不知如何办才好。最后问到耶曼父的母亲，才知道是殡。这样他才能够将母亲和父亲合葬于防。邻居有丧事，即使在舂米时也不可喊号子。邻里有停殡待葬的，就不要在街巷中唱歌。戴丧冠不应使冠缨打好结后还有下垂部分。

【原文】

　　有虞氏瓦棺①，夏后氏堲周②，殷人棺椁，周人墙置翣。周人以殷人之棺椁葬长殇，以夏后氏之堲周葬中殇、下殇，以有虞氏之瓦棺葬无服之殇。夏后氏尚黑；大事敛用昏，戎事乘骊，牲用玄。殷人尚白；大事敛用日中，戎事乘翰，牲用白。周人尚赤；大事敛用日出，戎事乘騵，牲用骍。

　　穆公之母卒，使人问于曾子曰："如之何？"对曰："申也闻诸申之父曰：'哭泣之哀，齐、斩之情，饘粥之食，自天子达。布幕，卫也；縿幕，鲁也。'"

【注释】

　　①有虞氏：帝舜的姓。瓦棺：以瓦为棺。②堲：涂饰。周：周边。

【译文】

　　虞舜时开始用瓦棺，但尚无椁。夏代则在瓦棺之外，又加堲周为椁。殷人开始用木材做内棺和外椁。周人则除木制棺椁以外，又加上两样遮挡灵柩的装饰物：墙和翣。真是越到后代越讲究啊。周人用殷代的棺椁来葬十六岁至十九岁的夭殇者，用夏代的堲周制度葬十二岁至十五岁的夭殇者，用舜时的瓦棺葬八岁以下的夭殇者。夏代崇尚黑色，办丧事入殓都在黄昏，战车驾以黑马，祭祀用黑色的牺牲。殷人崇尚白色，办丧事入殓都在正午，战车驾以白马，祭祀用白色的牺牲。周人崇尚赤色,办丧事入殓都在日出,战车驾以赤马,祭祀用赤色的牺牲。

鲁穆公的母亲去世了,派人去向曾子讨教说:"丧事该如何办?"曾子回答说:"我听我的父亲讲过,通过哭泣来抒发悲哀之情,通过披麻戴孝来纪念父母对自己的无限恩情,通过喝粥度日来表示孝子的食不甘味,所有这些,上自天子,下至庶人,不分贵贱,都是一样的。用布做殡时所用的棺罩,这是卫国的习俗;用帛做殡时所用的棺罩,这是鲁国的习俗。此属小节,不必尽同。"

【原文】

晋献公将杀其世子申生,公子重耳谓之曰:"子盖①言子之志于公乎?"世子曰:"不可,君安骊姬,是我伤公之心也。"曰:"然则盖行②乎?"世子曰:"不可,君谓我欲弑君也,天下岂有无父之国哉!吾何行如之?"使人辞于狐突曰:"申生有罪,不念伯氏之言也,以至于死,申生不敢爱其死;虽然,吾君老矣,子少,国家多难,伯氏不出而图③吾君,伯氏苟出而图吾君,申生受赐④而死。"再拜稽首,乃卒。是以为"恭世子"也。

【注释】

①盖:同"盍",何不。②行:逃亡。③图:出谋划策。④赐:恩惠。

【译文】

晋献公将要杀害他的太子申生。公子重耳对申生说:"您怎么不把受诬陷的情况向父亲讲明白呢?"太子说:"不可。父亲他老人家不可一天没有骊姬,我如果把事情讲明,骊姬必然有罪,这样一来,岂不是伤了他老人家的心吗?"重耳说:"那么为什么不逃往他国呢?"太子说:"不可。他老人家给我加上的罪名是谋害君父。试想,普天之下哪里有接纳谋害君父之人的国家呢,我能逃到哪里去呢?"申生派人向狐突诀别说:"我申生有罪,没有听从您的劝告,以至于陷于死地。我个人并不觉得自己死得可惜。尽管如此,想到国君年纪已老,继承人年龄又小,国家正处于多事之秋,您又不出山为我们的国君出谋划策,这使我放心不下。如果您肯出山为我们的国君出谋划策,申生将怀着对您的感激而死。"申生行过再拜稽首之礼,就自杀了。由于申生一味敬顺事上,所以谥为"恭世子"。

【原文】

鲁人有朝祥而莫①歌者,子路笑之。夫子曰:"由,尔责于人,终无已夫?三年之丧,亦已久矣夫。"子路出,夫子曰:"又多乎哉!踰②月则其善也。"

鲁庄公及宋人战于乘丘。县贲父御,卜国为右。马惊,败绩,公队③。佐车授绥。公曰:"末之卜也。"县贲父曰:"他日不败绩,而今败绩,是无勇也。"遂死之。圉人浴马,有流矢在白肉④。公曰:"非其罪也。"遂诔⑤之。士之有诔,自此始也。

【注释】

①莫:同"暮",晚上。②踰:同"逾",超过。③队:同"坠",坠落。④白肉:大腿内侧的肉。⑤诔:追述死者功德的悼念文章。这里做动词,写文章追念。

【译文】

鲁国有个人,早上行过大祥除服之祭,晚上就唱起歌来了。子路听见了,就讥笑此人为乐过速。孔子则说:"由!你责备别人就没完没了吗?三年之丧,时间也够长了,很多人连这一点还做不到呢。"子路出去以后,孔子又说:"按说嘛,离可以唱歌的日子也没有多久了,如果他过一个月再唱歌,那就无可挑剔了。"

鲁庄公领兵与宋国军队战于乘丘。鲁庄公所乘的战车上,县贲父负责驾车,卜国负责保卫。驾车的马忽然受惊乱跑,庄公从车上摔了下来。幸亏副车上的人递给庄公登车的引绳,把他拉上了副车。庄公说:"马惊失列,是驾车者的责任。我没有事先占卜一下驾车者的人选,所以事情才会这样。"县贲父说:"平常驾车,马不乱跑;今天驾车倒乱跑起来,这说明我还缺乏勇气。"于是赴敌而死。后来,马夫洗马,才发现有一支箭射到了马大腿内侧的肉里。庄公说:"原来如此,是我错怪县贲父了。"于是就写了一篇表彰死者功德的诔文。士这一阶层也能有诔,就是从这件事开始的。

【原文】

曾子寝疾，病①。乐正子春坐于床下，曾元、曾申坐于足，童子隅坐而执烛。童子曰："华而睆②，大夫之簀与？"子春曰："止！"曾子闻之，瞿然③曰："呼！"曰："华而睆，大夫之簀与？"曾子曰："然，斯季孙之赐也，我未之能易也。元，起易簀。"曾元曰："夫子之病革④矣，不可以变。幸而至于旦，请敬易之。"曾子曰："尔之爱我也不如彼。君子之爱人也以德，细人⑤之爱人也以姑息。吾何求哉？吾得正而毙焉，斯已矣。"举扶而易之。反席未安而没。

【注释】

①病：病情严重。②华而睆：华，华丽，有彩饰的；睆，明亮的样子。③瞿然：惊怕的样子。④革：通"亟"，急，此处指危急。⑤细人：小人。

【译文】

曾子卧病在床，病得很厉害。他的弟子乐正子春坐在床下，他的儿子曾元、曾申坐在脚旁。一个小孩子坐在角落里，手执火炬。小孩子看到曾子身下的竹席，便说："多么漂亮光滑呀！是大夫用的竹席吧？"子春说："别作声！"曾子听到了，猛然惊醒过来，虚弱地出了口气。小孩子又说："多么漂亮光滑呀！是大夫用的竹席吧？"曾子说："是的。这是季孙送的，我因为病重，未能把它换掉。元呀，起来把席子换掉！"曾元说："您老人家的病已经很重了，不可以移动。希望能等到天亮，再为您换掉它。"曾子说："你爱我的心意还不如那个小孩子。君子爱人，要考虑如何成全他的美德；小人爱人，则是考虑如何让他苟且偷安。此刻我还求什么呢？我能够合乎礼仪地死去，我的愿望就满足了。"于是，他们抬起曾子换席，换过后再把曾子放回席上，还没有放好，曾子就断气了。

【原文】

始死，充充如有穷；既殡，瞿瞿①如有求而弗得；既葬，皇皇②如有望而弗至。练而慨然，祥而廓然③。邾娄复之以矢，盖自战于升陉始也。鲁妇人之髽而吊也，自败于台鲐始也。南宫绦之妻之姑之丧④，夫子诲之髽曰："尔毋从⑤从尔！尔毋扈扈尔！盖榛以为笄，长尺，而总八寸。"孟献子禫，县而不乐，比御而不入。夫子曰："献子加于人一等矣！"孔子既祥，五日弹琴而不成声，十日而成笙歌。有子盖既祥而丝屦、组缨。死而不吊者三：畏、厌、溺。

【注释】

①瞿瞿：目光四处搜寻的样子。②皇皇：如"惶惶"，心神不安的样子。③廓然：空虚，空寂。④三个"之"，第二个为动词，去；其余两个为助词，的。姑，丈夫的母亲。⑤从：高大的样子。⑥扈：广大的样子。

【译文】

双亲刚死的时候，孝子满腔悲痛，好像日子没法子再过下去了。殡殓以后，孝子的眼神不定，好像在寻找什么而又找不到的样子。埋葬以后，孝子彷徨无依，好像在盼望亲人归来而又盼不到的样子，周年以后，就感慨时间过得太快，除服以后，还觉得内心相当空虚。邾娄人用箭来招魂，是从升陉之战以后开始的。鲁国妇人露着髻去吊丧的习惯，是从台鲐之战失败后开始的。南宫绦的妻子死了婆婆，孔子教她做丧髻的方法说："你不要把丧髻做得太高，也不要做得太大。用榛木做簪子，其长一尺；束发的布条，其垂下的部分是八寸长。"。孟献子行过禫祭以后，家中的乐器仍然悬而不奏，有妇人侍寝也不入寝室之门。孔子说："一般人都做不到这一点，献子能够做到，真是过人一等啊！"孔子在大祥后五天开始弹琴，但弹不成声调；在大祥后逾月的又一旬里吹笙，其声调就和谐了。有子大概是祥祭一结束，就穿上有丝饰的鞋子、戴上用丝带作缨的帽子，这未免早了点。人死但不能去吊丧的有三种情况：畏惧谗言而自杀的，被高处坠物压死的，游于江河被淹死的。

【原文】

子路有①姊之丧，可以除之矣，而弗除也，孔子曰："何弗除也？"子路曰："吾寡兄弟而弗忍也。"孔子曰："先王制礼，行道之人皆弗忍也。"子路闻之，遂除之。

大公封于营丘，比及五世，皆反葬于周。君子曰："乐，乐其所自生②，礼不忘其本。古之人有言曰：狐死正丘首③。仁也。"伯鱼之母死，期而犹哭。夫子闻之曰："谁与哭者？"门人曰："鲤也。"夫子曰："嘻！其甚也。"伯鱼闻之，遂除④之。舜葬于苍梧之野，盖三妃未之从也。季武子曰："周公盖祔⑤。"曾子之丧，浴于爨室⑥。

【注释】

①有：助词。②乐，乐其所自生：前"乐"，读yuè，乐制；后"乐"，读lè，以……为乐。③正丘首：正，摆正，朝向；丘，狐狸的巢穴；首，头。④除：停止（哭泣）。⑤祔：合葬。⑥爨室：指做饭的屋子，即厨房。爨读cuàn，炉灶。

【译文】

子路为出嫁的姐姐服丧，到了可以除服的日子他还不除。孔子就问他："为什么还不除服呢？"子路说："我的兄弟很少，所以不忍心到了九个月就除服啊！"孔子说："先王制定的礼，对于正人君子来说，就是教他要适当控制感情的。"子路听了，就立即除掉了丧服。

太公封于齐，都营丘。因太公留朝为太师，死后遂葬于周。此后，其五代子孙虽死于齐，也都随太公葬于周。君子说："音乐，还是故国的声音最好听。礼的精神，也是不忘其本。"古人有句俗话说："狐狸死了，也要头对着狐穴所在的方向，这也是不忘其本啊！"伯鱼的庶母死了，过了周年，他还在哭。孔子听见了，就问道："是谁在哭呀？"他的弟子说："是鲤在哭。"孔子发出不满的声音，说："太过分了！"伯鱼听到后，就不再哭了。舜死后被葬于苍梧之野，大概他的三位妃子都没有与他合葬。季武子说："大概从周公开始才有夫妇合葬之事。"为曾子料理丧事时，其家属在厨房中为死者烧浴汤，这是失礼的。

【原文】

大功废业。或①曰："大功，诵可也。"子张病，召申祥而语之曰："君子曰终，小人曰死；吾今日其庶几乎②？"曾子曰："始死之奠③，其余阁④也与？"曾子曰："小功不为位也者，是委巷⑤之礼也。子思之哭嫂也为位，妇人倡踊⑥；申祥之哭言思也亦然。"

【注释】

①或：有的人。②庶几乎：或许，大概可以。③奠：将祭品置于神前祭神。④余阁：即"阁余"，阁中所余之意。阁，食物架，放置食物的阁子。余，剩余的食物。⑤委巷：委曲转折之巷，讥讽那些小巷深处不识礼仪之人。⑥倡踊：倡，发起，带头。踊，上，登上。此处应指上前到位列之中。

【译文】

服大功之丧要停止一切学业，以免干扰哀思。但是也有人说：服大功之丧，口诵诗歌还是可以的，只是不可奏乐。子张病危时，召申祥来，并告诉他说："君子之死叫作终，小人之死叫作死。我这一辈子大概差不多可以称作'终'了吧。"曾子说："人刚死时所设的祭奠，用的是架子上剩余的现成食物吧？"曾子说："小功之服，不按照亲疏的序列而哭，那是居于陋巷的庶人之礼。子思哭其嫂，就讲究亲疏的序列，由他的妻子先跳跃跺脚地哭，然后他才跟着哭。申祥之哭言思，也有这种讲究。"

【原文】

古者，冠缩缝①，今也，衡缝②；故丧冠之反吉，非古也。曾子谓子思曰："伋！吾执亲之丧也，水浆不入于口者七日。"子思曰："先王之制礼也，过之者俯而就之，不至焉者，跂③而及之。故君子之执亲之丧也，水浆不入于口者三日，杖④而后能起。"曾子曰："小功不税⑤，则是远兄弟终无服也，而可乎？"

【注释】

①冠：丧冠。缩：纵，直。缝：缝制。②衡缝：横，横向。③跂：登，这里应是踮脚之意。④杖：名词动用，拄杖（而起）。⑤税：丧礼规定的追服，即不能在丧之始穿丧服，从闻讯之日起着丧服。

【译文】

古时候无论吉冠凶冠都是直缝的，现在的吉冠是横缝的，凶冠仍然直缝，看起来正和吉冠相反，这并不意味着古代也是这样的。曾子对子思自夸说："伋！我父亲刚死的时候，我一点不吃一点不喝达到了七天。"子思说：

"先王制礼，是折衷人情而制定标准，行礼过分者应该自己委曲点以期符合标准，而行礼欠缺者应该自己加把劲以期达到标准。所以，君子在父亲刚死的时候，不吃不喝三天也就可以了，尽管只是三天，可孝子也要扶着丧杖才能立起身来。"曾子说："依礼，小功之服，在丧期已过才听到丧信，就不用追服。如此说来，对于在远处去世的从祖兄弟根本就谈不上有丧服了，这样做合适吗？"

【原文】

伯高之丧，孔氏之使者未至，冉子摄①束帛、乘马而将之。孔子曰："异哉！徒使我不诚于伯高。"伯高死于卫，赴②于孔子，孔子曰："吾恶乎哭诸③？兄弟，吾哭诸庙；父之友，吾哭诸庙门之外；师，吾哭诸寝；朋友，吾哭诸寝门之外；所知，吾哭诸野。于野，则已疏；于寝，则已重。夫由赐也见我，吾哭诸赐氏。"遂命子贡为之主，曰："为尔哭也来者，拜之；知伯高而来者，勿拜也。"

【注释】

①摄：带。②赴：赶来（相告）。③吾恶乎哭诸：恶乎，相当于"呜呼"，表示感叹的语气词。诸，哪里。

【译文】

伯高死了，孔子派去致吊送礼的使者还没到，孔子的弟子冉有就代为准备了一份含有一束帛四匹马的礼物，并称是奉了孔子之命。孔子听说后，说："真奇怪！这平白让我失去了对伯高的诚信。"伯高死于卫国，其家属派人来向孔子报丧。孔子说："我在什么地方哭伯高呢？如果是兄弟，我在祖庙里哭他；父亲的朋友，我在庙门外哭他；老师，我在正寝里哭他；朋友，我在正寝门外哭他；只是互通姓名的泛泛之交，我在野外哭他。对于伯高来说，在野外哭他，显得交情太浅；在正寝哭他，又显得礼数太重。他是通过子贡和我见面认识的，我还是到子贡家哭他吧。"于是，命子贡代为丧主。因为这和丧之正主不同，所以他特地交代子贡："是为了你本人的关系来哭的，你就拜谢；为了和伯高有交情而来哭的，就用不着你来拜谢。"

【原文】

　　曾子曰："丧有疾，食肉饮酒，必有草木之滋焉。"以为姜桂之谓也。子夏丧其子而丧其明。曾子吊之曰："吾闻之也：朋友丧明则哭之。"曾子哭，子夏亦哭，曰："天乎！予之无罪也。"曾子怒曰："商，女何无罪也？吾与女事夫子于洙泗之间，退而老于西河之上，使西河之民疑女于夫子，尔罪一也；丧尔亲，使民未有闻焉，尔罪二也；丧尔子，丧尔明，尔罪三也。而曰女何无罪与！"子夏投其杖而拜曰："吾过矣！吾过矣！吾离群而索居，亦已久矣。"

【译文】

　　曾子说："居丧期间生病，可以吃肉喝酒，还必须加上草木的滋味。"所谓"草木"，指的是生姜和肉桂。子夏因为死了儿子而哭瞎了眼睛。曾子去慰问他，说："我听说过，朋友丧失了视力，应该为他难过得哭一场。"说完就哭了。子夏也跟着哭，说："天啊！我是无罪的，怎么落此下场！"曾子一听动了气，说："商！你怎么无罪呢？我和你都在洙、泗之间跟着我们的老师学习本领，年纪大了，你就回到了西河地区，也没听说你如何称扬老师，倒是使西河的居民把你比作我们的老师，这是你的第一条罪过。你的双亲死了，居丧期间，你也没有让当地居民看到你有什么好的表现，这是你的第二条罪过。死了儿子，你就哭瞎了眼睛，说明你把儿子看得太重要，这是你的第三条罪过。你怎么会没有罪过呢？"子夏听得很服气，就抛开手杖下拜说："我错了！我错了！我离开朋友而独居，时间也太久了！"

【原文】

　　夫昼居于内，问其疾可也；夜居于外，吊之可也。是故君子非有大故，不宿于外；非致齐也、非疾也，不昼夜居于内。高子皋之执亲之丧也，泣血①三年，未尝见齿②，君子以为难。衰③，与其不当物④也，宁无⑤衰。齐衰不以边坐，大功不以服勤。

【注释】

　　①泣血：无声而哭，即饮泣，并非哭出血来。②见齿：微笑。③衰：同"缞"，

丧服的样式。④当物：合乎礼制。⑤宁无："宁无"与前句"与其"连用，构成"与其…不如…"的句式。

【译文】

大白天还待在正寝之中，亲朋好友就可以前往探病；夜里睡在中门以外，亲朋好友就可以前往吊丧。因此，君子不是由于居丧，是不会在中门外睡觉的；不是祭前的斋戒，不是生病，不会无论白天黑夜都待在正寝之中。高子皋在为父亲守丧时，无声而泣了三年，从来没有笑过。君子认为这是一般人做不到的。丧服的制作皆有法度，如果所穿的丧服不合法度，那就乱了规矩，还不如不穿丧服呢。身穿齐衰，就不可偏倚而坐；身着大功，就不可去干用力的活儿。

【原文】

孔子之卫，遇旧馆人之丧，入而哭之哀。出，使子贡说骖而赙之①。子贡曰："于门人之丧，未有所说骖，说骖于旧馆，无乃已重乎？"夫子曰："予乡者入而哭之，遇于一哀而出涕。予恶夫涕之无从也。小子行之。"

孔子在卫，有送葬者，而夫子观之，曰："善哉为丧乎！足以为法矣，小子识之。"子贡曰："夫子何善尔也？"曰："其往也如慕②，其反也如疑。"子贡曰："岂若速反而虞乎？"子曰："小子识之，我未之能行也。"

颜渊之丧，馈祥肉，孔子出受之；入，弹琴而后食之。孔子与门人立，拱而尚右，二三子亦皆尚右。孔子曰："二三子之嗜学也，我则有姊之丧故也。"二三子③皆尚左。

【注释】

①说：通"脱"，脱开，解下。赙：作动词时指以财物助人办丧事，作名词时指送给丧家的布帛财物。②慕：思慕，追思。③二三子：此处是孔子对其门下弟子的称呼，相当于"诸位""诸君"。

【译文】

孔子到卫国去，正碰上过去下榻的馆舍的主人去世，就进去吊丧，哭得也很伤心。哭罢出来，孔子让子贡解下骖马送给丧家。子贡说："对于你的学生的死，你都从来没有解下骖马相赠，而现在要解下骖马赠给过去下榻的馆舍的主人之家，未免礼数太重了吧？"孔子说："我刚才进去哭他，恰巧悲从中来而流泪。我讨厌那种光空流眼泪而没有实际行动的做法。你还是照我说的去办吧！"

孔子在卫国的时候，有人送葬，而孔子在一旁观看，说："这丧事办得真好啊！完全可以作为人们的榜样。你们要好生记住。"子贡说："老师为什么称赞那丧事办得好呢？"孔子回答说："那孝子在送葬的路上，就像婴儿之思慕其亲而哭泣不止；下葬后回来，又像是担心亲人的神灵不能跟着一道回来而迟疑不前。"子贡说："恐怕还不如快点回家准备安神的虞祭吧？"孔子说："你们要好生记住这个榜样，连我也做不到他那样呢！"

颜渊死后，到了大祥之祭，其家送来祭神的肉。孔子到门外接受，进到屋里，先弹了一会儿琴，然后才吃。孔子与其弟子们一道站立时，他抱拳的姿势是右手在外，弟子们也都右手在外。孔子说："你们这些弟子太喜欢学我了。我右手在外，是因为有姐姐之丧的缘故啊！"弟子们明白了过来，就都改为左手在外。

【原文】

孔子蚤作①，负手曳杖②，消摇③于门，歌曰："泰山其颓乎？梁木其坏乎？哲人其萎乎？"既歌而入，当户而坐。子贡闻之曰："泰山其颓，则吾将安仰？梁木其坏、哲人其萎，则吾将安放？夫子殆将病也。"遂趋而入。夫子曰："赐！尔来何迟也？夏后氏殡于东阶之上，则犹在阼也；殷人殡于两楹之间，则与宾主夹之也；周人殡于西阶之上，则犹宾之也。而丘也殷人也。予畴昔之夜，梦坐奠于两楹之间。夫明王不兴，而天下其孰能宗予？予殆将死也。"盖寝疾七日而没。

【注释】

①蚤作：早起，比平日起得早。②负手曳杖：负手，倒背着手。曳杖，拖着手杖。③消摇：即"逍遥"，本意是无拘无束自由自在的意思，这里是散漫游荡、百无聊赖的意思。

【译文】

孔子一早起来，背着两手，拖着手杖，悠闲自得地在门外踱步，口中唱着："泰山要崩塌了吧？大梁将折断了吧？哲人将凋零了吧？"唱罢走进屋里，对着门坐下。子贡听到歌声，说："泰山如果崩塌，叫我们仰望什么呢？大梁如果折断，哲人如果凋零，叫我们依靠谁呢？听歌中之意，夫子大概要生病了吧？"于是就快步走进屋里。孔子说："赐，你怎么这么晚才来呀？夏后氏停柩于东阶之上，那是还把死者当作主人看待的。殷人停柩于两楹之间，那是介乎宾主之间的位置。周人停柩于西阶之上，那是把死者当作宾客看待的。我是殷人的后代。昨天夜里，我梦见自己安坐在两楹之间，没有明王兴起，天下有谁会把我当作立于两楹之间的国君那样尊重呢？这样看来，我大概是快死了吧。"果不其然，说过这番话以后，孔子大概病了七八天就去世了。

【原文】

孔子之丧，门人疑所服。子贡曰："昔者夫子之丧颜渊，若丧子而无服；丧子路亦然。请丧夫子，若丧父而无服。"孔子之丧，公西赤为志焉。饰棺墙，置翣设披，周也；设崇，殷也；绸练设旐，夏也。子张之丧，公明仪为志焉。褚幕丹[①]质，蚁结于四隅，殷士也。

【注释】

①丹：同"单"，单层。

【译文】

孔子去世的时候，他的弟子们都不清楚该为老师穿哪一等丧服。子贡说："以前夫子哀悼颜渊，其悲痛如同丧子一样，但不穿任何丧服。哀悼子路时也是这样。让我们悼念夫子，就像悼念父亲一样，但也不穿任何丧服。"孔子的丧事，是公西赤为之设计的。为了装饰棺木，棺外设有帷幄，帷幄外有羽饰，灵柩上系有披带，这些都是周代的制度；乘车上设置崇牙状的旌旗，这是殷代的制度；用素锦缠绕旗杆，杆上挑着宽为二尺二寸长为八尺的黑布幡，这是夏代的制度。子张的丧事，是公明仪为之设计的。用红布做成紧贴棺身的棺罩，在棺罩的四角画着像蚂蚁交错爬行的纹路，这是殷代的士礼。

檀弓上

【原文】

子夏问于孔子曰："居父母之仇①如之何？"夫子曰："寝苫枕干，不仕，弗与共天下也；遇诸市朝，不反兵②而斗。"曰："请问居昆弟之仇如之何？"曰："仕弗与共国；衔君命而使，虽遇之不斗。"曰："请问居从父昆弟之仇如之何？"曰："不为魁，主人能，则执兵而陪其后。"

【注释】

①居父母之仇：居，处在，处于。仇，仇敌，此处指杀父母之仇。②反兵：返回去搬援兵。

【译文】

子夏向孔子请教说："对于杀害父母的仇人应该怎么办？"孔子说："睡在草垫子上，枕着盾牌，不担任公职，时刻以报仇雪恨为念，决心不和仇人并存于世。不论到什么地方，武器都不离身。若是在市上或公门碰到了，拔出武器就和他拚命。"子夏又问："请问对杀害亲兄弟的仇人应该怎么办？"孔子说："不和仇人在同一国家担任公职。如果是奉君命出使而和仇人相遇，应当以君命为重，暂不与之决斗。"子夏又问："请问对杀害堂兄弟的仇人该怎么办？"孔子说："报仇的时候，自己不可带头，要让死者的子弟带头，自己手执武器随后协助。"

【原文】

孔子之丧，二三子皆绖而出。群居则绖，出则否。易墓①，非古也。子路曰："吾闻诸夫子：'丧礼，与其哀不足而礼有余也，不若礼不足而哀有余也。祭礼，与其敬不足而礼有余也，不若礼不足而敬有余也。'"

【注释】

①易墓：修治墓地的草木。

【译文】

孔子去世以后，他的弟子们都在头上缠一条孝布，在腰间束一根麻带。

但只有在弟子们聚在一起时才这样戴孝，单独出门办事就不戴了。整治墓地的草木，不使其荒秽，并非古来如此。子路说："我听夫子说过，举行丧礼，与其哀痛不足而冥器衣衾之类有余，还不如冥器衣衾之类不足而哀痛有余；举行祭礼，与其恭敬不足而祭品有余，还不如祭品不足而恭敬有余。"

【原文】

曾子吊于负夏，主人既祖，填池，推柩而反之，降妇人而后行礼。从者曰："礼与？"曾子曰："夫祖者且也；且，胡为其不可以反宿①也？"从者又问诸子游曰："礼与？"子游曰："饭于牖下，小敛于户内，大敛于阼，殡于客位，祖于庭，葬于墓，所以即远也。故丧事有进而无退。"曾子闻之曰："多矣乎，予出祖者。"曾子袭裘而吊，子游裼裘而吊。曾子指子游而示人曰："夫夫也，为习于礼者，如之何其裼裘而吊也？"主人既小敛、祖、括发；子游趋而出，袭裘带绖而入。曾子曰："我过矣，我过矣，夫夫是也。"

【注释】

①反宿：即"反柩"，将棺材掉转方向。

【译文】

曾子到负夏吊丧。主人已经行过祖奠，设了池，把柩车装饰妥当，正要出葬，见到曾子来吊，深感荣幸，就又把柩车掉头向内，使家中妇女仍然停留在两阶之间，然后行礼拜谢。随从者问曾子说："这样做合乎礼吗？"曾子巧辩说："祖奠的'祖'字是暂且的意思，既然是暂且的祭奠，把柩车掉头向内有何不可呢？"随从者又就此事请教子游，说："这样做合乎礼吗？"子游说："在正寝的南牖下含饭，在正寝的当门处小敛，在表示主位的东阶上大敛，在表示客位的西阶上停柩，在祖庙的堂下举行最后告别的祖奠，最后葬于野外的墓里，从始死到下葬的整个过程，是一步一步地由近而远。所以，办理丧事，有进而无退。"曾子听了，大为折服，说："比我解释的祖奠强多了！"曾子掩着正服上襟，以凶服的装束去吊丧。子游却敞开正服上襟，以吉服的装束去吊丧。曾子指着子游对众人说："你们看这个人，号称礼学专家，怎么竟穿着吉服来吊丧了？"小敛以后，主人袒衣而露出左臂，去掉发髻上的笄重新用麻束发。子游看到主人已经变服，就快步走出，掩起正服前襟，冠上

檀弓上

加了葛绖，腰上缠条葛带，也变为凶服装扮，然后再进来。曾子看到后，才恍然大悟，说："我错了！我错了！这个人的做法才是对的。"

【原文】

子夏既除丧而见，予之琴，和之而不和①，弹之而不成声。作而曰："哀未忘也。先王制礼，而弗敢过也。"子张既除丧而见，予之琴，和之而和，弹之而成声，作而曰："先王制礼不敢不至焉。"

【注释】

①和之而不和：前"和"读hè，调弦。后"和"读hé，和谐，音韵调和。

【译文】

子夏在除掉丧服之后去见孔子。孔子递给他一张琴，他调不好弦，也弹不成调，就站起来说："这是因为悲哀还没有忘掉。先王制定的礼，我也不敢勉强越过。"子张在除掉丧服之后去见孔子。孔子递给他一张琴，他调弦也能调好，弹奏也能成调，站起来说："先王制定的礼，我也不敢不努力做到。"

【原文】

司寇惠子之丧，子游为之麻衰牡麻绖，文子辞曰："子辱①与弥牟之弟游，又辱为之服，敢辞。"子游曰："礼也。"文子退反哭，子游趋而就诸臣之位，文子又辞曰："子辱与弥牟之弟游，又辱为之服，又辱临其丧，敢辞。"子游曰："固以请。"文子退，扶适子南面而立曰："子辱与弥牟之弟游，又辱为之服，又辱临其丧，虎也敢不复位。"子游趋而就客位。将军文子之丧，既除丧，而后越人来吊，主人深衣练冠，待于庙，垂涕洟，子游观之曰："将军文氏之子其庶几乎！亡于礼者之礼也，其动也中。"

【注释】

①辱：谦辞，承蒙。

【译文】

司寇惠子死了，子游作为朋友前去吊丧，但穿的吊服很特别，衰是麻衰，绖是牡麻绖。

文子辞谢说："舍弟生前承蒙您和他交往，死了又承蒙您为他服此种吊服，真是不敢当。"子游说："这是符合礼的。"文子没有觉察到子游的用意，就又退回原位，继续哭泣。子游看到文子还不自觉，就快步走到家臣们哭吊的位置上。文子见子游就错了位，又来辞谢说："舍弟生前承蒙您和他交往，又承蒙您为他服吊服，而且还劳驾参加丧礼，实在不敢当。"子游说："千万不要客气。"文子这才明白子游的用意，于是退下，扶出惠子的嫡子虎南面而立，就主人的正位，并说："舍弟生前承蒙您和他交往，死后又承蒙您为他服吊服，而且还劳驾参加丧礼，虎敢不回到主人的正位上来拜谢吗？"子游见目的已经达到，就连忙由臣位走向客位。将军文子死了，其子已经守丧三年，除了丧服，而此时又有遥远的越国人前来吊丧。主人身穿深衣，头戴练冠，不迎宾，在祖庙受吊，而且悄悄地淌着眼泪、流着鼻涕。子游见到了，大为赞赏，说："将军文子的儿子真不简单！礼文上没有的礼节，他做得是那么得体。"

【原文】

幼名①，冠字，五十以伯仲，死谥，周道也。绖也者实也。掘中霤②而浴，毁灶以缀③足；及葬，毁宗躐行④，出于大门，殷道也。学者行之。子柳之母死，子硕请具。子柳曰："何以哉？"子硕曰："请粥庶弟之母。"子柳曰："如之何其粥⑤人之母以葬其母也？不可。"既葬，子硕欲以赙布⑥之余具祭器。子柳曰："不可，吾闻之也：君子不家于丧。请班⑦诸兄弟之贫者。"

【注释】

①名：起名，作动词用。②霤：泛指流下屋檐的雨水。中霤：此处代指寝室中央。③缀：拘系。④躐：践，踏。躐行，殷代贵族的一种葬礼，谓灵柩经过行路神坛如生时，祈求途中安稳。⑤粥：通"鬻"，卖，这里是嫁的意思。⑥赙布：赙，拿钱财帮助别人办理丧事。布，古代钱币。⑦班：通"颁"，发放。

【译文】

幼小时称呼其名。二十岁行过冠礼以后，则称呼其字。五十岁以后只称呼其排行，或伯或仲或叔或季。死后称其谥号。这是周朝的制度。绖是有实际

檀弓上

内容的，那就是表示内心的哀戚。在正寝的中央掘坑来浴尸，把灶拆毁，用其砖来拘束死者之脚；到了出葬的时候，毁掉庙墙而凌越行神之位，不经中门就直接把柩车拉出大门，这是殷代的制度。跟着孔子学习的人，往往效法殷制。子柳的母亲死了，他的弟弟子硕请求备办葬具。子柳说："钱从哪里来呢？"子硕说："让我们把庶弟的母亲卖了吧。"子柳说："我们怎么可以卖别人之母以葬自己之母呢？这绝对使不得。"埋罢母亲，子硕想用剩下的亲朋赠送助办丧事的钱财置办祭器，子柳说："这也使不得。我听说过，君子是不靠办丧事发家的。这些剩余的钱财，让我们分给兄弟中的贫困者吧。"

【原文】

君子曰："谋人之军师，败则死之；谋人之邦邑，危则亡之。"公叔文子升于瑕丘，蘧伯玉从。文子曰："乐哉斯丘也，死则我欲葬焉。"蘧伯玉曰："吾子乐之，则瑗请前。"

弁①人有其母死而孺子泣者，孔子曰："哀则哀矣，而难为继也。夫礼，为可传也，为可继也。故哭踊②有节。"

叔孙武叔之母死，既小敛，举者出户，出户袒，且投其冠括发③。子游曰："知礼④。"扶君，卜人师扶右，射人师扶左；君薨以是举⑤。从母⑥之夫，舅之妻，二夫人相为服，君子未之言也。或曰：同爨，缌。

【注释】

①弁：同"卞"，地名，鲁邑。在山东省泗水县东，洙水北岸。②哭踊：丧礼仪节，边哭边顿足。③括发：束发服丧。与前面的"袒""投其冠"均为服丧之礼。④知礼：这是子游讥讽武叔失礼的反语。⑤举：抬起（尸体），似亦可解作"推荐，选拔"之意。⑥从母：母亲的姊妹。

【译文】

君子说："如果为国君的军事行动谋划，不幸失败，就应引咎自裁。如果为国君谋划如何保卫国都，不幸国都处于危险之中，就应引咎接受放逐，让开贤路。"公叔文子登上瑕丘，蘧伯玉也跟了上去。文子说："瑕丘的山水太招人喜欢了！如果我死了，就想葬在这里。"蘧伯玉说："您既然喜欢，我自然也喜欢，我愿先死，抢先葬于此地。"

弁邑有个人死了母亲，其哭声像幼儿哭母，任情号哭，全无节奏。孔子说："这种哭法，就表达悲哀而言没什么说的，问题在于一般人都学不了。礼在制定的时候，就要考虑如何才能传给后代，如何才能使每个人都可做到。所以，丧礼中的哭泣和顿足，都是有一定之规的。"

叔孙武叔的母亲死了，小敛罢，抬尸的人将尸体抬出寝门，叔孙武叔跟着出门，直到这时候他才袒露左臂，去掉原来发髻上的筓纚，重新用麻束发。子游说："这也算懂得礼节吗？"搀扶生病的国君，太仆之官扶其右，射人之官扶其左。国君死后，迁尸、正尸的工作，也由此二官如此办理。母亲姐妹的丈夫，舅舅的妻子，这二人去世后外甥为其着丧服，君子未曾说过有这样的做法。也有人说，大概是因为外甥与其共住受恩，因此才为其着丧服。

【原文】

丧事，欲其纵纵①尔；吉事，欲其折折②尔。故丧事虽遽，不陵节；吉事虽止，不怠。故骚骚③尔则野，鼎鼎④尔则小人。君子盖犹犹⑤尔。丧具，君子耻具⑥，一日二日而可为也者，君子弗为也。丧服，兄弟之子犹子也，盖引而进之也；嫂叔之无服也，盖推而远之也；姑姊妹之薄也，盖有受我而厚之者也。

【注释】

①纵纵：急促匆忙的样子。②折折：安闲舒缓的样子。③骚骚：急迫的样子。④鼎鼎：原指盛大、显赫的样子，这里引申为极度舒缓。⑤犹犹：快慢适宜。⑥具：作动词，准备。

【译文】

办丧事，要有急迫的样子；办吉事，要有从容的态度。然而，丧事虽然要急急地办，却不可不按步骤；吉事虽然有喘口气的时间，但也不可懈怠。所以，如果操之过急，就显得粗野；如果节奏过于缓慢，就像是无知的小人模样。君子办事总是快慢适中。送死用的棺木、衣物之类东西，君子以事先准备齐全为耻。那些一两天内可以赶制出来的东西，君子是不会事先做好的。穿丧服的规定：为侄子就如同为儿子，都穿齐衰不杖期的丧服，这是为了表示亲近而提高丧服等级；嫂子和小叔之间互不穿孝，这是为了表示男女有嫌而有意把关系疏远；姑、姊妹出嫁以后，不再为之服期而降服大功，是因为她们对我的责任已经转移到她们的丈夫身上。

【原文】

食于有丧者之侧,未尝饱也。曾子与客立于门侧,其徒趋而出。曾子曰:"尔将何之?"曰:"吾父死,将出哭于巷。"曰:"反,哭于尔次①。"曾子北面而吊焉。孔子曰:"之死而致死之,不仁而不可为也;之死而致生之,不知而不可为也。是故,竹不成用,瓦不成味,木不成斲,琴瑟张而不平,竽笙备而不和,有钟磬而无簨虡,其曰明器,神明之也。"

【注释】

①次:旅馆之客房。

【译文】

孔子在死了亲属的人旁边吃饭,从来没有吃饱过。曾子和客人站在门旁,有个弟子快步要出门。曾子问道:"你要到哪里去?"弟子说:"我父亲死了,我要到巷子里去哭。"曾子说:"回去吧,就在你住的房间里哭。"然后曾子面向北,就宾位而向弟子致吊。孔子说:"孝子以器物送葬,认定死者是无知的,这种态度缺乏爱心,不可以这样做。孝子以器物送葬,认定死者是有知的,这种态度缺乏理智,也不可以这样做。所以,送葬的器物既不能取消,也不能做得像活人用的那样完美。送葬的竹器,没有藤缘,不好使用;瓦盆漏水,不好用来洗脸;木器也没有精心雕斲;琴瑟虽然上了弦,但没有调好音阶;竽笙的管数也不少,但就是吹不成调;钟磬不缺,但没有悬挂钟磬的架子。这样的送葬器物就叫作'明器',意思是把死者当作神明来看待。"

【原文】

有子问于曾子曰:"问丧①于夫子乎?"曰:"闻之矣:丧欲速贫,死欲速朽。"有子曰:"是非君子之言也。"曾子曰:"参也闻诸夫子也。"有子又曰:"是非君子之言也。"曾子曰:"参也与子游闻之。"有子曰:"然,然则夫子有为言之也。"曾子以斯言告于子游。子游曰:"甚哉,有子之言似夫子也。昔者夫子居于宋,见桓司马自为石椁,三年而不成。夫子曰:'若是其靡也,死不如速朽之愈也。'死之欲速朽,为桓司马言之也。南宫敬叔反,必载宝而朝。夫子曰：'若是其货也，丧不如速贫之愈也。'丧之欲速贫，为敬叔言之也。"曾子以子游之言告于有子，有子曰："然，吾固曰：非夫子之言也。"曾子曰："子何以知之？"有子曰："夫子制于中都，四寸之棺，五寸之椁，以斯知不欲速朽也。昔者夫子失鲁司寇，将之荆，盖先之以子夏，又申之以冉有，以斯知不欲速贫也。"

【注释】

①丧：丢掉，失去。

【译文】

有子向曾子问道："你从夫子那里可曾听说过如何对待丢掉官职？"曾子说："倒是听夫子说过，丢掉官职，最好快点贫穷；死了，最好快点烂掉。"有子说："这不像是君子应该说的话。"曾子说："这是我亲耳从夫子那里听到的呀！"有子仍然坚持说："这不像是君子应该说的话。"曾子说："是我与子游一道听到夫子这样讲的。"有子说："那么，我相信夫子是这样说过。但是，夫子一定是有所指才这样讲的。"曾子把这番对话告诉了子游。子游说："真了不得，有子的话太像夫子了！从前夫子住在宋国，见到桓司马为自己制造石椁，花了三年时间还没做好，夫子就说：'像他这样奢侈，死了，还不如快点烂掉为好。'死了最好快点烂掉，这是针对桓司马说的。南宫敬叔丢官以后，每次返国，一定满载珍宝去晋谒国君。夫子说：'像他这样行贿以求官，丢了官，还不如快点贫穷为好。'丢掉官职，最好快点贫穷，这是针对南宫敬叔说的"。曾子又把子游这番话讲给有子，有子说："这就对了。我本来就说过'这不像夫子所讲的嘛。'"曾子说："你是怎么知道的呢？"有子说："夫子当中都宰时，曾经规定，内棺四寸厚，外椁五寸厚，就凭这一点就可以知道夫子是不主张人死了就快点烂掉的。还有，从前夫子丢掉了鲁国司寇的官职，将要应聘到楚国去作官，就先派子夏去安排，接着又加派冉有去帮办，就凭这一点就可以知道夫子是不主张丢了官就速贫的。"

【原文】

陈庄子死，赴于鲁，鲁人欲勿哭，缪公召县子而问焉。县子曰："古之大夫，束修之问不出竟，虽欲哭之，安得而哭之？今之大夫，交政于中国，虽欲勿哭，焉得而弗哭？且臣闻之，哭有二道：有爱而哭之，有畏而哭之。"公曰："然，然则如之何而可？"县子曰："请哭诸异姓之庙。"于是与哭诸县氏。

【译文】

齐国大夫陈庄子死了，告丧于鲁。鲁君不想为陈庄子哭，但又怕得罪齐国。于是穆公召见县子，问他此事该怎么办才好。县子说："古代的大夫，根本谈不上和邻国有什么交往，你想为他哭吊，也没有那种机会。现在的大夫，把持国政，与诸侯交往频繁，即使是你不想为他哭吊，又怎能办得到呢？不过，我听人说过，哭有两种哭法，有的是因为爱他而哭，有的是因为怕他而哭。"穆公说："你讲的道理不错，问题是具体应该怎么办才能把事情应付过去。"县子说："建议您在异姓的祖庙中哭他。"于是穆公就到县氏的祖庙去哭。

【原文】

仲宪言于曾子曰："夏后氏用明器，示民无知也；殷人用祭器，示民有知也；周人兼用之，示民疑也。"曾子曰："其不然乎！其不然乎！夫明器，鬼器也；祭器，人器也；夫古之人，胡为而死其亲乎？"

【译文】

仲宪对曾子说："夏代用不堪使用的明器陪葬，是要向人民表示死者是无知觉的。殷人用可以使用的祭器陪葬，是要向人民表示死者是有知觉的。周人兼用明器和祭器，是要向人民表示，死者是有知或无知还难于肯定。"曾子说："恐怕不是这样吧！恐怕不是这样吧！所谓明器，是为鬼魂特制的器皿；所谓祭器，是孝子用自己正在使用的器皿奉祭先人。二者都是用来表示孝子的无限心意的。上古的人干吗要认定死去的亲人就毫无知觉了呢？"

【原文】

公叔木有同母异父之昆弟死，问于子游。子游曰："其大功乎？"狄仪有同母异父之昆弟死，问于子夏。子夏曰："我未之前闻也。鲁人则为之齐衰。"狄仪于齐衰。今之齐衰，狄仪之问也。

子思之母死于卫，柳若谓子思曰："子，圣人之后也，四方于子乎观礼，子盖慎诸。"子思曰："吾何慎哉？吾闻之：有其礼，无其财，君子弗行也；有其礼，有其财，无其时，君子弗行也。吾何慎哉！"

【译文】

公叔木有个同母异父的兄弟死了，向子游请教该服什么丧服。子游说："可能是大功吧。"狄仪有个同母异父的兄弟死了，向子夏请教该服什么丧服。子夏说："这种情况，我过去没有听说过，只知道鲁国的做法是为他服齐衰。"于是狄仪就服齐衰。现在人们为同母异父兄弟服齐衰，就是经狄仪这一问才定下来的。

子思的母亲在父亲死后改嫁到卫国，现在死了，子思前去奔丧。卫国有个叫柳若的对子思说："您是圣人的后代，各地的人都在关注您如何为嫁母持丧，您可得当心一点。"子思说："我有什么可当心的！我听说，按礼的规定应该做的，如果财力不足，君子是无法行礼的。按礼的规定应该做，财力也足够，但没有机会，君子也是无法行礼的。我有什么可当心的呢？"

【原文】

县子琐曰："吾闻之：古者不降，上下各以其亲。滕伯文为孟虎齐衰，其叔父也；为孟皮齐衰，其叔父也。"后木曰："丧，吾闻诸县子曰：夫丧，不可不深长思也，买棺外内易，我死则亦然。"曾子曰："尸未设饰①，故帷堂②，小敛③而彻帷。"仲梁子曰："夫妇方乱，故帷堂，小敛而彻帷。"小敛之奠，子游曰："于东方。"曾子曰："于西方，敛斯席矣。"小敛之奠在西方，鲁礼之末失也。

【注释】

①设饰：谓入殓前为死者穿衣化妆。②帷堂：丧礼小殓前设帷幕于堂上。③小敛：丧礼之一，给死者沐浴、穿衣、覆衾等。

【译文】

县子琐说："我听说，古时候，并不因为自己尊贵，就降低其以下的旁系亲属丧服的等级，无论是长辈还是晚辈，都按照本来的亲缘关系为服。举例来说，滕伯文以国君之尊为孟虎服齐衰，因为孟虎是滕伯文的叔父；而滕伯文又为孟皮服齐衰，因为滕伯文又是孟皮的叔父。"后木说："关于办丧事，我

檀弓上

听县子说过：'办丧事，不可不深思长虑。买的棺木要内外平滑。'我死了也希望这样办。"曾子说："尸体尚未沐浴、整容、穿衣，所以在堂上张起帷幕。小敛后尸体已经装扮好，于是撤下帷幕。"仲梁子则说："人刚死，主人主妇正在手忙脚乱之中，所以在堂上张起帷幕。小敛后诸事已经停当，于是撤下帷幕。"关于小敛时的祭奠，子游说："祭品放在尸体的东方。"曾子却说："放在尸体的西方，而且不是放在地上，而是放在席上。"小敛的祭奠物品放在尸体西方，是沿用鲁国末世的错误礼俗。

【原文】

县子曰："绤衰繐裳，非古也。"子蒲卒，哭者呼灭。子皋曰："若是野哉。"哭者改之。杜桥之母之丧，宫中无相，以为沽[1]也。夫子曰："始死，羔裘玄冠者，易之而已。"羔裘玄冠，夫子不以吊。子游问丧具。夫子曰："称家之有亡。"子游曰："有无恶乎齐？"夫子曰："有，毋过礼；苟亡矣，敛首足形[2]，还葬，县棺而封[3]，人岂有非之者哉？"

【注释】

[1]沽：与"楛"同，粗略。[2]敛首足形：意思是衣裳足够遮盖身体就可以了。[3]还葬，县棺而封：还，同"旋"，不久。县，同"悬"。悬棺，以手拉绳，拽棺而下。

【译文】

县子说："如今的人都好用粗葛作衰，用细而疏的麻布作裳，这不合乎古制。"子蒲死了，有人在哭的时候喊着他的名字。子皋说："这么不懂礼数！"那人听到后就改正了过来。杜桥的母亲去世了，殡宫中没有赞礼的人，论者以为太粗略了。夫子说："亲戚刚死，穿着羔裘玄冠这种吉服来吊的人，要改为素冠深衣才妥。"羔裘玄冠，夫子是不会穿着它去吊丧的。子游请教送终物品的数量问题，夫子说："和家庭财力相称就行。"子游说："如何掌握其标准呢？"夫子说："如果财力雄厚，也不可超过礼数的规定。如果财力不足，只要衣被可以遮体，敛毕就葬，用手拉着绳子下棺，如此尽力而为，也不会有人责怪他失礼。"

【原文】

司士贲告于子游曰："请袭①于床。"子游曰："诺。"县子闻之曰："汰哉叔氏②！专以礼许人。"宋襄公葬其夫人，醯醢③百瓮。曾子曰："既曰明器④矣，而又实之。"孟献子之丧，司徒旅归四布。夫子曰："可也。"读赗⑤，曾子曰："非古也，是再告也。"

【注释】

①袭：为尸体穿衣。②汰哉：自矜大。叔氏：子游的字。③醯醢：醋和肉酱。④明器：不堪使用的殉葬器皿。又叫冥器、鬼器。⑤赗：赠送财物帮助人办丧事。

【译文】

司士贲对子游说："我想在床上为尸体穿衣。"子游说："可以。"县子听了，就说："叔氏太自大了！听他的口气，好像礼是由他制定似的。"宋襄公葬其夫人时，陪葬器皿中有一百个瓮装着醋和肉酱。曾子评论说："既然叫作明器，就表明它是不堪使用的，为何又要填以实物呢？"孟献子的丧事办完以后，司徒派人把未用完的别人赠送助办丧事的财帛归还原主。孔子说："这件事办得漂亮。"在柩车将要启动之前，将助丧人的名单及其赠送的财物进行宣读，曾子说："这种做法不合乎古制，这是重复的宣读。"

【原文】

成子高寝疾，庆遗入，请曰："子之病革①矣，如至乎大病②，则如之何？"子高曰："吾闻之也：'生有益于人，死不害于人。'吾纵生无益于人，吾可以死害于人乎哉？我死，则择不食之地而葬我焉。"子夏问诸夫子曰："居君之母与妻之丧。""居处、言语、饮食衎尔③。"宾客至，无所馆。夫子曰："生于我乎馆，死于我乎殡。"国子高曰："葬也者，藏也；藏也者，欲人之弗得见也。是故，衣足以饰身，棺周于衣，椁周于棺，土周于椁；反壤树之哉。"

【注释】

①病革：病危。②大病：讳言死，婉言大病。③衎尔：和适自得貌。

【译文】

成子高卧病在床。庆遗进来请示说:"您的病已经危险了,万一不治,那怎么办?"子高说:"我听说:'活着应有益于人,死了也不应有害于人。'我纵然活着的时候无益于人,难道我能死了还要危害于人吗!我死后,拣一块不长庄稼地方把我埋掉好了。"子夏请教夫子说:"遇到国君的母亲、妻子的丧事该怎么办?"孔子说:"日常的住处、言谈、饮食,基本照常。"远道的宾客来到,没有住处。夫子说:"既然是朋友,活着就由我负责安排住宿,死了就由我安排殡殓。"国子高说:"葬,就是藏的意思。为什么说是藏呢?因为人死了叫人厌恶,所以就想叫人不能够看见。所以,只要衣衾足以遮盖身体,内棺能够包住衣衾,外棺能够包住内棺,墓圹能够容下外棺,就行了。何必还要聚土成坟、植树为标志呢?"

【原文】

孔子之丧,有自燕来观者,舍于子夏氏,子夏曰:"圣人之葬人与?人之葬圣人也,子何观焉?昔者夫子言之曰:'吾见封之若堂者矣[1],见若坊[2]者矣,见若覆夏屋[3]者矣,见若斧者矣。从若斧者焉。'马鬣封之谓也。今一日而三斩板,而已封,尚行夫子之志乎哉!"

【注释】

[1]封:筑土为坟。堂:堂基。堂基之形,四方而高,犹如平台。[2]坊:堤防。纵长而横窄。[3]覆:以瓦或茅草做屋檐。夏屋:门廊。

【译文】

埋葬孔子的时候,有人从遥远的燕国赶来参观,来人住在子夏家里。子夏说:"这难道是圣人在葬人吗?不过是我们这些人在葬圣人罢了,对于您来说有什么值得看的呢?过去夫子曾经谈及筑坟的样式,说:'我见过坟筑得有像堂基的,有像堤防的,有像两檐飞出的门廊的,有像斧头刃向上的。我身后就要斧头刃向上的形式。'斧头刃向上的形式,俗名叫作马鬣封。我们今天为他筑坟,一天之内就聚土四尺来高,筑成了斧头刃向上的形式,这也算我们完成了夫子的遗愿吧。"

【原文】

妇人不葛带。有荐新①，如朔奠②。既葬，各以其服除。池视重霤③。君即位而为椑④，岁壹漆之⑤，藏焉。复⑥、楔齿、缀足、饭⑦、设饰、帷堂并作。父兄命赴⑧者。

【注释】

①荐新：祭名。荐，献也。新，指刚成熟的五谷瓜果。②朔奠：每月初一对死者的祭奠。③重霤：房屋的承露，承接雨水。④椑：紧贴尸体的内棺。⑤岁壹漆之：每年定期都要刷一遍油漆，取意好似未成。⑥复：招魂。⑦饭：含饭，往死者口中填米。士死填米，大夫、诸侯、天子的饭含各异。⑧赴：通"讣"，报丧。

【译文】

妇人在除去孝服之前，一直都是麻腰带，不换成葛腰带。如果对死者举行荐新之祭，其规格应比照朔奠。下葬以后，各等亲属都要除去原来的丧服，改受轻服。柩车上设池的面数，比照他生前居室的重霤。诸侯一即位，就应该为他做好贴身的内棺，每年漆它一遍，棺中还要填入东西，不可使之空虚。招魂、楔齿、缀足、饭含、打扮尸体、在堂上张起帷幕，这些都是在断气后要连续进行的项目。报丧的人，士由孝子本人派遣，大夫以上由父兄代为派遣。

【原文】

君复于小寝、大寝①、小祖、大祖②、库门、四郊。丧不剥③，奠也与？祭肉也与？既殡，旬而布材与明器。朝奠日出，夕奠逮日。父母之丧，哭无时，使必知其反也。练，练衣黄里、縓④缘；葛要绖，绳屦无绚，角瑱⑤，鹿裘衡长袪，袪褐之可也。有殡，闻远兄弟之丧，虽缌必往；非兄弟，虽邻不往。所识其兄弟不同居⑥者皆吊。

【注释】

①小寝：国君平常的居室，又叫燕寝。大寝：平常办公的地方，又叫正寝、路寝。②小祖：太祖庙以下之群庙。大祖：太祖（始祖）的庙。③剥：裸露。不剥则要用布盖上，以防尘埃。④縓：浅红色。⑤瑱：充耳。悬在耳旁的饰物。吉时用玉。⑥不同居：分开了家。

【译文】

　　国君招魂的地方多，按由近而远的顺序是：燕居之室、办公之处、群庙、太祖庙、库门和四郊。办丧事时，需要用布盖住祭品，是盖住所有的祭品呢？还是只盖住祭肉呢？殡后第十天，就得置办椁材和明器。朝奠在日出时举行，夕奠在太阳尚未落山时举行。父母死后，孝子一想到伤心之处就哭，是为了让父母的神魂能循着哭声回家。小祥以后的服装，是以煮练过的熟布作的中衣，其衬里是黄色，镶浅红色的边。腰绖改麻为葛。脱去草鞋，换上麻绳编织的鞋，但仍然没有鞋鼻。悬在耳旁的充耳是角质的。鹿裘的袖子可以加宽加长，袖口还可以镶边。家中有丧事，刚殡殓完毕，又听到远房兄弟去世，如果和死者是缌麻之亲，再远也必须赶去哭吊。但是，如果不是兄弟关系，就是比邻而居也不用去吊丧。如果是相识的人，他遇上了不同居的兄弟的丧事，朋友们都应去慰问他。

【原文】

　　天子之棺四重：水兕革棺被之，其厚三寸；杝棺一；梓棺二。四者皆周。棺束缩二衡三，衽每束一。伯椁以端长六尺。天子之哭诸侯也，爵弁绖，缁衣①。或曰：使有司哭之，为之不以乐食。天子之殡也，菆涂龙輴以椁，加斧于椁上，毕涂屋，天子之礼也。

【注释】

　　①爵弁：是一种文冠。爵，通"雀"。这种弁的颜色赤而微黑，如雀头之色，故名。绖：郑玄说是衍字，即多余的字。

【译文】

　　天子的棺有四层：第一层是用水牛皮和兕牛皮表里包住木板的棺，其厚三寸；第二层是用杝木做的棺，厚四寸；第三、第四层都是用梓木做的棺，居内者叫属，厚六寸，居外者叫大棺，厚八寸。这四层棺，都是上下与四周合围的。棺盖和棺身用皮带束紧，纵向束两道，横向束三道。每一道的棺盖与棺身的接缝处，都要加个榫铆紧。椁用柏树的近根部分来做，每段木料长六尺。天子在遥哭诸侯之死时，头上戴的是爵弁，身上穿的是黑色的衣服。有人说：天子不必自己哭，可命官员代哭。哭的那一天，天子进膳时不奏乐。天子的殡礼中有这样的规定：将载柩车的车辕上画上龙，再在此柩车四周堆积木材，上面暂不封口，其形如椁。然后在积木上涂以泥巴，不使木间有隙。然后再从椁的上方给棺材套上绣有黑白相间的斧形图案的棺罩。然后再在椁上继续积木为屋顶，最后再加以通体的涂抹。这是天子殡的礼数。

【原文】

唯天子之丧，有别姓而哭。鲁哀公诔孔丘曰："天不遗耆老①，莫相予位焉。呜呼哀哉！尼父！"国亡大县邑，公、卿、大夫、士皆厌冠，哭于大庙，三日，君不举②。或曰：君举③而哭于后土④。孔子恶野哭者。未仕者，不敢税人；如税人，则以父兄之命。士备入而后朝夕踊。祥而缟。是月禫，徙月乐。君于士有赐帟。

【注释】

①耆老：年高德劭之人。指孔子。②举：杀牲盛食曰举。③举：率领。④后土：社，社神主管土地。⑤税人：以物赠送他人。

【译文】

只有在天子的丧事里，是区别同姓、异姓、庶姓而排列哭位。鲁哀公悼念孔子说："上天不把这样一位年高德劭的人给我留下，现在没有人来帮助我治理国家了。呜呼哀哉，尼父！"国家如果丢失了大的县邑，公、卿、大夫、士都要头戴丧冠，身穿素服，在太庙里哭三天，向列祖列宗请罪。在这三天之内，国君吃饭不准动荤。另外一种说法是：国君率领群臣哭于社。孔子厌恶不依礼数号哭的人。作子弟的如果尚未出仕，就不敢把家中的东西随便送人。如果必须送人，则应当说这是秉承父兄之命。国君之丧，每天的朝夕踊，要等到士全部到齐才可以开始。大祥祭之后，孝子就开始换上缟冠。在这一个月举行禫祭，下一个月就可以奏乐了。国君对于士，在特殊情况下可赐予帟，用作覆棺的承尘。

檀弓上

檀弓下

【原文】

　　君之适长殇，车三乘；公之庶长殇，车一乘；大夫之适长殇，车一乘。公之丧，诸达官之长①，杖②。君于大夫，将葬，吊于宫；及出，命引之，三步则止③。如是者三，君退；朝亦如之，哀次④亦如之。五十无车者，不越疆而吊人。季武子寝疾，蟜固不说齐衰而入见，曰："斯道也，将亡矣；士唯公门说齐衰。"武子曰："不亦善乎，君子表微。"及其丧也，曾点倚其门而歌。

【注释】

　　①达官之长：由国君直接任命的卿、大夫、士。②杖：指斩衰与丧杖。③三步则止：拉车的人看到孝子悲痛欲绝的样子，有所不忍，所以走了三步便停了下来。④哀次：孝子居丧之处，即倚庐、垩室之类。

【译文】

　　诸侯的嫡子，如果是在十六岁到十九岁之间夭折，在葬礼中可用灵车三辆。诸侯的庶子，如果在十六岁到十九岁之间夭折，只可用灵车一辆。大夫的嫡子如果也是在这个年龄段夭折，所用的灵车也是一辆。诸侯去世，凡是由国君直接任命的卿、大夫、士，应服斩衰，持丧杖。国君对于大夫的丧事，在大夫将葬的时候，要先到殡宫吊丧。等到柩车出来，要命随从执绋拉车，往前拉三步就停下来。像这样一拉一停三次，国君才离开。在孝子奉柩朝庙时，国君也是这种礼数。在柩车经过孝子居丧的临时住所时，国君也是这种礼数。五十岁以上而没有车子的人，不必大老远地越境去吊丧。季武子卧病，蟜固不脱掉孝服就去他家探视，并向他说明："我的这种做法，现在快绝迹了。可按照正礼，士也只有进入公门才脱去孝服。"季武子佯表同意地说："你这样做不是很好吗？君子就是要发扬光大那些被多数人丢掉了的好规矩。"等到季武子去世了，曾点就倚在他家门上唱歌，表示自己也是按照正礼而行。

【原文】

大夫吊，当事而至，则辞焉。吊于人，是日不乐。妇人不越疆而吊人。行吊之日不饮酒食肉焉。吊于葬者必执引，若从柩及圹，皆执绋。丧①，公吊之，必有拜者，虽朋友州里舍人②可也。吊曰："寡君承事③。"主人曰："临。"君遇柩于路，必使人吊之。大夫之丧，庶子不受吊。

【注释】

①丧：指客死异国他乡，没有亲人为主的丧事。②州里：同在他国的老乡。舍人：死者所住馆舍的主人。③承事，要点活儿干，指协助办丧事。

【译文】

大夫来吊士，如果正当主人忙于大小殡殓之事的时候，就派人向大夫说明，此刻未能出迎，请他稍待片刻。在向人吊丧的那一天，整天都不奏乐。妇人无外事，所以不必越境去吊丧。吊丧的那天，不可饮酒吃肉。在出葬时去吊丧，一定要帮助拉柩车；如果跟着柩车到墓圹，都要执绋帮助下葬。客死异国，如果地主国的国君来吊，虽然身边没有亲人为丧主，但也一定要有人出来代表丧主拜谢，即使是死者的朋友、同乡、寄寓的房东也可以。国君慰问说："敝国的国君想要点协助治丧的事干。"那位丧主的代表则回答："辱蒙大驾光临。"国君在路上遇到柩车，要派人过去慰问。大夫的丧事，庶子不能做丧主而接受慰问。

【原文】

妻之昆弟为父后者死，哭之适室，子为主，袒免哭踊，夫入门右，使人立于门外告来者，狎则入哭；父在，哭于妻之室；非为父后者。哭诸异室。有殡，闻远兄弟之丧，哭于侧室；无侧室，哭于门内之右；同国，则往哭之。

【译文】

　　妻子的兄弟，而且又是岳父的继承人死了，就在自己的正寝哭他，让自己的儿子为丧主，袒露左臂，去冠而戴免，号哭跳跃。自己则进去站在门的右边，并派人立于门外，向闻哭来吊的人说明死者为谁。只有特别要好的人，才进入庭前哭吊。如果父亲健在，就不敢哭于正寝，而要哭于妻的寝室。如果死者不是岳父的继承人，就在别的房间哭他。家里有丧事，正停柩待葬，如果此时听到异国远房兄弟之丧，就要在偏房哭他；没有偏房的人家，就在门内的右侧哭他；如果死于国内，就应赶往他的灵堂去哭。

【原文】

　　子张死，曾子有母之丧；齐衰而往哭之。或曰："齐衰不以吊。"曾子曰："我吊也与哉？"有若之丧，悼公吊焉，子游摈①，由左②。齐谷③王姬④之丧，鲁庄公为之大功。或曰："由鲁嫁，故为之服姊妹之服。"或曰："外祖母也，故为之服。"

【注释】

　　①摈：摈相，赞礼的人。②由左：由左边上下。③谷：当作"告"，声近而误。告，赴告。④王姬：周天子之女，齐襄公的夫人。

【译文】

　　子张死的时候，曾子正好在为母亲服丧的热孝之中，于是就穿着齐衰去哭子张。有人批评说："你正穿齐衰孝服，不应去吊朋友。"曾子辩解说："难道我是去吊丧吗？我是去哭朋友呀。"有若死时，悼公亲自去吊丧，子游作为丧礼中的司仪，由左方上下。王姬死了，齐国向鲁国报丧，鲁庄公为之服大功。有人说："王姬是经由鲁国出嫁的，所以为她服姊妹的丧服—大功。"又有人说："王姬是庄公的外祖母，所以才为之服大功。"

【原文】

　　晋献公之丧，秦穆公使人吊公子重耳，且曰："寡人闻之：亡国恒于斯①，得国恒于斯。虽吾子俨然在忧服之中，丧亦不可久也，时亦不可失也。

孺子其图之。"以告舅犯，舅犯曰："孺子其辞焉；丧人无宝，仁亲以为宝。父死之谓何？又因以为利，而天下其孰能说之？孺子其辞焉。"公子重耳对客曰："君惠吊亡臣重耳，身丧父死，不得与于哭泣之哀，以为君忧。父死之谓何？或敢有他志，以辱君义。"稽颡而不拜②，哭而起，起而不私。子显以致命于穆公。穆公曰："仁夫公子重耳！夫稽颡而不拜，则未为后也，故不成拜；哭而起，则爱父也；起而不私，则远利也。"帷殡，非古也，自敬姜之哭穆伯始也。

【注释】

①斯：指旧君死而新君未立之际。②稽颡：叩头。稽颡是表示丧亲的哀痛，凡子皆可；而拜是拜谢来宾的慰问，只有作丧主的长子可以。

【译文】

晋献公去世后，秦穆公派人去慰问逃难在狄的公子重耳，且捎话说："敝国国君听说，丢掉君位总是在这个时刻，而得到君位也总是在这个时刻。虽然您现在正在恭敬地丁忧（遭逢父母的丧事）服丧之中，但是服丧也不可太久，机不可失，请您考虑一下此事！"重耳把这些情况告诉了舅犯。舅犯说："您还是婉言谢绝的好。逃亡在外的人没有什么宝贵的东西，要说有的话，那就是热爱父亲的精神。父亲去世意味着什么？那是天塌般的凶祸。趁此机会谋取私利，这样做怎么能向天下人解释清楚呢？您还是婉言谢绝的好。"于是公子重耳对来使说："承蒙贵国国君派足下来慰问出亡在外的臣子，我流亡在外，而父亲死了，不能星夜奔回国内在灵位前哭泣，以抒发内心的悲哀，以至于使贵国国君为我担忧。可是，父亲去世意味着什么呢？那是天塌般的变故。此时此刻，怎么敢有自私自利之心，从而玷辱贵国国君的厚谊呢？"说完以后，只叩头表示丧父之悲，而不敢像丧主那样向来使表示拜谢。然后哭着站立起来，站起来后也不再和使者私下说任何话。使者子显向穆公复命。穆公说："公子重耳真仁厚啊！他只叩头而不拜谢，可见他不是以继承人自居，所以没有完成整套行礼动作。哭着站起来，就像孝子要攀辕不让柩车启动，可见他是很爱其父的。站起来以后就不再和使者私下说话，可见他完全没有乘机谋利的念头。"殡时不把帷帐掀起而哭，并非古制，而是从敬姜哭其丈夫穆伯开始的。

【原文】

　　丧礼，哀戚之至也。节哀，顺变也；君子念始之者①也。复，尽爱之道也，有祷祠之心焉；望反诸幽，求诸鬼神之道也；北面，求诸幽之义也。拜稽颡，哀戚之至隐②也；稽颡，隐之甚也。饭用米贝，弗忍虚也；不以食道③，用美焉尔。铭④，明旌也，以死者为不可别已，故以其旗识之。爱之，斯录之矣；敬之，斯尽其道焉耳。重，主道也，殷主缀重焉；周主重彻焉。奠以素器，以生者有哀素之心也；唯祭祀之礼，主人自尽焉尔；岂知神之所飨，亦以主人有齐敬⑤之心也。辟踊，哀之至也，有第⑥，为之节文也。袒、括发，变也；愠⑦，哀之变也。去饰，去美也；袒、括发，去饰之甚也。有所袒、有所袭，哀之节也。弁绖葛而葬，与神交之道也，有敬心焉。周人弁而葬，殷人冔而葬。歠主人、主妇室老，为其病也，君命食之也。反哭升堂，反诸其所作也；主妇入于室⑧，反诸其所养也。反哭之吊也，哀之至也，反而亡焉，失之矣，于是为甚。殷既封而吊，周反哭而吊。孔子曰："殷已悫⑨，吾从周。"葬于北方北首，三代之达礼也，之幽之故也。既封，主人赠⑩，而祝宿虞尸。既反哭，主人与有司视虞牲，有司以几筵舍奠于墓左，反，日中而虞。葬日虞，弗忍一日离也。是月也，以虞易奠。卒哭曰成事，是日也，以吉祭易丧祭，明日，祔于祖父。其变而之吉祭也，比至于祔，必于是日也接，不忍一日末有所归也。殷练而祔，周卒哭而祔。孔子善殷。

【注释】

　　①始之者：指生我之父母。②隐：痛苦。③食道：生人熟食之道。④铭：指把死者的姓名写在他生前所用的旗子上，以此作为灵柩的标志。⑤齐敬：严肃恭敬。⑥有第：有一定次数。每一踊三跳，三踊九跳，为一节。⑦愠：郁结。⑧室：室是死者生前行馈食祭礼之处。⑨悫：朴实。⑩赠：以束帛等物送入死者圹中。

【译文】

　　守父母之丧期间，孝子的心情是极其悲哀的。用种种礼节来节制他的悲哀，就是为了顺着他悲哀的感情，使他逐渐适应这种剧变。这都是由于君子念及生他养他的父母的缘故。念及生育之恩，如何不悲？念及自己乃是父母之遗体，怎敢不节哀顺变？招魂这件事，是充分表现孝子热爱父母的一种形式，就像他们病危时的祈祷五方神那样，千方百计，想要他们起死回生。盼望父母从幽暗的地方回来，这是祈求鬼神的方法。招魂时向着北方呼叫，就是向幽暗中祈求的意思。拜谢吊客与叩头，都是悲哀中极痛苦的表现；而二者之中，尤以叩头的痛苦更甚。饭含，用生米和贝壳，这是不忍心让死者空口；不用活着的人吃的熟食，是采用自然生成的米贝不腐烂的含义。铭，是一种用写有姓名的旌旗以表明是何人之柩的东西。因为死者的形貌已不复可见，所以用铭旌来作标志。因为爱他，所以将他的姓名写到旗上；因为敬他，所以对铭的制作严守规格一丝不苟。重，和后来的神主牌的作用是一样的。殷人做了神主，就将重和主连在一起；而周人做了神主，就将重埋掉了。葬前的祭奠，使用的是质朴无华的馔具，这是因为孝子的悲哀也是毫无掩饰的。只有葬后的吉祭，孝子才尽其敬神之心，使用经过文饰的馔具。不必问神灵是否果真享用祭品，孝子只不过是表现其严肃恭敬的心情而已。号哭时捶胸顿足，这是悲痛至极的表现；但却规定了一定的次数，这是为了使孝子有所节制，不可乱来。解开上衣露出左臂，去掉笄纚而改用麻束发，这是孝子在形貌服饰上的变化。心情忧郁，这是孝子悲哀感情的变化。除去修饰，就是除去华美。露出左臂，用麻束发，这是除去修饰的极端表现。但有时要露出左臂，也有时要掩好上衣，这也是为了节制悲哀。戴着缠有葛绖的爵弁举行葬礼，这是和神明交往的礼节。所以周人戴着爵弁行葬礼，殷人戴着爵行葬礼。在亲人去世三天之后，应该设法让主人、主妇和总管喝些稀粥，因为他们由于悲哀过度已经有三天水浆不入口了，担心他们病倒。对于大夫以上之家，国君要下令他们必须进食。送葬以后返回祖庙号哭，主人是升堂而哭，也就是回到死者生前遇到冠、婚等事的行礼之处而哭；主妇则是入室而哭，也就是回到死者生前进行馈食供养之处而哭。孝子等人返哭时，亲友都要前来慰问，因为这是孝子最悲哀的时刻。回来以后，看不到亲人的任何踪影了，亲人是永远消失了，有感于此，所以悲痛至极。殷人是在下葬以后就慰问孝子，而周人则是在返哭时前去慰问。孔子说："殷人的做法太质朴了，我赞成周人的做法。"葬在北郊，头朝北方，这是夏商周三代通行的做法。这是因为鬼神要去幽暗之处的缘故。将棺下入墓穴后，主人将束帛等物放入圹中，这叫作赠。在此之前，祝先回去邀请充任虞祭的尸。返哭之后，主人和有关办事人员就去查看用于虞祭的牺牲。在孝子从墓地返回的同时，有关人员还要设几铺席，在墓的左边设祭以飨墓地之神。回来后，在正午进行安神之虞祭。下葬的当天就举行虞祭，是因为孝子不忍心有一天和死去的亲人分离。就在这个月，将不用尸的奠改为开始用尸的虞祭。到了举行卒哭之

檀弓下

祭时，致词说明，丧祭已经完毕，吉祭已经开始。就在这一天，开始以吉祭的礼数代替丧祭的礼数。卒哭的次日，在祖庙举行祔祭，使新死者的神灵附属于祖父。在将丧祭变成吉祭，一直到举行祔祭的过程中，一定要一天接着一天地进行，这是因为孝子不忍心死者的灵魂有一天无所归依的缘故。殷人在周年练祭以后才举行祔祭，周人则在卒哭以后就举行祔祭。孔子认为殷人的做法较好。

【原文】

君临臣丧，以巫祝桃茢执戈①，恶之也；所以异于生也。丧有死之道焉。先王之所难言也。丧之朝也，顺死者之孝心也，其哀离其室也，故至于祖考之庙而后行。殷朝而殡于祖，周朝而遂葬。孔子谓："为明器者，知丧道矣，备物而不可用也。"哀哉！死者而用生者之器也，不殆于用殉乎哉？"其曰明器，神明之也。"涂车、刍灵，自古有之，明器之道也。孔子谓"为刍灵者善"，谓"为俑②者不仁"，殆于用人乎哉？

【注释】

①茢：苕帚。②俑：用以殉葬的木制或陶制的假人。

【译文】

国君去吊唁臣子之丧时，要让巫执桃枝，祝执苕帚，以避邪、扫除不祥；让卫士执戈保卫。之所以这样做，是厌恶死人的凶邪之气，所以和对待活人的礼数不同。办丧事，另有对待死人的礼数，这却是先王不便于说明的了。在丧礼中，葬前要先朝祖庙，这是顺从死者"出必告"的孝心。死者对即将离开故居感到悲哀，所以先到祖考之庙——辞别而后启行。殷人是在朝庙以后就将柩殡于祖庙，周人则是朝庙以后就出葬。孔子认为，用明器殉葬的人，是真正懂得办丧事的道理的，器物倒也齐备，就是中看而不中用。多么让人痛心呀！死人而用活人的器物，那岂不近于用活人来殉葬吗？把殉葬的器物叫作明器，意思就是把死者当作神明来看待的。用泥土做成的车，用茅草扎成的人，自古就有，这就是明器的来龙去脉。孔子认为，发明用刍灵的人，是个心地善良的人，而发明用俑的人则是个不仁的人。用假人殉葬，岂不接近于用活人殉葬吗？

【原文】

穆公问于子思曰："为旧君反服①，古与？"子思曰："古之君子，进人以礼，退人以礼，故有旧君反服之礼也；今之君子，进人若将加诸膝，退人若将队诸渊，毋为戎首②，不亦善乎！又何反服之礼之有？"悼公之丧，季昭子问于孟敬子曰："为君何食？"敬子曰："食粥，天下之达礼也。吾三臣者之不能居公室也，四方莫不闻矣，勉而为瘠则吾能，毋乃使人疑夫不以情居瘠者乎哉？我则食食。"

【注释】

①反服：返回故国，为旧君服齐衰三月之服。据《仪礼·丧服》齐衰三月章，有三种情形应为旧君反服：一、退休后为旧君服；二、大夫流放在外，其妻与长子为旧君服；三、大夫光明正大地离开故国，故国尚保留其有关待遇，为旧君服。穆公应是就第三种情况发问。②戎首：率领他国军队来攻伐。

【译文】

鲁穆公向子思请教说："大夫光明正大地离开故国，故国对他仍然以礼相待，在这种情况下，故国国君死了，大夫奔回故国为旧君服齐衰三月，这是古来就有的礼节吗？"子思说："古代的国君，在用人时是以礼相待，在不用人时也是以礼相待，所以才有为旧君反服之礼。现在的国君，需要用人时，就像要把人家抱到怀里，亲热得无以复加；不需要用人时，就像要把人家推入深渊，必欲置之死地。这样对待臣子，臣子不带领他国军队前来讨伐就不错了，哪里还谈得上为旧君反服呢？"鲁悼公去世时，季昭子问孟敬子说："为国君服丧，应该吃什么样的饭？"敬子说："应该喝稀粥，这是天下通行的做法。但是我们仲孙、叔孙、季孙三家欺凌国君是出了名的，四方无人不晓。要我勉强喝粥，使身体变得消瘦，也不是办不到。那样做岂不更加使人怀疑我们的消瘦并非出自内心的悲哀吗？那又何苦呢？所以我还是照常吃饭。"

【原文】

卫司徒敬子死，子夏吊焉，主人未小敛，绖而往。子游吊焉，主人既小敛，子游出，绖反哭，子夏曰："闻之也与？"曰："闻诸夫子，主人未改服，则不绖。"曾子曰："晏子可谓知礼也已，恭敬之有焉。"有若曰："晏

檀弓下

子—狐裘三十年，遣车①一乘，及墓而反；国君七个，遣车七乘；大夫五个，遣车五乘，晏子焉知礼？"曾子曰："国无道，君子耻盈礼焉。国奢，则示之以俭；国俭，则示之以礼。"国昭子之母死，问于子张曰："葬及墓，男子、妇人安位？"子张曰："司徒敬子之丧，夫子相，男子西乡，妇人东乡。"曰："噫！毋。"曰："我丧也斯沾。尔专之，宾为宾焉，主为主焉。"妇人从男子皆西乡。

【注释】

①遣车：送葬时载牲体，并在下葬时连同牲体一并随棺入圹的车子。

【译文】

卫国的司徒敬子死了，子夏前去吊丧，当时主人还没有举行小敛，他就戴着绖进去了。而子游前去吊丧，却是穿着常服。在主人行过小敛之后，子游就连忙出去，戴上绖以后才返回号哭。子夏就问子游："你这种做法是听到有谁这样讲过吗？"子游说："听老师讲过，在主人没有改服以前，吊客不应戴绖。曾子说："晏子可以说是一个知礼的人了，礼的要害不过是个恭敬，而这一点晏子并不缺乏。"有若说："晏子一件狐皮袍子穿了三十年，办理其父丧事时，只用一辆遣车，随葬器物也少，所以很快就葬毕返回。按规矩来说，国君遣奠所取牲体是七包，遣车也就应是七辆；大夫是五包，遣车应是五辆。晏子全不照规矩来办，怎么能说他是一个知礼的人？"曾子说："在国家尚未治理好的时候，君子以照搬礼数的规定为耻。在国人奢侈成风时，君子就应作个节俭的表率；在国人节俭成风时，君子就应作出按照礼数办事的表率。"国昭子的母亲去世了，向子张请教说："出葬到墓地后，男子和妇人应该怎样就位？"子张说："司徒敬子的丧事，是找的老师做司仪，男子和妇人分站墓道两边，男子面向西，妇人面向东。"国昭子说："啊！别这样！"接着又说："我办丧事的时候，会有许多宾客来观礼。司仪由你来当，但是要宾客和宾客在一起，主人一方和主人一方在一起，主人这边的妇人就跟在男子后面一律面向西。"

【原文】

穆伯之丧，敬姜昼哭；文伯之丧，昼夜哭。孔子曰："知礼矣。"文伯之丧，敬姜据其床而不哭，曰："昔者吾有斯子也，吾以将为贤人也，吾未尝以就公室；今及其死也，朋友诸臣未有出涕者，而内人皆行哭失声。斯子也，必多旷于礼矣夫。"季康子之母死，陈亵衣。敬姜曰："妇人不饰，不敢见舅姑，将有四方之宾来，亵衣何为陈于斯？"命彻之。

【译文】

穆伯死时，敬姜作为妻子光在白天哭。文伯死时，敬姜作为母亲昼夜都哭。孔子评论说："她真是个懂礼的人。"文伯死时，敬姜靠着他的床暂停哭声，说："从前我有这个儿子，看他颇有才艺，想着将来会成为一个贤人，所以也就从来没有到他办公的地方去观察。现在他死了，朋友众臣中没有为他掉泪的，倒是他的妻妾等人为他痛哭失声。如此看来，这个孩子，在接人待物之礼方面一定多有荒废。"季康子的母亲去世了，在陈列小敛所用衣衾时，连内衣也陈列出来了。敬姜说："妇人不打扮，不敢见公婆，何况现在是外面的客人将要来到，怎么把内衣也陈列在这里呢？"于是下令撤去内衣。

【原文】

有子与子游立，见孺子慕者，有子谓子游曰："予壹不知夫丧之踊也，予欲去之久矣。情在于斯①，其是也夫？"子游曰："礼：有微②情者，有以故兴物者；有直情而径行者，戎狄之道也。礼道则不然，人喜则斯陶，陶斯咏，咏斯犹，犹③斯舞，舞斯愠，愠斯戚，戚斯叹，叹斯辟，辟斯踊矣。品节斯，斯之谓礼。人死，斯恶之矣，无能也，斯倍之矣。是故制绞衾④、设蒌⑤翣，为使人勿恶也。始死，脯醢之奠；将行，遣而行之；既葬而食之，未有见其飨之者也。自上世以来，未之有舍也，为使人勿倍也。故子之所刺于礼者，亦非礼之訾也。"

【注释】

①斯：指小孩思念父母，就毫无节制的号哭。②微：约束，节制。③犹：通"摇"。④绞：敛尸所用的布束带。衾：覆盖尸体的被子。⑤蒌：通"柳"，柳是古代柩车上各种装饰物的总称。

【译文】

　　有子和子游在一块儿站着，看见一个小孩子在哭哭啼啼地寻找父母。有子对子游说："我一向不知道为什么丧礼中有顿足的规定，我早就想废除这条规定。现在看来，孝子抒发悲哀思慕的感情应该就和这孩子一样，只要是发自内心，可以想怎么哭就怎么哭，还要什么规定呢！"子游说："礼的种种规定，有的是用来约束感情的，有的是借外在的事物以引发人们内在的感情的。如果没有统一的规定，谁想怎么着就怎么着，那是野蛮民族的做法。如果依礼而行则不然。人们遇到可喜之事就感到开心，感到开心就想唱歌。唱歌还不尽兴，就晃动身体。晃动身体还不过瘾，就跳舞。疯狂地舞过之后又产生愠怒之心，有了愠怒之心就会感到悲戚，悲戚则导致感叹。光感叹还觉得发泄得不够，于是就捶胸。捶胸还不够味，那就要顿足了。将这种种感情和行动加以区别和节制，这就叫作礼。人一死，就要被人厌恶；而且死人没有任何行为能力，人们就要背弃他。所以，制作绞衾以掩盖尸体，设置蒌翣以为棺饰，就是为了使人不感到讨厌。人刚死的时候，用肉脯肉酱来祭奠他；将要出葬，又设送行的遣奠；下葬以后，还有一系列馈食之祭。虽然从来没有看见鬼神来享用祭品，但是也并不因此而放弃祭祀，目的就在于不使人们背弃死者。所以，您刚才对礼提出的批评，实在也算不上是礼的毛病。"

【原文】

　　吴侵陈，斩祀杀厉，师还出竟，陈大宰嚭使于师。夫差谓行人仪曰："是夫也多言，盍尝问焉；师必有名，人之称斯师也者，则谓之何？"大宰嚭曰："古之侵伐者，不斩祀、不杀厉、不获二毛①；今斯师也，杀厉与？其不谓之杀厉之师与？"曰："反尔地，归尔子，则谓之何？"曰："君王讨敝邑之罪，又矜而赦之，师与，有无名乎？"

【注释】

　　①二毛：头发斑白的老人。

【译文】

　　吴国入侵陈国，砍伐陈国社坛的树木，杀害染有疫疾的陈国百姓。在吴军班师退出陈国国境时,陈国派大宰嚭出使到吴军。夫差对行人仪说:"这个人很会说话,我们何不试着考问他一下。凡是军队一定要有个好名声,问问他,人们对我们这支军队是怎样评论的。"行人仪这样提出问题后,大宰嚭回答说:"古代的军队在侵伐敌国时,不砍伐敌国社坛的树木,不杀害对方染病的百姓,不俘获头发斑白的老年人。而现在贵国的军队,不是在杀害患病的百姓吗?那岂不要被人称作杀害患病百姓的军队了吗?"又问:"如果我们归还侵占的土地,送回俘虏的百姓,你们又将如何评论呢?"回答说:"贵国国君因为敝国有罪而兴师讨伐,现在又悯怜敝国而加以赦免,这样的仁义之师,何愁没有美名呢?"

【原文】

颜丁善居丧:始死,皇皇①焉如有求而弗得;及殡,望望②焉如有从而弗及;既葬,慨③焉如不及其反而息。子张问曰:"书云:'高宗三年不言,言乃讙。'有诸?"仲尼曰:"胡为其不然也?古者天子崩,王世子听于冢宰三年。"

【注释】

①皇皇:六神无主的样子。②望望:依恋不舍的样子。③慨:神情惆怅。

【译文】

颜丁在居丧时,把什么时候该有什么样的悲哀神情掌握得很好:在亲人刚去世时,是六神无主的样子,好像热切希望亲人死而复生但又办不到;到了行殡礼时,感到依恋难舍,好像要追随亲人而去而又办不到的样子。到了下葬以后,感到怅然若有所失,好像担心亲人的灵魂来不及和他一道回家,因而走走停停地有所期待。子张问道:"《尚书》上说:'殷高宗在三年居丧期间,专心守孝,不发一言一语。等他除服后一开口讲话,言语喜悦。确有此事吗?"孔子说:"怎么会没有此事呢!要知道,古时候,凡天子驾崩,太子就把国事交付宰相三年,由宰相代为治理,所以可以没有一句话涉及国事。"

【原文】

知悼子卒,未葬;平公饮酒,师旷、李调侍,鼓钟。杜蒉自外来,闻钟声，曰："安在？"曰："在寝。"杜蒉入寝，历阶①而升，酌，曰："旷饮斯。"又酌，曰："调饮斯。"又酌，堂上北面坐饮之。降，趋而出。平公呼而进之曰："蒉，曩者尔心或开予，是以不与尔言；尔饮旷何也？"曰："子卯不乐；知悼子在堂，斯其为子卯也大矣。旷也大师也，不以诏，是以饮之也。""尔饮调何也？"曰："调也君之亵臣也，为一饮一食，忘君之疾，是以饮之也。""尔饮何也？"曰："蒉也宰夫也，非刀匕是共②，又敢与知防③，是以饮之也。"平公曰："寡人亦有过焉，酌而饮寡人。"杜蒉洗而扬觯④。公谓侍者曰："如我死，则必无废斯爵也。"至于今，既毕献，斯扬觯，谓之杜举。

【注释】

①历阶：一步跨越两个台阶。②非刀匕是共：刀与匕是食具。共，通"供"。此句犹言不去干本职内的工作。③防：谏诤君之过失。④觯：酒器。

【译文】

智悼子死了，尚未入葬，晋平公就自个儿喝起酒来了，另有师旷、李调作陪，而且击钟奏乐。杜蒉从外面进来，听到钟声，就问侍卫说："国君在哪里？"回答说："在正寝"。杜蒉就急匆匆地往正寝走去，一步两个台阶地登上堂去，倒了一杯酒，说："师旷，把这杯酒喝下去！"又倒了一杯酒，说："李调，把这杯酒喝下去。"然后又倒了一杯，在堂上向北面坐着自己喝了，然后下堂，快步走了出去。平公喊住了他，命他进来，说："蒉，刚才我以为你或许是存心启发我，所以没和你说话。现在我要问你：你为什么要命令师旷喝酒呢？"杜蒉说："子日和卯日，这两天是国君忌讳的日子，不敢奏乐，以自警惕。现在知悼子停柩在堂，这比国君忌讳的子卯之日更加要紧，怎么能够饮酒奏乐呢？师旷身为掌乐的大师，不把这层道理向您报告，所以罚他喝酒。"平公又问："你又为什么命令李调喝酒呢？"杜蒉答道："李调是您宠爱的臣子，有责任规劝君过，但却贪于吃喝，全然不顾国君的违礼之失，所以罚他喝酒。"平公又问："那么你为什么要让自己喝酒呢？"杜蒉答道："我是为您服务的宰夫，提供膳食才是我的本分，现在竟敢越职谏诤国君的过失，所以也应当自罚一杯。"平公说："寡人也有过失，倒杯酒来，也应该罚我一杯。"于是杜蒉将酒杯洗过，倒了一杯酒，举起来递给平公。平公饮毕，对左右侍从说："即使我死以后，也不要扔掉这只酒杯。"从那时到现在，凡是向所有的人都献过酒后，再举起酒杯递给国君的行为，就被叫作"杜举"。

【原文】

公叔文子卒，其子戌请谥于君曰："日月有时，将葬矣。请所以易其名者。"君曰："昔者卫国凶饥，夫子为粥与国之饿者，是不亦惠乎？昔者卫国有难，夫子以其死卫寡人，不亦贞乎？夫子听卫国之政，修其班制①，以与四邻交，卫国之社稷不辱，不亦文乎？故谓夫子'贞惠文子'。"石骀仲卒，无适子，有庶子六人，卜所以为后者。曰："沐浴、佩玉则兆②。"五人者皆沐浴、佩玉；石祁子曰："孰有执亲之丧而沐浴、佩玉者乎？"不沐浴、佩玉。石祁子兆。卫人以龟为有知也。

【注释】

①修其班制：修，"循"字之误。班制：尊卑之差。②兆：指古人占卜时烧灼甲骨所呈现的预示吉凶的裂纹。

【译文】

公叔文子去世后，他的儿子戌向国君请求赐予谥号，说："大夫三月而葬，现在葬期临近，请您赐给亡父一个谥号以便日后称呼。"卫灵公说："从前卫国遇到凶年饥荒，夫子施粥赈济饥民，这不是爱民乐施的表现吗？正与《谥法》的'惠'字相合。从前卫国发生内乱，夫子拚死保卫我，这不正合着《谥法》上的'贞'字吗？夫子主持卫国国政，根据礼数的规定，当尊者尊，当卑者卑，以之与四邻交往，使卫国的声望没有受到玷辱，这不是正合着《谥法》上的'文'字吗？所以，我们可以用'贞惠文子'，作为夫子的谥号。"卫国大夫石骀仲死了，没有嫡子，只有六个庶子，所以只好用占卜的方法来决定谁做继承人。卜人说："要先洗发洗身，然后佩戴上玉，甲骨上才会显示吉兆。"其中的五人都连忙洗发洗身，佩戴上玉。而石祁子却说："哪里有居父之丧而可以沐浴佩玉的道理呢？"唯独他不洗发洗身，不佩玉。说来也怪，龟兆却显示出石祁子应该做继承人，因此，卫国人都以为龟兆很灵验。

檀弓下

【原文】

陈子车死于卫，其妻与其家大夫谋以殉葬，定，而后陈子亢至，以告曰："夫子疾，莫养于下，请以殉葬。"子亢曰："以殉葬，非礼也；虽然，则彼疾当养者，孰若妻与宰？得已，则吾欲已；不得已，则吾欲以二子者之为之也。"于是弗果用。子路曰："伤哉贫也！生无以为养，死无以为礼也。"孔子曰："啜菽①饮水尽其欢，斯之谓孝；敛手足形，还②葬而无椁，称③其财，斯之谓礼。"

【注释】

①啜菽：喝豆粥。②还：立即。③称：适合。

【译文】

陈子车客死于卫国，他的妻子和管家计划用活人殉葬，已经确定了殉葬的人选，就在这时候陈子亢来到了。他们把有关殉葬的事告诉了子亢，说："夫子有病，没有人在地下侍候他，我们想用活人来殉葬。"子亢说："用活人殉葬，是违礼行为。尽管如此，如果一定要有人在地下侍候他养病，谁也没有他的妻子和管家合适。如果能取消这个计划，我也愿意取消；如果不能取消这个计划，那么我想就用你们两人殉葬吧。"这样一来，殉葬的计划也就流产了。子路说："贫穷真叫人伤心啊！父母在世时没有什么可以供养，父母去世后，又没有东西可以按规矩办丧事。"孔子说："生前，尽管是粗茶淡饭，但只要总是让父母高高兴兴精神愉快，这就可以说是做到孝顺了。死后，尽管所有的衣衾仅够掩藏尸体，而且是敛罢立即就葬，有棺而无椁，但只要是根据自己的财力尽力办事，也就可以说是合乎丧礼的要求了。"

【原文】

卫献公出奔，反于卫，及郊，将班邑①于从者而后入。柳庄曰："如皆守社稷，则孰执羁靮②而从；如皆从，则孰守社稷？君反其国而有私也，毋乃不可乎？"弗果班。卫有大史曰柳庄，寝疾。公曰："若疾革，虽当祭必告。"公再拜稽首，请于尸曰："有臣柳庄也者，非寡人之臣，社稷之臣也，闻之死，请往。"不释服而往，遂以襚③之。与之邑裘氏与县潘氏，书而纳诸棺，曰："世世万子孙无变也。"

【注释】

①班邑：分封采地。班，通"颁"。②羁勒：羁是马笼头，勒是马缰绳。③襚：向死者赠送衣服。

【译文】

卫献公被逐逃亡，后来终于返回卫国复位，来到城郊，献公想先分封采地给跟随他逃亡的众臣，然后入城。追随他逃亡的大臣柳庄说："如果大家都在国内留守社稷，那么还会有谁马前马后地追随您逃亡？如果大家都追随您逃亡，那么还会有谁留守社稷？您刚一回国就有偏心，恐怕不太好吧！"封赏的事最终没有办成。卫国有个大史叫柳庄，卧病在床。卫君说："如果病情危急，即使是在我主持祭祀时也要立即向我报告。"柳庄果然在卫君主持祭祀时去世了，卫君接到报告，就拜了两拜，叩头，然后向祭祀中的尸请求说："有个臣子叫柳庄的，他不仅是我个人的臣子，也是国家的贤臣，刚才得到他去世的消息，请求您让我现在就去。"卫君没有脱掉祭服就赶往柳庄家，于是就把身上穿的祭服脱下赠给死者，还将裘氏邑和潘氏县封给柳庄作采邑，又把这种封赏写成誓约放进棺里。誓约上写道："世世代代子子孙孙，万代相传永不改变！"

【原文】

陈乾昔寝疾，属其兄弟，而命其子尊已曰："如我死，则必大为我棺，使吾二婢子①夹我。"陈乾昔死，其子曰："以殉葬，非礼也，况又同棺乎？"弗果杀。仲遂卒于垂；壬午犹绎，万入去钥。仲尼曰："非礼也，卿卒不绎。"季康子之母死，公输若方小，敛，般请以机封，将从之，公肩假曰："不可！夫鲁有初②，公室视丰碑，三家视桓楹。般，尔以人之母尝巧，则岂不得以？其母以尝巧者乎？则病者乎？噫！"弗果从。

【注释】

①婢子：此指妾。②初：指故事、先例。

檀弓下

【译文】

陈乾昔卧病在床，自知余日不多，于是就向他的兄弟交待后事，并命令他的儿子尊己说："如果我死了，一定要给我做个大棺材，好让我的两个妾分躺在我的两边。"陈乾昔死了以后，他的儿子说："用活人殉葬，本来就不合礼，何况还要躺在同一棺材里呢？"最终没有杀父妾以殉葬。仲遂死于齐国的垂。壬午，噩耗已经传来，可鲁宣公并没有停止绎祭，只不过是在舞蹈时只保留了没有声音的武舞，去掉了有乐器声音的文舞而已。孔子说："这样做是违礼的。大臣死，绎祭就应该停止。"季康子的母亲去世了，年幼的公输若作为匠师主持下葬，公输般建议用他新设计的机械来下棺。主人正要答应时，公肩假却说："不行！下棺的工具鲁国有先例：国君比照天子，使用四块丰碑；仲孙、叔孙、季孙三家比照国君，使用四根木柱。般！你用别人的母亲来试验你的技巧，难道是不得已吗？如果你不借此机会来试验你的技巧，就会感到难受吗？你怎么这样不懂礼呢！"最终没有听从他的建议。

【原文】

战于郎，公叔禺人遇负杖入保者息，曰："使之①虽病也，任之②虽重也，君子不能为谋也，士弗能死也，不可！我则既言矣。"与其邻重汪踦往，皆死焉。鲁人欲勿殇重汪踦，问于仲尼。仲尼曰："能执干戈以卫社稷，虽欲勿殇也，不亦可乎！"子路去鲁，谓颜渊曰："何以赠我？"曰："吾闻之也：去国，则哭于墓而后行；反其国，不哭，展③墓而入。"谓子路曰："何以处④我？"子路曰："吾闻之也：过墓则式，过祀⑤则下。"

【注释】

①使之：指徭役。②任之：指赋税。③展：周巡省视。④处：安身无咎之道。⑤祀：乡里社坛。

【译文】

鲁国与齐国在郎交战。鲁国的公叔禺人看到一个扛着兵器的士兵进入城堡休息，就说："百姓负担的徭役够辛苦了，交纳的赋税也够繁重了，但是大臣们不能为国家出谋划策，战士又不能为国牺牲，这是不可以的。我既然这样讲了，我就要努力做到。"于是就和邻居的少年汪踦一同奔赴战场，二人都战死在战场上。鲁国人想不用童子的丧礼而用成人的丧礼对待汪踦，但因没有先例，就向孔子请教。孔子说："他能拿起武器来捍卫国家，即使不用童子的丧礼来办他的丧事，不也可以吗？"子路要离开鲁国，对颜渊说："临别之际，你有什么话送我呢？"颜渊说："我听说，要离开故国，应该先到祖坟上哭禀一番再动身；返回故国，就不必哭了，只要到坟上巡视一圈就可以入城。"说罢，颜渊又对子路说："您给我留下什么话让我安身无咎呢？"子路说："我听说，经过墓地就应凭轼致敬，经过社坛就应下车致敬。"

【原文】

工尹商阳与陈弃疾追吴师，及之。陈弃疾谓工尹商阳曰："王事也，子手弓而可。"手弓。"子射诸。"射之，毙一人，韔①弓。又及，谓之，又毙二人。每毙一人，掩其目。止其御曰："朝不坐，燕不与②，杀三人，亦足以反命矣。"孔子曰："杀人之中，又有礼焉。"诸侯伐秦，曹桓公卒于会。诸侯请含，使之袭。襄公朝于荆，康王卒。荆人曰："必请袭。"鲁人曰："非礼也。"荆人强之。巫先拂柩。荆人悔之。

【注释】

①韔：古代盛弓的袋子。此作动词用。②燕不与：燕，同"宴"。不与，犹言没有座位。

【译文】

工尹商阳和陈弃疾同乘一辆战车追赶吴军，很快就追上了。陈弃疾对工尹商阳说："我们可是肩负着国王的使命，您现在可以把弓拿在手里了。"工尹商阳这才握弓在手。陈弃疾又对他说："您可以向敌人放箭了！"工尹商阳这才射了一箭，射死一人，然后把弓又装入袋子。又追上了敌人，陈弃疾又对他说了以上的话，工尹商阳这才又射杀了二人。每射杀一人，他都闭上眼睛，不忍心看。他让驾车的停止追赶，说："我们都是朝见国君没有座位，国君设宴没有席位的贱士，杀死三个敌人，也完全可以交差了。"孔子说："就是在杀人时，也还是有礼节的。"诸侯联合起来讨伐秦国，曹宣公在联军会合时去世。诸侯要求按照礼节为曹君饭含，而曹人却让诸侯为曹君的尸体穿衣。鲁襄公到楚国访问，正碰上楚康王去世。楚人说："请鲁君务必为康王的尸体穿衣。"鲁国方面回答："这样做是违礼的。"楚国方面坚持非这样做不可，于是襄公就让巫先用桃枝在灵柩上来回拂拭，以祛除凶邪，而后才为尸体穿衣。楚国人一看这是君临臣丧之礼，后悔也来不及了。

【原文】

滕成公之丧，使子叔、敬叔吊，进书，子服惠伯为介。及郊，为懿伯之忌，不入。惠伯曰："政也，不可以叔父之私，不将公事。"遂入。哀公使人吊蕢尚，遇诸道。辟于路，画宫而受吊焉。曾子曰："蕢尚不如杞梁之妻之知礼也。齐庄公袭莒于夺，杞梁死焉，其妻迎其柩于路而哭之哀，庄公使人吊之，对曰：'君之臣不免于罪，则将肆诸市朝，而妻妾执；君之臣免于罪，则有先人之敝庐在。君无所辱命。'"

【译文】

滕成公去世，鲁国派子叔敬叔去吊丧，并且呈交鲁君慰问的礼品单，又派子服惠伯作他的副手。到了滕国郊外，正碰上惠伯的叔父懿伯的忌日，敬叔就想改日进城。惠伯说："我们来吊丧是公事，不可因为叔父的私忌就耽误公事。"于是就进城了。蕢尚出葬亲人，鲁哀公派人去吊丧，在半道上碰着了，蕢尚就让开道，在地上画了一个殡宫的平面图，然后就位接受慰问。曾子说："蕢尚的这种做法，还不如杞梁之妻的做法合乎礼呢。齐庄公派人从狭路袭击莒国，杞梁死于战场。他的妻子在路上迎接他的灵柩，哭得十分悲伤。齐庄公派人去慰问她，她说：'如果君的臣子杞梁有罪，就应该在市朝陈尸示众，把他的妻妾也抓起来。如果君的臣子杞梁无罪，那么我们还有一所先人留下的破宅院，可以在那里举行吊礼。像现在这样在半道上吊丧，我可不敢劳您的大驾。'"

【原文】

孺子之丧，哀公欲设拨，问于有若，有若曰："其可也，君之三臣犹设之。"颜柳曰："天子龙輴而椁帱，诸侯輴而设帱——为榆沈①故设拨；三臣者废輴而设拨，窃礼之不中②者也，而君何学焉？"悼公之母死，哀公为之齐衰。有若曰："为妾齐衰，礼与？"公曰："吾得已乎哉？鲁人以妻我。"

【注释】

①沈：通"沉"，沉重。②不中：不合适。

【译文】

在办哀公的少子尊的丧事时，鲁哀公想在殡车上加上只有天子、诸侯才可使用的拨，问有若是否可以。有若说："当然可以了。您的仲孙、叔孙、季孙三家大夫还使用拨呢，您的儿子有何不可。"颜柳说："天子的殡车，是车辕上画着龙，车周围又积木似椁，再加上覆棺的罩子；诸侯的殡车，只加土棺罩。因为他们的殡车是榆木做的，很沉重，所以才特地设拨拉车。三家大夫不敢用天子、诸侯的殡车，却又使用了只有天子、诸侯才可使用的拨，这是盗用天子、诸侯之礼又走了样，您何必效法他们呢？"悼公的母亲去世了，哀公为她服齐衰。有子感到奇怪，就带有讽刺的口吻问道："为妾服齐衰，这符合礼的规定吗？"哀公说："我这也是没有办法呀！鲁国人都把她看成是我的妻子。"

【原文】

季子皋葬其妻，犯人之禾，申祥以告曰："请庚①之。"子皋曰："孟氏不以是罪予，朋友不以是弃予，以吾为邑长于斯也。买道而葬，后难继也。"仕而未有禄者：君有馈焉曰献，使焉曰寡君；违而君薨，弗为服也。虞而立尸，有几筵。卒哭而讳，生事毕而鬼事始已②。既卒哭，宰夫执木铎以命于宫曰："舍故而讳新。"自寝门至于库门。二名不偏讳，夫子之母名徵在；言在不称徵，言徵不称在。军有忧，则素服哭于库门之外，赴车不载櫜韔③。有焚其先人之室，则三日哭。故曰："新宫火，亦三日哭。"

【注释】

①庚：赔偿。②已：语气词，略同于"也"。③櫜韔：櫜是装铠甲的袋子，韔是盛弓的袋子。不载櫜韔，即不把武器收藏起来，表示要报仇雪耻。

【译文】

季子皋埋葬他的妻子时，踏坏了他人田地里的禾苗，申祥把情况告诉了他，并且说："请你赔偿人家。"子皋说："孟氏不因为这么一点小事责备我，朋友也不因为这么一点小事而抛弃我，由于我是本邑的长官，就算我同意赔偿，买路而葬，只怕此例一开，后人难以照办呀。"已经担任一定官职而尚未领取俸禄的人，如果国君送东西给他，不能说是"赐"，而要称作"献"；使者向他传达君命，还得称国君为"寡君"；如果离开该国而国君去世了，他也不必为国君服丧。从虞祭开始才设尸，才几案、席子齐备。卒哭以后才开始讳称死者之名，因为以活人对待他的礼到此结束，而以鬼神对待他的礼从此开始。在卒哭过后，宰夫就手摇木铎在宫中高声宣布："旧的名讳已经取消了，新的名讳已经开始了。"从路门一直喊到库门。两个字的名，不必都避讳。例如，孔夫子的母亲名叫"徵在"，说"在"字时就不再说"徵"，说"徵"字时就不再说"在"。军队打了败仗，国君要率领群臣头戴缟冠到库门外痛哭。回来报告战败消息的车上的战士都不应把武器装入袋中，以表示还要报仇雪恨的决心。如果宗庙被烧毁了，就要哭三天。所以《春秋》上说："新建的宗庙失火了，成公哭了三天。"

【原文】

孔子过泰山侧，有妇人哭于墓者而哀，夫子式而听之。使子贡问之曰："子之哭也，壹似重①有忧者。"而曰："然，昔者吾舅死于虎，吾夫又死焉，今吾子又死焉。"夫子曰："何为不去也？"曰："无苛政②。"夫子曰："小子③识④之，苛政猛于虎也。"

【注释】

①重：一再，重复。②苛政：暴政。政：通"征"，征指徭役和赋税。③小子：老师对弟子的昵称。④识：通"志"，记住。

【译文】

孔子从泰山旁边路过，看见一个妇人在墓前哭得很伤心，就停下了车，俯身凭轼专注地倾听。然后让子贡去问那位妇人："听您的哭声，好像接二连三遭到不幸似的。"妇人住了哭声回答道："不错。过去我的公爹被老虎咬死了，接着我的丈夫又被老虎咬死了，最近我的儿子也被老虎咬死了。"夫子问道："那么为什么不离开这里呢？"妇人答道："因为此地没有繁重的徭役和赋税。"夫子对学生们说："你们要记住，繁重的徭役和赋税，比老虎还要厉害啊！"

【原文】

鲁人有周丰也者，哀公执挚请见之，而曰不可。公曰："我其已夫！"使人问焉，曰："有虞氏未施信于民而民信之，夏后氏未施敬于民而民敬之，何施而得斯于民也？"对曰："墟墓之间，未施哀于民而民哀；社稷宗庙之中，未施敬于民而民敬。殷人作誓而民始畔，周人作会而民始疑。苟无礼义忠信诚悫之心以莅之，虽固结之，民其不解乎？"丧不虑居，毁不危身。丧不虑居，为无庙也；毁不危身，为无后也。

【译文】

鲁国有个叫周丰的人，鲁哀公带了见面礼要去拜访他，周丰礼貌地表示不敢当。哀公说："我岂能就这样算了呢？"于是就派人去请教，说："有虞氏并未教导百姓诚信而百姓却信任他，夏后氏并未教导百姓敬重而百姓却敬重他，他们用的什么办法才让老百姓做到了这一步呢？"周丰回答说："在废墟坟墓当中，你不教导百姓悲哀百姓也会自然而然地悲哀。在社稷宗庙之中，你不教导百姓肃敬百姓也会自然而然地肃敬。殷人盛行立誓，而百姓却开始背叛；周人盛行会盟，而百姓却开始起疑。如果你自己首先不是用礼义忠信诚厚之心对待百姓，虽执意把百姓团结到一起，百姓难道就不会离散吗？"办丧事花钱，无论如何不能打出卖祖屋的主意。为丧事憔悴，无论如何不能走到危害性命的地步。前者是担心祖宗的神灵没有依托之处，后者则是担心断了香火。

【原文】

延陵季子适齐，于其反也，其长子死，葬于嬴博之间。孔子曰："延陵季子，吴之习于礼者也。"往而观其葬焉。其坎深不至于泉，其敛以时服。既葬而封，广轮①揜坎，其高可隐②也。既封，左袒，右还③其封且号者三，曰："骨肉归复于土，命也。若魂气则无不之也，无不之也。"而遂行。孔子曰："延陵季子之于礼也，其合矣乎！"

【注释】

①广轮：广指宽度，轮指长度。②隐：人直立时垂手可以按着。③还：通"旋"，即绕圈。

【译文】

延陵季子到齐国访问，在回国的路上，他的大儿子死了，就准备葬在嬴邑和博邑之间。孔子说："延陵季子是吴国最懂得礼的人。"于是就前往观摩延陵季子如何操办葬礼。只见墓坑的深度还没掘到有泉水的地方，敛时用的也是平时穿的衣服。下葬以后又积土成坟，坟的宽度长度正好和墓坑相当；坟的高度，一般人都可以垂手按住坟顶。积土成坟之后，他袒露左臂，向左绕着坟头转了三圈，并且一边号哭一边高喊："骨肉又回归土地，这是自然的规律。至于神魂精气，那是无所不在的，无所不在的。"这样做过以后就又重新上路了。孔子说："延陵季子的做法，应该是合乎礼的吧。"

【原文】

邾娄考公之丧，徐君使容居来吊含，曰："寡君使容居坐含①进侯玉，其使容居以含。"有司曰："诸侯之来辱敝邑者，易②则易，于③则于，易于杂者未之有也。"容居对曰："容居闻之：事君不敢忘其君，亦不敢遗其祖。昔我先君驹王西讨济于河，无所不用斯言也。容居，鲁人也，不敢忘其祖。"子思之母死于卫，赴于子思，子思哭于庙。门人至曰："庶氏之母死，何为哭于孔氏之庙乎？"子思曰："吾过矣，吾过矣。"遂哭于他室。天子崩，三日祝先服，五日官长服，七日国中男女服，三月天下服。虞人致百祀之木，可以为棺椁者斩之；不至者，废其祀，刎其人。

【注释】

①含（hàn）：古丧礼，殡殓时把珠、玉、贝、米等物放在死者嘴里。②易：简易，简略。③于：广大，隆重。

【译文】

邾娄国在为邾定公办丧事时，徐国国君派容居来吊丧，并行饭含之礼。容居以天子所遣使者的口气说道："敝国国君派我来跪着行含之礼，致送侯爵所含的玉璧。现在请让我来行含之礼。"接待邾娄的人员说："劳驾各国诸侯屈尊来到敝国，依据来人身份，该简略就简略，该隆重就隆重。如果派臣子来，我们就以臣礼相待；如果国君亲来，我们就以君礼相待。派来的是臣子却企图得到国君的礼遇，这是从来没有的事。"容居回答说："鄙人听说，作为臣子就不敢忘掉国君，作为子孙就不敢忘掉祖先。过去我们的先君驹王对西方进行讨伐，还渡过了黄河，他一贯都是用这种口气讲话的。鄙人虽然鲁钝，但也不敢忘掉祖先是怎么讲话的。"子思的母亲在父亲死后改嫁到卫国，现在去世了，派人来向子思报丧，子思就到家庙去哭。他的弟子见到了，说："人家姓庶的死了母亲，为什么您却跑到孔氏的家庙来哭？"子思说："我错了！我错了！"就连忙跑到别的房间去哭。天子去世以后，第三天，祝首先手持丧杖；第五天，百官手持丧杖；第七天，畿内的庶民穿上当穿的丧服；三月，诸侯及其大夫各服应服之服。虞人负责从畿内所有神社的社树中挑选最适宜于作棺椁者，把它们砍伐下来。对于不肯献出木材的地方，要把当地的社神废掉，杀掉当地的长官。

【原文】

齐大饥，黔敖为食于路，以待饿者而食之①。有饿者蒙袂②辑屦，贸贸然③来。黔敖左奉食，右执饮，曰："嗟！来食。"扬其目而视之，曰："予唯不食嗟来④之食，以至于斯也。"从而谢焉；终不食而死。曾子闻之曰："微与？其嗟也可去，其谢也可食。"邾娄定公之时，有弑其父者。有司以告，公瞿然失席⑤曰："是寡人之罪也。"曰："寡人尝学断斯狱矣：臣弑君，凡在官者杀无赦；子弑父，凡在宫者杀无赦。杀其人，坏其室，洿其宫而猪⑥焉。盖君逾月而后举爵。"

【注释】

①食之：给他吃。②蒙袂：因困惫而走路一瘸一拐的样子。③贸贸然：垂头丧气之貌。④嗟来：叹词。来是语助，无义。⑤瞿然：惊骇貌。失席：离开席位。形容惊惧、惊讶。⑥猪：通"储"，使水停聚在某处。

【译文】

齐国发生严重的饥荒，黔敖在路边做饭，以备施舍给过路的饥民。有一个饥民，无力地垂着双手，走路一瘸一拐的，一副无精打采的样子走了过来。黔敖左手端着饭，右手端着汤，用可怜的口气喊道："喂！来吃吧！"那个饥民瞪起眼睛望着他，说："本人正是由于不吃这种没有好声好气的饭才落到这步田地的。"黔敖听了连忙表示道歉，但那饥民还是坚持不吃，因而饿死了。曾子听说了这件事，说："这恐怕不大对吧？人家没有好声好气地叫你吃，你当然可以拒绝；但是人家既然道了歉，你就可以吃了。"邾娄定公在位的时候，有子杀其父的事情发生。有关官员将此事报告给定公，定公惊骇地离开了席位，说："这和寡人没有教育好也有关系。"又说："我曾学过怎样审断这种案子：如果是臣杀其君，那么，凡是国家的官员无论其职位大小，都有权利把他杀掉，决不宽恕；如果是子杀其父，那么，凡是家庭成员无论其辈分高低，都有资格把他杀掉，决不宽恕。不仅要把凶手杀掉，还要拆毁凶手的住室，将其地基挖成个大坑，然后再灌满水。国君也得过了这个月以后才能举杯喝酒。"

【原文】

晋献文子成室，晋大夫发焉。张老曰："美哉轮①焉！美哉奂②焉！歌于斯，哭于斯，聚国族于斯。"文子曰："武也得歌于斯，哭于斯，聚国族于斯，是全要领③以从先大夫于九京也。"北面再拜稽首。君子谓之善颂善祷。仲尼之畜狗④死，使子贡埋之，曰："吾闻之也：敝帷不弃，为埋马也；敝盖不弃，为埋狗也。丘也贫，无盖；于其封也，亦予之席，毋使其首陷焉。"路马死，埋之以帷。

【注释】

①轮：高大。②奂：通"焕"，光辉灿烂。③全要领：谓不被刑戮而善终。要，古"腰"字。领，颈也。古代的死刑有腰斩和斩首两种。④畜狗：看家狗。古代的狗可分三种，打猎用的田犬，看家用的守犬，专供肉食的食犬。

【译文】

晋国赵文子的新居落成，晋国的大夫都去参加落成典礼。张老致辞说："这高大的新居多么漂亮呀！这灿烂的新居多么漂亮呀！从此以后，主人就可以在这里祭祀奏乐，在这里居丧哭泣，在这里和僚友及族人聚会宴饮了。"文子致答辞说："我能在这里祭祀奏乐，在这里居丧哭泣，在这里和僚友族人聚会宴饮，这表明我将善终，有资格进入九原的祖坟。"说完后就朝北面再拜叩头表示感谢。懂礼的君子说，他们一个善于赞美，一个善于祈福。孔子养的看家狗死了，让子贡拖出去埋掉，还吩咐说："我听说过，破旧的帷幔不要丢掉，因为可以用来埋马；破旧的车盖也不要丢掉，因为可以用来埋狗。我很穷，没有破旧的车盖，但你在埋狗的时候，也得用一张席子裹着，不要让它的头直接埋在土里。"至于为国君驾车的马死了，埋的时候得用帷幔裹好。

【原文】

季孙之母死，哀公吊焉。曾子与子贡吊焉，阍人为君在，弗内也。曾子与子贡入于其厩而修容焉。子贡先入，阍人曰："乡者已告矣。"曾子后入，阍人辟之。涉内溜，卿大夫皆辟位，公降一等而揖之。君子言之曰："尽饰之道，斯其行者远矣。"阳门之介夫[①]死，司城子罕入而哭之哀。晋人之觇宋者，反报于晋侯曰："阳门之介夫死，而子罕哭之哀，而民说[②]，殆不可伐也。"孔子闻之曰："善哉觇国乎！诗云：'凡民有丧，扶服[③]救之。'虽微晋而已，天下其孰能当之？"

【注释】

①介夫：披甲的卫士。②说：通"悦"。③扶服：通"匍匐"，音义皆同。扶服本义是伏地爬行，引申为尽力。

【译文】

季孙的母亲去世了，鲁哀公前去吊丧。曾子和子贡也去吊丧，但守门人因为哀公在里面，不让他们进去。曾子和子贡就进到马房里把自己的仪容修饰了一番，然后再去。子贡先进去，守门人说："刚才已经往里通报了。"曾子后进去，守门人则已经把路让开。二人走到寝门的屋檐下，卿大夫都连忙让位，哀公也从阼阶上走下一个台阶，作揖，请他们就位。君子议论这件事情说："尽力修饰仪容的做法，对达到自己的目的是很有用的。"宋国都城阳门的一个卫士死了，司城子罕到他家去吊丧，哭得很伤心。晋国潜伏在宋国的一个探子侦探到这种情况，就回国向晋侯报告说："阳门的一个小小卫士死了，而子罕这样的大官亲自临吊，哭得很伤心，这种做法很得民心，恐怕宋国不是好欺负的。"孔子听说了这件事,说:"这个探子真会刺探国情啊!《诗经》上说:'凡是邻里有了灾祸,都要尽力去帮助他们。'宋国正是做到了这一点,所以,不仅晋国不敢欺负宋国,普天之下也找不出一个敢和宋国为敌的国家。"

【原文】

鲁庄公之丧,既葬,而绖不入库门。士、大夫既卒哭,麻不入。孔子之故人曰原壤,其母死,夫子助之沐椁①。原壤登木②曰:"久矣予之不托于音也。"歌曰:"狸首之斑然,执女手之卷然。"夫子为弗闻也者而过之,从者曰:"子未可以已乎?"夫子曰:"丘闻之:亲者毋失其为亲也,故者毋失其为故也。"

【注释】

①沐椁:修治椁材。②登木:以手叩击椁材。

【译文】

鲁庄公死后,准备下葬的时候,穿孝服的人都在宫殿最外的一道门等候,不让入内。等臣子祭哭完了,关系最疏远的亲戚也不让进灵堂了。孔子有个老朋友叫原壤,他的母亲去世了,孔子帮助他修治椁材。原壤敲着椁材说:"我已经很久没有用唱歌来表达内心的感情了!"于是唱道:"这椁材的文理就像狸头上的花纹那样漂亮,我真想握着你的手来表达我内心的喜悦。"孔子装作没听见的样子走了过去,孔子的随从却说:"此人这般无礼,您还不和他绝交吗?"孔子说:"我听说,亲人总归是亲人,老朋友总归是老朋友。"

【原文】

赵文子与叔誉观乎九原。文子曰:"死者如可作①也,吾谁与归②?"叔誉曰:"其阳处父乎?"文子曰:"行并植③于晋国,不没其身,其知不足称也。""其舅犯乎?"文子曰:"见利不顾其君,其仁不足称也。我则随武子乎!利其君不忘其身,谋其身不遗其友。"晋人谓文子知人。文子其中④退然⑤如不胜衣,其言呐呐然如不出诸其口。所举于晋国管库之士七十有余家,生不交利,死不属其子焉。

【注释】

①作：站起来。指复活。②吾谁与归：我赞许和爱戴谁呢？与，赞成。归，归向。"谁"是"与归"的前置宾语。③并植：通"廉直"。④中：身躯。⑤退然：柔弱的样子。

【译文】

赵文子和叔誉一道在九原巡视，文子说："这墓地中埋葬的死者如果能够复活，你最赞成和爱戴他们中的哪一位？"叔誉答道："大概是阳处父吧？"文子说："阳处父在晋国身为大傅，却刚强而无计谋，不得善终，他的智慧叫人不敢恭维。"叔誉又说："那么舅犯可以吗？"文子说："舅犯在考虑自己的利益时就不顾及国君，他的仁爱也叫人不敢恭维。我最赞许和爱戴的人是随武子，他既能为国君利益考虑，也能兼顾个人利益；他既能为自己打算，又不忘掉朋友。"晋国人都认为文子的评价很恰当。文子的身体柔弱得好像连衣服的重量都禁受不了，讲起话来迟钝缓慢得像难以出口。他为晋国举荐的管理仓库的官员多达七十余人，但在他生前却从来不和他们在钱财上有交往，死后也不把孩子托付给他们。

【原文】

叔仲皮学子柳。叔仲皮死，其妻鲁人也，衣衰而缪①绖。叔仲衍以告，请繐衰而环绖，曰："昔者吾丧姑、姊、妹亦如斯，末吾禁也。"退，使其妻繐衰而环绖。成人有其兄死而不为衰者，闻子皋将为成宰，遂为衰。成人曰："蚕则绩而蟹有匡，范②则冠而蝉有緌，兄则死而子皋为之衰。"乐正子春之母死，五日而不食。曰："吾悔之，自吾母而不得吾情，吾恶乎用吾情！"

【注释】

①缪，通"纠"，纠结。②范：指蜂。

【译文】

叔仲皮平时教他的儿子子柳学习。叔仲皮去世了，他的儿媳虽然是个粗人，但也知为公公服齐衰纠绖。叔仲衍以为不当着此丧服，就把他自己的想法告诉给侄儿子柳，让子柳督促她改穿繐衰环绖，并且说："从前我为去世的姑姑、姊妹就是穿这种丧服，也没有人阻止我不让穿。"子柳回到家里，就叫他的妻子改服繐衰和环绖。成邑有个人，他的哥哥死了却不愿为哥哥穿孝服，后来听说子皋将要来当邑宰，怕被怪罪，这才连忙穿上孝服。当地人就编了首歌谣讽刺此人，唱词是："蚕儿会吐丝，而螃蟹有筐子；蜂儿有帽子，而蝉儿有冠带子。是哥哥死了，却为地方长官穿孝衣。"乐正子春的母亲去世了，他一连五天没有进食，超过礼的规定两天。事后，他说："我真后悔越礼行事。连办我母亲丧事我还不守礼的规定，那么还有什么事情上我会依礼而行呢？"

【原文】

岁旱，穆公召县子而问然，曰："天久不雨，吾欲暴尪①而奚若？"曰："天久不雨，而暴人之疾子，虐，毋乃不可与！""然则吾欲暴巫而奚若？"曰："天则不雨，而望之愚妇人，于以求之，毋乃已疏乎！""徙市则奚若？"曰："天子崩，巷市七日；诸侯薨，巷市三日。为之徙市，不亦可乎！"孔子曰："卫人之祔也，离之；鲁人之祔②也，合之，善夫！"

【注释】

①暴：通"曝"，晒也。尪：身体有残疾的人。暴尪的目的是希望上天哀怜而下雨。②祔：夫妇合葬。

【译文】

天气干旱，穆公把县子召来请教说："天久不雨，我想把有残疾的人拉到烈日底下去晒，不知尊意如何？"县子说："天久不雨，乃暴晒有残疾的人以求雨，这种做法太不人道了，恐怕不可以吧？"穆公又说："那么暴晒女巫如何？"县子说："天不下雨，而寄希望于愚蠢的妇人，用这种方式求雨，不是也太不切合实际了吗？"穆公又说："那么罢市又如何？"县子说："天子去世，罢市七日；诸侯去世，罢市三日。用罢市的办法求雨，还不失为可行的办法。"孔子说："卫人的合葬方式，是夫妇各自一个墓穴，中间有土相隔。鲁人的合葬，是夫妇共用一个墓穴。鲁人的合葬方式很好。"

王制

【题解】

　　王制，即王者之制度，是指古代君主治理天下的规章制度，内容涉及封国、职官、爵禄、祭祀、葬丧、刑罚、建立成邑、选拔官吏以及学校教育等方面。郑玄说："名曰《王制》者，以其记先王班爵、授禄、祭祀、养老之法度。"本篇内容主要是秦汉儒生追记夏、商、周的国家政策制度，其中以周朝的制度为主。本篇在中国政治思想史上占有重要地位：董仲舒曾有选择地继承了《王制》的思想，班固的《白虎通义》则基本上全盘接受了《王制》的观点。王莽改制，清末康有为等人的变法，都先后以《王制》为托古改制的理论武器。

【原文】

　　王者之制禄爵①，公侯伯子男，凡五等。诸侯之上大夫卿，下大夫，上士中士下士，凡五等。天子之田②方千里，公侯田方百里，伯七十里，子男五十里。不能五十里者，不合③于天子，附于诸侯曰附庸。天子之三公④之田视公侯，天子之卿视伯，天子之大夫视子男，天子之元士⑤视附庸。

【注释】

　　①禄爵：俸禄和爵位。②田：禄田。指收取租税作为俸禄的土地。③合：朝会。④三公：辅佐天子治理国家的三个最高官员，即太师、太傅、太保。⑤元士：上士。

【译文】

　　天子为臣下制定俸禄和爵位。以爵位来说，有公、侯、伯、子、男，共五等。诸侯为其臣下制定的爵位，有上大夫卿、下大夫、上士、中士、下士，也是总共五等。天子的禄田是一千里见方，公、侯的禄田是百里见方，伯则七十里见方，子、男是五十里见方。禄田不足五十里见方的小诸侯，不朝会于天子，而隶属于较大的诸侯，叫作附庸。天子三公的禄田数量比照公侯，天子的卿的禄田比照伯，天子的大夫的禄田比照子男，天子的上士的禄田比照附庸。

【原文】

制：农田百亩。百亩之分：上农夫食①九人，其次食八人，其次食七人，其次食六人；下农夫食五人。庶人在官者，其禄以是为差也。诸侯之下士视上农夫，禄足以代其耕也。中士倍下士，上士倍中士，下大夫倍上士；卿，四大夫禄；君，十卿禄。次国之卿，三大夫禄；君，十卿禄。小国之卿，倍大夫禄，君十卿禄。

【注释】

①食：养活。

【译文】

分配俸禄的规定：每个农户受田一百亩。百亩之田按其土质肥瘠分为五等，第一等的百亩之田一个农夫可以养活九口之家，第二等的可以养活八口之家，第三等的可以养活七口之家，第四等的可以养活六口之家，最末等的可以养活五口之家。平民在官府当差的，他们的俸禄也参照这个等差受田。诸侯的下士的俸禄比照受第一等田的农夫，使他们的俸禄足以能养活九口之家。诸侯中士的俸禄是下士的两倍，上士是中士的两倍，下大夫是上士的两倍。大国诸侯的卿的俸禄是大夫的四倍，国君的俸禄是卿的十倍。

【原文】

凡四海之内九州岛，州方千里。州，建百里之国三十，七十里之国六十，五十里之国百有二十，凡二百一十国；名山大泽不以封，其余以为附庸间田①。八州，州二百一十国。天子之县内，方百里之国九，七十里之国二十有一，五十里之国六十有三，凡九十三国；名山大泽不以盼②，其余以禄士，以为间田。凡九州岛，千七百七十三国。天子之元士、诸侯之附庸不与。

【注释】

①间田：备用的封赏之田。②盼：同"颁"。盼与封的区别在于，封给的土地可以世袭，而盼给的土地只可享用，不可世袭。

【译文】

四海之内共有九个州。每个州的面积都是千里见方。每州之内分封百里见方的大诸侯国三十个，七十里见方的中等诸侯国六十个，五十里见方的小国一百二十个，总共二百一十个诸侯国。每州内的名山大泽不用来分封。分封剩余的土地或作为附庸，或留待赏赐之用。这是畿外的八州，每州有二百一十个诸侯国。还有一州，那就是天子直辖的王畿，其中分配给公卿大夫的国土，方百里者九国，方七十里者二十一国，方五十里者六十三国，总共九十三国。在这九十三国之内，如有名山大川，也不用来分配。分配剩余的土地，或用作士人的禄田，或留待赏赐之用。总计，九个州共有一千七百七十三个国家，而天子的元士、诸侯的附庸尚未计算在内。

【原文】

天子百里之内以共官①，千里之内以为御②。千里之外，设方伯③。五国以为属，属有长。十国以为连，连有帅。三十国以为卒，卒有正。二百一十国以为州，州有伯。八州八伯，五十六正，百六十八帅，三百三十六长。八伯各以其属，属于天子之老二人，分天下以为左右，曰二伯④。千里之内曰甸⑤，千里之外，曰采⑥、曰流⑦。

【注释】

①百里之内：以王城为中心的半径为一百里的范围内。共：通"供"供给。官：郑玄说是官府的文书财用。②千里之内：以王城为中心的半径为五百里的范围内。御：指天子宫内的衣食等各种开销。③千里之外：指王畿之外的每一州。方伯：即州牧，管理一州的最高行政长官。④二伯：这是协助天子治理畿外八州的两个行政长官，每人分领四州，其地位在州牧之上。⑤甸：出租税供天子开销的地方。⑥采：不纳租税，只进贡土特产的地方。⑦流：指九州以外的少数民族地区，进贡与否也不一定。

王制

【译文】

　　天子畿内，距王城百里之地，所交赋税用作官府的文书财用；距王城五百里之地，所交赋税用作王宫内的各种花销。王畿之外的每一州设一长官，称作方伯。一州之中，五个诸侯国为一属，设属长一人；十个诸侯国为一连，设连帅一人；三十个诸侯国为一卒，设卒正一人。二百一十个诸侯国为一州，设方伯一人。畿外八州，计有八个方伯，五十六个卒正，一百六十八个连帅，三百三十六个属长。这八个方伯各自率领本州的诸侯服从天子之老二人。天子之老二人，一人管西方四州，一人管东方四州，叫作"二伯"。距王城千里以内的地区叫作甸，有义务交纳租税。王畿以外的八州叫作采，有进贡土特产的义务。九州以外的地区叫作流，是否进贡也不一定。

【原文】

　　天子：三公，九卿，二十七大夫，八十一元士。大国：三卿；皆命于天子；下大夫五人，上士二十七人。次国：三卿；二卿命于天子，一卿命于其君；下大夫五人，上士二十七人。小国：二卿；皆命于其君；下大夫五人，上士二十七人。

【译文】

　　天子的官属，有三公，九卿，二十七大夫，八十一上士。大诸侯国的官属，有三卿，都由天子直接任命，下大夫五人，上士二十七人。中等诸侯国的官属，有三卿，其中两个是由天子直接任命的，一个是国君任命的，下大夫五人，上士二十七人。小诸侯国的官属也有三卿，其中一个是由天子直接任命的，两个是国君任命的，下大夫五人，上士二十七人。

【原文】

　　天子使其大夫为三监，监于方伯之国，国三人。天子之县内诸侯，禄[①]也；外诸侯，嗣[②]也。制：三公，一命[③]卷；若有加，则赐也。不过九命。次国之君，不过七命；小国之君，不过五命。大国之卿，不过三命；下卿再命，小国之卿与下大夫一命。

【注释】

①禄：禄田。禄田只可在职时享用，不可世袭。②嗣：继承。指封地可以世袭。③命：天子擢升臣下的册命。命数越多，爵位越高，礼服上的图案也越多。

【译文】

天子任命他的大夫当三监，代表天子去监察每州的方伯，每一州派三个大夫去。王畿内分配给公卿的土地，那是一种禄田，活着享用，死去归还。王畿外分封给诸侯的土地，那是可以世袭的。命服的规定：天子的三公本已八命，再加一命成九命，就可以穿衮衣了。如果再有增加，只能叫作赐，因为人臣不可能超过九命。中等诸侯国的国君至多七命，其礼服七章；小国之君最多五命，其礼服五章；大国之卿最多三命，其礼服三章；下卿再命，其礼服二章；小国之卿与下大夫都是一命，其礼服一章。

【原文】

凡官民材，必先论之①。论辨然后使之，任事然后爵之，位定然后禄之。爵人于朝，与士共之。刑人于市，与众弃之。是故公家不畜刑人，大夫弗养，士遇之弗与言也；屏之四方，唯其所之，不及以政，亦弗故生也。诸侯之于天子也，比年②一小聘③，三年一大聘，五年一朝。

【注释】

①论之：考察其德与才。②比年：每年。③小聘：以大夫为使节叫小聘。大聘：以卿为使节叫大聘。

【译文】

凡是选用平民中有才能的人做官，一定要对他的德才先进行考察。考察清楚了，然后试用。如果胜任工作，然后授予一定的爵位。爵位定了，然后授予一定的俸禄。在朝廷上品评某人爵位时，让士也一道参加，以示公正无私。在闹市上处决犯人，让众人都厌弃他，以示大快人心。所以国君不录用判过罪受过刑的人，大夫也不收留这种人，士在路上和这种人相遇也不理他。把他们流放到四方边远地区，不管他们到哪儿去，国家既不向他们征租税派徭役，也

·103·

不分给他们赖以生存的田地，这就是表示不要他们活在世上的意思。诸侯对于天子，每年要派大夫去聘问一次，每三年要派卿去聘问一次，每五年诸侯亲自朝见一次。

【原文】

天子五年一巡守①：岁二月，东巡守至于岱宗，柴②而望祀山川；觐诸侯；问百年者就见之。命大师陈诗③以观民风，命市纳贾④以观民之所好恶，志淫好辟。命典礼考时月，定日，同律⑤，礼乐制度衣服正之。山川神祇，有不举者，为不敬；不敬者，君削以地。宗庙，有不顺者为不孝；不孝者，君绌⑥以爵。变礼易乐者，为不从；不从者，君流。革制度衣服者，为畔⑦；畔者，君讨。有功德于民者，加地进律⑧。五月，南巡守至于南岳，如东巡守之礼。八月，西巡守至于西岳，如南巡守之礼。十有一月，北巡守至于北岳，如西巡守之礼。归，假于祖祢⑨，用特⑩。

【注释】

①巡守：视察全国各地。②柴：烧柴祭天。其法：加玉帛牛牲于柴堆上焚烧，烟气直达上天，上帝闻到了烟气，就算享用了。③大师：各诸侯国掌管音乐的官员。诗：民歌民谣。④市：诸侯国主管市场物价的官员。贾：通"价"，价格。⑤同律：同是阴律，律是阳律。不妨理解为音律。⑥绌：通"黜"，降级。⑦畔：同"叛"。⑧进律：犹言晋爵。⑨假：至。祢：父庙。⑩特：一头。

【译文】

天子每隔五年到全国各地巡视一次。到了应该巡视的那一年的二月，先到东方巡视，来到泰山，在山上烧柴祭天，又遥祭当地的大山大川。接见东方各国诸侯，登门拜访当地年近百岁的老人。命令各诸侯国的太师一一演唱当地的民歌民谣，从而了解民风习俗。命令管理市场的官员呈交物价统计表，从而了解百姓喜欢什么物品，讨厌什么物品。如果民心倾向奢侈，他们就喜欢玩好邪僻之物。命令负责礼的官员，校定当地的季节、月份、日期，并检查当地的音律、礼乐、制度、衣服，发现有不符合规格者，予以纠正。当地的山川及其他神灵，有当祭而未祭者，其罪名是不敬，犯不敬之罪的国君要削减封地。宗庙的祭祀有不按昭穆顺序进行者，就是不孝，对于不孝的国君要降其爵位。任意改变礼乐就是不服从中央，不服从中央的国君要被流放。擅自改革制度、改变衣服就是背叛天子，背叛天子的国君就要受到讨伐。被老百姓歌功颂德的国君，要增加封地晋升爵位。当年的五月到南方巡视，来到南岳衡山，其种种做法，如同巡视东方之礼。八月到西方巡视，来到西岳华山，其种种做法，如同巡视南方之礼。十一月到北方巡视，来到北岳恒山，其种种做法，如同巡视西方之礼。全国巡视完毕归来，到祖庙和父庙举行祭告，每庙各用一牛为牲。

【原文】

天子将出，类乎上帝，宜乎社，造乎祢①。诸侯将出，宜乎社，造乎祢。天子无事②与诸侯相见曰朝，考礼正刑一德，以尊于天子。天子赐诸侯乐③，则以柷将④之，赐伯、子、男乐，则以鼗⑤将之。诸侯，赐弓矢然后征，赐铁钺然后杀，赐圭瓒然后为鬯。未赐圭瓒⑥，则资鬯于天子。

【注释】

①类、宜、造：皆祭名，其礼亡，无考。②事：指征伐。③乐：指乐悬。可以悬挂的整套乐器。④柷：古乐器，击柷是开始奏乐的指挥信号。将：表达，传达。⑤鼗：长柄的摇鼓，今俗称"拨浪鼓"。摇鼗是终止奏乐的指挥信号。⑥圭瓒：天子使用的一种玉杯，用以盛色酒。

【译文】

天子将出外巡守，要先告祭于天，告祭于地，告祭于宗庙。诸侯外出，只告祭于地，告祭于宗庙。天子在正常情况下与诸侯相见，统称为朝。诸侯在朝见天子时，可以考校礼乐，订正刑法，统一道德规范，凡此种种，都要取决于天子。天子赏赐公、侯乐悬，就以柷为代表物；赏赐伯、子、男乐悬，就以鼗为代表物。诸侯被天子赐予弓矢以后，才有权力代表天子征伐其他诸侯；被天子赐予铁钺以后，才有权代表天子诛杀有罪之诸侯；被天子赐予圭瓒以后，才有权利酿造鬯酒用于祭祀。如果未被赐予圭瓒，诸侯要用鬯酒，必取于天子。

【原文】

天子命之教然后为学。小学在公宫南之左，大学在郊。天子曰辟雍，诸侯曰頖宫。天子将出征，类乎上帝，宜乎社，造乎祢，禡于所征之地。受命于祖，受成①于学。出征，执有罪；反，释奠②于学，以讯馘告。

【注释】

①成：指成算，即事先拟好的整个战斗计划。②释奠：古代的一种祭祀。只设酒撰为祭，无牲牢。

【译文】

天子命令诸侯办教育，然后诸侯才可以设立学校。小学设在王官的东南，大学设在郊外。天子的大学叫辟雍，诸侯的大学叫頖宫。天子将出征，要先告祭于天，告祭于地，告祭于宗庙。到达出征的地方，要举行禡祭，以鼓舞士气。出征之前，在祖庙中接受征伐敌人的命令，在大学里接受事先拟好的战斗计划。出征，捉拿那些有罪者，班师回朝，在大学里设酒馔祭祀先圣先师，报告活捉的俘虏及杀死的敌人的数目。

【原文】

天子、诸侯无事则岁三田①：一为乾豆②，二为宾客，三为充君之庖。无事而不田，曰不敬；田不以礼，曰暴天物。天子不合围，诸侯不掩群。天子杀则下大绥，诸侯杀则下小绥③，大夫杀则止佐车。佐车止，则百姓田猎。獭祭鱼，然后虞人入泽梁④。豺祭兽，然后田猎。鸠化为鹰，然后设罻罗。草木零落，然后入山林。昆虫未蛰，不以火田⑤，不麛，不卵，不杀胎，不殀夭，不覆巢。

【注释】

①三田：指春、秋、冬三季打猎，唯夏季不打猎。②乾豆：盛放风干的肉的豆，用于祭祀。豆是食器，初以木制，形似高脚盘。③大绥：天子田猎时的指挥旗。小绥：诸侯田猎时的指挥旗。④虞人：掌管山林川泽之官。梁：为捕鱼而垒的河中小坝。⑤火田：焚草肥田。

【译文】

天子、诸侯在没有战争和凶丧的情况下，每年田猎三次，其目的在于，第一是为了准备祭祀的供品，第二是为了招待宾客，第三是为了丰富天子、诸侯的膳食品种。在没有战争和凶丧的情况下也不田猎，就叫作不敬。田猎时不守规矩，随意捕杀，就叫作作践天帝所生之物。田猎的规矩是：天子打猎不应四面合围，诸侯打猎不应把成群的野兽全部杀光。射杀野兽之后，天子要放下指挥的大旗，诸侯要放下指挥的小旗。大夫射杀野兽后，就应命令协助驱赶野兽的副车停止驱赶。大夫的副车停止驱赶之后，百姓开始田猎。正月以后，虞人才可以进入川泽垒梁捕鱼。秋冬之交，才可以开始田猎。八月以后，才可以设网捕鸟。到了十月，才可以进入山林砍伐。昆虫尚未蛰居地下之前，不可以纵火焚草肥田。不捕捉小兽，不取鸟卵，不杀怀胎的母兽，不杀刚出生的小兽，不捣毁鸟巢。

【原文】

冢宰①制国用，必于岁之杪②，五谷皆入然后制国用。用地小大，视年之丰耗。以三十年之通制国用，量入以为出，祭用数之仂③。丧，三年不祭，唯祭天地社稷为越绋而行事。丧用三年之仂。丧祭，用不足曰暴，有余曰浩。祭，丰年不奢，凶年不俭。国无九年之畜曰不足，无六年之蓄曰急，无三年之蓄曰国非其国也。三年耕，必有一年之食；九年耕，必有三年之食。以三十年之通，虽有凶旱水溢，民无菜色，然后天子食，日举以乐。

【注释】

①冢宰：百官之长，地位相当于后来的宰相。②杪：末尾。③仂：十分之一。

【译文】

冢宰编制下一年度国家经费的预算，必定在年终进行。因为要等五谷入库之后才能编制预算。编制预算，要考虑国土的大小，年成的丰歉，用三十年收入的平均数作依据来编制预算，根据收入的多少来决定如何开支。祭祀的费用，占每年收入的十分之一。遇到父母之丧，虽然在服丧的三年内不祭宗庙，但天地社稷之神却照祭不误，因为天地社稷之神比父母还要尊贵。丧事的开支，用三年收入的平均数的十分之一。丧事和祭祀的开支，超过了预算叫作"暴"，决算有余叫作"浩"。祭祀的开销，丰年不可铺张浪费，荒年不可节俭从简。一个国家如果没有九年的储备就叫储备不足，如果没有六年的储备就叫储备危急，如果没有三年的储备就可以说是国家不成其为国家了。耕种三年，一定要有一年的余粮。耕种九年，一定要有三年的余粮。以三十年收入的平均数来编制预算，即使遇到水旱凶荒的年头，老百姓也不至于饿肚子，然后，天子的膳食才会顿顿有肉，而且吃饭时可以奏乐。

【原文】

天子七日而殡，七月而葬。诸侯五日而殡，五月而葬。大夫、士、庶人，三日而殡，三月而葬。三年之丧，自天子达，庶人县封，葬不为雨止，不封不树，丧不贰事，自天子达于庶人。丧从死者，祭从生者。支子不祭。天子七庙，三昭三穆，与太祖之庙而七。诸侯五庙，二昭二穆，与太祖之庙而五。大夫三庙，一昭一穆，与太祖之庙而三。士一庙。庶人祭于寝。

【译文】

天子死后七天乃停棺正寝堂西，死后七月乃举行葬礼。诸侯死后五天乃停棺正寝堂西，死后五月乃举行葬礼。大夫、士、平民死后三日即停棺正寝堂西，死后三月即举行葬礼。为父母须守丧三年，上起天子下至平民均不例外。平民下葬，只能用绳子缒棺入穴，即使下雨也照样埋葬，不聚土成坟，也不种树。服丧期间不得做其他事情，从原则上讲，从天子到平民都适用这一规定。办丧事的规格是依据死者的爵位来定，而祭祀的规格是依据主持祭祀者的爵位来定。不是嫡长子就不能主持祭祀。天子设立七庙：左边三个昭庙——文王、高祖、祖，右边三个穆庙——武王、曾祖、父，加上正中一个太祖庙，共七庙。诸侯设立五庙，即高祖、祖二昭庙，曾祖、父二穆庙，加上太祖庙，共五庙。大夫设立三庙，一昭一穆，加上太祖庙，共三庙。士只设一庙。平民无庙，祭祀祖宗在正寝。

【原文】

天子、诸侯宗庙之祭：春曰礿，夏曰禘，秋曰尝，冬曰烝。天子祭天地，诸侯祭社稷，大夫祭五祀。天子祭天下名山大川：五岳视三公，四渎①视诸侯。诸侯祭名山大川之在其地者。天子诸侯祭因国之在其地而无主后者。天子牲②礿，祫禘，祫尝，祫烝。诸侯礿则不禘，禘则不尝，尝则不烝，烝则不礿。

诸侯礿，犆；禘，一犆一祫；尝，祫；烝，祫。

【注释】

①四渎：指长江、黄河、淮河、济水。此四水在古代皆单独流入大海。②犆：同"特"。特是个别的，单独的。与下文的"祫"相对，"祫"是集体的，总合的。

【译文】

天子、诸侯的宗庙之祭，在春季举行的叫礿，在夏季举行的叫禘，在秋季举行的叫尝，在冬季举行的叫烝。天子可以祭天神祭地祇，诸侯可以祭社神祭谷神，大夫可以祭门神、灶神、行神、户神、中霤神。天子祭祀天下的名山大川：祭祀五岳，用宴享三公的九献之礼；祭祀四渎，用宴享诸侯的七献之礼。诸侯可以祭祀在其境内的名山大川。天子、诸侯，还应当祭祀其境内已灭绝之国的祖先。天子的四时之祭，春祭是对群庙分别进行祭祀，夏祭、秋祭、冬祭都是合祭。诸侯的四时之祭一年之中只能进行三次，春祭则夏不祭，夏祭则秋不祭，秋祭则冬不祭，冬祭则春不祭。诸侯的春祭是分祭，夏祭则是一年分祭一年合祭地轮换进行，秋祭和冬祭都是合祭。

【原文】

天子社稷皆大牢①，诸侯社稷皆少牢②。大夫、士宗庙之祭，有田则祭，无田则荐③。庶人春荐韭，夏荐麦，秋荐黍，冬荐稻。韭以卵，麦以鱼，黍以豚，稻以雁。祭天地之牛，角茧栗；宗庙之牛，角握④；宾客之牛，角尺。诸侯无故⑤不杀牛，大夫无故不杀羊，士无故不杀犬豕，庶人无故不食珍。庶羞不逾牲，燕衣不逾祭服，寝不逾庙。

【注释】

①大牢：牛、羊、豕三牲具备曰大牢。大，音义同"太"。②少牢：有羊、豕二牲叫少牢。③荐：供献。又叫"荐新"，即用新熟的五谷或时新的瓜果祭祀祖先。荐新之礼轻于四时的祭礼。庶人贫贱，有荐而无祭。④握：长度，约四指。⑤故：指祭祀和招待宾客。

【译文】

天子祭社神、谷神都用牛、羊、豕三牲，诸侯祭社神、谷神都用羊、豕二牲。大夫和士的宗庙之祭，有禄田的用祭礼，无禄田的用荐礼。平民祭祀祖先的荐新之礼是：春天荐韭菜，夏天荐麦子，秋天荐黍子，冬天荐稻子；韭菜配以鸡蛋，麦子配以鱼，黍子配以小猪，稻子配以鹅。祭祀天地所用的牛较小，牛角不过像蚕茧、栗子那般大小；祭祀宗庙所用的牛略大，牛角大约四指来长；招待宾客所用的牛较大，牛角有一尺来长。诸侯没有特殊原因不可杀牛，大夫没有特殊原因不可杀羊，士没有特殊原因不可杀狗与猪，平民没有特殊原因不吃时鲜物品。日常吃的菜肴，再好不能超过祭祀用的牲牢；日常穿的衣服，再好不能超过祭祀用的礼服；日常居住的堂屋，再好不能超过宗庙。

【原文】

古者公田，藉而不税；市，廛①而不税；关，讥②而不征；林、麓、川、泽，以时入而不禁。夫圭田无征。用民之力，岁不过三日。田里不粥，墓地不请。司空执度度地③，居民山川沮泽，时四时。量地远近，兴事任力。凡使民：任老者之事，食壮者之食。凡居民材，必因天地寒暖燥湿，广谷大川异制。民生其间者异俗：刚柔轻重迟速异齐，五味异和，器械异制，衣服异宜。修其教，不易其俗；齐其政，不易其宜。

【注释】

①廛：公家建造的店铺，租给商人使用。商人交纳店租后，就不再交纳货物税。②讥：稽查。③司空：总管百物制造之官。执度度地：上一"度"字指测量土地的工具，下一"度"字是动词测量。

【译文】

在古代，农户帮助耕种公田，私田就不再纳税；在市场上租用了公家的店铺，就不再交纳商品营业税；水陆关口，只稽查是否违禁，并不征收进出关税；在规定的时间里进入山林川泽采伐渔猎，就不加禁止。农夫耕种卿大夫的圭田也不抽税。征用老百姓从事无偿服务，一年不能超过三天。公家分配的农田和宅地不准出卖。公家分配的有族葬墓地，不准额外再要。司空负责用工具测量土地，安置人民，观测山川沼泽的不同地势，测定四季气候的变化，测量土地的远近，然后才大兴土木征用民力。凡征用民力，活不能太累，要像给老年人分配任务那样；伙食标准却要按照棒劳力对待。凡安置百姓住处，必须考虑使百姓的生活习惯和当地的气候地势相适应。生在深山谷和长在大河边上的人外表就不一样，他们的风俗习惯也自然两样：有的性情急躁，有的性情迟缓，酸苦甘辛咸，各有偏爱，使用的工具各有不同，穿的衣服也各有所好。政府应当注重对他们进行礼义方面的教育，不必改变其风俗；同时应当注重统一政令，不必改变其习惯。

【原文】

中国戎夷，五方之民，皆有其性也，不可推移。东方曰夷，被①发文身，有不火食者矣。南方曰蛮，雕题②交趾，有不火食者矣。西方曰戎，被③发衣皮，有不粒食者矣。北方曰狄，衣羽毛穴居，有不粒食者矣。中国、夷、蛮、戎、狄，皆有安居、和味、宜服、利用、备器，五方之民，言语不通，嗜欲不同。达其志，通其欲：东方曰寄，南方曰象，西方曰狄鞮，北方曰译。

【注释】

①被：剪掉。②题：额头。③被：覆盖在肩背上。

【译文】

中原与四方少数民族以及五方之民，各有不同的生活习性，不可互相转换。住在东方的民族叫夷，他们时兴剃光头，在身上刺花纹，其中有不吃熟食的人。住在南方的少数民族叫蛮，他们额头上刻着花纹，走路时两脚的脚趾相向，其中也有不吃熟食的人。住在西方的少数民族叫戎，他们披头散发，用兽皮做衣服，只吃禽兽的肉，不吃五谷杂粮。住在北方的少数民族叫狄，以禽兽的羽毛为衣，住在洞穴里，也是只吃禽兽的肉，不吃五谷杂粮。中原、夷人、蛮人、戎人、狄人这五方之民尽管生活习性不同，但各自都有自己认为安适的住所、自己认为好吃的口味、自己认为合适的衣服、自己认为便利的工具、自己认为完备的器物。五方的人民，虽然言语不通，嗜好不同，但当他们要表达各自的意思，沟通各自的想法时，有一种懂得双方语言的人可以帮忙。这种人，在东方叫寄，在南方叫象，在西方叫狄鞮，在北方叫译。

【原文】

凡居民，量地以制邑，度地以居民。地、邑、民、居，必参相得也。无旷土，无游民，食节事时，民咸安其居，乐事劝功，尊君亲上，然后兴学。

【译文】

凡安置民众，必须根据土地的广狭来确定修建城邑的大小，根据土地的广狭来确定安置民众的多少，要使土地广狭、城邑大小、被安置民众的多少这三者互相配合得当。这样就会做到没有空闲的土地，没有失业的百姓，食饮节俭，各项工作都按部就班地进行，百姓都安居乐业，积极向上，尊敬国君，爱戴官长，然后可以兴办学校。

【原文】

司徒①修六礼以节民性，明七教以兴民德，齐八政以防淫，一道德以同俗，养耆老以致孝，恤孤独以逮不足，上贤以崇德，简②不肖以绌恶。命乡，简不帅③教者以告。耆老皆朝于庠，元日④，习射上功⑤，习乡上齿⑥，大司徒帅国之俊士⑦与执事焉。不变，命国之右乡，简不帅教者移之左；命国之左乡，简不帅教者移之右，如初礼。不变，移之郊，如初礼。不变，移之遂，如初礼。不变，屏之远方，终身不齿。命乡，论秀士⑧，升之司徒，曰选士。司徒论选士之秀者而升之学，曰俊士。升于司徒者，不征于乡；升于学者，不征于司徒，曰造士。

【注释】

①司徒：总管教育的官。②简：检举，剔除。③帅：同"率"，遵循。④元日：择定的吉日。⑤习射：演习乡射礼。上功：重视成绩。⑥习乡：演习乡饮酒礼。上齿：看重年龄。⑦俊士：在天子的大学中学习的学生。⑧论：考核，品评。秀士：德才兼优的乡学学生。

【译文】

司徒职掌修习六礼以节制人民的性情，明辨七教以提高人民的道德，整齐八政以防止僭越，规范道德以统一风俗，赡养老人以促进孝顺的风气，救济孤独以避免这部分人被社会遗弃，奖励贤者以鼓励人人学好，清除坏人以警戒人们改正错误。司徒命令六乡的长官将不听从教诲的人报告上来。选定一个吉日，把乡里的德高望重的老人们请到乡学，演习乡射礼，射中多者居前，演习乡饮酒礼，年纪大者居前；司徒带领国学的学生也来帮忙。这样做的用意在于感化那些不听从教诲的人。隔了一年，如果他们还不悔改，司徒就命令国都右边三乡的长官将这些不听教诲者检举出来并且转移到左边三乡，命令国都左边三乡的长官将不听教诲者检举出来并且转移到右边三乡，在新的环境中，让他们再接受一次和第一次同样的感化教育。隔了一年还不悔改，就把他们迁移到更远一点的郊，在新的环境中让他们再接受一次感化教育。隔了一年还不悔改，就把他们迁移到更远的遂，在遂学里再对他们进行一次感化教育。几经教育仍不悔改，说明已不可救药，就把他们放逐到遥远的边疆，一辈子都不予录用。司徒命令六乡的长官考察乡学中德才兼优的学生并把他们推荐给司徒，被推荐者被称作选士。司徒亲自考察选士中的出类拔萃者并把他们推荐给大学，这样的被推荐者被称作俊士。获得选士荣誉的就不再承担乡里的徭役，获得俊士荣誉的就不再承担国家的徭役，后者又叫造士。

【原文】

乐正①崇四术②，立四教，顺③先王诗书礼乐以造士。春、秋教以礼乐，冬、夏教以诗书。王大子、王子、群后之大子、卿大夫元士之适子、国之俊选，皆造焉。凡入学以齿。将出学④，小胥、大胥、小乐正简不帅教者以告于大乐正。大乐正以告于王。王命三公、九卿、大夫、元士皆入学。不变，王亲视学。不变，王三日不举，屏之远方。西方曰棘，东方曰寄，终身不齿。

【注释】

①乐正：相当于《周礼》中的大司乐，是乐官之长，兼管大学的教育，近乎大学校长。其副手叫小乐正，即《周礼》的乐师。②四术：指《诗》《书》《礼》《乐》四门课程。四术和下文"四教"的所指相同，区别仅在于，称之为"术"，是从每个学生必修的意义上讲的；称之为"教"，是从大学必开此四门课的意义上讲的。③顺：因袭。④出学：指大学毕业。

【译文】

乐正特别重视大学生的四门必修课，每门课都设有教师，也就是沿用先王传下来的《诗》《书》《礼》《乐》四种教材来培养人才。春秋二季教授《礼》《乐》，冬夏二季教授《诗》《书》。国王的太子和庶子、诸侯的太子、卿大夫、元士的嫡子，国家的俊士和选士，都被送到大学学习。入学以后，不管是哪个学生，大家都只以年龄大小为序，不论尊卑。大学将要毕业时，小胥将不听教导的大学生汇报给大胥，大胥汇报给小乐正，小乐正汇报给大乐正，大乐正汇报给天子。天子于是择个吉日，下令三公、九卿、大夫、元士齐集大学，演习有关礼仪以感化不听教导者。这样做了还不改，天子就亲自到校视察。这样做了还不改，天子首先自责，三天的饭内不见肉，而且吃饭时也不奏乐，然后将屡教不改者流放到远方，西部远方叫棘，东部远方叫寄，终身不予录用。

【原文】

　　大乐正论造士之秀者以告于王，而升诸司马，曰进士。司马辨论官材，论进士之贤者以告于王，而定其论。论定然后官之，任官然后爵之，位定然后禄之。大夫废其事，终身不仕，死以士礼葬之。有发，则命大司徒教士以车甲。凡执技论力，适四方，赢股肱，决射御。凡执技以事上者：祝史、射御、医卜及百工。凡执技以事上者：不贰事①，不移官，出乡不与士齿。仕于家者，出乡不与士齿。

【注释】

　　①不贰事：不作他事，以便于术有专攻，技艺弥精。

【译文】

　　大乐正考察评定优秀的国学毕业生，汇报给天子，并荐举给司马，被荐举的学生就叫进士。司马再逐个考察每个进士的才能堪做何官，考察每个进士的特长，汇报给天子，并拿出结论来。结论确定了然后委派官职试用，表明能胜任职务然后封以爵位，爵位定了然后发给俸禄。大夫因不称职而被免官，终身不再录用，死后用士一级的礼葬之。遇到国家的征召，就命令大司徒对国学生加以军事训练。凡靠技艺谋生的人，只考察其技艺精否，不考察其德行。要派他们到各地去执行任务，就让他们卷起衣袖裤管，互相比赛技艺，以决定人选。凡靠技艺为官府服务以谋生的人，计有祝、史、射、御、医、卜及各种工匠七种。此七种人，不得从事其他职业，有了成绩也不迁官，离开本乡就不能与士论辈分年龄。在大夫家里服务的这些人，离开本乡后也是如此。

【原文】

司寇①正刑明辟以听狱讼。必三刺②。有旨无简③不听。附④从轻，赦从重。凡制五刑，必即天论。邮罚丽⑤于事。凡听五刑之讼，必原父子之亲、立君臣之义以权之。意论轻重之序、慎测浅深之量以别之。悉其聪明、致其忠爱以尽之。疑狱，泛与众共之；众疑，赦之。必察小大之比⑥以成之。成狱辞，史以狱成告于正，正听之。正以狱成告于大司寇，大司寇听之棘木之下。大司寇以狱之成告于王，王命三公参听之。三公以狱之成告于王，王三又⑦，然后制刑。凡作刑罚，轻无赦。刑者侀也，侀者成也，一成而不可变，故君子尽心焉。

【注释】

①司寇：《周礼》六卿之一，主掌刑罚狱讼。②三刺：向三方面征求意见，以期断案公正。③有旨无简：有犯罪动机而无犯罪事实。④附：施刑，量刑。⑤邮罚：罪罚。邮：罪过。丽：依附。⑥比：先例。⑦三又：即"三宥"。又，通"宥"，宽宥。

【译文】

司寇负责正定刑书，明断罪法，以审理案件。审理时，一定要向群臣、群吏、民众三个方面征求意见，以求断案得当。有犯罪的动机而无犯罪的事实，这样的案子不予受理。量刑时，可轻可重者从轻；赦免时，虽重罪亦可获赦免。凡根据五刑条文进行判决时，一定要合乎天理，使刑罚与罪行相当。凡审案断罪，一定要从父子之亲、君臣之义的角度加以衡量；脑子里始终要考虑罪行有轻重，量刑有深浅，个案与个案不同；要竭尽自己的才智，发扬忠恕仁爱之心，使案情真相大白。遇有疑而难决的案子，就与民众共同审理。如果民众也感到疑而难决，那就应该宣布当事人无罪。处理类似的案件，一定要参考一下过去判重判轻的先例再形成判决。判决书拟好之后，史把判决书提交给正。正再审理一遍，然后把判决书提交给大司寇。大司寇在有卿大夫等人的陪审下在外朝再审理一遍，然后把判决书提交给天子。天子又命令三公共同审理

王制

一遍，三公审理之后把判决书提交给天子。天子再审查一下案件是否适用于三宥，如果没有，然后判刑。既然到了最后判刑的时刻，就是再轻的罪也不会得到赦免。这是因为，所谓刑，就是定型的意思。所谓定型，就是形成的意思。判决一经形成就不可改变，所以君子对审理案件是非常尽心的。

【原文】

析言破律，乱名改作，执左道以乱政，杀。作淫声、异服、奇技、奇器以疑众，杀。行伪而坚，言伪而辩，学非而博，顺①非而泽②，以疑众，杀。假于鬼神、时日、卜筮以疑众，杀。此四诛者，不以听。凡执禁以齐众，不赦过。有圭璧金璋③，不粥于市；命服命车，不粥于市；宗庙之器，不粥于市；牺牲不粥于市；戎器不粥于市。用器不中度，不粥于市。兵车不中度，不粥于市。布帛精麤不中数、幅广狭不中量，不粥于市。奸色④乱正色，不粥于市。锦文珠玉成⑤器，不粥于市。衣服饮食，不粥于市。五谷不时，果实未孰，不粥于市。木不中伐，不粥于市。禽兽鱼鳖不中杀，不粥于市。关执禁以讥，禁异服，识异言。大史典礼，执简记，奉讳恶。天子齐戒受谏。

【注释】

①顺：通"训"，辞也。②泽：漂亮。③圭璧金璋：据王引之《经义述闻·礼运上》，"金"当是"宗"之误，"宗"是"琮"的假借。圭、璧、金、璋，《聘礼》称为"四器"。④奸色：即间色。古以青、赤、白、黑、黄为五方正色，余色为间色。⑤成：善，精美。

【译文】

凡是断章取义曲解法律，擅自改变事物的既定名称而另搞一套，用邪道扰乱政令的人，杀掉。凡是制作靡靡之音、奇装异服、怪诞之技、奇异之器而蛊惑民心的人，杀掉。行为诈伪而又顽固不化、言辞虚伪而又巧言利舌、所学陷入异端而又自以为博闻、言辞谬戾而讲得冠冕堂皇，以此蛊惑人心者，杀掉。凡是假托鬼神、时辰日子、卜筮招摇撞骗以蛊惑人心者，杀掉。上述的四种被杀者，不再接受他们的申诉。凡是推行禁令，就是要使民众一律遵守，所以即使是过失犯禁，也不饶恕。圭、璧、琮、璋是高贵的玉器，不准在市场上出售。表明身份的命服命车，不准在市场上出售。宗庙中的祭器，不准在市场上出售。用于祭祀的牲畜，不准在市场上出售。军器，不准在市场上出售。日常所用的器皿不合规格，不准在市场上出售。兵车不合规格，不准在市场上出售。布帛的丝缕密疏不合规格，幅宽不合尺寸，不准在市场上出售。将布帛染以间色而与正色相乱的，不准在市场上出售。有纹彩的布帛、珠玉以及制作精美的器物，不准在市场上出售。华美的衣服饮食，不准在市场上出售。没有到成熟期的五谷和瓜果，不准在市场上出售。未成材的树木，不准在市场上出售。禽兽鱼鳖尚未长大，不准在市场上出售。关卡上执行禁令的人要严格稽查，禁止奇装异服，识别各地的方言。太史主管礼仪，执掌各种典籍，这些典籍中记有先王的名讳、先王的忌日以及各种天灾人祸，太史也负责将这些情况奉告天子。天子要先斋戒然后接受太史的劝告。

【原文】

司会①以岁之成，质②于天子，冢宰齐戒受质。大乐正、大司寇、市，三官以其成，从质于天子。大司徒、大司马、大司空齐戒受质；百官各以其成，质于三官。大司徒、大司马、大司空以百官之成，质于天子。百官齐戒受质。然后，休老劳农，成岁事，制国用。

【注释】

①司会：冢宰的属官，负责统计工作。②质：考核，考正。

【译文】

司会将年终的成绩总结报请天子考核，冢宰也要斋戒，协同天子考核政绩。大乐正、大司寇、司市三个官员将其部门的成绩总结附于司会之后也报请天子考核。大司徒、大司马、大司空斋戒以后接受考核。百官各将本部门的成绩总结考核于大司徒、大司马、大司空。大司徒、大司马、大司空把百官的成绩总结报请天子考核，然后百官斋戒，听候天子的考核评语。然后举行养老的宴会，举行蜡祭慰劳农夫。到了这时，本年的事情算结束了，可以制定来年的施政纲领和经费预算了。

【原文】

凡养老①，有虞氏以燕礼，夏后氏以飨礼，殷人以食礼，周人修而兼用之。五十养于乡，六十养于国，七十养于学，达于诸侯。八十拜君命，一坐再至，瞽亦如之。九十使人受。五十异粮②，六十宿③肉，七十贰膳，八十常珍；九十，饮食不离寝、膳饮从于游可也。六十岁制④，七十时制⑤，八十月制；九十日修，唯绞、衾、冒，死而后制。五十始衰，六十非肉不饱，七十非帛不暖，八十非人不暖；九十，虽得人不暖矣。五十杖于家，六十杖于乡，七十杖于国，八十杖于朝；九十者，天子欲有问焉，则就其室，以珍从。七十不俟朝，八十月告存，九十日有秩五十不从力政，六十不与服戎，七十不与宾客之事，八十齐⑥丧之事弗及也。五十而爵，六十不亲学，七十致政，唯衰麻为丧。

【注释】

①养老：天子、诸侯设宴款待老人。②异粮：不与青壮年人吃同样的粮食，吃较精细的粮食。③宿：预先置备。④岁制：指需要一年时间进行准备的丧葬用品，如棺木。⑤时制：需时一个季度才能做好的送终之具，如比较难做的衣服。⑥齐：通"斋"。祭前要斋戒，所以，这里是以斋来代表祭祀。

【译文】

凡招待老人的宴会，有虞氏用燕礼，夏后氏用飨礼，殷人用食礼，周人遵循古制而三礼兼用。五十岁的老人就可以参加在乡学中举行的敬老宴会，六十岁的老人就可以参加在王宫小学中举行的宴会，七十岁的老人就可以参加在大学举行的宴会。诸侯国也是如此。人到了八十岁时精力已衰，在拜受君命时只要跪下去连叩两次头就可以了。盲人行动不便，也可照此办理。九十岁的老人则可以让他人代替自己拜受君命。五十岁以上的老人可以不吃粗粮而吃细粮；六十岁以上的老人没有肉就吃不饱，所以要常备有肉；七十岁以上的老人饿得快，要每顿多做一份，以备零食；八十岁以上的老人要常吃珍美的食品；九十岁以上的老人住室里食品不断，无论他走到哪儿，随身都有饮食供应。人到了六十岁，做子女的就要为其准备需要一年时间才能做好的丧葬用品；人到了七十岁，子女就要为其准备需要一季时间才能做好的丧葬用品；人到了八十岁，子女就应为其准备需要一月时间才能做好的丧葬用品；人到了九十岁，子女就应为其准备需要一天时间才能做好的丧葬用品；只有绞、绔、衾、冒，死后再做也不迟。人到五十岁就开始衰老，六十岁以后不吃肉就吃不饱，七十岁以后没有丝绵就会感到身上不暖，八十岁以后没有人暖被就感到睡不暖和，九十岁以后虽有人暖被也睡不暖和了。五十岁以后可以拄杖于家，六十岁以后可以拄杖于乡，七十岁以后可以拄杖于国都，八十岁以后可以拄杖上朝，九十岁以后，天子若有事询问，就要派人到他家请教，还要带上好吃的东西。大夫到了七十岁就可以不在朝里侍候，八十岁以后，天子要每月派人来问候安康，九十岁以后，天子要每天派人送食物来。平民到了五十岁就不服劳役，六十岁以后就不服兵役，七十岁以后就不再参与应酬宾客的活动，八十岁以后，就连祭祀丧葬这类重要的事也不参与了。五十岁后得到封爵，六十岁后不亲自向别人请教，七十岁后就告老致仕，遇到丧事只要穿上孝服就行，其他礼数全免。

【原文】

有虞氏养国老于上庠，养庶老于下庠。夏后氏养国老于东序，养庶老于西序。殷人养国老于右学，养庶老于左学。周人养国老于东胶，养庶老于虞庠：虞庠在国之西郊。有虞氏皇①而祭，深衣而养老。夏后氏收②而祭，燕衣③而养老。殷人冔而祭，缟衣④而养老。周人冕而祭，玄衣而养老。凡三王养老，皆引年。八十者一子不从政，九十者其家不从政，废疾非人不养者一人不从政。父母之丧，三年不从政。齐衰、大功之丧，三月不从政。将徙于诸侯，三月不从政。自诸侯来徙家，期不从政。

【注释】

①皇：画有羽饰的冠。②收：夏代的祭冠。其制不详。③燕衣：天子燕居所穿之衣，又叫玄端。诸侯用作朝服，衣与裳均为黑色。④缟衣：子之朝服，衣与裳均为白色。

【译文】

有虞氏在上庠设宴款待国老，在下庠设宴款待庶老。夏后氏在东序设宴款待国老，在西序设宴款待庶老。殷人在右学设宴款待国老，在左学设宴款待庶老。周人在东胶设宴款待国老，在虞庠设宴款待庶老。虞庠在王城的西郊。有虞氏的时代，人们在祭祀时戴"皇"冠，在养老时穿深衣。夏代，人们在祭祀时戴"收"冠，在养老时穿燕衣。殷人在祭祀时戴"爵"冠，在养老时穿缟衣。周人在祭祀时戴冕，在养老时穿玄衣。夏、殷、周三代的天子举行养老宴会，都要依据户籍来核实与会老人的年龄。家有八十岁以上老人的，可以有一人被豁免力役之征。家有九十岁老人的，豁免其全家的力役征召。家有残废人、病人必须有他人侍候的，也可以豁免一人的劳役。父母去世，在三年守丧期间不应力役之征。遇到齐衰、大功亲属去世，可以三个月不应力役之征。将从王畿移居诸侯的家庭，临行之前免役三月；自诸侯移居王畿的家庭，到达后免役一年。

【原文】

少而无父者谓之孤，老而无子者谓之独，老而无妻者谓之矜，老而无夫者谓之寡。此四者，天民之穷而无告者也，皆有常饩①。瘖、聋、跛、躃、断者、侏儒、百工，各以其器食之。道路，男子由右，妇人由左，车从中央。父之齿随行，兄之齿雁行，朋友不相踰。轻任并，重任分，斑白者不提挈。君子耆老不徒行，庶人耆老不徒食。大夫祭器不假。祭器未成，不造燕器。

【注释】

①饩：生活补贴，粮食救济。

【译文】

年幼即失去父亲的人叫作孤，老了却失去儿子的人叫作独，年老而失去妻子的人叫作矜，年老而失去丈夫的人叫作寡。这四种人，是世界上最可怜而又求告无门的人，国家对他们有经常性的生活补贴。哑巴、聋子、一足瘸者、两足俱废者、肢体残缺者、躯体矮小者以及各种手艺人，这些人都靠着干点力所能及的工作由国家养活他们。在道路上，男子靠右走，妇人靠左走，车子走中央。遇到和自己父亲年龄差不多的人，要让人家走在前边；遇到和自己兄长年龄差不多的人，自己可以稍后一点并排而行；和朋友同行，不可争先恐后。老年人与年轻人都挑着轻担子，年轻人应把老人的轻担并到自己肩上。老年人与年轻人都挑着重担子，年轻人应把老人的重担分过来一些。不要让头发花白的老人提着东西走路。士大夫阶级的老者，出门必有车，不至于徒步；平民阶级的老者，吃饭必有肉。大夫都是自备祭器，不向别人借用。祭器没有备齐之前，不考虑制造日常生活用器。

【原文】

方一里者为田九百亩。方十里者，为方一里者百，为田九万亩。方百里者，为方十里者百，为田九十亿①亩。方千里者，为方百里者百，为田九万亿亩。自恒山至于南河，千里而近；自南河至于江，千里而近。自江至于衡山，千里而遥；自东河至于东海，千里而遥。自东河至于西河，千里而近；自西河至于流沙，千里而遥。西不尽流沙，南不尽衡山，东不近东海，北不尽恒山，凡四海之内，断长补短，方三千里，为田八十万亿一万亿亩。方百里者为田九十亿亩：山陵、林麓、川泽、沟渎、城郭、宫室、涂巷，三分去一，其余六十亿亩。

【注释】

①亿：古代计数单位，等于今天的十万。

【译文】

一里见方的土地，折合为田地是九百亩。十里见方的土地，有一百个一里见方，折合为田地是九万亩。百里见方的土地，有一百个十里见方，折合为田地是九百万亩。千里见方的土地，有一百个百里见方，折合为田地是九亿亩。从恒山到南边的黄河，这一段南北距离不足千里。再从此段黄河到南边的长江，这一段的距离也不足千里。从长江往南到衡山，这段距离千里有余。从东河向东到东海，这一段东西的距离千里有余。从东河往西到西河，这段距离不足千里。从西河再向西到沙漠，这段距离千里有余。沙漠并非西边的尽头，衡山并非南边的尽头，东海并非东边的尽头，恒山并非北边的尽头，这样，四海之内，截长补短，大约就是三千里见方，折合成田地就是八十一亿亩。百里见方的土地，折合成田地本应是九百万亩，但因其中有山脉、森林、河流湖泊、沟渠水道、城郭、宫室、道路，要占去三分之一，所以只剩下农田六百万亩。

【原文】

古者以周尺八尺为步，今以周尺六尺四寸为步。古者百亩，当今东田百四十六亩三十步。古者百里，当今百二十一里六十步四尺二寸二分。方千里者，为方百里者百。封方百里者三十国，其余方百里者七十。又封方七十里者六十，为方百里者二十九、方十里者四十。其余方百里者四十，方十里者六十。又封方五十里者二十，为方百里者三十；其余方百里者十，方十里者六十。名山大泽不以封。其余以为附庸间田。诸侯之有功者，取于间田以禄之；其有削地者，归之间田。

【译文】

古时候是以周尺八尺为一步，现在是以周尺六尺四寸为一步。所以古时候的一百亩，等于现在的一百四十六亩零三十平方步。古时候的一百里，相当于现在的一百二十一里零六十步四尺二寸二分。所谓千里见方者，包括一百个百里见方的区域。如果分封出三十个方百里的诸侯国，就余下七十个方百里的地方。再分封出六十个七十里见方的诸侯国，折合为二十九个方百里和四十个方十里，剩下四十个方百里和六十个方十里的土地。又分封出一百二十个五十里见方的诸侯国，折合为三十个百里见方之地，还剩下十个方百里和六十个方十里的土地。名山大泽不作封地来用，剩下的土地，或者作为大诸侯国的附庸，或者作为闲田。诸侯有功，就从闲田中拿出土地作为封赏；诸侯有罪，其被削去的土地则并入闲田。

【原文】

天子之县内，方千里者，为方百里者百。封方百里者九，其余方百里者九十一。又封方七十里者二十一，为方百里者十，方十里者二十九。其余方百里者八十，方十里者七十一。又封方五十里者六十三，为方百里者十五，方十里者七十五。其余方百里者六十四，方十里者九十六。

【译文】

所谓天子的王畿方千里者，也就是包括有一百个百里见方。如果分封出九个方百里的诸侯国，就剩下九十一个方百里的土地。如果又分封出二十一个方七十里的诸侯国，折合为十个方百里和二十九个方十里，就剩下八十个方百里和七十一个方十里的土地。如果又分封出六十三个五十里见方的诸侯国，折合为十五个方百里和七十五个方十里，最后剩下六十四个方百里和九十六个方十里的土地。

【原文】

诸侯之下士禄食九人，中士食十八人，上士食三十六人。下大夫食七十二人，卿食二百八十八人。君食二千八百八十人。次国之卿食二百一十六人，君食二千一百六十人。小国之卿食百四十四人，君食千四百四十人。次国之卿，命于其君者，如小国之卿。天子之大夫为三监，监于诸侯之国者，其禄视诸侯之卿，其爵视次国之君，其禄取之于方伯之地。方伯为朝天子，皆有汤沐之邑于天子之县内，视元士。诸侯世子世国，大夫不世爵。使以德，爵以功。未赐爵，视天子之元士，以君其国。诸侯之大夫，不世爵、禄。

【译文】

诸侯的下士，其俸禄可以养活九人，中士的俸禄可以养活十八人，上士的俸禄可以养活三十六人，下大夫的俸禄可以养活七十二人，卿的俸禄可以养活二百八十八人，国君的俸禄可以养活二千八百八十人。中等诸侯国的卿，其俸禄可以养活二百一十六人，国君的俸禄则可养活二千一百六十人。小诸侯国的卿，其俸禄可以养活一百四十四人，国君的俸禄则可养活一千四百四十人。中等诸侯国的卿，如果是由其国君任命的，其所得俸禄，等于小国诸侯的由天子任命的卿。天子的大夫被派到诸侯国去做监察的，其俸禄比照大诸侯国之卿，其爵位比照中等诸侯国的国君，其俸禄从方伯那里支取。方伯为了朝见天子，在王畿内都有专供其斋戒沐浴的土地。汤沐邑的大小，和天子上士的禄田一般多。诸侯的太子可以继承君位，大夫的儿子则不能世袭爵位，因为大夫的儿子未必贤惠，有德行才委以职务，有功劳才赐以爵位。诸侯的儿子在天子没有赐爵之前，其身份视同天子之上士，并且以这种身份统治他的国家。至于诸侯的大夫，其爵位和俸禄都不能世袭。

【原文】

六礼：冠、昏、丧、祭、乡、相见。七教：父子、兄弟、夫妇、君臣、长幼、朋友、宾客。八政：饮食、衣服、事为、异别、度、量、数、制。

【译文】

所谓六礼，是指冠礼、婚礼、丧礼、祭礼、乡饮酒礼和乡射礼、相见礼。所谓七教,是指七种人伦关系,即父子有亲,兄弟有爱,夫妇有别,君臣有义,长幼有序,朋友有信,宾客有礼。所谓八政,是指饮食的方式,衣服的制度,工艺的标准,器具的品类,长度的规定,容量的单位,数码的进位,布帛的宽窄。

文王世子

【题解】

本篇由六节组成。第一节是《文王之为世子》，记周文王、周武王如何当世子，以及周公如何教育成王之事。第二节是《教世子》，记大学教育世子及士之法。第三节是《周公践阼》，记三王教世子之法及孔子论教世子的重要性。第四节记庶子正公族之法，即庶子之官如何管理族人。第五节记天子视学养老之礼。第六节是《世子之记》，与第一节内容大体相同。由于《文王之为世子》一节在本篇开头，所以就以《文王世子》为篇名。周代如何重视对世子及其他贵族子弟的教育，从本篇中可以窥其一斑。

【原文】

文王之为世子，朝于王季，日三。鸡初鸣而衣服，至于寝门外，问内竖①之御者②曰："今日安否何如？"内竖曰："安。"文王乃喜。及日中，又至，亦如之。及莫，又至，亦如之。其有不安节③，则内竖以告文王，文王色忧，行不能正履。王季复膳，然后亦复初。食上，必在④，视寒暖之节，食下，问所膳；命膳宰曰："末有原⑤！"应曰："诺。"然后退。武王帅而行之，不敢有加⑥焉。文王有疾，武王不脱冠带而养。文王一饭，亦一饭；文王再饭，亦再饭。旬有二日乃间⑦。

【注释】

①内竖：宫内小臣，负责内外信息的上传下达。②御者：值日者，值班者。③节：指饮食起居。④在：察。⑤末：勿，毋。原：再。指把剩饭再次进上。⑥加：增益。意谓文王对王季的孝养已经达到尽善尽美，无以复加。⑦间：瘥愈。

【译文】

　　文王当太子的时候,每天三次到他父亲王季那里去请安。第一次是鸡叫头遍就穿好了衣服,来到父王的寝门外,问值班的内竖:"今天父王的一切都平安吧?"内竖回答。"一切平安。"听到这样的回答,文王就满脸喜色。第二次是中午,第三次是傍晚,请安的仪节都和第一次一样。如果王季身体欠安,内竖就会向文王禀告,文王听说之后,就满脸忧色,连走路都不能正常迈步。王季的饮食恢复如初,文王的神态才能恢复正常。每顿饭端上来的时候,文王一定要亲自察看饭菜的冷热;每顿饭撤下去的时候,文王一定要问吃了多少。同时交待掌厨的官员:"吃剩的饭菜不要再端上去。"听到对方回答"是",文王才放心地离开。武王做太子时,就以文王做太子时的行为为榜样,不敢有一点走样。文王如果有病,武王就头不脱冠衣不解带地昼夜侍养。文王吃饭少,武王也就吃饭少;文王吃饭增多,武王也就随着增多。如此这般的十二天以后,文王的病也就好了。

【原文】

　　文王谓武王曰:"女何梦矣?"武王对曰:"梦帝与我九龄。"文王曰:"女以为何也?"武王曰:"西方有九国焉,君王其终抚①诸?"文王曰:"非也。古者谓年龄,齿亦龄也。我百尔九十,吾与尔三焉。"文王九十七乃终,武王九十三而终。成王幼,不能莅阼②,周公相,践阼③而治。抗世子法于伯禽,欲令成王之知父子、君臣、长幼之道也;成王有过,则挞伯禽,所以示成王世子之道也。文王之为世子也。

【注释】

　　①抚:占有。②莅阼:临视阼阶。即天子即位。特指履行天子职务。③践阼:天子即位,皇帝登基。此指周公暂摄王位,代行天子职务。

【译文】

　　文王问武王道:"你做过什么梦吗?"武王答道:"我梦见天帝给我九龄。"文王说:"你认为这个梦是暗示什么呢?"武王说:"西方还有九国尚未归顺,君王您大概最终要将他们占有吧。"文王说:"你理解得不对。古代把年也叫作龄，齿也是龄。我的寿限是一百，你的寿限是九十，我把我的寿限给你三年。"于是，文王活到九十七岁就死了，而武王活到九十三岁才死。成王年幼，不能即位履行天子职务，由周公出面辅助，代行天子职权。周公把教育太子的一套规定搬了出来，要求自己的儿子伯禽在陪伴成王时首先做到，目的就是要让成王懂得父子、君臣、长幼之道。成王如果有做不到的地方，周公就痛打伯禽，使成王看了懂得如何做个太子。以上是《文王之为世子》。

【原文】

凡学①世子及学士，必时。春夏学干戈，秋冬学羽籥，皆于东序。小乐正学干，大胥赞之；籥师学戈，籥师丞赞之。胥鼓南。春诵夏弦，大师诏②之；瞽宗秋学礼，执礼者诏之；冬读书，典书者诏之。礼在瞽宗，书在上庠。凡祭与养老，乞言，合语之礼，皆小乐正诏之于东序。大乐正学舞干戚，语说，命乞言，皆大乐正授数，大司成论说在东序。凡侍坐于大司成者，远近间三席，可以问，终则负墙。列事未尽，不问。

【注释】

①学：同"教"，教导。本节之"学"皆同此。②诏：教导。

【译文】

凡教育太子及太学生，一定要因时制宜。春夏两季教手执干戈的武舞，秋冬两季教手执羽籥的文舞，地点都是在东序。小乐正负责教执干舞，大胥帮助他；籥师负责教执戈舞，籥师丞帮助他。旄人负责教南夷之乐，大胥则在旁击鼓为节。春季诵读诗章，夏季练习为诗章谱曲，这两项都由太师来教。秋冬在瞽宗学礼，由主管礼的官员来教。冬季读《尚书》，由精通《尚书》的官员来教。教礼是在瞽宗，教《书》是在上庠。凡是祭祀、养老乞言和合语的礼节，都由小乐正在东序教太子及太学生。大乐正教他们手执干戚的武舞。合语、养老乞言的礼节，都由大乐正传授其义理，由大司成评说，地点也在东序。凡在大司成身旁陪坐，与大司成之间要有三席的距离。可以向大司成发问，问毕则退回靠墙的位置。大司成的话还没有讲完，不可发问。

【原文】

凡学，春官释①奠于其先师，秋冬亦如之。凡始立学者，必释奠于先圣先师；及行事，必以币。凡释奠者，必有合也，有国故则否。凡大合乐，必遂养老。凡语②于郊者，必取贤敛才焉。或以德进，或以事举，或以言扬。曲艺③皆誓④之，以待又语。三而一有焉，乃进其等，以其序，谓之郊人，远之。于成均以及取爵于上尊也。始立学者，既兴器用币，然后释菜不舞不授器，乃退。傧⑤于东序，一献，无介语可也。教世子。

【注释】

①释：舍也，置也。②语：考核，考评。③曲艺：指不登大雅之堂的小手艺，如医、卜、射、御之类。④誓：戒伤。⑤傧：以礼招待来宾。

【译文】

每季开学，都要向先师行释奠礼。春季的释奠由春季的主讲教师主持，夏、秋、冬三季也是这样。凡是诸侯根据天子命令始建的学校，一定要对先圣先师行释奠礼，而且祭品要比平常贵重，用束帛。凡行释奠礼，必有音乐、舞蹈的联合演出；如果碰上国家有战争灾荒，那就只行释奠礼，取消演出。凡天子视学时的大规模音乐、舞蹈演出的次日，天子一定要接着举行养老之礼。凡是在郊学中考评学生，一定要把出类拔萃的人才举荐上来。有的因品德优异而被录取，有的因才能卓绝而被选拔，有的因善于辞令而被录用。对于有一技之长的手艺人，也在训话中加以劝勉，促其上进，以待下次考评。对于有一技之长的人，如果三个问题他有一个回答得好，就按照曲艺系列晋升其等级，并称谓"郊人"。"郊人"的待遇低于选士、俊士，他们不能进入国家最高学府，也不能在乡饮酒礼中充当宾、介。诸侯国刚开始建立学校的，对新制成的礼乐之器要杀牲祭之，并涂以牲血，祭时要用束帛。然后举行释奠礼，此后没有歌舞演出，也用不着分发舞具。礼毕，在东序招待来宾，用一献之礼，没有傧相，没有合语，简单完事就行了。以上为《教世子》节。

【原文】

凡三王教世子必以礼乐。乐，所以修内也；礼，所以修外也。礼乐交错于中，发形于外，是故其成也怿，恭敬而温文。立大傅、少傅以养之，欲其知父子、君臣之道也。大傅审父子、君臣之道以示之；少傅奉世子，以观大傅之德行而审喻之。大傅在前，少傅在后；入则有保，出则有师，是以教喻而德成也。师也者，教之以事而喻诸德者也；保也者，慎其身以辅翼之而归诸道者也。记曰："虞、夏、商、周，有师保，有疑丞[1]。"设四辅及三公[2]。不必备，唯其人。语使能也。君子曰德，德成而教尊，教尊而官正，官正而国治，君之谓也。

【注释】

[1]疑丞：疑和丞皆是辅佐太子的官号。疑，可能是负责解答太子疑问之官。丞，可能是负责记录太子言行的官。[2]四辅：指辅佐太子的师、保、疑、丞。三公：辅佐天子的太师、太保、太傅。

【译文】

夏商周三代的国君在教育太子时，一定要用礼乐。乐可以陶冶精神；礼可以美化外表。礼乐互相渗透于心，表现于外，其结果就能使太子顺利成长，养成外貌恭敬而又有温文尔雅的气质。设立太傅、少傅来培养太子，目的是要让他知道父子、君臣的关系该如何相处。太傅的责任是把父子、君臣之道讲说明白并且身体力行做出榜样，少傅的责任是把太傅所讲的、所做的给太子仔细分析使之领会。太傅、少傅、师、保，他们时时刻刻都在太子左右，形影不离，所以他们讲的内容太子都能够明白，而太子的美德也就容易培养成功。师的责任，是把古人的行事说给太子听，并分析其善恶得失，使太子懂得择善而从。保的责任，是谨言慎行，以身作则，以此来影响太子，从而使太子的一言一行都合乎规范。古《记》上说：虞夏商周四代，有师、保、疑、丞作为太子的辅佐。设立四辅及三公之官，不一定全套都设，有合适的人选则设，否则就不设，宁缺毋滥。这话的意思是说设官必须任能。君子说："太子的道德非常重要，太子的道德养成了，负责教育太子的师保也会被人尊重；负责教育太子的师保受人尊重，则百官正直；百官正直，就会国家大治。这是指太子有朝一日为君而言的。"

文王世子

【原文】

仲尼曰："昔者周公摄政，践阼而治，抗世子法于伯禽，所以善成王也。闻之曰：'为人臣者，杀其身有益于君则为之。'况于其身①以善其君乎！周公优为之。"是故知为人子，然后可以为人父；知为人臣，然后可以为人君；知事人，然后能使人。成王幼，不能莅阼，以为世子，则无为也，是故抗世子法于伯禽，使之与成王居，欲令成王之知父子、君臣、长幼之义也。

【注释】

①于其身：变通一下他的身份。于，通"迂"，曲折，委曲。

【译文】

仲尼说："从前周公代替成王处理国事，治理天下，把教育太子的一套规定搬了出来，要求自己的儿子伯禽在陪伴成王时做到，这是为了使成王养成好的品德。听人说：'作臣子的，如果牺牲自己但却能为国君带来好处，这样的事就值得做。'何况仅仅是暂时改变一下身份就能使国君从中得到好处呢？周公自然是乐于这样做的。"所以，懂得了如何为人子，然后才可以为人父；懂得了如何为人臣，然后才可以为人君；懂得了如何侍奉他人，然后才能使唤他人。成王年幼，不能即位，把他作为太子来培养，也不合乎礼法。所以周公才把教育太子的一套规定搬了出来，要求本来不是太子的伯禽遵守，让伯禽整天和成王在一起，就是想叫成王懂得父子、君臣、长幼的道理。

【原文】

君之于世子也，亲则父也，尊则君也。有父之亲，有君之尊，然后兼天下而有之。是故，养世子不可不慎也。行一物而三善皆得者，唯世子而已。其齿于学之谓也。故世子齿于学，国人观之曰："将君我而与我齿让何也？"曰："有父在则礼然，然而众知父子之道矣。"其二曰："将君我而与我齿让何也？"曰："有君在则礼然，然而众着于君臣之义也。"其三曰："将君我而与我齿让何也？"曰："长长也，然而众知长幼之节矣。"故父在斯为子，君在斯谓之臣，居子与臣之节，所以尊君亲亲也。故学之为父子焉，学之为君臣焉，学之为长幼焉，父子、君臣、长幼之道得，而国治。语曰："乐正司业，父师司成，一有元良，万国以贞。"世子之谓也。周公践阼。

【译文】

国君和太子的关系，从血缘来讲是父亲，从尊卑来讲是国君，既有为父之亲，又有为君之尊，然后才能统治天下，由此可见，培养太子不可不慎重。做一件事情而能同时得到三个好的结果，只有太子一人而已，这是指太子在太学里不摆架子，不自命不凡，而是按年龄大小来和同学们叙礼之事而言。所以，太子在太学中按年龄大小与众叙礼，国人看到后，说："太子是我们未来的国君却与我们按年龄叙礼，如此谦让是为什么呢？"回答是："太子有父在就礼当如此。"于是众人也就懂得父子之道了。这是第一个好结果。第二个，有人会问："太子是我们未来的国君却与我们按年龄叙礼，如此谦让是为什么呢？"回答是："太子在有国君在的时候就礼当如此。"于是众人也就明白君臣之义了。第三个，还有人会问："太子是我们未来的国君却与我们按年龄叙礼，如此谦让是为什么呢？"回答是："年幼者应当尊敬年长者。"于是众人也就明白长幼之间的礼节了。所以说，父在，太子就是儿子；君在，太子就是臣子，太子具有儿子和臣子的双重身份，所以他既要尊敬国君，也要热爱父亲。所以要教育他如何处理好父子关系，如何处理好君臣关系，如何处理好长幼关系。父子、君臣、长幼的关系处理得好，然后国家才可以得到治理。古人有这样一句话："乐正负责太子的学业精进，太师负责太子的道德培养，造就一个德业卓绝的领袖，天下便会得到太平。"说的就是太子。以上是《周公践阼》。

【原文】

庶子之正于公族者，教之以孝弟、睦友、子爱，明父子之义、长幼之序。其朝于公：内朝①，则东面北上；臣有贵者，以齿。其在外朝，则以官，司士为之。其在宗庙之中，则如外朝②之位。宗人③授事，以爵以官。其登馂献受爵，则以上嗣。庶子治之，虽有三命，不踰父兄。其公大事，则以其丧服之精粗为序。虽于公族之丧亦如之，以次主人。若公与族燕，则异姓为宾，膳宰为主人，公与父兄齿。族食，世降一等。其在军，则守于公祢。公若有出疆之政，庶子以公族之无事者守于公宫，正室守大庙，诸父守贵宫贵室，诸子诸孙守下宫下室④。五庙之孙，祖庙未毁，虽为庶人，冠，取妻，必告；死，必赴；练祥则告。族之相为也，宜吊不吊，宜免不免，有司罚之。至于赗赙承含⑤，皆有正焉。

【注释】

①内朝：即燕朝，是处理族人事务之所。内朝，犹言在宫内朝见国君。②外朝：此指国君每日视朝之处。③宗人：官名，掌礼仪及宗庙事务。④下宫：指亲庙。即高、曾、祖、父称四庙。下室：指燕寝。⑤赗赙承含：赗，赠送丧家用以助葬的车马。赙，赠送丧家财物以助办丧事。承，郑玄说是"赠"字之误。赠，是赠给死者的随葬物。含，用于死者口中所含的珠玉之类。

【译文】

庶子的政务是管理国君的族人，用孝悌、睦友、慈爱的伦理教育他们，使他们明白父子关系的含义，长幼之间的礼节。国君的族人朝见国君，如果是在内朝，则面向东，以北为上位；朝臣中如有地位尊贵者，其位置顺序也只按照年龄辈分排列，由庶子负责安排，即使是贵为上卿，其位置也要在父兄之后。如果是在外朝，那就要以官爵的高低排列位置，由司士具体负责。如果是在宗庙之中，位置的排列如同外朝，根据爵位的高低和官职的不同，由宗人负责给他们分派差使。但是，祭祀中的登堂分食祭品、向尸献酒、饮奠觯，这些事一定要由国君的嫡长子来做。遇到国君的丧事，则按照丧服的精粗排列顺序，即使是国君族人的丧事，也照此办理，由孝子领头，其后按亲疏关系逐个往下排。如果是国君与族人宴饮，就要由异姓的人作宾，由膳宰代理主人，以便酬酢尽礼。至于席位的座次，国君对其父辈兄辈，还要按辈分年龄来排。合族聚餐的活动，按照族人与国君的亲疏关系，每隔一世则递降一等。族人如果随军外出，要守卫在行主旁边。国君如果有出国活动，庶子留守国内，就要派公族中没有职事的人守卫宫廷，派公族中的嫡子守卫太祖之庙，派诸父辈守卫路寝，派诸子辈守卫亲庙，派诸孙辈守卫燕寝。同一高祖的子孙，只要高祖的神主尚未迁出，即使有的族人已沦为平民，遇到举行冠礼、娶妻，一定要向国君禀告，有丧事也要讣告，到了小祥、大祥之祭，也要禀告。族人之间的互相往来，应该吊唁的不去吊唁，应该戴免的不戴免，有关官员将给予处罚。至于赗赙赠含，也都有一定之规。

【原文】

公族其有死罪，则磬①于甸人②。其刑罪，则纤剸③，亦告于甸人。公族无宫刑。狱成，有司谳于公。其死罪，则曰"某之罪在大辟④"；其刑罪，则曰"某之罪在小辟"。公曰："宥之。"有司又曰："在辟。"公又曰："宥之。"有司又曰："在辟。"及三宥，不对，走出，致刑于于甸人。公又使人追之曰："虽然，必赦之。"有司对曰："无及也！"反命于公，公素服不举，为之变，如其伦之丧。无服，亲哭之。

【注释】

①磬：指吊死，有如后来的绞刑。②甸人：掌郊野之官。死罪的执行、非公族在市朝，公族及有爵者在郊野。③纤剸：纤，通"歼"，刺也。剸，割也。④大辟：指死刑。辟，罪，法。

【译文】

国君的族人如果犯有死罪，则交付甸人将其绞死。国君的族人如果犯有刑罪，则或针刺或刀割，也告于甸人由其执行。国君的族人犯罪，不适用宫刑，这是为了不绝其类。案件判决之后，有关官吏向国君请示，如果所犯是死罪，就说："族人某某所犯之罪属于大辟。"如果所犯是刑罪，就说："族人某某所犯之罪属于小辟。"国君说："饶了他吧。"有关官吏则回答："法不容恕。"国君又说："饶了他吧。"有关官吏也照旧回答："法不容恕。"等到国君第三次求情，有关官员就不再回答，径自走出，将犯人交付甸人行刑。国君又派人追来，传命说："即使有罪，也一定要赦免他。"有关官员回答说："已经来不及了。"行刑之后，报告国君。国君为其改穿素服，取消盛馔，并依照与死者亲疏关系应有的礼数，为之改变日常生活。但因其有辱祖宗，所以不为之穿孝，而亲哭之于异姓之庙。

【原文】

公族朝于内朝，内亲也。虽有贵者以齿，明父子也。外朝以官，体①异姓也。宗庙之中，以爵为位，崇德也。宗人授事以官，尊贤也。登馂受爵以上嗣，尊祖之道也。丧纪以服之轻重为序，不夺人亲也。公与族燕则以齿，而孝

文王世子

弟之道达矣。其族食世降一等，亲亲之杀②也。战则守于公祢，孝爱之深也。正室守大庙，尊宗室，而君臣之道着矣。诸父诸兄守贵室，子弟守下室，而让道达矣。五庙之孙，祖庙未毁，虽及庶人，冠，取妻必告，死必赴，不忘亲也。亲未绝而列于庶人，贱无能也。敬吊临③赗赙，睦友之道也。古者，庶子之官治，而邦国有伦；邦国有伦，而众乡方④矣。公族之罪，虽亲不以犯有司，正术⑤也，所以体百姓也。刑于隐者⑥，不与国人虑兄弟也。弗吊，弗为服，哭于异姓之庙，为忝⑦祖远之也。素服居外，不听乐，私丧之也，骨肉之亲无绝也。公族无宫刑，不翦其类也。

【注释】

①体：体贴，亲近。②杀：等差，差别。③临：哭吊死者。④方：仁义，礼义。⑤术：法。⑥隐者：指不于市朝而于郊野。⑦忝：辱。

【译文】

国君的族人可以在内朝朝见，这表示族人内部的相亲。族人中即使有地位高贵者也得按辈分叙礼，这是表示父子之情重于爵位贵贱。在外朝朝见以官位高低为序，这是为了表示对异姓的亲近。宗庙之中，按爵位高低安排位置，这是表示尊崇有德之人。宗人按照官职分派差使，这是表示尊重贤人。登堂分食祭品、祭奠的工作由嫡长子来做，这是表示尊祖敬宗。丧事以丧服的轻重为序，这是为了避免亲疏关系乱套。国君同族人一道宴饮，其席位按辈分年龄排列，这样一来，孝悌的道理就体现出来了。合族聚餐，每隔一代，递降一等，这表示对待亲疏是有区别的。作战时由族人守卫行主，这表示孝敬祖先的深切。由嫡子们守卫太庙，这是表示尊重宗室，而君臣之道也可从而得到体现。由诸父诸兄守卫路寝，子辈孙辈守卫燕寝，谦让之道也就体现出来了。彼此是同一个高祖的子孙，祖庙的神主尚未迁出，那么大家就都是五服以内的亲属，即使有的人沦为平民，在加冠、娶亲的时候也要向国君禀告，死了也一定要讣告，这是表示不忘记亲属。有的族人与国君的血亲关系还没有超过五服而已沦为平民，这表示国君鄙视无能之人。对族人的丧事，吊唁、哭临、赠送财物、赠送车马，这体现了同族人的互相关心和帮助。古时候，只要庶子之官能够胜任其职，国家就会井然有序；国家井然有序，民众也就争着趋向礼义了。国君的族人犯罪，尽管有亲属关系，国君也不因此而干扰司法部门的公正执行法令，以此表明公族犯法，与庶民同罪。在隐蔽之处行刑，这是为了不使国人联想到族人自相残杀。对犯了死罪的族人，不去吊唁，不为之穿孝，哭于异姓之庙，这是因为他有辱祖宗，所以疏远他。但又为之改穿素服，住在室外，不听音乐，这只是表示个人的哀悼，骨肉之亲的感情尚存。公族犯罪，不适用于宫刑，这是为了不绝其后代。

【原文】

天子视学，大昕鼓征，所以警众①也。众至，然后天子至。乃命有司行事。兴秩节②，祭先师先圣焉。有司卒事，反命。始之养也：适东序，释奠于先老，遂设三老五更群老之席位焉。适馔省醴，养老之珍，具；遂发咏③焉，退修之以孝养也。反，登歌清庙，既歌而语，以成之也。言父子、君臣、长幼之道，合德音之致，礼之大者也。下管象，舞大武。大合众以事，达有神，兴有德也。正君臣之位、贵贱之等焉，而上下之义行矣。有司告以乐阕，王乃命公侯伯子男及群吏曰："反！养老幼于东序。"终之以仁也。是故圣人之记事也，虑之以大，爱之以敬，行之以礼，修之以孝养，纪之以义，终之以仁。是故古之人一举事而众皆知其德之备也。古之君子，举大事，必慎其终始，而众安得不喻焉？兑命曰："念终始典于学。"

【注释】

①警众：使太学生们起床。②兴：举行。秩节：常礼。③发咏：奏乐迎接三老、五更、群老。

【译文】

天子视察太学这一天，天刚亮就擂起集合的鼓声，好让学生们迅速起床。学生们到齐之后，等待天子驾临，于是命令有关官员开始行事，举行常规的礼仪，祭奠先圣先师。有关官员把这些事情做完后向天子报告，天子这才动身到举行养老典礼的会场。天子来到东序，亲自释奠于先老，然后就安排三老、五更、群老的席位。天子亲自检查肴馔酒醴，过问孝敬老人的各种美味是否齐备。当这一切就绪之后，于是奏乐迎接被养的贵宾。贵宾进门后先即位于西阶下，天子退酌醴酒敬献，行孝养老人之礼。礼毕，贵宾登堂入席，由乐队登堂歌唱《清庙》。歌毕，贵宾们自由发言，谈听歌的感想，以成就天子养老的重要意义。贵宾的发言，都是围绕着父子、君臣、长幼之道，以印证《清庙》之歌的深刻涵义，这是养老礼中最重要的环节。堂下管乐队奏着《象》曲，舞蹈队跳着《大武》的舞蹈，挑选大批的学生从事演奏，以表达周之灭商，是天命神授，文王、武王有德当兴。明确了君臣之位、贵贱之等，上下的关系就容易处理了。等到有关官员报告演奏完毕，天子就命令与会的公侯伯子男诸侯及百官："你们回去后也要在东序举行养老之礼。"天子以这句仁及天下的话结束了这场养老之礼。所以，圣人的记录养老之事，是从大处着眼，爱老敬老，以典礼的形式进行，极尽其孝养的能事，不仅记述的都合乎义理，而且末了还体现了天子的大恩大德。因此，古人举行一次大的典礼，众人可以从中看出他的无德不备。古时的君子，举行大的典礼，从头到尾都极其谨慎，这样一来，众人怎会不理解其意义呢。《说命》中说："一个人要想通晓礼法，就不断地学习先人留下的典籍。"

【原文】

世子之记曰："朝夕至于大寝①之门外，问于内竖曰：'今日安否何如？'内竖曰：'今日安。'世子乃有喜色。其有不安节，则内竖以告世子，世子色忧，不满容②。内竖言'复初'，然后亦复初。朝夕之食上，世子必在，视寒暖之节；食下，问所膳羞。必知所进，以命膳宰，然后退。若内竖言'疾'，则世子亲齐玄而养：膳宰之馈，必敬视之；疾之药，必亲尝之。尝馈善③，则世子亦能食；尝馈寡，世子亦不能饱；以至于复初，然后亦复初。"

【注释】

①大寝：即路寝，正寝。②不满容：表情失常。③善：较前增多。

【译文】

《世子之记》上说：作为太子，应于一早一晚到父王路寝门外，向内竖问道："父王今天身体好吗？"内竖回答："今天很好。"听到这种回答，太子才面有喜色。父王如有身体不适，内竖就应向太子报告，太子就面有忧色，表情失常。等到内竖报告说国王已经康复，然后太子的一切也才恢复正常。早晚的饭菜端上来时，太子一定要察看饭菜的凉热是否合适；饭菜撤下来时，太子要问父王吃得怎样。父王的饭菜，一定要知道下顿该进什么，向掌厨的官员交代清楚，然后才离开。如果内竖报告父王患病较重，太子就要亲自斋戒祈祷，穿戴玄冠玄冠，精心侍养。厨房送来的饭菜，一定要仔细检查；治病的药，一定要自己先尝一尝。父王如果能够较多进食，则太子也能随着多吃；父王如果进食较少，则太子也不可能吃饱。只有到了父王一切恢复正常之日，太子才能一切恢复正常。

礼运

【题解】

《礼运》是《礼记》中的一篇，大约是战国末年或秦汉之际儒家学者托名孔子答问的著作。郑玄说："名曰'礼运'者，以其记五帝、三王相变易，阴阳转旋之道"。"礼运"的意思是说如果天下都依礼而行，就会天下太平，达到大同世界。《礼运》全篇主要记载了古代社会政治风俗的演变，社会历史的进化，礼的起源、内容以及与社会生活的关系等内容，表达了儒家的社会历史观和对礼的看法。其中最负盛名的是关于大同世界亦即孔子心目中的理想国的论述，这代表了孔子和儒家对于理想社会的憧憬，也就是中国文化中对于理想政治的最为人所知的论述。

【原文】

昔者仲尼与于蜡①宾，事毕，出游于观②之上，喟然③而叹。仲尼之叹，盖叹鲁也。言偃在侧，曰："君子何叹？"孔子曰："大道之行也，与三代之英，丘未之逮④也，而有志焉。大道之行也，天下为公，选贤与能，讲信修睦。故人不独亲其亲，不独子其子，使老有所终，壮有所用，幼有所长，矜寡孤独废疾⑤者皆有所养，男有分，女有归⑥。货恶其弃于地也，不必藏于已；力恶其不出于身也，不必为已。是故谋闭而不兴，盗窃乱贼而不作，故外户而不闭。是谓大同。"

【注释】

①蜡：与"咋"同音。年末之时进行的隆重的祭祀活动，又叫蜡祭。②观：与"灌"同音，指的是古代在宗庙门外的小楼。③喟然：深深地感叹。喟，与"溃"同音。④逮：赶上。⑤矜：同"鳏"，老而无妻的人。孤：年幼无父的

· 138 ·

人。独：年老无子的人。废疾：肢体残废的人。⑥归：女子出嫁。

【译文】

　　从前，孔子曾参加过鲁国的蜡祭。祭祀结束后，他出来在宗庙门外的楼台上游览，不觉感慨长叹。孔子的感叹，大概是感叹鲁国的现状。言偃在他身边问道："老师为什么叹息？"孔子回答说："大道实行的时代，以及夏、商、周三代英明君王当政的时代，我孔丘都没有赶上，我对它们心向往之。大道实行的时代，天下为天下人所共有。选举有德行的人和有才能的人来治理天下，人们之间讲究信用，和睦相处。所以人们不只把自己的亲人当亲人，不只把自己的儿女当作儿女，这样使老年人能够安享天年，使壮年人有贡献才力的地方，使年幼的人能得到良好的教育，使年老无偶、年幼无父、年老无子和残废的人都能得到供养。男子各尽自己的职分，女子各有自己的夫家。人们不愿让财物委弃于无用之地，但不一定要收藏在自己家里。人们担心有力使不上，但不一定是为了自己。因此，阴谋诡计被抑制而无法实现，劫夺偷盗杀人越货的坏事不会出现，所以连住宅外的大门也可以不关。这样的社会就叫大同世界。"

【原文】

　　"今大道既隐①，天下为家，各亲其亲，各子其子，货力为己，大人世及②以为礼，城郭沟池以为固，礼义以为纪，以正君臣，以笃父子，以睦兄弟，以和夫妇，以设制度，以立田里，以贤勇知，以功为己。故谋用是③作，而兵由此起。禹、汤、文、武、成王、周公由此其选④也。此六君子者，未有不谨于礼者也。以著⑤其义，以考其信，著有过，刑⑥仁讲让，示民有常，如有不由此者，在势⑦者去⑧，众以为殃。是谓小康。"

【注释】

　　①隐：退去、消散之意。②世及：古代传位的两种主要方式，分别指的是父传子和兄传弟。③用是：由此。④选：表现出色、能成就大事之人。⑤著：表现出来，展露。⑥刑：范式，优秀。⑦势：担负职务。⑧去：辞去，驱逐。

【译文】

"如今大道已经消逝了,天下成了一家一姓的财产。人们各把自己的亲人当作亲人,把自己的儿女当作儿女,财物和劳力都为私人拥有。诸侯天子们的权力变成了世袭的,并成为名正言顺的礼制,修建城郭沟池作为坚固的防守。制定礼仪作为纲纪,用来确定君臣关系,使父子关系淳厚,使兄弟关系和睦,使夫妻关系和谐,使各种制度得以确立,划分田地和住宅,尊重有勇有智的人,为自己建功立业。所以阴谋诡计因此兴起,战争也由此产生了。夏禹、商汤、周文王、周武王、周成王和周公旦,由此成为三代中的杰出人物。这六位君子,没有哪个不谨慎奉行礼制。他们彰显礼制的内涵,用它们来考察人们的信用,揭露过错,树立讲求礼让的典范,为百姓昭示礼法的仪轨。如果有越轨的反常行为,有权势者也要斥退,百姓也会把它看成祸害。这样的社会就叫小康社会。"

【原文】

言偃复问曰:"如此乎礼之急也?"孔子曰:"夫礼,先王以承天之道,以治人之情,故失之者死,得之者生。诗曰:'相鼠有体,人而无礼。人而无礼,胡不遄①死?'是故夫礼,必本于天,殽②于地,列③于鬼神,达④于丧祭射御、冠昏朝聘。故圣人以礼示之,故天下国家可得而正也。"

【注释】

①遄:与"传"同音,立即、马上的意思。②殽:与"效"相通,仿效的意思。③列:使动用法,使……有顺序的意思。④达:表现、显现。

【译文】

言偃又问道:"礼果真就是这样的紧要吗?"孔子说:"礼,是先王用来遵循天的旨意,用来治理人间万象的,所以谁失掉了礼谁就会死亡,谁得到了礼谁就能生存。《诗经》上说:'你看那老鼠还有个形体,做人怎能无礼。如果做人而无礼,还不如早点死掉为好!'因此,礼这个东西,一定是源出于天,效法于地,参验于鬼神,贯彻于丧礼、祭礼、射礼、乡饮酒礼、冠礼、婚礼、觐礼、聘礼之中。所以圣人用礼来昭示天下,而天下国家才有可能步入正轨。"

【原文】

言偃复问曰:"夫子之极言礼也,可得而闻与?"孔子曰:"我欲观夏道,是故之杞①,而不足征也;吾得《夏时》②焉。我欲观殷道,是故之宋③,而不足征也;吾得《坤乾》④焉。《坤乾》之义,《夏时》之等,吾以是观之。夫礼之初,始诸饮食。其燔黍捭豚⑤,汙尊而抔饮,蒉桴而土鼓,犹若可以致其敬于鬼神。及其死也,升屋而号,告曰:'皋,某复!'然后饭腥而苴孰。故天望而地藏也,体魄则降,知气在上。故死者北首,生者南乡。皆从其初。昔者先王未有宫室,冬则居营窟,夏则居橧巢⑥。未有火化⑦,食草木之实,鸟兽之肉,饮其血,茹其毛。未有麻丝,衣其羽皮。后圣有作,然后修火之利,范⑧金合土,以为台榭宫室牖⑨户。以炮以燔,以亨以炙⑩,以为醴酪。治其麻丝,以为布帛,以养生送死,以事鬼神上帝。皆从其朔。"

【注释】

①杞:古代的国家名,是夏禹的后代所建。②《夏时》:夏代通用的历法书。③宋:古代的国家名,是商汤的后代所建。④《坤乾》:古代占卜算卦的书,主要依托阴阳理论来进行推算。⑤捭豚:捭,与"擘"通假。豚,指所有的兽肉。⑥营窟:古人用土堆垒成的住处。橧巢:用薪柴搭建成的巢室。⑦火化:在古代指的是用火烧食物吃。⑧范:制造器物时所用的模具。⑨牖:与"有"同音,指家中的窗户。⑩以炮以燔,以亨以炙:炮,用土将生食包裹起来进行烘烤。燔:烧制成熟食。亨:与"烹"同,煮熟之意。炙:烤制之意。

【译文】

言偃又问道:"老师把礼讲得这般要紧,可以讲得更详细点吗?"孔子说:"我曾想研究一下夏代的礼,所以特地跑到杞国考察,但因年代久远,留下的文献太少,只得到了一种叫《夏时》的书。我又想研究一下殷代的礼,所以特地跑到宋国去考察,留下的文献也很少,只得到了一种叫《坤乾》的书。我就根据这两种书谈谈吧。上古礼的产生,是从饮食开始的,那时的人们尚未发明陶器,他们把谷物、小猪放在烧热的石头上焙烤,挖个小坑当酒杯,双手捧起来喝,用土抟成的鼓槌,垒个小土台子就当鼓,在他们看来,用自己的这种生活方式来表达对于鬼神的敬意,好像也是可以的。这便有了最原始的祭礼。等到他们死的时候,其家属就上到屋顶向北方高喊:'喂!亲人某某你回来吧!'招魂之后,就把生稻生米含在死者口中,到了送葬的时候,又用草叶包着熟食作为祭品送他上路。就这样向天上招魂,在地下埋葬,肉体入之于地,灵魂升之于天。所以死人头皆朝北,北向是阴;活人都面向南,南方是阳。现在实行的这些礼仪都是古代传下来的。在上古先王之时,没有宫室一类建筑,冬天就住在土垒的洞穴里,夏天就住在棍棒搭成的巢窠里;那时候还不懂得熟食,生吃草木之实和鸟兽之肉,喝鸟兽的血,连肉带毛的生吞;那时候还不知道麻丝可以织布作衣,就披上鸟羽兽皮当衣服。后来有圣人出世,才懂得火的种种作用,于是用模型铸造金属器皿,和合泥土烧制砖瓦,用来建造台榭宫室门窗;又用火来焙、来烧、来煮、来烤,酿造甜酒和醋浆。又利用丝麻,织成布帛,用来供养活人,料理死者,用来祭祀鬼神和上帝。凡此种种,也都是沿袭上古的做法。

【原文】

"故玄酒在室,醴醆在户,粢醍在堂,澄酒在下[①]。陈其牺牲,备其鼎俎,列其琴瑟管磬钟鼓,修其祝嘏,以降上神与其先祖,以正君臣,以笃父子,以睦兄弟,以齐上下,夫妇有所,是谓承天之祜。作其祝号,玄酒以祭,荐其血毛,腥其俎,孰其肴,与其越席,疏布以幂,衣其澣帛,醴醆以献,荐其燔炙[②]。君与夫人交献,以嘉魂魄,是谓合莫。然后退而合亨[③],体其犬豕牛羊,实其簠簋笾豆铏羹,祝以孝告,嘏以慈告,是谓大祥。此礼之大成也。"

【注释】

①醴醆:与"礼盏"同音,指的是除去残渣的甜酒和盛在盏中的葱白色的酒。粢醍:与"齐缇"同音,指的是一种浅红色的酒。澄酒:指的是带有残渣的赤红色稍清的酒。②燔炙:指的是将肉烤制成肉干。③合亨:之前的制作过程并未将食物完全做熟,所以要再加烹制。

【译文】

因为重视上古的习见习闻,所以在祭祀的时候,玄酒摆在室内,醴和醆摆在门旁,粢醍摆在堂上,澄酒摆在堂下,同时要陈列牺牲,备齐鼎俎,安排各种乐器,精心拟制飨神之辞和神佑之辞,用以迎接天神和祖宗的降临。通过祭祀中的种种礼仪，或表示规范君臣的关系，或表示加深父子的感情，或表示和睦兄弟，或表示上下均可得到神的恩惠，或表示夫妇各有自己应处的地位。这样的祭祀就叫承受上天的赐福。拟定祝辞中的种种美称，设置玄酒以祭神，先将牲的血毛献进，再将生肉载于俎上进献，再将半生不熟的排骨肉献上。主人主妇亲践蒲席，用粗布蒙上酒樽，身穿祭服，献过醴酒，又献酸酒，献过烤肉，又献烤肝。国君与夫人向神交替进献，使祖宗的灵魂感到快慰，这就叫子孙的精神和祖先的灵魂在冥冥之中相会。祭祀进行到向今人献食时，就把方才献神的生肉、半生不熟的肉放在镬里合煮，直到煮熟，然后区别犬豕牛羊的不同部位，放到该放的容器里，以招待来宾和自家兄弟。祝辞要表达主人对神的孝敬之意，神的保佑之辞也充溢着对子孙的爱护之心，这就叫大吉大利。这就是礼的大致情况。"

【原文】

孔子曰："于呼哀哉！我观周道，幽厉伤之，吾舍鲁何适矣！鲁之郊禘①，非礼也，周公其衰矣！杞之郊也，禹也；宋之郊也，契②也。是天子之事守也。故天子祭天地，诸侯祭社稷。祝嘏③莫敢易其常古，是谓大假④。祝嘏辞说，藏于宗祝巫史，非礼也，是谓幽国。醆斝⑤及尸君，非礼也，是谓僭君。冕弁⑥兵革，藏于私家，非礼也，是谓胁君。大夫具官，祭器不假，声乐皆具，非礼也，是谓乱国。故仕于公曰臣，仕于家曰仆。三年之丧，与新有昏者，期不使。以衰裳入朝，与家仆杂居齐齿，非礼也，是谓君与臣同国。故天子有田以处⑦其子孙，诸侯有国以处其子孙，大夫有采以处其子孙，是谓制度。故天子适诸侯，必舍其祖庙，而不以礼籍入，是谓天子坏法乱纪，诸侯非问疾吊丧，而入诸臣之家，是谓君臣为谑。是故，礼者君之大柄也，所以别嫌明微，傧⑧鬼神，考制度，别仁义，所以治政安君也。故政不正则君位危，君位危则大臣倍⑨、小臣窃。刑肃而俗敝，则法无常，法无常而礼无列，无礼列则士不事也。刑肃而俗敝，则民弗归也，是谓疵国。"

【注释】

①禘：与"第"同音，是古代的祭祀名，指帝王诸侯祭祀始祖或者夏季宗庙中举行的祭祀。②契：与"谢"同音，传说中商的始祖。③嘏：与"假"同音，或者与"鼓"同音，福禄的意思。④大假：与大祥意思相通。"假"也是"大"

的意思。⑤斚：与"假"同音。一种铜制的酒器，圆口，三只脚。⑥弁：与"变"同音，皮革做成的帽子。⑦处：使动用法，使……居住，安置的意思。⑧傧：与"宾"同音，接待、招待。⑨倍：与"背"相通，背叛的意思。

【译文】

孔子说："真是可悲啊！我考察周代的礼，发现经过幽、厉之乱，已被破坏得差不多了，就目前来说，只有鲁国还差强人意。但是，鲁国举行的郊天禘祖，也不合乎礼的规定，鲁是周公的封国，竟然也如此数典忘祖，说明周礼真是衰败了。杞国国君郊天禘禹，宋国国君郊天禘契，因为他们是天子的嫡系后裔，所以才可以奉行郊禘。所以只有天子才可以祭天地，诸侯只能祭祀自己国土内的社神与稷神。"祝辞和嘏辞不敢改变其传统格式，这就叫大福大祥。祝辞和嘏辞，本当藏于宗庙，而今却藏于宗伯太祝和巫官史官之家，这是不合礼的，这说明其中有鬼，这就叫阴谋之国。醆斚是天子用以献尸的酒器，而今竟然一般诸侯也用，这不合礼，这叫作僭越之君。冕弁是国君的礼服，兵器甲胄是国君的武备，而今却藏于大夫之家，这就叫威胁国君。大夫竟然也百官具备，祭器不用外借，八音齐备，这不合礼，这叫混乱之国。在国君那里任职叫作臣，在大夫家里任职叫作仆。臣仆如果遇到父母之丧，或者是刚结过婚，至少应该一年不派差使。在居丧期间戴孝上班，或是仍和家仆杂居一起，没上没下，也不合礼，这就叫作君臣共有国家。天子有土地可以封其子孙为诸侯，诸侯有国家可以封其子孙为大夫，大夫有采地可以养活其子孙。这就叫制度。所以天子到诸侯之国去，一定要下榻在诸侯的祖庙，但如果住进时无视礼簿上所载诸侯国的忌讳，那就叫作天子违法乱纪。诸侯如果不是由于探病吊丧而随便进入诸臣之家，那就叫君臣互相戏谑。所以说，礼是国君治理国家的最有力的工具，有了它才好区别嫌疑，明察幽隐，敬事鬼神，订立制度，赏罚得当，总而言之，有了它才好治理国家，维护君权。所以，国政如果不以礼为准绳就会导致君权动摇，君权动摇就会导致大臣背叛，小臣偷窃。这时候尽管用严刑峻法来挽救，但因风俗凋敝，由此而引起法令无常，法令无常自然又引发礼仪乱套，礼仪乱套就让士人无法做事。刑罚严峻加上风俗败坏，老百姓就不会归心了。这就叫有疵病之国。"

【原文】

"故政者君之所以藏身也。是故夫政必本于天，殽①以降命。命降于社之谓殽地，降于祖庙之谓仁义，降于山川之谓兴作，降于五祀之谓制度，此圣人所以藏身之固也。故圣人参于天地、并于鬼神以治政②也。处其所存③，礼之序也；玩④其所乐，民之治也。故天生时而地生财，人其父生而师教之。四者君以正用之，故君者立于无过之地也。"

【注释】

①殽：与"效"相通，仿效。②治政：制定各项政策法规。③所存：指天地运行的道理。④玩：研习。

【译文】

"所以，礼实在是国君借以安身立命的法宝。所以礼一定源出于天，依据天道而颁降政令。有的礼是源出于地，依据地道而颁降社祭的政令。有的礼是源出于鬼神，列祖列宗、山川之神、五祀之神，因此而产生了体现仁义的宗庙之礼，祭祀山川之神，以备日后国家的基本建设不出纰漏，祭祀五祀之神，以化作各项制度，这才是古代圣人安身立命的根本。所以圣人是上参于天，下验于地，又考察了鬼神，以此来制定政令。圣王能处理好天地鬼神的存在次第，礼的次序也就有了；能玩味天地鬼神的爱好所在，民众的治理也就好办了。天生四时，地生财货，人，父母生他，老师教他。这四者国君用来使它们各得其正。所以做国君的必须正身立于无有过错之地。"

【原文】

"故君者所明①也，非明人者也；君者所养也，非养人者也；君者所事也，非事人者也。故君明人则有过，养人则不足，事人则失位。故百姓则②君以自治也，养君以自安也，事君以自显也。故礼达而分定，故人皆爱③其死而患其生。故用人之知④去其诈，用人之勇去其怒，用人之仁去其贪。故国有患，君死⑤社稷，谓之义，大夫死宗庙，谓之变。"

【注释】

①明：指让别人效仿，给他人做榜样。②则：以……为准则，效仿。③爱：吝惜。④知：与"智"相通，智慧。⑤死：这里用作动词，为……而死。

【译文】

"所以，作为国君，应是人们效法的榜样，而不是效法他人的；应是人们乐于供养，而不是供养他人的；应是人们服侍的对象，而不是服侍他人的。所以，如果国君效法他人就说明国君犯有过错，国君一身而供养全体国民肯定其力不足，国君如果服侍他人就意味着丢掉了国君的宝座。所以，百姓都是效法国君以达到自我管理，供养国君以达到自我安定，服侍国君以达到抬高自己。举国上下都明白了这个礼，上下名分确定，就会人人都乐于为国牺牲而耻于苟且偷生。国君要重用有智、有勇、有仁的人，但要注意取其长而避其短。对于有智的人要谨防其诈伪，对于有勇的人要避免其感情冲动，对于有仁的人要警惕其贪婪。国家有了外患，国君与国土共存亡，这是理所当然的；大夫为保卫国君宗庙而死，这是职责所在，也是正当的。"

【原文】

"故圣人耐①以天下为一家，以中国为一人者，非意②之也，必知其情，辟于其义，明于其利，达于其患，然后能为之。何谓人情？喜、怒、哀、惧、爱、恶、欲，七者弗学而能。何谓人义？父慈、子孝、兄良、弟弟③、夫义、妇听、长惠、幼顺、君仁、臣忠，十者谓之人义。讲信修④睦，谓之人利，争夺相杀，谓之人患。故圣人之所以治人七情，修十义，讲信修睦，尚辞让，去争夺，舍礼何以治之？饮食男女，人之大欲存焉；死亡贫苦，人之大恶存焉。故欲恶者，心之大端⑤也。人藏其心，不可测度也。美恶皆在其心，不见其色也，欲一以穷之，舍礼何以哉？"

【注释】

①耐：能。②意：与"臆"相通，随意猜测。③弟：与"悌"相通，敬爱、顺从兄长。④修：提倡。⑤大端：最基本的表现征兆，主要内容。

【译文】

"所以圣人能够使整个天下像是一个家庭,全体国民像是一个人,并不是凭着主观臆想,而是凭着了解人情,洞晓人义,明白人利,熟知人患,然后才能做到。什么叫作人情?喜、怒、哀、惧、爱、恶、欲,这七种不学就会的感情就是人情。什么叫作人义?父亲慈爱,儿子孝敬,兄长友爱,幼弟恭顺,丈夫守义,妻子听从,长者惠下,幼者顺上,君主仁慈,臣子忠诚,这十种人际关系准则就叫人义。讲究信用,维持和睦,这叫作人利。你争我夺,互相残杀,这叫作人患。圣人要想疏导人的七情,维护十种人际关系准则,崇尚谦让,避免争夺,除了礼以外,没有更好的办法。饮食男女,是人的最大欲望所在。死亡贫苦,是人的最大厌恶所在。这最大欲望和最大厌恶,构成了人心日夜思虑的两件大事。每人都把心思藏在肚子里,深不可测。美好或丑恶的念头都深藏在心,从外表来看谁也看不出来,要想彻底搞清楚,除了礼之外恐怕也没有别的办法。"

【原文】

"故人者,其天地之德、阴阳之交、鬼神之会、五行之秀气也。故天秉阳,垂日星,地秉阴,窍①于山川,播五行于四时,和而后月生也。是以三五②而盈,三五而阙③,五行之动,迭相竭也。五行、四时、十二月,还相为本也。五声、六律、十二管,还相为宫也。五味、六和、十二食,还相为质也。五色、六章、十二衣,还相为质也。故人者,天地之心也,五行之端也。食味、别声、被色而生者也。"

【注释】

①窍:动词,形成洞穴、贯通。②三五:十五天。③阙:与"缺"相通。

【译文】

"人是感于天覆地载之德、阴阳二气交合、形体和精灵结合、吸收五行的精华而生。所以天持阳气,垂示日月星辰的光芒;地持阴气,借山河为孔穴而吞吐呼吸。分布五行于四季,四季顺序分明,日行循轨,月亮才会按时出现。所以每月的前十五天,月亮由月牙变成满月,后十五天,又由满月变成月

礼运

牙。五行的运转，此去彼来，轮流作主。五行四季十二月，依次交替为本始。五声六律十二管，依次交替为宫声。五味六和十二食，依次交替为主味。五色六章十二衣，依次交替为主色。所以说，人是天地的心灵，是由五行构成的万物之首，是懂得何时应吃何味为好、何时应听何声为好、何时应穿何种颜色之衣为好的一种精灵。"

【原文】

"故圣人作则①，必以天地为本，以阴阳为端，以四时为柄，以日星为纪，月以为量，鬼神以为徒②，五行以为质，礼义以为器③，人情以为田④，四灵以为畜。以天地为本，故物可举也。以阴阳为端，故情可睹也。以四时为柄，故事可劝也。以日星为纪，故事可列也。月以为量，故功有艺也。鬼神以为徒，故事有守也。五行以为质，故事可复也。礼义以为器，故事行有考⑤也。人情以为田，故人以为奥⑥也。四灵以为畜，故饮食有由⑦也。"

【注释】

①则：法则、制度。②徒：同伴、伴侣。③器：工具。④田：指治理对象。⑤考：成。⑥奥：主体。⑦由：由来。

【译文】

"所以圣人制做法则，一定要取法天地以为根本，取法阴阳以为大端，取法四时以为关键，取法日月星辰以为纲纪，取法月之圆缺以为区分，取法大地以山川为徒属，取法五行以为主体，把礼义当作耕地的工具，把人情当作田地，如果做到这些，四灵，也成家畜。因为以天地为根本，所以万物都能包罗；以阴阳为大端，所以人情可以察觉；以四时为关键，所以农时不失，事功易成；以日星为纲纪，所以做事的顺序便于安排；以月之圆缺为区限，所以每月干什么都有条不紊；以山川为徒属，所以人人皆有职守；以五行为主体，所以事事皆可终而复始；把礼义作为工具，所以事事才能办得成功；把人情当作田地，所以圣人就是田地的主人；把四灵作为家畜，所以饮食有所取材。"

【原文】

"何谓四灵？麟凤龟龙谓之四灵。故龙以为畜，故鱼鲔不淰①。凤以为畜，故鸟不獝②。麟以为畜，故兽不狘③。龟以为畜，故人情不失。故先王秉蓍④龟，列祭祀，瘗⑤缯⑥，宣祝嘏辞说，设制度，故国有礼，官有御，事有职，礼有序。"

【注释】

①淰：与"审"同音，鱼惊走的意思。②獝：与"叙"同音，鸟惊飞的意思。③狘：与"谑"同音，兽惊走的意思。④蓍：与"诗"同音，用来占卜的草。⑤瘗：与"意"同音，掩埋的意思。⑥缯：与"增"同音，丝织品的总称。

【译文】

"什么叫作四灵？麟、凤、龟、龙，是四类动物之王，被叫作四灵。所以，如果龙已成为家畜，那么它的鳞族部下也就尾随而来；如果凤已成为家畜，那么它的羽族部下也就纷然而至；如果麟已成为家畜，那么它的毛族部下也就乖乖归顺；如果龟已成为家畜，那就可用以占卜，预先察知人情。所以先王秉持蓍草和龟甲，安排祭祀，瘗缯（掩埋丝帛，祭地礼）降神，宣读祝辞和嘏辞，设立种种制度。于是国人皆彬彬有礼，百官各治其事，百事都有规章，凡所行礼，皆有次序。"

【原文】

"故先王患礼之不达于下也。故祭帝于郊，所以定天位也；祀社于国，所以列地利也；祖庙，所以本仁也；山川，所以傧①鬼神也；五祀，所以本事也。故宗祝在庙，三公在朝，三老在学，王前巫而后史，卜巫瞽②侑③，皆在左右。王中，心无为也，以守至正。故礼行于郊，而百神受职焉；礼行于社，而百货可极焉；礼行于祖庙，而孝慈服焉；礼行于五祀，而正法则焉。故自郊社、祖庙、山川、五祀，义之修而礼之藏④也。"

【注释】

①傧：接待、招待。②瞽：乐师。③侑：劝人酒食。这里特指饮食的时候陪侍的人。④藏：归宿，寄托。

礼运

【译文】

"先王担心礼教不能普及于下民,所以在南郊祭上帝,借以昭示天的地位是至高无上的;又祭土神于国内,借以昭示大地为人类生存提供的种种便利;又祭祖于庙,借以昭示凡我族人均应相爱;又祭祀山川,借以昭示要礼敬冥冥之中的鬼神;又举行五祀之祭,借以昭示各种制度来源于此。所以,天子在宗庙中,有宗祝相助;在朝中,有三公辅佐;在太学中,有三老给提建议;在天子的身边,前有掌理神事的巫,后有负责记录言行的史,负责占卜的官员、负责奏乐、负责规谏的官员,都在天子的左右,天子居中,心里没有任何杂念,只需恪守至正之道就行了。所以,祭天于南郊,天上的众神就会各司其职;祭地于国,地上的种种资源就都可利用;祭祖于庙,孝慈之道就会得到推行;举行五祀之祭,各种法则制度就会得到遵守。由此看来,祭天、祭地、祭祖、祭山川、祭五祀,都是借助于礼而昭示其含义的。"

【原文】

"是故夫礼,必本于大一,分而为天地,转而为阴阳,变而为四时,列而为鬼神,其降曰命,其官于天也。夫礼必本于天,动而之地,列而之事,变而从时,协于分艺。其居人也曰养,其行之以货力、辞让、饮食、冠昏、丧祭、射御、朝聘。"

【译文】

"因此,礼必定源出于太一,太一分为二,在上者为天,在下者为地,天又转变为阳,地又转变为阴,阳气变为春夏,阴气变为秋冬,于是有了四季,于是有了鬼神。圣人制礼,皆据此而颁降政令,这是取法于天的。礼一定是源出于太一和天,其次效法于地,其次效法五祀,其次效法四时,而且合乎每月行令的准则。礼可以体现一个人的修养,具体表现为财货、精力、辞让、饮食、冠婚、丧祭、射乡、朝聘等方面。"

【原文】

"故礼义也者,人之大端也,所以讲信修睦,而固人之肌肤之会、筋骸之束也。所以养生、送死、事鬼神之大端也,所以达天道,顺人情之大窦①也。故唯圣人为知礼之不可以已也。故坏国、丧家、亡人，必先去其礼。故礼之于人也，犹酒之有糵②也，君子以厚，小人以薄。故圣王修义之柄、礼之序以治人情。故人情者，圣王之田③也。修礼以耕之，陈义以种之，讲学以耨④之，本仁以聚⑤之，播乐以安之。"

【注释】

①大窦：最基本的情理。②糵：酿酒制酱发酵时候用的曲。③田：操作的场所。④耨：除草。⑤聚：团结、联合，收获。

【译文】

"所以说，礼义这个东西，是做人的头等大事。人们用礼来讲究信用，维持和睦，使彼此团结得就像肌肤相接、筋骨相连一样。人们把礼作为养生送死和敬事鬼神的头等大事，把礼作为贯彻天理、理顺人情的重要渠道。所以只有圣人才知道礼是须臾不可或缺的，因此，凡是国亡家破身败的人，一定是由于他先抛开了礼，才落得如此下场。所以，礼对于人来说，好比是酿酒要用的曲，君子德厚，酿成的酒也便醇厚，小人德薄，酿成的酒也便寡味。所以圣王牢持礼、义这两件工具，用来治理人情。打比方来讲，人情好比田地，圣王好比田主，圣王用礼来耕耘，用陈说义理当作下种，用讲解教导当作除草，用施行仁爱当作收获，用备乐置酒当作农夫的犒劳。"

【原文】

"故礼也者，义之实也，协诸义而协，则礼虽先王未之有，可以义起也。义者，艺之分、仁之节也。协于艺，讲于仁，得之者强。仁者义之本也，顺之体也，得之者尊。故治国不以礼，犹无耜①而耕也；为礼不本于义，犹耕而弗种也；为义而不讲之以学，犹种而弗耨也；讲之于学而不合之以仁，犹耨而弗获也；合之以仁而不安之以乐，犹获而弗食也；安之以乐而不达于顺，犹食而弗肥也。四体既正，肤革充盈，人之肥也。父子笃，兄弟睦，夫妇和，家之肥也。大臣法，小臣廉，官职相序，君臣相正，国之肥也。天子以德为车，以乐为御，诸侯以礼相与②，大夫以法相序，士以信相考，百姓以睦相守，天下之肥也。是谓大顺。大顺者，所以养生、送死、事鬼神之常也。故事大积焉而不苑③，并行而不缪④，细行而不失，深而通，茂而有间，连而不相及也，动而不相害也。此顺之至也。故明于顺，然后能守危也。"

【注释】

①耜：与"四"同音，古代一种类似于铁锹的农具。②相与：相交、相处。③苑：汇集、堵塞。④缪：悖谬、不合情理。

【译文】

"可以这样说，礼是义的制度化。有些礼的条文，拿义的标准去衡量无一不合，但先王并无明文规定，这也不妨后人因时制宜。义是区分是非的标准，衡量仁爱的尺度。符合标准，符合仁爱，谁做到这两条谁就强大。仁是义的基础，又是贯通天理人情的具体表现，谁能做到仁谁就会被人尊敬。所以，治国而不用礼，就好比耕田而不用农具；制礼而不源本于义，就好比耕地而不下种；有了义而不进行讲解教育，就好比下种而不除草；有了讲解教育而不和仁爱结合，就好比虽然除草而不去收获；和仁爱结合了而不备乐置酒犒劳农夫，就好比虽然颗粒归仓而不让人食用；备乐置酒犒劳农夫了而没有达到自然而然的境界，就好比饭也吃了但身体却不强健。四肢健全，肌肤丰满，这是个人的健康正常。父子情笃，兄弟和睦，夫妇和谐，这是一个家庭的健康正常。大臣守法，小臣廉洁，百官各守其职而同心协力，君臣互相勉励匡正，这可以看作是一个国家的健康正常。天子把道德当作车辆，把音乐当作驾车者，诸侯礼尚往来，大夫按照法度排列次序，士人根据信用互相考察，百姓根据睦邻的原则维持关系，这可以看作是整个天下的健康正常。这些合在一起就叫作大顺。大顺的社会，是人们养生、送死、敬事鬼神的正常社会。达到了大顺，即使是日理万机也不会有一事耽搁，两件事一齐进行也不会互相妨碍，行为虽然细小也不至于有什么闪失，尽管深奥却可以理解，尽管严密却不乏通道，既互相关联而又彼此独立，循规运动而不互相排斥，这便是顺的最高境界。由此看来，明白了顺的重要性，才能时时警惕，守住高位。"

【原文】

"故礼之不同也，不丰也，不杀也，所以持情而合危也。故圣王所以顺，山者不使居川，不使渚①者居中原，而弗敝也。用水、火、金、木，饮食必时，合男女、颁爵位必当年德，用民必顺，故无水旱昆虫之灾，民无凶饥妖孽之疾。故天不爱其道，地不爱其宝，人不爱其情。天降膏露，地出醴泉，山出器车②，河出马图，凤皇麒麟，皆在郊棷。龟龙在宫沼，其余鸟兽之卵胎，皆可俯而窥也。则是无故，先王能修礼以达义，体信以达顺，故此顺之实也。"

【注释】

①渚：水中小洲。②器车：这里指制造车辆所用的材料。

【译文】

"礼的最大特点就是讲究区别，礼数该少的就不能增加，礼数该多的也不能减少，只有这样，才能维系人情，和合上下而各安其位。所以圣王顺着天时、地利、人情而制礼，不使惯于山居者徙居水旁，不使惯于居住河洲者迁居平原，这样，人们就会安居乐业。使用水、火、金、木和饮食，都要因时制宜。男婚女嫁，应当及时；颁爵晋级，应当依据德行。使用百姓要趁农闲，不夺农时，所以就没有水旱蝗螟之灾，也没有凶荒妖孽作祟。这就造成天不吝惜其道，地不吝惜其宝，人不吝惜其情的太平盛世。于是天降甘露，地涌甘泉，山中出现现成的器皿和车辆，大河中出现龙马负图，凤凰、麒麟、神龟、蛟龙四灵毕至，或栖息在郊外的草泽，或畜养在宫中的水池，至于尾随四灵而来的其他鸟兽更是遍地做巢，与人类友好相处，它们产的卵，人们低头就可以看到，它们怀的胎，人们伸手就可以摸到。这没有别的原因，只是由于先王能够通过制礼而把种种天理人情加以制度化，又通过诚信以达到顺应天理人情的缘故。而太平盛世也不过是顺应天理人情的结果罢了。"

礼器

【题解】

"礼器"就是礼可以使人成器的意思。方惠说:"形而上者谓之道,形而下者谓之器。道运而无名,器运而有迹。《礼运》言道之运,《礼器》言器之用。"意谓本篇与《礼运》篇互为表里。礼作为器在使用时,要因人、因地、因时制宜,这是表现在外的;而人作为礼的施行者,又必须具备忠信的美德,否则礼作为器的作用也要受到影响,这是反映在内的。

【原文】

礼器是故大备。大备,盛德也。礼释回①,增美质;措则正,施则行。其在人也,如竹箭②之有筠也;如松柏之有心也。二者居天下之大端矣。故贯四时而不改柯③易叶。故君子有礼,则外谐而内无怨,故物无不怀仁,鬼神飨德。

【注释】

①释回:消除邪恶。②箭:小竹。③柯:草木之茎。

【译文】

以礼为器,就可导致"大顺"的局面。而这种局面乃是盛德的表现。礼能够消除邪恶,增进本质之美,用到人身上则无所不正,用到做事上则无所不成。礼对于人来说,就好比竹箭的外表青皮,又好比松柏的内部实心。普天之下,只有竹箭和松柏有此大节,所以才一年四季从头到尾总是郁郁葱葱,枝叶永不凋落。君子有礼,也恰是如此,他不仅能与外部的人和谐相处,而且能与内部的人相亲相爱。所以人们无不归心于他的仁慈,连鬼神也乐于消受他的祭品。

【原文】

先王之立礼也，有本有文。忠信，礼之本也；义理，礼之文也。无本不立，无文不行。礼也者，合于天时，设于地财，顺于鬼神，合于人心，理万物者也。是故天时有生也，地理有宜也，人官有能也，物曲有利也。故天不生，地不养，君子不以为礼，鬼神弗飨也。居山以鱼鳖为礼，居泽以鹿豕为礼，君子谓之不知礼。故必举其定国之数①，以为礼之大经，礼之大伦。以地广狭，礼之薄厚，与年之上下。是故年虽大杀②，众不匡③惧。则上之制礼也节矣。

【注释】

①数：指物产之多寡。②大杀：大幅度减产。杀，减少。③匡：通"框"，恐惧。

【译文】

先王制定的礼，既有内在的实质，又有外在的形式。忠信是礼的内在实质，得理合宜是礼的外在形式。没有内在的实质，礼就不能成立；没有外在的形式，礼就无法施行。礼应该是上合天时，下合地利，顺于鬼神，合于人心，顺于万物的一种东西。四时各有不同的生物，土地各有不同的出产，五官各有不同的功能，万物各有不同的用途。所以，不到节令的动植物，不是当地的土特产，君子是不拿来作为祭品的，即使拿来，鬼神也是拒绝享用的。住在山里，却以水里产的鱼鳖作为礼品；住在水边，却以山里产的鹿豕作为礼品。这样的做法，君子认为是不懂礼。所以，一定要按照本国物产的多少，来确定其行礼用财的基本原则。礼品的多少，要看国土的大小；礼品的厚薄，要看年成的好坏。所以即使遇到灾荒之年，民众也不恐惧，究其原因，就是由于君上在制礼时是很有分寸的。

【原文】

礼，时为大，顺次之，体次之，宜次之，称次之。尧授舜，舜授禹；汤放桀，武王伐纣，时也。诗云："匪革其犹，聿追来①孝。"天地之祭，宗庙之事，父子之道，君臣之义，伦也。社稷山川之事，鬼神之祭，体也。丧祭之用，宾客之交，义也。羔豚而祭，百官皆足；大牢而祭，不必有余，此之谓称也。诸侯以龟为宝，以圭为瑞。家不宝龟，不藏圭，不台门②，言有称也。

【注释】

①来：介词，"于"的意思。②台门：在门的两旁筑土为台察天气之所。

【译文】

先王在制礼的时候，首先考虑的是要合乎时代环境，其次是合乎伦理，再其次是区别对象而不同对待，再其次是合乎人情，最后是要与身份相称。举例来说，尧传位给舜，舜传位给禹，那是禅让的时代；而商汤放逐夏桀，周武王讨伐殷纣王，那是革命的时代。这就是时代环境问题。《诗经》上说："周文王兴建丰邑，并非急于实现自己的愿望，而是追念祖先的功业，显示自己的孝心。"意思是说，迫于形势，不得不这样做。对天神地祇的祭祀，对列祖列宗的祭祀，其中体现有父父子子之道和君君臣臣之义。这就是个顺的问题。社稷之祭，山川之祭，鬼神之祭，祭的对象不同，礼数也随之不同。这就是个体的问题。某家有了丧祭之事，理应有一笔相当的开销，而作为亲朋好友也应该对丧家有所赗赠，这便是个宜的问题。大夫、士的祭祀，虽然只用一只羊羔或一头小猪作供品，但到末了，每个助祭的人都可得到一份祭肉；而天子、诸侯的祭祀，尽管是以牛、羊、豕三牲作为供品，但到末了，也还是每人一份祭肉，不会有什么剩余，这就叫作与身份相称。诸侯可以拥有龟，并以为珍宝；可以拥有圭，并以为祥瑞。而大夫之家就不得这样，不得把大门建成宫阙形式。这讲的也是合乎身份的问题。

【原文】

礼，有以多为贵者：天子七庙，诸侯五，大夫三，士一。天子之豆二十有六，诸公十有六，诸侯十有二，上大夫八，下大夫六。诸侯七介①七牢，大夫五介五牢。天子之席五重，诸侯之席三重，大夫再重。天子崩，七月而葬，五重八翣；诸侯五月而葬，三重六翣；大夫三月而葬，再重四翣。此以多为贵也。

【注释】

①介：副使，随从。

【译文】

礼节有时是以多为贵。例如，天子的宗庙是七所，诸侯则是五所，大夫则是三所，士则是一所。又如，天子的饭食可以有二十六道菜，公爵则只有十六道，诸侯则只有十二道，上大夫八道，下大夫六道。又如，诸侯亲自出访，可以带七个随从，主国馈赠的飨饩多达七牢；而诸侯的卿出访，只可以带五个随从，主国馈赠的飨饩只有五牢。又如，天子的坐垫是五层，而诸侯只是三层，大夫只是两层。又如，天子去世，七个月以后才下葬，葬时，羽毛棺饰备用五重，翣用八个；而诸侯则五个月以后即下葬，葬时，羽毛棺饰备用三重，翣用六个；大夫则三月而葬，羽毛棺饰备用两重，翣用四个。这都是以多为贵的例子。

【原文】

有以少为贵者：天子无介；祭天特牲；天子适诸侯，诸侯膳以犊；诸侯相朝，灌用郁鬯，无笾豆之荐；大夫聘礼以脯醢；天子一食，诸侯再，大夫、士三，食力无数；大路繁缨一就①，次路繁缨七就；圭璋特，琥璜爵；鬼神之祭单席。诸侯视朝，大夫特，士旅之。此以少为贵也。

【注释】

① 大路：殷代天子祭天所乘之车。一就：一圈。

【译文】

礼在有的时候是以少为贵。例如，天子出巡，没有副手。天子祭天，仅用一头牛。天子驾临诸侯，诸侯也仅用一头牛犊款待。又如，诸侯互相朝聘，只用郁鬯献宾，不设大盘小碗的菜肴；而大夫来聘，主国在招待时，不仅要有酒，而且要备菜肴。又如，天子进食，吃一口就说饱了，须劝说才继续进食；而诸侯进食，吃两口说饱了；大夫和士进食，吃三口说饱了；至于体力劳动者进食就没有这般斯文，什么时候吃饱，什么时候算。又如，天子祭天时所乘之车，只用一圈繁缨作为马饰，而一般祭祀时所乘之车，就用七圈繁缨作为马饰。又如，圭璋是最贵重的玉，可以单独作为礼品进献；而琥璜是次于圭璋的玉，不可以单独作为礼品进献，而必须以酒醴附带进献。鬼神比人尊贵，但祭祀时却只使用一层席子。又如诸侯临朝，大夫人数少，国君就逐个地与之行礼作揖，而士的人数众多，国君就对他们集体作一个揖就算了事。这都是以少为贵的例子。

【原文】

有以大为贵者：宫室之量，器皿之度，棺椁之厚，丘封之大。此以大为贵也。有以小为贵者：宗庙之祭，贵者献以爵，贱者献以散，尊者举觯，卑者举角；五献之尊，门外缶，门内壶，君尊瓦甒。此以小为贵也。

【译文】

礼在有的时候是以大为贵。例如宫室的规模，器皿的尺寸，棺椁的厚薄，坟头的大小，这些都是大者为贵。但是，礼在某些时候又是以小为贵。例如宗庙之祭，尊者献尸用较小的爵，贱者献尸用较大的散；尸入之后，尸尊，举起奠觯；主人卑，举起角杯而饮。诸侯中的子爵男爵在宴饮宾客时，缶是最大的酒器却放在门外，壶是较大的酒器就放在门内，瓦甒最小，是国君和客人酬酢所用，就放在堂上。这都是以小为贵的例子。

【原文】

有以高为贵者：天子之堂九尺，诸侯七尺，大夫五尺，士三尺；天子、诸侯台门。此以高为贵也。有以下为贵者：至敬①不坛，埽地而祭。天子诸侯之尊废禁②，大夫、士棜禁。此以下为贵也。

【注释】

①至敬：指祭天之礼。②禁：承放酒杯的有足托盘。

【译文】

礼在有的时候是以高为贵。例如，天子的堂高九尺，诸侯七尺，大夫五尺，士三尺。又如，只有天子、诸侯的大门是高大的宫阙，大夫、士则绝对不可。这都是以高为贵的例子。礼在有的时候又是以低为贵。例如，天子祭天，祭礼并不在高坛上举行，而是在坛下扫地而祭。又如，天子、诸侯的酒杯不用托盘，大夫的酒杯则用托盘，士的酒杯要用高脚托盘。这是以低为贵的例子。

【原文】

礼有以文为贵者：天子龙衮，诸侯黼，大夫黻，士玄衣纁裳；天子之冕，朱绿藻①十有二旒②，诸侯九，上大夫七，下大夫五，士三。此以文为贵也。有以素为贵者：至敬无文，父党③无容，大圭不琢，大羹不和，大路素而越席，牺尊疏布幂④，樿杓。此以素为贵也。

【注释】

①藻：五彩丝绳。②旒：冕前悬垂的玉串。③党：处所。④幂：覆盖。

【译文】

礼在有的时候是以文饰为贵。例如，天子穿的龙袍有九种图案，诸侯的祭服只能有七种、五种或三种图案，大夫只能有一种黑青相间的非形图案，至于士穿的衣服，没有任何图案，只是上身玄衣，下身浅绛色之裳而已。又如，天子头戴的冕，有用朱、绿二色编织的丝绳用来穿玉，垂旒十二条，而诸侯之冕仅垂旒九条，上大夫七条，下大夫五条，士三条。这是以文饰为贵的例子。礼在有的时候又是以朴素为贵。例如，祭天时天子所穿的大裘不叫露出来，在父亲的面前不需装模作样，天子所用的大圭不加任何雕琢，作为上等祭品的肉汁不加任何调料，祭天用的大辂朴素无华，上面只铺一层蒲席，牛形的酒尊是用粗布覆盖，勺子也只用本色的木头来做。这是以朴素为贵的例子。

【原文】

孔子曰："礼不可不省也。礼不同，不丰、不杀。"此之谓也。盖言称也。礼之以多为贵者，以其外心者也；德发扬，诩①万物，大理物博，如此，则得不以多为贵乎？故君子乐其发也。礼之以少为贵者，以其内心者也。德产之致也精微，观天下之物无可以称其德者，如此则得不以少为贵乎？是故君子慎其独也。古之圣人，内之为尊，外之为乐，少之为贵，多之为美。是故先生之制礼也，不可多也，不可寡也，唯其称也。是故，君子大牢而祭，谓之礼；匹士大牢而祭，谓之攘。管仲镂簋朱纮，山节藻棁，君子以为滥矣。晏平仲祀其先人，豚肩不揜豆；澣衣濯冠以朝，君子以为隘矣。是故君子之行礼也，不可不慎也；众之纪也，纪散而众乱。孔子曰："我战则克，祭则受福，盖得其道矣。"

【注释】

①讽：普及，遍及。

【译文】

孔子说："礼，不可以不加以审察。礼有种种不同，该减少的不能增加，该增加的也不能减少。"说的就是这个意思。礼要注意相称。礼之所以有以多、大、高、文为贵者，原因就在于它是存心向外界炫耀的。王者的道德发扬，普及万物，统领的事情又千头万绪，无所不包，像这样，能不以多、大、高、文为贵吗？所以君子就乐于向外界炫耀。礼之所以有以少、小、下、素为贵者，原因就在于它是存心表示内在之德的。内在之德所具有的密致精微程度，遍观天下所有之物，没有一件可以与之匹配的，这样的话，能不以少、小、下、素为贵吗？所以君子就格外注意内心的修养。古代的圣人，既注重内心的修养，也乐于对外的炫耀，有时候以少、小、下、素为贵，有时候又以多、大、高、文为贵。所以先王在制礼时，该少的不能让多，该多的不能让少，追求的目标就在于一个相称。由此看来，大夫以上的贵族用太牢作为祭品，与身份相称，这就叫合礼；士用太牢作为祭品，与身份不相称，这就叫盗窃。管仲身为大夫，却使用镂花镶玉的簋，系着朱红的帽带，住室斗拱上雕刻着山形图案，梁上的短柱刻着水草，君子认为这是过分，僭用了天子诸侯之礼。齐国的晏子也是大夫，他祭祀祖先时用的猪蹄膀太小，连一平碗也不到，穿戴着洗过的旧衣帽就去朝君，君子认为这是小气，不合乎大夫的身份。由此看来，君子行礼，不可不慎。因为礼是规范人们生活的纲纪，如果纲纪散乱，那么人们的生活也就乱套了。孔子说："'作为一个知礼的人，打仗则必胜，祭祀则必定得到保佑。'就是因为他深刻领会了礼要相称的道理。"

【原文】

君子曰："祭祀不祈，不麾蚤，不乐葆大，不善嘉事①，牲不及肥大，荐不美多品。"孔子曰："臧文仲安知礼！夏父弗綦逆祀，而弗止也。燔柴于奥，夫奥者，老妇之祭也，盛于盆，尊于瓶。"礼也者，犹体也。体不备，君子谓之不成人。设之不当，犹不备也。礼有大有小，有显有微。大者不可损，小者不可益，显者不可揜，微者不可大也。故经礼三百，曲礼三千，其致一②也。未有入室而不由户者。君子之于礼也，有所竭情尽慎，致其敬而诚若，有美而文而诚若。君子之于礼也，有直而行也，有曲而杀也，有经而等也，有顺而讨也，有撕而播也，有推而进也，有放而文也，有放而不致也，有顺而摭也。三代之礼一也，民共由之。或素或青，夏造殷因。周坐尸，诏侑武方③，其礼亦然，其道一也。夏立尸而卒祭，殷坐尸。周旅酬六尸，曾子曰："周礼其犹醵与！"

【注释】

①嘉事：指冠礼、婚礼。②致一：达到诚的境界。一，诚也。③武方：无常。

【译文】

君子说："祭祀的本意在于思亲，不在于祈福；祭祀都有一定的时间，不能说提前举行就好；祭祀用的礼器玉帛都有一定的规格，不能一味追求高大；举行冠礼、婚礼，禀告祖先是应该的，但也不须为此而另行祭祀；祭祀所用的牺牲不可全都追求肥大，供品也不可全都追求数量。"孔子说："臧文仲怎么能说是懂礼的人呢？夏父弗綦颠倒了宗庙祭祀的顺序，他作为四朝元老也不加阻止。而且在灶神面前举行燔柴之祭也是驴唇不对马嘴。须知灶神是一位发明了炊器的老妇，在祭灶神时，只要把供品放在盆里、酒放入瓶内就行了。"所谓礼，就好比是人的身体。一个人身体如有缺陷，君子就把他叫作残疾人。礼如果用得不当，就好比人体有残疾一样。礼有时以大、以多为贵，有时以小、以少为贵，有时以高、以文为贵，有时以素、以下为贵。以大、以多为贵者就不可随便减少，以小、以少为贵者就不可随便增加，以高、以文为贵者就不可随便遮掩，以素、以下为贵者就不可随便装饰和加高。所以，虽然礼的纲要有三百条，礼的细则有三千款，但它们追求的都是一个诚字。这就像人要进屋，没有不是从门而入一样。君子对于礼的态度，有时候是通过贵少、贵小、贵下、贵素而表达其诚，有时候是通过贵多、贵大、贵高、贵文而表达其诚。君子在具体行礼的时候，有时是放任感情毫不掩饰，有时是情感服从理智，有时是不分贵贱，上下一样，有时是按顺序递减礼数，有时是取物于上而普施于下，有时是根据推理而提高规格，有时是效法天地而文饰至极，有时是效法天地而文饰有限，有时是卑贱者袭用高贵者之礼也不犯忌讳。夏商周三代的礼都贯穿着一个诚字，民众共同遵循。从形式上看，有的尚黑，有的尚白，夏代开始创立，殷代有所因循。例如，在祭祀过程中，在夏代尸始终是立着的，在殷代则始终是坐着的，周代的尸也是始终坐着，而且凡助祭者都可以告诉尸如何保持威仪和劝尸饮食，并无固定的人选，这种礼数是从殷代学来的，其至诚之道是一样的。不过，周代有六尸依次互相劝酒的仪式，这是殷代所没有的。所以曾子说："周礼的六尸互相劝酒，就好像众人凑钱喝酒一样。"

【原文】

君子曰："礼之近人情者，非其至者也。郊血①，大飨腥，三献爓，一献孰。"是故君子之于礼也，非作而致其情也，此有由始也。是故七介以相见也，不然则已悫②矣。三辞三让而至，不然则已蹙。故鲁人将有事于上帝，必先有事于頖宫；晋人将有事于河，必先有事于恶池；齐人将有事于泰山，必先有事于配林。三月系，七日戒，三日宿，慎之至也。故礼有摈③诏，乐有相步④，温之至也。

【注释】

①郊血：南郊祭天以牲血作供品。②已：太。③摈：摈相，司仪。④相步：扶助和引导乐工走路的人，因为古代的乐工多为盲人。

【译文】

古代的哲人讲过：用接近现代人情的东西作祭品，并非最高贵的祭品。例如祭祀至高无上的天是用牲血为祭品，合祭列祖列宗是用生肉，祭祀社稷需行三献之礼并用半生不熟的肉，祭祀小的神鬼是用熟肉。熟肉是接近现代人情的祭品，但并不高贵，最高贵的倒是牲血。所以君子对于礼，并非一时冲动来表达自己的敬意，而是有所效法于古人。所以两国国君相见，宾主都要各自安排七个随从传话，不然的话就显得太简单了；客人要三次向主人表示不敢当，主人要三次礼让客人先入，然后才登堂，不然的话就显得太急促了。所以，鲁国人将要祭上帝，就一定先告祭于宗庙；晋国人将要祭河，就一定先祭祀滹沱河；齐国人将要祭泰山，就一定要先祭配林。祭天祭祖，祭前的三个月就要精心饲养牺牲，祭前的十日，要先进行七天的初步斋戒，接着再进行三天严格的斋戒，然后才举行祭祀，真是谨慎到顶点了。所以，行礼时必有司仪指导，乐师必有扶持引路的人，这才显得十二分的温文尔雅和从容不迫。

【原文】

礼也者，反本修古，不忘其初者也。故凶事不诏，朝事以乐。醴酒之用，玄酒之尚。割刀之用，鸾刀之贵。莞簟之安，而藁鞂之设。是故，先王之制礼也，必有主也，故可述而多学也。君子曰："无节于内者，观物弗之察矣。欲察物而不由礼，弗之得矣。"故作事不以礼，弗之敬矣。出言不以礼，弗之信矣。故曰：礼也者，物之致也。

【译文】

礼的种种规定，有时候是表现了人的回归天性，有时候是表现了人的遵守传统，总而言之，就是不忘其根本。例如，凶丧之事，用不着谁来教导，人们悲从中来，自然会号啕大哭；朝廷宴飨群臣，钟鸣鼎食，参加者自然无不快乐。这是回归天性的例子。又如，现在的人们都把饮用甜酒作为美妙的享受，但在祭神时却以清水一杯为贵；今人使用的快刀非常适用，但在分割牲体时偏要用迟钝的鸾刀；今人的坐垫，下面一层蒲席，上面再加一层竹席，坐着多么舒服，而祭天时却仅仅铺上一层庄稼秆就当席子。这是遵守传统、以原始为贵的例子。所以先王在制礼的时候，一定是考虑到了人的回归本性和遵循传统这两个因素，所以后人才可以效法和便于学习。君子说："如果内心没有体验，观察事物就不会明白。要想把事物观察明白而不借助于礼，就不可能达到目的。"所以，不按礼来办事，就不能赢得人们的尊敬；不按礼来说话，就不能取得人们的信任。所以有这么一句老话：礼是一切事物的准则。

【原文】

是故昔先王之制礼也，因其财物而致其义焉尔。故作大事，必顺天时，为朝夕必放于日月，为高必因丘陵，为下必因川泽。是故天时雨泽，君子达亹亹[1]焉。是故昔先王尚有德、尊有道、任有能；举贤而置之，聚众而誓之。是故因天事天，因地事地，因名山升中于天，因吉土[2]以飨帝于郊。升中于天，而凤凰降、龟龙假；飨帝于郊，而风雨节、寒暑时。是故圣人南面而立，而天下大治。

【注释】

①亹亹：勤勉不倦的样子。②吉土：通过占卜而选择的风水宝地。

【译文】

所以从前的先王在制礼时，就依据事物固有的特性而赋以意义。所以举行祭祀一定顺着天时，什么时候祭哪个神绝不错乱；举行朝日、夕月之祭，一定仿照日出于朝和月见于夕；祭天是至高无上之祭，那就必定凭借本来就高的圆丘；祭地是至卑无二之祭，那就必定凭借本来就低的方泽。所以就风调雨顺，君子都勤勉不倦地报答神功。所以古昔先王在将要举行祭祀时，崇尚有道德的人，尊重有道艺的人，任用有才能的人，选拔这些贤人放到助祭的位置上，斋戒之前还要聚众宣誓，以诫不恭。然后才在圆丘上祭天，在方泽中祭地，登上泰山燔柴向天报告成功，在南郊选择吉地祭祀天帝。因为燔柴向天报告成功，所以凤凰来仪，龟龙毕至；因为祭天帝于南郊，所以风调雨顺，冷热按时。这样，圣人只要在临朝时南面而立，不须操心，天下也就太平了。

【原文】

天道至教，圣人至德。庙堂之上，罍尊在阼，牺尊在西。庙堂之下，县鼓在西，应鼓在东。君在阼①，夫人在房②。大明生于东，月生于西，此阴阳之分、夫妇之位也。君西酌牺象，夫人东酌罍尊。礼交动乎上，乐交应乎下，和之至也。礼也者，反其所自生；乐也者，乐其所自成。是故先王之制礼也以节事，修乐以道志。故观其礼乐，而治乱可知也。蘧伯玉曰："君子之人达。"故观其器，而知其工之巧；观其发，而知其人之知。故曰：君子慎其所以与人者。

【注释】

①阼：东阶。②房：古代的房在室的两旁。天子、诸侯有东西房。此"房"指西房。

【译文】

天帝垂示至高无上的教导，圣人具备独一无二的道德。表现在宗庙之中，堂上，罍尊陈设在东阶，牺尊、象尊陈设在西阶；堂下，悬鼓设在两阶之间的西边，应鼓设在东边。国君站在阼阶上，而其夫人站在西房中。这好比太阳升于东方，月亮升于西方。这象征天与地的不同，所以夫妇的位置才会这样。国君从东阶走到西阶用牺尊、象尊喝酒，其夫人则从西房走到东阶用罍尊喝酒。堂上的礼仪象征着阴阳交互，堂下的鼓乐也此起彼应，这是一幅多么和谐的景象啊！礼是追溯事物本始的产物，乐则是大功告成以后人心快乐的表达。因此，先王通过制礼以体验前事，通过作乐以陶冶情趣。由于礼乐有这等来历，所以观察一个国家的礼乐就可以了解到这个国家的治乱。蘧伯玉说："君子一类的人都很明达。"他们只要观察到了器物，就可以推知工匠的巧拙；只要观察到了人的外部表现，就可以推知它的愚智。所以说：君子对于用来与人交往的礼乐是无不谨慎的。

【原文】

太庙之内敬矣！君亲牵牲，大夫赞币而从。君亲制祭，夫人荐盎。君亲割牲，夫人荐酒。卿、大夫从君，命妇①从夫人。洞洞乎其敬也，属属乎②其忠也，勿勿乎其欲其飨之也。纳牲诏于庭，血毛诏于室，羹定诏于堂，三诏皆不同位，盖道求而未之得也。设祭于堂，为祊乎外，故曰："于彼乎？于此乎？"一献质，三献文，五献察，七献神。

【注释】

①命妇：指卿大夫之妻。②属属乎：专一的样子。

【译文】

太庙之内的祭礼真是叫人肃敬动容。首先，国君亲自把牺牲牵入太庙，大夫协助拿着杀牲告神的玉帛紧跟其后。接着，国君又亲自制祭，夫人献上盎齐之酒。接着，国君又亲自馈熟，夫人再次献酒。在这个行礼过程中，卿大夫紧跟着国君，而命妇紧跟着夫人。说到他们的神情，那是毫不掺假的恭敬，那是专心致志的忠诚，又是那样地迫不及待地想让祖先享用供品。牵牲入庙时，先在庭中告祭于神；进献生血生肉时，又在室中告祭于神；进献熟肉时，又在堂上告祭于神。三次告祭都不在同一地方，这就意味着求神而又不知神所在的确切位置。先设正祭于堂，又设祭于庙门之外，就好像是在询问："神是在那边呢？还是在这边呢？"一献之礼是不够讲究的，三献之礼就有点看头了，五献之礼就礼数更加详备，至于七献之礼，那真是神乎其神了。

【原文】

大飨其王事与！三牲鱼腊，四海九州岛之美味也；笾豆之荐，四时之和气也。内金，示和也。束帛加璧，尊德也。龟为前列，先知也。金次之，见情也。丹漆丝纩竹箭，与众共财也。其余无常货，各以其国之所有，则致远物也。其出也，肆夏而送之，盖重礼也。祀帝于郊，敬之至也。宗庙之祭，仁之至也。丧礼，忠之至也。备服器，仁之至也。宾客之用币，义之至也。故君子欲观仁义之道，礼其本也。

【译文】

大飨的祭品是那样的丰盛，贡品是那样的众多，恐怕只有天子才能有那样的排场吧！牛肉、羊肉、猪肉、鱼肉、干肉，包罗了普天之下的美味佳肴；笾豆中盛放的祭品，山珍海味，瓜果李枣，都是四季风调雨顺的产物。四方诸侯的贡金，表示他们的服从天子；诸侯给天子的见面礼，是束帛加璧，表示他们对天子美德的尊敬。诸侯贡品的排列，宝龟放在前列，因为龟能预知未来。其次是黄金，因为它能照见人情。其次是丹砂、油漆、蚕丝、棉絮、大竹、小竹这些日常用品，这表示普天之下的物产都是供给天子使用的。其余的贡品没有固定的品种，原则上是你这个诸侯国有什么土特产你就贡献什么，这表示再遥远的东西天子也能得到。大飨礼毕，来宾走出庙门时，奏起送宾的乐曲《陔夏》，以显示礼数的隆重。天子亲自在南郊祭天，这是无比的尊敬。宗庙之祭，视死如生，这是无比的仁爱。丧礼，孝子哭天号地，痛不欲生，一切发自内心，这是无比的真诚。为死者准备服装、明器，虽然明知无济于事，但也仍然尽力准备，这也表现了莫大的爱心。聘问所用的礼品，多寡都要合乎规格，这是无比的合理。所以，君子如果要观察什么叫仁义，只要观察一下礼这个根本性的东西就行了。

【原文】

君子曰："甘受和，白受采；忠信之人，可以学礼。苟无忠信之人，则礼不虚道。是以得其人之为贵也。"孔子曰："诵诗三百，不足以一献。一献之礼，不足以大飨。大飨之礼，不足以大旅①。大旅具矣，不足以飨帝。毋轻议礼！"

【注释】

①大旅：因特殊情况发生而祭天之名。

【译文】

君子说："甘味是五味的根本，在此基础上可以调和出百味。白色是五色的根本，在此基础上可以绘出五彩。这个道理明白了，你就知道忠信是礼的根本，只有忠信之人，才可以学礼。如果不是忠信之人，礼也不会跟着你瞎跑。由此看来，礼固然重要，而得到忠信之人更重要。"孔子说："即使把《诗经》三百篇背得滚瓜烂熟，如果没有学过礼，就连简单的一献之礼也承担不了。懂得了一献之礼，如果不进一步学习，就未必能承担大飨之礼。懂得了大飨之礼，如果不再继续学习，就未必能承担大旅之礼。懂得了大旅之礼，未必就能担当祭天之礼。不要轻率地议论礼。"

【原文】

子路为季氏宰。季氏祭，逮闇而祭，日不足，继之以烛。虽有强力之容、肃敬之心，皆倦怠矣。有司跛倚以临祭，其为不敬大矣。他日祭，子路与，室事交乎户，堂事交乎阶，质明而始行事，晏朝而退。孔子闻之曰："谁谓由也而不知礼乎？"

【译文】

子路当季桓子家的总管。过去季氏举行岁时的祭祖，总是天不亮就开始，忙活一天还没完，天色已黑，还得点起火把继续。因为拖的时间太长，即使是身体强壮、敬心十足的人，也被搞得疲惫不堪。因此，许多执事的人都东倒西歪、左倚右靠地来应付差事，这实在是对祖先的大不恭敬。后来有一天，子路参与季氏祭祖，举行室内正祭时，室内室外的人在门口交接祭品；举行堂上傧尸时，堂上堂下的人在阶前交接馈具。天亮开始祭祀，到了傍晚就行礼完毕。孔子听说了这件事，说："谁能说子路只是有勇而不懂得礼呢！"

内则

【题解】

本篇主要是记载儿子、女儿或媳妇在家中应该如何侍奉自己的父母或者公婆，所以称之为"内则"。其中也记载了一些其他方面的礼，比如世子出生之礼以及养老之礼、还有关于食物制作和饮食禁忌等方面的一些记载。郑玄说："名曰《内则》者，以其记男女居室事父母舅姑之法。"

【原文】

后王命冢宰，降德于众兆民。子事父母，鸡初鸣，咸盥漱，栉①縰笄緫，拂髦②冠緌缨，端韠绅，搢笏。左右佩用，左佩纷帨③、刀、砺、小觿、金燧④，右佩玦、捍、管、遰、大觿、木燧，偪，屦着綦⑤。妇事舅姑，如事父母。鸡初鸣，咸盥漱，栉縰，笄緫，衣绅。左佩纷帨、刀、砺、小觿、金燧，右佩箴、管、线、纩，施縏帙⑥，大觿、木燧、衿缨⑦，綦屦。以适父母舅姑之所。

【注释】

①栉：梳头。②髦：用假发作的刘海。成人戴髦，是表示自己虽已成人，但仍怀赤子之心。父母去世后则脱掉此髦。③纷帨：拭物之巾，其作用有似今日之手帕。④金隧：在阳光下取火的铜镜，如今日之凸透镜。⑤綦：鞋带。⑥縏帙：装针线等物的袋子。⑦衿缨：衿是系上。缨，大约是条五彩丝带。女子许嫁以后要拎缨，表示已经有夫婿了。

【译文】

天子命令冢宰，对万民百姓降下教令。儿子侍奉父母，应该在鸡叫头遍时就都洗手漱口,然后梳头,用缁帛束发作髻,插上发簪,用一条丝带束住发根而垂其末于髻后,戴上假发作的刘海,戴上帽子,系好帽带,穿上玄端,系上蔽膝,系上大带,把笏插入带间。身上左右佩上常用之物。左边佩的是手帕、小刀、磨石、小觿觽和金燧。右边佩的是射箭用的玦和捍,笔管和刀鞘,大觿和木燧。打好绑腿,穿好鞋子,系好鞋带。媳妇侍奉公婆,如同儿子侍奉父母一样,也是鸡叫头遍的时候,就起床洗手洗脸漱口,然后梳头,用缁帛束发作髻,插上簪子,用一条丝带束住发根而垂其末于髻后,穿上玄色绢衣,系上大带。身上左右佩带的东西,左边和男子一样,右边则佩带针、笔管、线、丝绵、大觿、木燧六样东西。其中的针、笔管、线和丝绵都装在一个小袋子里。发上系条五彩丝绳,系好鞋带。做儿子的,做媳妇的,就应这样梳洗干净穿戴整齐地到父母或公婆那里去请安。

【原文】

及所,下气怡声,问衣燠寒,疾痛苛①痒,而敬抑搔之。出入,则或先或后,而敬扶持之。进盥,少者奉盘,长者奉水,请沃盥,盥卒授巾。问所欲而敬进之。柔色以温之。饘酏、酒醴、芼羹、菽麦、蕡稻、黍粱、秫唯所欲,枣、栗、饴、蜜以甘之,堇、荁、枌、榆免薨瀡滫②以滑之,脂膏以膏之,父母舅姑必尝之而后退。

【注释】

①苛:通"疴",疥癣。②免:新鲜的。薨:干的。滫瀡:用粉芡调成的浓汁。

【译文】

到了父母公婆的住室,要柔声细气地问暖问寒;如果他们身上疼痛或疥癣作痒,就要恭敬按摩抓搔患处。他们出入走动时,有时要走在他们前边,有时要走在他们后边,并且恭敬地或拉住手,或搀住胳膊。请他们洗手时,年龄小点的捧着脸盆在下面接水,年龄大点地从上方往他们手上浇水,洗过之后递给他们擦手巾。然后问他们想吃什么,恭恭敬敬地进上,和颜悦色的应承。厚粥、稀粥、酒、甜酒、菜肉羹、豆子、麦子、大麻子、稻、黍、粱、秫,这些食品任其选择。在烹调的时候,还要加上枣子、栗子、糖稀、蜂蜜使其甘甜,用新鲜的或干燥的堇、苣、白榆浸泡在粉芡汤里使其柔滑，用油脂拌和使其香美。一定要等到父母和公婆都品尝过以后才可告退。

【原文】

男女未冠笄者，鸡初鸣，咸盥漱，栉縰，拂髦总角，衿缨，皆佩容臭，昧爽而朝，问："何食饮矣？"若已食则退，若未食则佐长者视具。凡内外，鸡初鸣，咸盥漱，衣服，敛枕簟，洒扫室堂及庭，布席，各从其事。孺子蚤寝晏起，唯所欲，食无时。由命士以上，父子皆异宫。昧爽而朝，慈以旨甘，日出而退，各从其事，日入而夕，慈以旨甘。

【译文】

子女尚未成年者，在鸡叫头遍时，也都起床洗手漱口，然后梳头，用缁帛束发作髻，戴上用假发做的刘海，把头发扎成总角式样，身上用带子系个香囊。在天色微明时去向父母请安，问他们早点都吃了点什么，喝了点什么。如果父母已经用过早点，就可以告退；如果尚未用过，那就帮助哥嫂张罗安排。家中所有的人，不论男女上下，在鸡叫头遍的时候，都要起来洗手漱口，穿戴整齐，把枕席收起来，洒水扫地，室内、堂上、庭中都要打扫，铺设坐席，各人做各自分内的事。还没有上学的小孩子可以早睡晚起，随他高兴，吃饭也没有固定的时间。儿子有命士以上爵位者，要和父亲住在不同的小院里。天刚明的时候到父母那里去请早安，献上好吃的东西表示孝敬。太阳出来以后才可向父母告退，然后各人干各自分内的事。太阳落了以后，还要到父母那里去请晚安，也要带上好吃的东西献上。

【原文】

父母舅姑将坐，奉席，请何乡？将衽①，长者奉席，请何趾？少者执床与坐②，御者举几，敛席与簟，县衾箧枕，敛簟而襡③之。父母舅姑之衣衾簟席枕几不传，杖屦祗敬之，勿敢近。敦牟卮匜，非馂莫敢用；与恒食饮，非馂④，莫之敢饮食。父母在，朝夕恒食，子妇佐馂，既食恒馂，父没母存，冢子御食，群子妇佐馂如初，旨甘柔滑，孺子馂。

【注释】

①将衽：指更换卧处。衽，卧席。②床：坐榻。形制甚小，不是后世睡眠之床。与坐：王夫之说是命长子及长子之妇侍坐。③襡：收藏。④馂：吃剩下的食物。

【译文】

早晨起来以后，父母公婆如果将要坐下休息，儿子媳妇就要捧着席子请示朝哪边铺；他们如果要更换卧处，子辈中的年长者要捧着卧席请示脚朝哪头，再由子辈中的年少者移动坐榻，由长子长妇侍坐。这时候，侍者搬来几案让父母公婆依凭，然后为他们整理内务，将大席和贴身的竹席收起来，把被子悬挂起来，把枕头放进箱子，把贴身竹席收藏起来。父母公婆的衣服、被子、簟席、枕头、几案，不得随便移动地方，以免用时还要费神寻找；他们的手杖、鞋子，更要敬而远之，不可乱动；他们饮食用的器皿，不是吃他们剩下的饭就不敢用；他们的日常饮食之物，不是他们吃剩下的谁也不敢触动。如果是父母健在，他们每天的早饭晚饭，要由儿子和儿媳们帮助吃他们剩下的饭。既吃就要吃净，不可再有剩余。如果是父亲去世而母亲健在，每天的早饭晚饭，就由长子在旁照料，而母亲吃剩下的，由弟弟和弟媳们来吃，也要同样吃净，不再剩余。美味可口和易于消化的食品，如果父母吃不完，由小孩子们把它吃掉。

【原文】

在父母舅姑之所，有命之，应唯①敬对。进退周旋慎齐②，升降出入揖游③，不敢哕噫、嚏咳、欠伸、跛倚、睇④视，不敢唾洟；寒不敢袭⑤，痒不敢搔；不有敬事，不敢袒裼，不涉不撅，亵衣衾不见里。父母唾洟不见，冠带垢，和灰⑥请漱；衣裳垢，和灰请澣；衣裳绽裂，纫箴请补缀。五日，则燂汤请浴，三日具沐，其间面垢，燂潘请靧；足垢，燂汤请洗。少事长，贱事贵，共帅时⑦。

【注释】

①应唯：用唯来答应。唯、诺都是答应之声，但唯恭于诺。②齐：通"斋"，庄重。③揖游：俯身而行。自敛束之貌。④睇：斜视，流盼。⑤袭：加衣服。

⑥和灰：蘸着草木灰汁。其作用犹如用今日的洗衣粉。⑦帅：遵循。时：通"是"，此也。

【译文】

在父母公婆跟前，他们如果有事召唤，要先用"唯"答应，然后恭敬地回话。在父母公婆跟前，进退拐弯都要态度庄重，升降堂阶和出入门户都要俯身而行。在父母公婆跟前，不敢打饱嗝，不敢打喷嚏、咳嗽，不敢打呵欠、伸懒腰，不敢东倒西歪左靠右倚，不敢斜视，不敢吐唾沫、擤鼻涕。在他们跟前，感到寒冷也不敢加衣，身上发痒也不敢抓挠。在他们跟前，不是为长者干重活，不敢脱衣露臂；不是涉水，不敢撩起衣服。发现父母脸上有口水和鼻涕，要及时帮助擦掉。他们的冠带脏了，就蘸着灰汁洗涤；他们的衣裳脏了，就蘸着灰汁洗濯；他们的衣裳有裂口，就穿针引线把它缝好补好。每隔五天就烧些热水让他们洗澡，每隔三天让他们洗一次头。这期间，如果脸脏了，就烧热淘米水让他们洗脸；如果脚脏了，就烧点热水让他们洗脚。年少的侍奉年长的，卑贱者侍奉尊贵者，也要按照儿子媳妇侍奉父母公婆的礼节去做。

【原文】

男不言内，女不言外。非祭非丧，不相授器。其相授，则女受以篚，其无篚则皆坐奠之而后取之。外内不共井，不共湢浴，不通寝席，不通乞假，男女不通衣裳，内言不出，外言不入。男子入内，不啸不指，夜行以烛，无烛则止。女子出门，必拥蔽其面，夜行以烛，无烛则止。道路：男子由右，女子由左。

【译文】

男子不讲应该由女人关心和从事的事，女子不讲应该由男人关心和办理的事。如果不是举行祭祀和办理丧事，男女之间不能用手传递东西。如果必须传递东西，那么女方要用一个竹筐来承接。如果没有竹筐，就要由递东西的人坐下把东西放在地上，然后由接东西的人坐下把东西从地上取走。男女不在同一口井上汲水，不用同一间浴室洗澡，不互相通用一床寝席，不互相讨借东西，不能男女衣裳混着穿。闺门内讲的不可传之于外，闺门外讲的不可传之于内。男子进入内宅,不可以嘘声示意,也不可用手指指点点,免得使人感到鬼鬼祟祟。夜晚行路要点燃火把,没有火把就不要外出。女子出门,要以物遮面,如果是夜晚行路,也要点燃火把,否则便不外出,免得人们说三道四。走路,男人靠右边走,女人靠左边走。

【原文】

子妇孝者、敬者,父母舅姑之命,勿逆勿怠。若饮食之,虽不耆,必尝而待①;加之衣服,虽不欲,必服而待;加之事,人待之,已虽弗欲,姑②与之,而姑使之,而后复之。子妇有勤劳之事,虽③甚爱之,姑纵之,而宁数休之。子妇未孝未敬,勿庸疾怨,姑教之;若不可教,而后怒之;不可怒,子放妇出,而不表礼④焉。

【注释】

①待:等待父母公婆的改变旨意。②姑:姑且。下同。③虽:句首助词,无义。④表礼:明说其罪过。礼,所犯之礼。

【译文】

做儿子做媳妇的,如果想要有个孝敬的美名,就必须对于父母公婆的旨意,一不要违背,二不要懈怠。父母公婆如果叫他们吃东西,虽然做儿子做媳妇的不喜欢吃,也要少尝一些,等到父母公婆察觉以后说声不爱吃也就算了,这才住口。父母公婆赐给他们衣服,虽不想穿也要暂时穿上,等到父母公婆发话说收起来吧,才能脱下。父母公婆交待他们要办的事,中途可能会叫他人代替来做,自己虽然不想让人代替,但也要姑且交给代替者来做,等到代替者把事情办砸之后,自己再心平气和地从头收拾。当儿子媳妇在辛勤劳作时,做父母公婆的很心疼他们,就一定要劝说他们别赶得那么紧,而且宁可让他们多休息几次。如果儿子和媳妇不孝敬公婆,也用不着生气埋怨,可以先教育他们:如果教育了也不管用,那就可以责罚他们;如果责罚还不管用,那就把儿子赶出家门,把媳妇休回娘家。即使如此,也不对人明言其过,免得家丑外扬。

【原文】

父母有过,下气怡色,柔声以谏。谏若不入,起①敬起孝,说则复谏;不说，与其得罪于乡党州闾，宁孰谏。父母怒、不说，而挞之流血，不敢疾怨，起敬起孝。父母有婢子若庶子、庶孙，甚爱之，虽父母没，没身敬之不衰。子有二妾，父母爱一人焉，子爱一人焉，由衣服饮食，由执事，毋敢视父母所爱，虽父母没不衰。子甚宜其妻，父母不说，出；子不宜其妻，父母曰："是善事我。"子行夫妇之礼焉，没身不衰。

【注释】

①起：更加之义。

【译文】

父母有了过失，做儿子的要低声下气、和颜悦色地劝谏。劝谏如果不起作用，做儿子的就应更加恭敬更加孝顺，等到他们高兴的时候再次劝谏。再次劝谏也可能招致父母的不高兴，但是与其让父母得罪于乡党州闾，宁可自己犯颜苦谏。如果犯颜苦谏招致父母大怒，把自己打得皮破血流，那也不敢生气埋怨，而是更加恭敬更加孝顺。父母有十分宠爱的贱妾及庶子、庶孙，即使父母去世，做儿子的也要终身敬重他们。儿子如果有两个妾，父母喜欢其中的一个，而儿子喜欢的则是另一个，那么，无论是在穿戴饮食方面，或是在干活方面，儿子喜欢的那一个都不敢攀比父母喜欢的那一个，即使是父母去世了也仍旧如此。儿子认为自己的妻子很不错，但是父母看着不顺眼，那就应当休掉。儿子认为自己的妻子很不好，但是父母说："这个媳妇很会侍候我们。"那么儿子就要以夫妇之礼相待，终身不变。

【原文】

父母虽没，将为善，思贻父母令名，必果；将为不善，思贻父母羞辱，必不果。舅没则姑老，冢妇所祭祀、宾客，每事必请于姑，介妇请于冢妇。舅姑使冢妇，毋怠，不友无礼于介妇。舅姑若使介妇，毋敢敌耦于冢妇，不敢并行，不敢并命，不敢并坐。凡妇，不命适私室，不敢退。妇将有事，大小必请于舅姑。子妇无私货，无私畜，无私器，不敢私假，不敢私与。妇或赐之饮食、衣服、布帛、佩帨、茝兰，则受而献诸舅姑，舅姑受之则喜，如新受赐，若反赐之则辞，不得命，如更受赐，藏以待乏。妇若有私亲兄弟将与之，则必复请其故，赐而后与之。

【译文】

父母虽然去世了，儿子将做好事，想到这会给父母带来美名，就一定果敢地去做；如果是将做坏事，想到这会使父母跟着丢人，那就一定敛手不敢去做。公公去世，婆婆就要把主持家务的事传给长妇。每逢祭祀或招待宾客，虽然婆婆此时已经放权，但长妇每事还要请示婆婆，不敢专断。而介妇遇事则要向长妇请示，不可直接请示婆婆。公婆使唤长妇，长妇不可懈怠，也不可自恃地位特殊而对介妇不友爱和无礼。公婆如果使唤介妇，介妇也不可忘乎所以，不敢和长妇攀比，不敢和长妇并肩而行、并肩而坐，不敢像长妇那样有权发号施令。不管是长妇、介妇，如果公婆没有发话让他们回自己的住室，她们就得一直在左右侍候，不敢告退。媳妇们有事想办，不论大事小事都一定要先请示公婆。当儿子当媳妇的，不能有属于自己的财货、牲畜、器物，不敢私自借出东西，不敢私自给人东西。媳妇如果得到娘家亲友馈赠的饮食、衣服、布帛、佩巾、茝兰，在接受了以后要献给公婆；公婆接受了，媳妇就感到高兴，如同自己刚接受了亲友的馈赠一样；如果公婆把东西又转赐给自己，那就要推辞；实在推辞不了，就要像重新受到公婆赏赐那样地接受下来，收藏好，以备公婆缺乏时再献。媳妇如果要向娘家亲友赠送什么东西，就要先向公婆禀明原因，公婆拿出东西来赏赐自己，然后自己才可以送人。

【原文】

适子庶子祇事宗子宗妇①，虽贵富，不敢以贵富入宗子之家，虽众车徒舍于外，以寡约入。子弟犹归器衣服裘衾车马，则必献其上，而后敢服用其次也；若非所献，则不敢以入于宗子之门，不敢以贵富加于父兄宗族。若富，则具二牲，献其贤者于宗子，夫妇皆齐而宗敬焉，终事而后敢私祭。

【注释】

①适子：即嫡子。适，通"嫡"。此指一家之嫡长子，所谓小宗。庶子：嫡子之弟。祇：敬。宗子：指全族人的嫡系长子，换言之，也就是全族之人的始祖的嫡长子系统，所谓大宗。宗妇：宗子之妻。

【译文】

一家的嫡子、庶子应该敬重全族的宗子、宗妇。即使嫡子、庶子地位高贵富有钱财，也不敢以此进入宗子之家去炫耀。即使是车马随从众多，也必须把他们安顿在宗子家的大门之外，自己只带少量的随从进入。自己的子弟如果被赐予器物、衣服、裘衾、车马，那就要从中挑选上等的献给宗子，然后自己才敢服用那些次等的。如果所献之物超过了宗子的爵位级别，宗子不得享用，那就不敢把这类物品带进宗子之门，否则，岂不成了以自己的富贵凌驾于宗子之上了吗！如果自己富裕，可以准备两只牲畜，挑选好的一只献给宗子。在宗子祭祖时，夫妇都斋戒助祭于宗子之家，等到宗子祭祖完毕，然后才敢回家祭祀自己的父祖。

【原文】

　　饭：黍、稷、稻、粱、白黍、黄粱、稰、穛①。膳②：腒、臐、膮、醢、牛炙。醢、牛胾、醢、牛脍。羊炙、羊胾、醢、豕炙。醢、豕胾、芥酱、鱼脍。雉、兔、鹑、鷃。饮：重醴，稻醴清糟，黍醴清糟，粱醴清糟，或以酏为醴，黍酏，浆，水，醷，滥。酒：清、白③。羞：糗，饵，粉，酏。食：蜗醢而苽食，雉羹；麦食，脯羹、鸡羹；析稌，犬羹、兔羹；和糁不蓼。濡豚，包苦实蓼；濡鸡，醢酱实蓼；濡鱼，卵酱实蓼；濡鳖，醢酱实蓼。腶修，蚳醢，脯羹、兔醢，麋肤、鱼醢、鱼脍，芥酱，麋腥、醢、酱、桃诸、梅诸、卵盐④。

【注释】

　　①稰：成熟后而收获的谷物。穛：未成熟即收获的谷物。②膳：肉食。这是诸侯宴请大夫加馔时的膳谱，不是正馔时的膳谱。③白：指事酒和昔酒。事、昔二酒酿造期短，色白，故称。④卵盐：大盐。以盐粒大如卵，因名。

【译文】

　　吃饭所用的谷物有六种：黍、稷、稻、粱、白黍、黄粱，每种还有熟获、生获的区别。加馔时的膳食有：牛肉羹、羊肉羹、猪肉羹、烤牛肉，这四种分盛四豆，排成一行，放在最北边。接着往南的一行是肉酱、大块牛肉、肉酱、切细的牛肉，再接着往南的一行是烤羊肉、大块羊肉、肉酱、大块猪肉，再接着往南的一行是肉酱、大块猪肉、芥子酱、切细的鱼肉。以上四行，每行四豆，这是招待下大夫之礼。如果再加上野鸡、兔子、鹌鹑、鷃雀这四种干肉，那就是招待上大夫之礼了。饮料有六种：一是重醴，即清糟兼有的甜酒，这种重醴，有用稻酿制的，有用黍酿制的，有用粱酿制的。二是稀粥，有时就以稀粥为醴，例如用黍煮的稀粥。三是浆，四是水，五是梅浆，六是凉粥。酒有两大类：清酒和白酒。羞笾中所盛的食物是：糗饵、粉酏。国君燕食的饭谱是：蚌蛤酱、雕胡米、野鸡羹这三种配合着吃，麦饭、肉羹、鸡羹这三样配合着吃，大米饭、犬羹、兔羹这三样配合着吃。上述诸羹都要加入用佐料和小米调制的汤，但不加蓼菜。在煮小猪的时候，用苦菜把它包起来，去其腥味，在猪腹里塞入蓼菜。在煮鸡时，加入醯酱，在鸡腹中塞入蓼菜。在煮鱼时，要加入鱼子酱，在鱼腹中塞入蓼菜。在煮鳖时，要加入醯酱，在鳖腹中塞入蓼菜。吃肉干时，配以蚳酱。吃肉羹时，配以兔肉酱。吃麋肉切片时，配以鱼肉酱。吃鱼切片时，配以芥子酱。吃生麋肉时，配以醯酱。吃桃干、梅干时，配以大盐。

【原文】

凡食齐视春时^①，羹齐视夏时，酱齐视秋时，饮齐视冬时。凡和，春多酸，夏多苦，秋多辛，冬多咸，调以滑甘。牛宜稌，羊宜黍，豕宜稷，犬宜粱，雁宜麦，鱼宜苽。春宜羔豚膳膏芗，夏宜腒鱐膳膏臊，秋宜犊麛膳膏腥，冬宜鲜羽膳膏膻。牛修，鹿脯，田豕脯，麋脯，麕脯，麋、鹿、田豕、麕，皆有轩，雉兔皆有芼。爵、鷃、蜩、范、芝栭、菱、椇、枣、栗、榛、柿、瓜、桃、李、梅、杏、楂、梨、姜、桂。

【注释】

①食：饭。齐：调和。视春时：比照春天的温暖。下文的"夏时"指热，"秋时"指凉，"冬时"指寒。

【译文】

调和食物的温热凉寒，要根据食物的种类来决定。凡是饭食一类，要像春天那样的温；凡是羹食一类，要像夏天那样的热；凡是酱类，要像秋天那样的凉；凡是饮料一类，要像冬天那样的寒。凡调味，春季可以让酸味多些，夏季可以让苦味多些，秋季可以让辛味多些，冬季可以让咸味多些。但无论哪个季节，都要同时加些枣栗饴蜜，使其甘甜；再加些粉芡汤和蔬菜，使其柔滑。主食和肉类的搭配也要注意使二者气味相成，具体地说就是：牛肉配稻，羊肉配黍，猪肉配稷，狗肉配粱，鹅配麦子，鱼配雕胡。春天适合吃小羊小猪，用牛油来烹调；夏天适合吃干雉干鱼，用狗油来烹调；秋天适合吃小牛小鹿，用猪油来烹调；冬天适合吃鱼鹅，用羊油来烹调。国君燕食所用的美味有：牛肉干、鹿脯、野猪脯、麇脯、獐脯，其中的麇、鹿、野猪、獐子不但可以制脯，而且可以切成薄片生吃。雉羹、兔羹都掺有蔬菜。还有雀、鹑、蝉、蜂、木耳、菱角、枳棋、枣子、栗子、榛子、柿子、瓜类、桃子、李子、梅子、杏子、山楂、梨子、姜、桂等，总共三十一种。

【原文】

大夫燕食①，有脍无脯②，有脯无脍。士不贰羹胾，庶人耆老不徒食③。脍：春用葱，秋用芥、豚；春用韭，秋用蓼。脂用葱，膏用薤，三牲用藙，和用醯，兽用梅。鹑羹、鸡羹、鴽，酿之蓼。魴鱮烝，雏烧，雉，芗无蓼。不食雏鳖，狼去肠，狗去肾，狸去正脊，兔去尻，狐去首，豚去脑，鱼去乙，鳖去丑。肉曰脱之，鱼曰作之④，枣曰新之，栗曰撰⑤之，桃曰胆⑥之，柤梨曰攒⑦之。牛夜鸣则庮⑧，羊泠⑨毛而毳、羶，狗赤股而躁、臊，鸟麃色而沙鸣、郁，豕望视而交睫、腥，马黑脊而般臂、漏，雏尾不盈握弗食，舒雁翠，鹄鸮胖，舒凫翠，鸡肝，雁肾，鸨奥，鹿胃。肉腥细者为脍，大者为轩；或曰麇鹿鱼为菹，麇为辟鸡，野豕为轩，兔为宛脾，切葱若薤，实诸醯以柔之。羹食，自诸侯以下至于庶人无等。大夫无秩膳，大夫七十而有阁，天子之阁。左达五，右达五，公侯伯于房中五，大夫于阁三，士于坫一。

【注释】

①燕食：平常的午餐和晚餐。②脍：细切的鱼片或肉片。脯：肉脯。③不徒食：谓食必有肉。徒，空也。④作之：摇动鱼，观察其是新鲜还是腐败。⑤撰：通"选"，挑选。⑥胆：通"掸"，擦拭。⑦攒：通"钻"，剔去其核。⑧庮：谓恶臭。⑨泠：通"零"，零落。

【译文】

大夫的日常午饭、晚饭，如果有脍就不能有脯，如果有脯就不能有脍。士的日常午饭、晚饭，可以有羹与大块的肉，但只能有一份，不得重设。百姓中六十岁以上的老人，非肉不饱，所以他们的午饭、晚饭必须见肉。调和细切的鱼肉，春季用葱，秋季用芥子酱。调和细切的大肉片，春季用韭菜，秋季用蓼菜。凝固的脂肪用葱来调味，油用薤来调味。牛羊猪三牲要搀入食茱萸，用醋来调味，其他动物用梅酱调味。鹑羹、鸡羹、鴽，都要用蓼菜掺和。鲂鳄可以蒸吃，小鸟可以烧吃，野鸡可以蒸或烧或作羹来吃。这三种动物的调味品只用芗，不用蓼菜。不食幼鳖，吃狼肉要去掉它的肠子，吃狗肉要去掉狗肾，吃狸要去掉它的正脊，吃兔肉要去掉屁股，吃狐要扔掉狐头，吃猪肉要去掉的脑子，吃鱼要扔掉肠子，吃鳖要去掉肛门。因为这些部位都对人体有害。吃肉要剔骨去筋，所以叫作"脱"。吃鱼要刮去鳞片，所以叫作"作"。枣子易沾尘土，吃时要擦净，所以叫作"新"。栗子好生虫，吃时要挑捡，所以叫作"选"。桃子多毛，吃时要拭去其毛，所以叫作"掸"。吃山楂、梨子时要去掉其核，所以叫作"钻"。牛经常夜里鸣叫的，它的肉一定恶臭；羊毛稀少而且有的毛纠结在一起的，它的肉一定膻味重；狗的大腿内侧无毛而且走动急躁的，它的肉一定有臊味；鸟的羽毛暗淡无色而且叫声沙哑的，它的肉一定会有腐朽的臭味；猪的眼老是向着远处看而且上下睫毛相交的，它的肉一定腥味重；马是黑色脊背而且前腿有杂色毛的，它的肉一定如蝼蛄般臭。尾巴不足一手握长的小鸟，不能吃。鹅尾、天鹅和猫头鹰的胁侧薄肉、鸭尾、鸡肝、鹅肾、鸨的脾脏和小肠、鹿胃，这些部位都对人体有害，所以不能吃。凡是把生肉切碎搀菜煮吃时，不管是哪种牲肉，切得较细的就叫脍，切得较粗的就叫轩。还有一种说法：麋肉、鹿肉、鱼肉切得较粗，那叫渣；麋肉切得较细，那叫辟鸡；野猪肉切得较粗，那叫轩；兔肉切得较细，那叫宛脾。不管粗切细切，都要把葱和薤切碎，和肉拌在一起浸到醋里，使肉变软。羹和饭是人们的主食，上自诸侯，下至老百姓，一般情况下，在这方面没啥差别。大夫不到一定的年龄，就没有常置左右备食的美味。大夫到了七十岁，就可以有存放秩膳的阁架了。天子的这种阁架，左夹室五个，右夹室五个，总共十个。公、侯、伯的阁架有五个，皆置于房中。大夫的阁架是三个，也在房中。士的地位卑下，房内只有一个存放食品的土台子，叫坫，不叫阁。

【原文】

曾子曰："孝子之养老也，乐其心不违其志，乐其耳目，安其寝处，以其饮食忠养之孝子之身终，终身也者，非终父母之身，终其身也；是故父母之所爱亦爱之，父母之所敬亦敬之，至于犬马尽然，而况于人乎！"凡养老，五帝宪①，三王有乞言。五帝宪，养气体而不乞言②，有善则记之为惇史。三王亦宪，既养老而后乞言，亦微其礼③，皆有惇史。

【注释】

①宪：引申为效法。②乞言：请老者训话，提建设性意见。③微其礼：指乞言时不强迫，听其自愿。

【译文】

曾子说："孝子的养老，首先在于使父母内心快乐，不违背他们的旨意；其次才是言行循礼，使他们听起来高兴，看起来快乐，使他们起居安适，在饮食方面尽心侍候周到，直到孝子死而后已。所谓"终身"孝敬父母，不是说终父母的一生，而是终孝子自己的一生。所以，虽然父母已经去世，但他们生前所爱的，自己也要爱；他们生前所敬的，自己也要敬；就是对他们喜欢的犬马也都是如此对待，更何况对他们爱敬的人呢！"凡举行养老之礼，五帝时着重于效法他们，以为榜样；三王时除了有效法的含义以外，还在养老典礼上请他们训话。五帝时着重于效法他们，为了颐养他们的身心，就没有设下"乞言"这个节目，只是把他们的优良德行记载下来，成为敦厚之史。三王养老也效法老人们的德行，但在养老典礼临近结束时要请他们训话，留下宝贵意见，但这样做也不是硬性强迫，而是随老人们的自觉自愿。三王也要把老人的善言厚德记录下来，成为敦厚之史。

【原文】

淳熬：煎醢，加于陆稻①上，沃之以膏曰淳熬。淳毋煎醢，加于黍食上，沃之以膏曰淳毋。炮：取豚若将，刲之刳之，实枣于其腹中，编萑以苴之，涂之以谨涂，炮之，涂皆干，擘之，濯手以摩之，去其皽，为稻粉糔溲之以为酏，以付豚煎诸膏，膏必灭之，巨镬汤以小鼎芗脯于其中，使其汤毋灭鼎，三日三夜毋绝火，而后调之以醯醢。捣珍：取牛羊麋鹿麕之肉必脄，每物与牛若一捶，反侧之，去其饵，孰出之，去其皽，柔其肉。渍：取牛肉必新杀者，薄切之，必绝其理；湛诸美酒，期朝而食之以醢若醯醷。为熬：捶之，去其皽，编萑布牛肉焉，屑桂与姜以洒诸上而盐之，干而食之。施羊亦如之，施麋、施鹿、施麋皆如牛羊。欲濡肉则释而煎之以醢，欲干肉则捶而食之。糁：取牛羊豕之肉，三如一小切之，与稻米；稻米二肉一，合以为饵煎之。肝膋：取狗肝一，幪之，以其膋濡炙之，举燋，其膋不蓼；取稻米举糔溲之，小切狼臅膏，以与稻米为酏。

【注释】

①陆稻：种在旱地里的稻。

【译文】

　　八珍之一的淳熬，其做法是用稻米做成糍粑，把煎过的肉酱摊在糍粑上，再浇上油，这就是淳熬。八珍之二的淳母，其做法类似淳熬，只不过是用黍米粉作饼，把煎过的肉酱摊在饼上，再浇上油，就成了淳母。八珍之三是炮豚，八珍之四是炮羊。炮的制作过程是，先取来乳猪或羊，宰杀后淘净内脏，把枣子塞进腹腔内，用芦苇编成的箔把它裹起来，外面再涂上一层掺有草秸的泥巴，然后放在火上烤，等到把泥巴烤干，将泥巴剥掉，然后把手洗净，把皮肉表面上的一层薄膜搓掉。然后再取来稻米粉，加水拌成稀粥，敷在小猪身上，放在小鼎中用油来煎，小鼎中的油一定要淹掉小猪。然后搞来大锅，烧开其中的水，将盛有小猪或羊脯的小鼎置于锅内，注意不要让水面超过小鼎的高度，以免进水。这样连续加热，三天三夜不停火，将肉取出时就非常之烂，吃的时候再用醋和肉酱来调味。捣珍是八珍之五，其做法是：以牛肉、羊肉、麋肉、鹿肉、獐肉做原料，一定要取其嫩美的里脊部分，牛肉一份，羊肉、麋肉、鹿肉、獐肉也各取同样的一等份，将它们搅拌在一起，反复捶打，去掉筋腱，煮熟以后出锅，去掉肉膜，吃时再用醋和肉酱调味就行了。渍是八珍之六，其做法是：一定要以新鲜牛肉做原料，切得薄薄的，切时一定要切断肉的纹理，然后浸泡到美酒里面，大约过上十二天就算成了，吃的时候再用醋、肉酱、梅浆来调味。熬是八珍之七，其做法是：先把牛肉捶捣一下，去掉薄膜和筋腱，然后取来编好的芦箔，把牛肉摊在上面，先洒上桂屑姜末，再撒上盐，然后用火烘干烤熟，就可以吃了。用羊肉或麋、鹿、獐肉也可以制熬，其方法和用牛肉制熬一样。如果不喜欢吃干肉，也可以用水泡软，以肉酱煎着吃；如果喜欢吃干肉，那么捶捣一下就可以吃了。糁食的做法是：取牛、羊、猪之肉各一等份，切碎，与稻米粉揉拌到一起，米粉与肉的比例是二比一，捏成糕的模样，用油来炸，出锅就成了。肝膋是八珍之八，其做法是：取一副狗肝，用它的肠脂把肝包起来，再用肉酱拌和湿润，放在火上烤，等到脂肪烤焦，肝也就熟了，吃时可以不用蓼菜。取稻米粉加水调和，再加入切碎的牛羊猪的胸间脂肪，一起制成厚粥。

【原文】

礼始于谨夫妇。为宫室，辨外内。男子居外，女子居内，深宫固门，阍寺守之。男不入，女不出。男女不同椸枷，不敢县于夫之楎椸①，不敢藏于夫之箧笥②，不敢共湢浴。夫不在，敛枕箧簟席、襡器而藏之。少事长，贱事贵，咸如之。夫妇之礼，唯及七十，同藏无间。故妾虽老，年未满五十，必与五日之御。将御者，齐，漱澣，慎衣服，栉縰笄，总角，拂髦，衿缨綦屦。虽婢妾，衣服饮食必后长者。妻不在，妾御莫敢当夕。

【注释】

①楎椸：衣架。楎是横着的衣架，椸是竖着的衣架。②箧笥：存放衣服的器具。方曰箧，圆曰笥。

【译文】

慎重地处理夫妇关系非常必要，因为它是所有礼的根本。建造宫室，要严格区别内外。男子居外，女子居内。宫殿深邃，宫门重重，门外有阍人把守，后宫有寺人掌管。男不入内，女不出外。男女不使用共同的衣架。做妻子的不敢把自己的衣服挂在丈夫的衣架上，不敢把自己的衣服存放到丈夫的衣箱里，不敢和丈夫在同一间浴室洗澡。丈夫若不在家，妻子就要把丈夫的枕头收到箱子里，簟席也收起来，丈夫的其他用器也都收藏妥当。年少的侍奉年长的，卑贱者侍奉尊贵者，也都应如此。按照夫妇之礼，只有夫妻到了七十岁，两口子才能不避嫌地一直同居共寝，否则就要与妾轮流侍夜。所以妾即使年老，只要尚未年满五十，就必须每五天轮流一次侍夜。轮到哪一位侍夜，就要像臣之朝君那样，齐其心志，洁净内外，穿上合乎身份的礼服，梳好头发，系上香囊，穿好鞋子，毕恭毕敬地前去。即使是受到主人宠爱的婢妾，她的衣服和饮食也不敢恃宠乱来，以至于超过身份高于她的女人。不论是国君还是卿大夫、士，如果正妻不在家，那么轮到正妻侍夜的那一夜，妾也不敢前往夫寝代替正妻侍夜，而必须把这一夜空下来，以严妻妾之别。

【原文】

妻将生子，及月辰，居侧室，夫使人日再问之，作①而自问之，妻不敢见，使姆②衣服而对，至于子生，夫复使人日再问之，夫齐则不入侧室之门。子生，男子设弧③于门左，女子设帨④于门右。三日，始负子，男射女否。国君世子生，告于君，接以大牢，宰掌具。三日，卜士负之，吉者宿齐朝服寝门外，诗⑤负之，射人以桑弧蓬矢六。射天地四方，保受乃负之，宰醴负子，赐之束帛，卜士之妻、大夫之妾，使食子。凡接子，择日，冢子则大牢，庶人特豚，士特豕，大夫少牢，国君世子大牢，其非冢子，则皆降一等。

【注释】

①作：指感到胎儿在腹内躁动。②姆：以妇道教女子的老年女师。③弧：弓。弓代表武事，是生男的标志。④帨：佩巾。佩巾代表侍奉别人，是生女的标志。⑤诗：通"持"，承接。

【译文】

妻将生产，到了临产的月份，就要由燕寝搬到侧室待产，这期间，丈夫要派人一天两次去问候。到了临产的时刻，丈夫要亲自前去问候。这时候妻子因为衣饰不整，不敢露面，就派贴身的女师穿戴整齐回答丈夫。孩子生下以后，丈夫还要一天两次地派人去问候。如果妻子生产时适逢丈夫斋戒，丈夫就不到侧室去问候。孩子生下以后，如果是男孩子，就在侧室门左挂一张木弓作为标志；如果是女孩子，就在侧室门右挂一条佩巾作为标志。到了第三天才抱新生儿出来。如果是男孩，就行射礼；如果是女孩，就免了。国君的嫡长子出生，要报告国君，以太牢之礼迎接嫡长子的诞生，由膳宰之官负责安排。第三天，卜选一位抱新生儿的士，被选中的士要在前一天就斋戒，穿上朝服，在路寝门外等候，把新生儿接过来抱着。此后，射人用桑木之弓射出六支蓬草之箭，一箭射天，表示将来敬事天神；一箭射地，表示将来敬事地祇；四箭分射东西南北，表示将来威服四方。然后保姆把新生儿接过来抱着，膳宰便开始以一献之礼向抱子的士敬酒，并赐给他五匹帛作为酬谢。还要扶士之妻、大夫之妾当中卜选一个乳汁多的，让她来做新生儿的奶娘。凡举行迎接新生儿诞生的仪式，一定要在三天之内选个吉日。所用的牢具，天子的长子是太牢，庶人的长子是一只小猪，士的长子也是一只小猪，诸侯的长子也是太牢。如果不是长子，牢具的规格都要分别降低一等。

【原文】

异为孺子室于宫中，择于诸母与可者，必求其宽裕慈惠、温良恭敬、慎而寡言者，使为子师，其次为慈母①，其次为保母②，皆居子室，他人无事不往。三月之末，择日翦发为鬌③，男角女羁，否则男左女右。是日也，妻以子见于父，贵人④则为衣服，由命士以下，皆漱浣，男女夙兴，沐浴衣服，具视朔食，夫入门，升自阼阶。立于阼西乡，妻抱子出自房，当楣立东面。姆先，相曰："母某敢用时日祇见孺子。"夫对曰："钦有帅。"父执子之右手，咳⑤而名之。妻对曰："记有成。"遂左还，授师，子师辩告诸妇诸母名，妻遂适寝。夫告宰名，宰辩告诸男名，书曰："某年某月某日某生。"而藏之，宰告闾史，闾史书为二，其一藏诸闾府，其一献诸州史；州史献诸州伯，州伯命藏诸州府。夫入食如养礼。

【注释】

①慈母：负责了解幼儿嗜欲的妾。②保母：负责使幼儿居处安适的妾。③鬌：未剪掉的胎发。④贵人：指卿大夫以上的人士。⑤咳：此处泛指笑貌。

【译文】

幼儿出生后，要在宫中单独打扫一处房子供他居住。要从国君的众妾和傅母中，挑选出性情宽厚、慈惠、温良、恭敬、谨慎而不喜欢多嘴多舌的，做幼儿的老师，其次做幼儿的慈母，再次做幼儿的保母，奶娘则光管喂奶而已，这些人统统和幼儿同居一室。他人无事，不得前往，以免惊动幼儿。幼儿出生的第三个月之末，要选择一个吉日为幼儿剪发。但按规矩不能把胎发全部剪掉，要留下一部分，男的留个"角"，女的留个"羁"，或者男的留左边，女的留右边。这一天，妻子要带着幼儿拜见幼儿之父。如果是大夫以上之家，夫妇都要另制新衣；自命士以下，虽不另制新衣，但也要把旧衣洗得干干净净再穿。男男女女都要一早起身，洗头洗澡，穿上礼服。为夫妇准备的膳食，比照每月初一的膳食规格。丈夫进入正寝的门，从阼阶登堂，站在阼阶上，面向西；妻由侧室来到夫的正寝，升自北阶，抱着幼儿从东房出来，在西阶上当楣而立，面向东。这时，女师站在妻侧稍前，帮助传话说："小儿的母亲某氏，今天将恭敬地携带小儿拜见其父。"丈夫回答说："你要教导小儿恭敬地遵循正道。"父亲拉着小儿的右手，含着笑给小儿取了个名。妻子回答说："我会铭记此名的深刻含义，努力使小儿将来有所成就。"说罢，就转身向左把小儿递给教师。教师将小儿之名遍告诸妇、诸母，命名仪式结束，妻子就走回丈夫的燕寝。丈夫把小儿的名告诉给宰，宰又转告给同姓的父兄子弟，同时在简策上写上"某年某月某日某生"，然后收藏起来。宰又将小儿之名与生辰上报闾史，闾史登记为两份，一份存放到闾府，另一份逐级上报，最后报告给州史。州史又报告给州长，州长则命令存放到州府。丈夫也返回燕寝，与妻子同食，如同平时夫妇供养的常礼一样。

【原文】

世子生，则君沐浴朝服，夫人亦如之，皆立于阼阶西乡，世妇抱子升自西阶，君名之，乃降。适子庶子见于外寝，抚其首咳而名之，礼帅初，无辞。凡名子，不以日月，不以国，不以隐疾；大夫、士之子，不敢与世子同名。

【译文】

国君的太子出生，到了三月之末命名之日，国君要洗头洗澡，穿上朝服，夫人也一样，都站在阼阶上，面向西。幼儿由世妇抱着，升自西阶，立在西阶上，面向东。等到国君为幼儿命名之后，世妇才抱着幼儿退下。如果是太子的同母弟出生，则由夫人抱着在正寝拜见国君，国君抚摸着幼儿的头，含着笑为他命名。命名的礼节基本上与太子相同，只是没有国君和夫人的对答之辞。为儿子取名，不要用日月为名，不要以国名为名，不要以身上的暗疾为名。大夫和士的儿子取名，不敢与太子同名。

【原文】

妾将生子，及月辰，夫使人日一问之。子生三月之末，漱澣夙齐，见于内寝，礼之如始入室；君已食，彻焉，使之特餕，遂入御。公庶子生，就侧室。三月之末，其母沐浴朝服见于君，摈者以其子见，君所有赐，君名之。众子，则使有司名之。庶人无侧室者，及月辰，夫出居群室，其问之也，与子见父之礼，无以异也。

【译文】

大夫、士的妾将要生子，到了临产的月份，丈夫要每天派人去问候一次。孩子生下以后，到了第三个月的末尾，也要选个吉日，大家都洗漱整洁，而且前一天就斋戒，妾抱幼儿与夫相见于内寝，丈夫用妾刚嫁来时的礼节对待她。丈夫吃过以后，把食物撤下，让她一个人吃剩下的食物，以示优待。然后就由她来侍候丈夫过夜。国君的妾生子，要到侧室去生。到了孩子生下满三个月的那天，幼儿的母亲要洗头洗澡，穿上礼服，由摈者抱着幼儿一道去拜见国君。国君如果对此妾有所偏爱，就亲自为幼儿取名；如果是非所宠爱之妾所生之子，就由有关官员取名。老百姓的家中可能没有侧室作为产房，而是夫妻二人同寝，在这种情况下，妻子到了该分娩的时候，丈夫就要从寝室避开，随便找个房间住下。至于待产期间丈夫每天派人前去问候，以及满三个月后的抱子见父，其礼数都和士大夫一样。

【原文】

凡父①在，孙见于祖，祖亦名之，礼如子见父，无辞。食子者，三年而出，见于公宫则劬②。大夫之子有食母③，士之妻自养其子。由命士以上及大夫之子，旬而见。冢子未食而见，必执其右手，适子庶子已食而见，必循其首。

【注释】

①父：生子者之父，于幼儿则为祖。②公宫：国君宫室。劬：此指慰劳。③食母：乳母。

【译文】

凡是幼儿的祖父健在，那么到了三月之末，要举行幼儿拜见祖父之礼，祖父也要给幼儿取名，拜见的礼节就和子见父一样，只是没有应对之辞罢了。为国君之子喂奶的士妻或大夫之妾，三年以后可以回家。回家之前，国君在公宫接见她们，并且有所赏赐以表慰劳。大夫之子有乳母喂养，士的妻地位卑贱，自己生的只能自己喂养。由命士以上及大夫之子，通常是生下以后满三个月才父子相见,但也有的是生下十日以后即相见。幼儿如果是长子,那是正统,父子相见之礼就在夫妻未食之前相见,父亲还要拉住幼儿的右手;如果幼儿是嫡子、庶子,并非正统,父子相见之礼就在夫妻进食之后相见,见面时父亲只需抚摸幼儿的头。

【原文】

子能食食,教以右手。能言,男唯女俞①。男鞶革,女鞶丝。六年教之数与方名。七年男女不同席,不共食。八年出入门户及即席饮食,必后长者,始教之让。九年教之数日。十年出就外傅,居宿于外,学书记②,衣不帛襦袴,礼帅初,朝夕学幼仪,请肄简谅③。十有三年学乐,诵诗,舞勺,成童④舞象,学射御。二十而冠,始学礼⑤,可以衣裘帛,舞大夏,惇行孝弟,博学不教,内而不出。三十而有室,始理男事,博学无方⑥,孙友视志。四十始仕,方物出谋发虑,道合则服从,不可则去。五十命为大夫,服官政。七十致事。凡男拜尚左手。女子十年不出,姆教婉娩听从,执麻枲,治丝茧,织纴组紃,学女事以共衣服,观于祭祀,纳酒浆、笾豆、菹醢,礼相助奠。十有五年而笄,二十而嫁;有故,二十三年而嫁。聘则为妻,奔⑦则为妾。凡女拜,尚右手。

【注释】

①唯、俞:皆应答之声。②书计:识字和算术。书,指六书,即象形、指事、形声、会意、转注、假借等造字之法。九数,九种计算方法。③肄:学习。简:书策。今言"课本"。谅:诚信。④成童:十五以上叫成童。⑤学礼:学习五礼。五礼,即吉、凶、军、宾、嘉五礼。⑥方:比照,衡量。⑦奔:私奔。六礼不备无媒自通。

【译文】

幼儿会自己吃饭了,就要教他使用右手。幼儿会说话了,就要教他们学习答话,男孩用"唯",女孩用"俞"。身上带的荷包,男孩的以皮革制成,表示长大将从事勇武之事;女孩的以丝帛制成,表示长大将从事女红之事。到了六岁,要教他识数和辨认东南西北。到了七岁,开始教以男女有别,男孩和女孩,坐不同席,吃饭也不同席。到了八岁,出门进门,坐桌吃饭,一定要让长者在前,开始让他们懂得敬让长者的道理。到了九岁,要教他们知道朔望和会用干支记日。到了十岁，女孩就要留在家里，而男孩则要离开家跟着外边的老师学习，在外边的小学里住宿，学习识字和算术。这时候穿的衣裤都不用帛来做，以防止奢侈之心产生；此前所教的规矩，还要遵循勿怠。早晚学习洒扫进退的礼节，勤习简策，学习以诚待人。到了十三岁，开始学习乐器，诵读诗歌，学习舞《勺》。到了十五岁，要学习舞《象》，学习射箭和驾车。到了二十岁，举行加冠礼，表示已是成人了，就要开始学习五礼。这时候可以穿皮衣，穿帛制之衣，舞《大夏》之舞。要笃行孝悌，广泛地学习各种知识，但尚不足以教育他人，要努力地积累德行，但尚不足以为人师表。到了三十岁，娶妻成家，开始受田服役，要广泛讨教，学无常师，对朋友谦逊，其志尚远大者始与之交往。到了四十岁，开始做官，出谋划策都要斟酌再三，如果君臣道合则就职任事，否则就离开。到了五十岁，受命为大夫，参与邦国大事。到了七十岁，年老体衰，就该告老退休。凡男子行拜礼，左手在上，右手在下。女孩子长到十岁就不能像男孩子那样外出，必须待在家里由女师教她们如何说话才算柔婉，如何打扮才算贞静，如何举动才算听从，还要教她们绩麻缫丝，织布织缯，编织丝带等女红之事，以供制作衣服。还要让她们观摩祭祀活动，传递酒浆、笾豆、菹醢等祭品祭器，按照礼节规定帮助长者安放祭品。到了十五岁，举行笄礼，表示已进入成年。到了二十岁，可以出嫁；如有特殊原因，可推迟到二十三岁才嫁。如果是明媒正娶，六礼齐备，那就是与丈夫平等的正妻；如果是无媒自通，六礼不备，那就是贱妾。凡是女子行拜礼，右手在上，左手在下。

玉藻

【题解】

玉藻是指古代帝王冕冠前后悬垂的贯以玉珠的五彩丝绳。本篇主要记载古代天子诸侯服饰饮食起居方面的一些制度，正文以"天子玉藻"开头，所以本篇名为玉藻。郑玄说："名曰'玉藻'者，以其记天子服冕之事也。"

【原文】

天子玉藻，十有二旒，前后邃延，龙卷①以祭。玄端而朝日于东门之外，听朔于南门之外，闰月则阖门左扉，立于其中。皮弁②以日视朝，遂以食③，日中而馂，奏而食。日少牢，朔月大牢；五饮：上水、浆、酒、醴、酏。卒食，玄端而居。动则左史书之，言则右史书之，御瞽几④声之上下。年不顺成，则天子素服，乘素车，食无乐。

【注释】

①龙卷：俗称龙袍，天子的礼服。②皮弁：一种武冠，用白鹿皮制成，形似今天的瓜皮帽。这里是指皮弁服，即配合皮弁所穿的全套服装。③食，指朝食。古人每日的正食有两顿，日出而朝食，日落而夕食。④几：犹考察、辨别。

【译文】

天子所戴的冕，其前端悬垂着十二条玉串，冕顶有一块前后突出的延板。天子在祭天地和宗庙时，就要头戴这种冕，身穿衮龙之袍。在春分的那天，天子则头上戴冕，身穿玄衣缥裳，在国都的东门之外举行迎日之祭。每月的初一，天子要穿戴同样的服装，以特牲告于明堂，而颁布一月的政令于南门之外。如果是闰月初一，则要合上明堂门的左边一扇，只打开其右边一扇，天子站在门中行听朔之礼。天子平日视朝，只穿皮弁之服。退朝以后的朝食，也是穿此皮弁之服。到了正午，只是吃点早上的剩饭充饥。无论是朝食、夕食或者正午的加餐，都要奏乐侑食。平常的日子，天子的伙食标准是只有羊豕二牲；每月的初一，则有牛羊豕三牲。天子有五种饮料，其中以水为最上等，其次是浆、酒、醴、酏。食毕，将朝服更换为玄端，就进入内寝休息。天子的一举一动，由左史负责记录；天子的每一句话，由右史负责记录；在天子身边侍候的乐工，负责察辨乐声是否异常。这样做是为了使天子谨言慎行，及时了解政令的得失。如果年成不好，则天子也要率先节俭，穿素服，乘素车，吃饭时也不奏乐。

【原文】

诸侯玄端以祭，裨冕以朝，皮弁以听朔于大庙，朝服以日视朝于内朝。朝，辨色始入。君日出而视之，退适路寝，听政，使人视大夫，大夫退，然后适小寝①，释服。又朝服以食，特牲三俎祭肺，夕深衣，祭牢肉，朔月少牢，五俎四簋，子卯稷食菜羹，夫人与君同庖。

【注释】

①小寝：谓燕寝。诸侯路寝一，燕寝三。路寝是办公之所，在前；燕寝是休息之所，在后。

【译文】

诸侯在祭先君的时候，要穿戴玄冕之服；在朝见天子的时候，要穿戴裨冕之服；在太庙颁布一月政令的时候，要穿戴皮弁之服；每日在内朝视朝的时候，要穿戴朝服。群臣上朝较早，在天色刚亮时就开始进入宫门。国君上朝稍后，在日出以后才上朝与群臣相见。相见礼毕，国君就退到路寝听政，众大夫也各理其事。国君派人去看大夫，如果大夫无事奏议，事毕退朝，这时国君才可回到内寝休息，脱下朝服，换上玄端。进早餐时，还要穿上朝服。早餐的品种是猪肉、鱼肉、干肉三种；将食，先要祭肺。中午，也要以早餐的剩饭作为加餐。进晚餐时，要穿上深衣；将食，先要把猪肉切为小段而祭之。每月的初一，膳用羊、豕二牲，五个菜，即羊肉、猪肉、鱼肉、干肉和猪肉皮，主食是黍、稷各二簋。遇到子卯忌日，国君要降低膳食标准，不得杀牲，只可以稷为饭，以菜为羹而已国君夫人与国君同牢进餐，不再单独为夫人杀牲。

【原文】

君无故不杀牛，大夫无故不杀羊，士无故不杀犬、豕。君子远庖厨①，凡有血气之类，弗身践也。至于八月不雨，君不举。年不顺成，君衣布搢本，关梁不租，山泽列②而不赋，土功不兴，大夫不得造车马。卜人定龟，史定墨，君定体。君羔幦虎犆③；大夫齐车，鹿幦豹犆，朝车；士齐车，鹿幦豹犆。

【注释】

①庖厨：宰杀烹割禽兽之处。②列：通"迾"，遮拦。③犆：缘边，镶边。

【译文】

没有特殊的原因，诸侯不得杀牛，大夫不得杀羊，士不得杀狗和猪。凡有仁爱之心的君子，都离庖厨远远的，以免耳闻目睹禽兽之被宰杀。对于一切有生命的动物，君子是不会亲自动手宰杀的。如果连续八个月不下雨，形成旱灾，国君的膳食就不得杀牲。如果年成不好，国君要自我贬损，穿麻布之衣，插竹制之笏，在关口和过桥之处不收租税；不到节令不准进入山泽采伐渔猎，到了节令则不加禁止任其采伐渔猎也不征税，不兴土木工程。大夫也不许造新车。占卜时，由卜人审视龟甲上旁出的细小裂纹，由太史审视龟甲上显示龟兆的粗大裂纹，由国君审视这些粗大的裂纹意味着什么。国君的斋车，用羔皮覆盖车轼，又用虎皮镶边。大夫的斋车，用鹿皮覆盖车轼，又用豹皮镶边。大夫的朝车，士的斋车，都与大夫的斋车同饰，即用鹿皮覆轼，用豹皮镶边。

【原文】

君子之居恒当户，寝恒东首。若有疾风迅雷甚雨，则必变①，虽夜必兴，衣服冠而坐。日五盥，沐稷而靧②粱，栉用樿栉，发晞用象栉，进禨进羞，工乃升歌。浴用二巾，上绤下绤，出杅③，履蒯席④，连⑤用汤，履蒲席，衣布晞身，乃屦进饮。将适公所，宿齐戒，居外寝，沐浴，史进象笏，书思对命；既服，习容观玉声，乃出，揖私朝⑥，辉如也，登车则有光矣。

【注释】

①变：仪容变得端庄，心情变得敬惧。②靧：洗脸。③杅：浴盆。④蒯席：蒯草编织的席。蒯席粗涩，便于刮去足垢。⑤连：浇淋、冲洗。⑥私朝：大夫自家治事之朝。

【译文】

君子的燕坐之处总是对着门户，睡眠的时候总是头朝东方。若有大风、电闪雷鸣、暴雨，这是上天发怒，君子就要改变常态，心怀悚惧，即使是已经就寝也要起床，穿戴整齐，肃然端坐。每天要洗五次手。用淘稷的水洗发，用淘粱的水洗脸。梳理刚洗过头的湿发，要用白理木做的梳子；头发干了以后容易发涩，这时要用象牙梳子。洗过之后，要喝点酒，吃点东西，同时命乐工升堂唱歌，这对消除疲劳有好处。洗澡的时候，要用两种浴巾擦身：擦上体用细葛巾，擦下体用粗葛巾。从浴盆中出来，要先立在蒯席上面，用热水冲洗双脚，然后再脚踏蒲席，穿上布衣以吸干身上水滴，最后穿上鞋子，接着再喝点酒，吃点东西，听听音乐，以消除疲劳。做臣子的将去朝见国君，就要在前一天斋戒，沐浴，在外寝将息。史呈上记事用的笏，大夫就将面君时想要告诉国君的话、君有所问则自己将如何回答、执行君命的情况等等都简要地写在上面，以防临事有所遗忘。朝服穿戴整齐之后，要先练习一下自己的仪容举止，使佩玉之声和行步的节拍相合，然后才出发。由于做了上述准备，所以在私朝和家臣揖别时，就显得神采飞扬；到了登车时，就更是容光焕发了。

【原文】

天子揔挋，方正于天下也，诸侯荼，前诎后直，让于天子也，大夫前诎后诎，无所不让也。侍坐，则必退席；不退，则必引而去君之党。登席不由前，为躐①席。徒坐②不尽席尺，读书，食，则齐，豆去席尺。若赐之食而君客之，则命之祭，然后祭；先饭辩尝羞，饮而俟。若有尝羞者，则俟君之食，然后食，饭，饮而俟。君命之羞，羞近者，命之品尝③之，然后唯所欲。凡尝远食，必顺近食。君未覆手④，不敢飧；君既食，又饭飧，饭飧者，三饭也。君既彻，执饭与酱，乃出，授从者。

【注释】

①躐：超越。②徒坐：空坐，无事而坐，指非饮食及讲问时之坐。③品尝：遍尝。品，遍也。④覆手：吃饱以后用手擦拭嘴边，恐有肴粒黏在口边不雅相。

【译文】

天子插于绅带之间的笏叫珽，其形状四角皆方，这是要向天下显示天子的方正无私；诸侯插的笏叫荼，其形状是上端两角呈圆形，下端两角呈方形，这是表示诸侯降于天子；大夫所插的笏，其上下四角都是圆的，这表示大夫既要降于天子，又要降于国君。臣子陪侍国君坐，一定要把自己的坐席向侧后退一点。如果国君不让后退，也一定要向后坐，离开国君所坐之处。登席入座，要按顺序，由下而升，否则就是躐席。空坐的时候，身子要与席的前缘保持一尺的距离。读书时为了使尊者听到读书声，吃饭时为了避免弄脏席子，所以在这两种情况下，身子要坐得与席缘齐。盛食物的豆离席有一尺远。如果国君赐臣子吃饭，而且是以客礼对待臣子，那么臣子在进食之前要祭食，但也要先奉君命，然后再祭。祭过之后，臣子要先遍尝各种食品，然后慢慢地喝汤，以等候国君先吃。如果有膳宰尝食，则臣子既不须祭，也不须尝，而是等候国君吃过之后再吃，在等候国君吃饭时，自己可以喝点汤。国君命令臣子吃菜，臣子应该先吃就近的菜。国君命令臣子遍尝各种菜，然后臣子才可以想吃什么菜就吃什么菜。不论国君是否以客礼相待，凡是想取用远处的菜肴，一定要从近处开始，按着顺序，由近而远。臣子陪侍国君吃饭，在国君没有表示吃饱之前，臣子不敢先饱。在国君表示吃饱以后，臣子还要向国君劝食。劝食的礼数是臣子用汤浇饭吃，但以吃三口为限。国君吃完退席之后，侍食的臣子就可以携带吃剩的饭与酱，出门授给自己的随从以带回家，因为这是国君恩赐的呀。

【原文】

凡侑食，不尽食；食于人不饱。唯水浆不祭，若祭为已偍卑。君若赐之爵，则越席再拜稽首受，登席祭之，饮卒爵而俟君卒爵，然后授虚爵。君子之饮酒也，受一爵而色洒如①也，二爵而言言②斯③，礼已三爵而油油以退，退则坐取屦，隐辟而后屦，坐左纳右，坐右纳左。凡尊必上玄酒，唯君面尊，唯飨野人皆酒，大夫侧尊用棜，士侧尊用禁。

玉藻

【注释】

①洒如：肃敬貌。②言言：和敬貌。③斯：语助词。

【译文】

凡是陪侍尊者吃饭，不可自己尽兴地吃。凡是作客吃饭，不可吃饱。在地位相等的人家吃饭，所有食品都应先祭，只有水和浆不祭，因为水和浆并非盛馔，如果也祭，就显得太降低自己身份了。臣子侍饮于君，君若赐之饮酒，臣子就应离开坐席，向国君行再拜稽首之礼，恭恭敬敬接过酒杯，然后回到自己的坐席，先祭酒，然后干杯。干杯之后，等待国君干杯，然后将空杯交给赞者。君子饮酒，饮第一杯时神色庄重，饮第二杯时神色和气恭敬；臣侍君饮，按礼是三杯为止，所以喝罢第三杯后，就应高高兴兴恭恭敬敬地退下。退下以后要跪着取鞋，而且到堂下隐蔽处去穿。穿右脚时要左腿跪下，穿左脚时要右腿跪下。凡陈设酒尊，盛放玄酒的酒尊要放在上位，这是表示重古。国君宴其臣子，只有国君正对着酒尊，这表示此酒乃国君所赐。只有在款待乡下人时全部用一般酒，不用玄酒的礼数。大夫在宴请客人时，酒尊不能正对着主人，而要设于旁侧，放在专用的木盘里，以表示主客共有此酒。士在宴请客人时，酒的设置与大夫同，不同的只是改攒为禁罢了。

【原文】

始冠缁布冠，自诸侯下达，冠而敝之可也。玄冠朱组缨，天子之冠也。缁布冠缋緌，诸侯之冠也。玄冠丹组缨，诸侯之齐冠也。玄冠綦组缨，士之齐冠也。缟冠玄武，子姓之冠也。缟冠素纰，既祥之冠也。垂緌五寸，惰游之士也，玄冠缟武，不齿之服也。居冠属武，自天子下达，有事然后緌。五十不散送，亲没不髦，大帛不緌。玄冠紫緌，自鲁桓公始也。

【译文】

行冠礼时，第一次加的冠是缁布冠，上自诸侯下至士，都是如此。这种缁布冠在行过冠礼之后就不再戴，可以任其破败。天子行冠礼时，第一次加的冠是玄冠，而以朱红色的丝带作帽带；诸侯行冠礼时，第一次加的冠虽然是缁布冠，但配有彩色的帽带。玄冠配以红色的丝质帽带，这是诸侯斋戒时所戴的冠。玄冠配以青黑色的丝质帽带，这是士斋戒时所戴的冠。用白色生绢制冠而冠卷染作玄色，这种以白表凶以玄表吉的凶吉参半之冠，是孙子在祖父去世后父亲丧服未除而自己丧服已除时所戴的冠。用白色的生绢制冠，又用白绫为冠缘镶边，这是孝子在大祥以后戴的冠。受罚的惰游之民，其所戴冠与孝子大祥以后所戴的冠相同，但冠緌只许有五寸长。玄冠而配以白色生绢作的冠卷，这是解除惩罚的惰游者在一段时期内所戴的冠。闲居时所戴的冠，其冠緌不下垂，而要分别绾到冠卷两侧。这种做法，自天子以下都通用，只有有事时才垂緌。五十岁的人已进入老年，在送葬时可以不让腰上的孝布散垂；父母去世以后，做子女的就不须再戴髦了。用白缯制的素冠不兴垂緌作饰，因为这是一种凶冠。玄冠而配以紫色帽带，这是从鲁桓公开始的。

【原文】

朝玄端，夕深衣。深衣三袪，缝齐倍要①，衽当旁，袂可以回肘。长中继揜尺。袷二寸，祛尺二寸，緣广寸半。以帛裹布，非礼也。士不衣织，无君者不贰采②。衣正色，裳间色。非列采③不入公门，振④絺绤不入公门，表裘不入公门，袭裘不入公门。纩为茧，缊为袍，襌为絅，帛为褶。朝服之以缟也，自季康子始也。孔子曰："朝服而朝，卒朔然后服之。"曰："国家未道，则不充其服焉。"唯君有黼裘以誓省，大裘非古也。

【注释】

①缝：通"丰"。丰，大也。这里是使动用法。齐：通"齌"，衣的下摆。要：古"腰"字。②无君者：指离开本国的大夫、士。不贰采：衣与裳同一颜色。③列采：谓衣与裳异色，即贰采。列采才是正服。④振：通"袗"，单也。

【译文】

诸侯的大夫、士，早晨在家服玄端，晚上在家服深衣。深衣的大小尺寸是：袖围是二尺四寸，腰围是袖围的三倍；深衣的下摆是一丈四尺四寸，是腰围的加倍。衣襟开在旁边，左襟掩住右襟。袖子的宽度是二尺二寸左右，不妨碍肘部的自由活动。长衣、中衣和深衣的形制大体相同，只是长衣、中衣的袖子要比深衣长出一尺。曲领宽二寸，袖口宽一尺二寸，衣裳的镶边宽一寸半。如果外边的礼服是用布制成，而中衣却用帛制成，形成里与外不相称，就不合礼。士的阶层低贱，不能用先染丝而后织成的帛作衣料。离开本国的大夫和士，上衣与下裳应该颜色一致。凡是衣的颜色，要用正色；凡是裳的颜色，要用杂色。穿着衣裳同色的服装是不可进入公门的，夏天光穿着葛布亵衣也是不可进入公门的，冬天光穿着皮裘这层亵衣也是不可进入公门的，掩住礼服上襟，不使裼衣的领缘露出，这是对国君不够恭敬的装束，所以也不可进入公门。用新丝绵套到夹衣里制成的衣叫茧，用陈旧丝绵套到夹衣里制成的衣叫袍，有面无里的单衣叫䌹，用帛做面和里但中间任何东西也不套的衣叫褶。朝服本是用麻布做的，改为用缟来做，是从鲁国的季康子开始的。孔子说："上朝时都应穿朝服。国君在听朔时要穿皮弁服，听朔礼毕又换上朝服。"又说："在国家多灾多难的时候，国君的礼服就不必求其全备了。"只有国君才可以穿着麛裘去参加为祭社而举行田猎的仪式，而有的人竟然穿着天子祭天的大裘去参加，这不符合古制。

【原文】

　　君衣狐白裘，锦衣以裼之。君之右虎裘，厥左狼裘。士不衣狐白。君子狐青裘豹褎，玄绡衣以裼之；麛裘青犴褎，绞衣以裼之；羔裘豹饰，缁衣以裼之；狐裘，黄衣以裼之。锦衣狐裘，诸侯之服也。犬羊之裘不裼，不文饰也不裼。裘之饰也，见美也。吊则袭，不尽饰也；君在则裼，尽饰也。服之袭也，充①美也，是故尸袭，执玉龟袭，无事则裼，弗敢充也。

【注释】

　　①充：掩盖。

【译文】

　　国君穿狐白裘的时候，外面要配以锦衣作罩衣。国君右边的卫士穿虎裘，其左边的卫士穿狼裘。士贱，没有资格穿狐白裘。大夫和士如果里边穿的是狐青裘，用豹皮给袖口镶边，外面就要配上玄绡衣作罩衣；如果穿的是麛裘，用青犴皮给袖口镶边，外面就要配上缟素色的，罩衣；如果穿的是黑色羔裘，用豹皮给袖口镶边，外面就要配上黑色的罩衣。如果穿的是狐裘，外面就要配上黄色的罩衣。用锦衣作罩衣来配狐裘，这是只有诸侯才能穿的衣服。犬羊之裘是平民穿的，用不着裼。在不需要文饰的场合，也用不着裼。裼裘是为了显露内服之美。吊丧时要有悲痛的表情，所以要袭，不可显露文饰。在国君面前要有恭敬的表情，所以要裼，显露文饰。袭服是为了掩盖内服之美。尸是象征鬼神的，要显示尊严，所以要袭；玉和龟甲是宝瑞，所以手执玉和龟甲时要袭。但在行礼完毕后要裼，不敢掩盖内服之美。

【原文】

笏：天子以球①玉，诸侯以象，大夫以鱼须文竹，士竹。本，象可也。见于天子与射，无说笏，入大庙说笏，非古也。小功不说笏，当事免则说之。既搢必盥，虽有执于朝，弗有盥矣。凡有指画于君前，用笏造，受命于君前，则书于笏，笏毕用也，因饰焉。笏度二尺有六寸，其中博三寸，其杀六分而去一。

【注释】

①球：美玉。

【译文】

笏的制作：天子是用美玉；诸侯是用象牙；大夫是用竹，但要用有斑纹的鲨鱼皮来纹饰；士也是用竹，但其下端可以用象牙。总而言之，大夫、士的笏不敢和天子、诸侯的笏那样，使用纯一的材料。诸侯、大夫和士朝见天子、参加射礼，因为这些都是吉事，用不着脱笏。在太庙中行祭礼时也不应脱笏，现在有的大夫进入太庙脱笏，并不符合古礼。办丧事是要脱笏的，否则就不便于捶胸顿足地号哭。但小功以下的丧事哀浅，可以不脱笏。当殡殓时要捶胸顿足地哭，应该脱笏。将要插笏于带而入朝见君，一定要先洗手，洗过以后，在朝中需要执笏时就不必再洗手了。凡是在国君面前需要指指画画以说明问题时，要用笏；凡是进到国君面前接受命令时，要写在笏上。笏是作为记事的竹简来用的，所以要纹饰。笏的长度是二尺六寸，其中间一段宽三寸，诸侯的笏上端要削减六分之一，大夫和士的笏上下两端都要削减六分之一。

【原文】

凡侍于君，绅垂，足如履齐，颐溜①垂拱，视下而听上，视带以及袷，听乡任左。凡君召，以三节②：二节以走，一节以趋。在官不俟屦，在外不俟

玉藻

·197·

车。士于大夫，不敢拜迎而拜送；士于尊者，先拜进面，答之拜则走。士于君所言，大夫没矣，则称谥若字，名士。与大夫言，名士字大夫。于大夫所，有公讳无私讳③。凡祭不讳，庙中不讳，教学临文④不讳。

【注释】

①颐溜：双颊如房檐般的斜垂。②节：符节，有如宋代之金牌。③公讳：也叫国讳，指避忌国君及国君父祖之名。私讳：也叫家讳，指避忌自家父祖之名。④临文：指撰写文件、宣读法律之类。

【译文】

凡在国君身边侍立，身子应稍微前倾，使绅带不倚身而下垂，裳的前摆委地，好像让脚踩上一般，头要微低，使双颊如屋檐般斜垂，两手重合而下垂。视线虽然向下，而全神却贯注于国君。视线下不低于国君的腰带，上不高于国君衣服的衣领。听国君讲话，要用左耳来听，因为左耳比右耳听得仔细。凡国君派使者召唤臣子，用的符节共有三个。用两个符节来召，表示事情紧急，臣子要跑着前往。用一个符节来召，表示事情较缓，臣子快步前往也就行了。凡是国君召唤，臣子如果是当班，就要不等穿上鞋子就去；如果不当班，就要不等备好车子就去。士对于大夫的光临，不敢出门拜迎，因为那是双方身份相称才有的礼节，但可以在大夫告别时拜送。士去拜访卿大夫，应在门外先拜，然后进门见面，如果卿大夫在门内答拜，士要赶快跑开，表示不敢当。士在国君处讲话，如果涉及已故的大夫，就要称其谥号，或者称其字，不可称名；如果涉及的是士，则可以称名。士与大夫讲话，提到活着的大夫、士，对士可以称名，对大夫则要称字。士在大夫的跟前，谈话中只避公讳，不避私讳。凡祭祀群神，不需避讳。庙祭的祝嘏之辞，也不避先人之讳。老师教学生功课，不需避讳，否则会误导后生。书写文告、宣读法律也不需避讳，否则会误事。

【原文】

古之君子必佩玉，右徵角，左宫羽。趋以采齐，行以肆夏，周还中规，折还中矩，进则揖之，退①则扬之，然后玉锵鸣也。故君子在车，则闻鸾和之声，行则鸣佩玉，是以非辟之心，无自入也。君在不佩玉，左结佩，右设佩，居则设佩，朝则结佩，齐则綪②结佩而爵韠。凡带必有佩玉，唯丧否。佩玉有冲牙；君子无故，玉不去身，君子于玉比德焉。天子佩白玉而玄组绶，公侯佩山玄玉③而朱组绶，大夫佩水苍玉④而纯组绶，世子佩瑜玉而綦组绶，士佩瓀玟而缊组绶。孔子佩象环五寸而綦组绶。

【注释】

①退：指逆退，即面向前的后退。②綪：通"缝"，曲折。③山玄玉：玉色似山之玄而杂有纹理。④水苍玉：玉色似水之苍而杂有纹理。⑤瓀玟：都是次于玉的美石。

【译文】

古代的君子，身上一定要佩玉。右边佩玉的铿锵鸣声应合于五声中的徵角，左边佩玉的铿锵鸣声应合于五声中的宫羽。趋走时的节拍应与《采齐》相应，行走时的节拍应与《肆夏》相应。向后转时，走的路线应是圆形；向左右拐弯时，走的路线应呈直角。前进的时候身体应略向前俯，倒退的时候身体应略向后仰。如此这般地行走，然后才能使佩玉发出铿锵的鸣声。正因为君子在乘车时能够听到鸾和的铃声，在步行时又能够听到佩玉的鸣声，所以一切邪僻的念头也就无从进入君子的心灵了。臣下在国君面前不佩玉，所谓"不佩玉"，是说把左边的佩玉用丝带绾结起来，右边还照常佩玉。在家闲居时，腰的左右都佩玉；上朝面君时，就要绾起左佩。斋戒时需要绝对肃静，所以要把左右佩都屈折向上掖到革带上，以免发出任何声响，同时要服玄端，用赤而微黑的蔽膝。从天子到士，他们的革带上一定有佩玉，只有在办丧事时例外。佩玉上有个部件叫冲牙。君子如果没有特殊原因，玉不离身，因为君子是以玉来象征德行的。天子佩白玉，用玄色的丝带；诸侯佩山玄色的玉，用朱红色的丝带；大夫佩水苍色的玉，用缁色的丝带；太子佩美玉，用苍白色的丝带；士佩瓀玟，用赤黄色的丝带。孔子闲居，佩的玉是直径五寸的象环，用赤黄色的丝带。

【原文】

童子①之节也，缁布衣，锦缘，锦绅并纽，锦束发，皆朱锦也。肆束及带勤者，有事则收之，走则拥之。童子不裘不帛，不屦絇。无缌服，听事不麻，无事则立主人之北面。见先生，从人而入。侍食于先生、异爵者，后祭先饭。客祭，主人辞曰："不足祭也。"客飧，主人辞以"疏"。主人自置其酱，则客自彻之。一室之人，非宾客，一人彻。壹食之人，一人彻。凡燕食，妇人不彻。食枣、桃、李，弗致于核。瓜祭上环，食中，弃所操。凡食果实者后君子，火孰者先君子。有庆，非君赐不贺。有忧者。勤者有事则收之，走则拥之。孔子食于季氏，不辞，不食肉而飧。

【注释】

①童子：未行冠礼的男孩。

【译文】

童子的礼节与成人不同。童子穿的是缁布深衣，用锦镶边，绅带和带纽也用锦镶边，束发也用锦。以上所用的锦，都是朱红色的锦。童子不穿裘衣，不穿丝帛，因为裘帛温热，担心伤其壮气。童子的鞋头没有绚。童子幼小不懂事，有缌麻亲属死了，也不必硬叫他穿丧服。到有丧事的人家去帮忙，身上也不加麻绖。没有事的时候要站在家长之南，面向北。去拜见老师的时候，要跟着成人进去。陪侍先生或者地位高于自己的人吃饭，要后祭，先尝食。客人祭的时候，主人要谦让说："不值得祭。"客人吃好以后赞美主人做的饭菜可口，主人要谦让地说：粗茶淡饭，承蒙过奖。主人敬客，亲自设酱于席，客人作为回敬，就要在吃过以后自己动手撤掉。同事们在一块吃饭，其间没有宾主之分，吃过以后，由年龄最小的一人撤下馔具。大家为了办事而聚食，吃过以后，也由年龄最小的一人撤下馔具。凡平常的朝食、夕食，不用妇人撤除馔具，因为妇人质朴，不能备礼。吃枣子、桃子、李子，不要把核随地乱扔。吃瓜的时候要先祭，祭时要用连着瓜蒂的那半个，然后吃瓜瓤，至于手拿着的瓜皮部分就抛掉了。凡吃果实，要让君子先吃，因为果实是大地所生，好坏容易分辨，用不着自己先尝；凡吃熟食，要先为君子尝食，因为熟食是人所加工，味道如何，必尝而后知。家里有了喜庆之事，但如果没有国君的赏赐，就不敢接受亲友的道贺。孔子在季氏那里吃饭，季氏作为主人，应该讲的客气话一句也没有。孔子也以非礼相答，尚未食肉就说已经吃饱了。

【原文】

君赐车马，乘以拜赐；衣服，服以拜赐；君未有命，弗敢即乘服也。君赐，稽首，据掌致诸地；酒肉之赐，弗再拜。凡赐，君子与小人不同日。凡献于君，大夫使宰，士亲，皆再拜稽首送之。膳于君，有荤桃茢，于大夫去茢，于士去荤，皆造于膳宰。大夫不亲拜，为君之荅己也。大夫拜赐而退，士待诺而退，又拜，弗荅拜。大夫亲赐士，士拜受，又拜于其室。衣服，弗服以拜。敌者不在，拜于其室。凡于尊者有献，而弗敢以闻。士于大夫不承贺，下大夫于上大夫承贺。亲在，行礼于人称父，人或赐之，则称父拜之。礼不盛，服不充。故大裘不裼，乘路车不式。

【译文】

国君赐给臣下车马，臣下除了当时拜受外，第二天还要乘着所赐车马再去拜谢；国君赐给臣下衣服，臣下除了当时拜受外，第二天还要穿上所赐的衣服再去拜谢。对于国君所赐的车马和衣服，在行过再拜礼之后，如果国君没有再下可以乘、服的命令，臣下就不敢乘、服，只能收藏起来。对于国君的赏赐，臣下要行再拜稽首之礼。此礼的行法是，把左手按在右手之上，手着地，头也着地。对于国君的酒肉之赐，由于赐物较轻，只要当时拜受就行，不需要次日登门再拜。凡国君赐物，不能在同一天里既赐君子又赐小人，以致贤与不肖无别。凡向国君进献物品，大夫要派自己的总管去送，士要亲自去送，送到国君门外，交与国君的小臣，然后行再拜稽首之礼。向国君进献美食，要同时附上荤、桃、茢；如果是向大夫进献美食，只附上荤、桃，去掉茢；如果是向士进献美食，只附上桃，去掉荤、茢。所有进献的美食，都由主管膳食的官员负责接受。大夫之所以不亲自去向国君进献物品，是担心劳烦国君答拜自己。大夫拜谢国君的赏赐，只要在国君门口请君之小臣入内通报己意，行了拜谢之礼，不必等待小臣回报国君的意思，就可以退下了；士拜谢国君的赏赐，就必须等待小臣回报国君的意思，才能退下，临走时还要对国君的这个回报进行拜谢，而国君则不需答拜。大夫亲自赏赐东西给士，士不仅当时拜受，而且第二天还要到大夫家中表示再次拜谢。如果赏赐的是衣服，不用像对待国君那样穿到身上去拜谢。身份相等的人前来馈赠东西，如果自己在家，则在家拜受；如果自己不在家，则于次日往赠者家中拜谢。凡对于尊者有什么东西进献，一定要避开"进献"的字眼，只能婉转地说是赠给尊者的随从等。士有喜庆之事，不敢接受大夫亲自光临祝贺，由于二者地位悬殊。下大夫有喜庆之事，可以接受上大夫的亲临祝贺，因为二者地位相近。父亲健在，向别人赠送礼品要以父亲的名义；同理，如果别人赠送自己什么东西，也要以父亲的名义拜受。这表示父亲是一家之长。如果典礼不够隆重，则礼服的前襟不须掩盖，而祭天之礼十分隆重，所以天子穿大裘不裼，天子乘玉辂沿途也不凭轼致敬。

【原文】

　　父命呼，唯而不诺，手执业则投之，食在口则吐之，走而不趋。亲老，出不易方，复不过时。亲瘠色容不盛，此孝子之疏节也。父没而不能读父之书，手泽存焉尔；母没而杯圈①不能饮焉，口泽之气存焉尔。

【译文】

　　父亲呼喊儿子的时候，儿子要答应"唯"而不可答应"诺"，因为"唯"敬于"诺"，手中拿有东西要赶快放下，嘴里含有食物要立即吐出，要跑着前往而不可稍有磨蹭。双亲年老了，做儿子的出门不可随意改变去处，说什么时候回来就要按时回来，以免双亲悬念。如果双亲病了，或者气色不好，这就是做儿子的有疏忽之处了。父亲去世以后，做儿子的不忍翻阅父亲读过的书，那是因为上面有他手汗沾润的痕迹。母亲去世以后，做儿子的不忍心使用母亲用过的杯盘，那是因为上面有她口液沾润的痕迹。

【原文】

　　君入门，介拂闑，大夫中枨与闑之间，士介拂枨。宾入不中门，不履阈，公事①自闑西，私事②自闑东。君与尸行接武③，大夫继武，士中武，徐趋皆用是。疾趋则欲发而手足毋移，圈豚行④不举足，齐如流，席上亦然。端行⑤，颐溜如矢，弁行⑥，剡剡⑦起屦，执龟玉，举前曳踵，蹜蹜⑧如也。

【注释】

　　①公事：指奉国君之命对他国行聘享之礼。②私事：指聘享礼毕以私人名义晋见国君。③武：足迹，脚印。④圈豚行：圈，转也。豚，循也。谓双足循地而行，俗称小碎步。⑤端行：谓趋，即疾行。⑥弁行：谓走，即跑。弁，急也。

⑦刻刻：急速抬脚的样子。⑧蹜蹜：举步促狭的样子。

【译文】

两国国君相见，来访的国君从大门中央进入，而由卿担任的上介挨着门橛走进，由大夫担任的次介走在门楔与门橛之间，由士担任的末介挨着门楔走，国君在前，上介等依次在后，形成雁行之势。来访的如果是卿、大夫，那就不能由门的中央进入，也不能脚踩门槛，以避尊者。在执行国君交给的聘享任务时，属于公事，就从门橛的西边进入，这是用的宾见主人之礼；聘享礼毕，来访的卿、大夫又以私人名义拜见主国国君，属于私事，就从门橛的东边进入，这是用的臣见君之礼。在宗庙中走路，尊卑的步法也不相同。天子、诸侯和尸最尊，行走步子小，速度慢，后脚的脚印要压住前脚脚印的一半，这叫"接武"。大夫次尊，行走步子稍大，后脚的脚印要紧接着前脚的脚印，这叫"继武"。士卑，行走的步子最大，后脚脚印与前脚脚印之间要保持一足的距离，这叫"中武"。不管在什么地方，只要是徐趋，都适用这种步伐。疾趋时要脚跟迅速离地，但手足切勿摇摆。走小碎步时好像脚未离地，衣裳的下摆擦着地面像流水一般，在就席或离席时也是用这种小碎步。疾行时头要略低，双颊斜垂如屋檐一般。跑步时双脚要频频举起。手执龟甲、玉圭等宝器时，步子要格外留神：脚尖抬起，而脚跟拖地，一副小心翼翼的模样。

【原文】

凡行容惕惕①，庙中齐齐②，朝庭济济翔翔。君子之容舒迟，见所尊者齐遫③。足容重，手容恭，目容端，口容止，声容静，头容直，气容肃，立容德，色容庄，坐如尸，燕居告温温。凡祭，容貌颜色，如见所祭者。丧容累累，色容颠颠④，视容瞿瞿⑤梅梅⑥，言容茧茧，戎容暨暨，言容詻詻⑦，色容厉肃，视容清明。立容辨，卑毋谄，头颈必中。山立，时行，盛气颠实扬休，玉色。

【注释】

①惕惕：形容行路身正而步快。②齐齐：恭悫貌。③齐遫：恭肃貌。遫通"肃"。④颠颠：忧思貌。⑤瞿瞿：惊愕貌。⑥梅梅：犹言昧昧，茫然貌。⑦詻詻：教令严厉貌。

【译文】

凡在道路上行走，身体要直，步子要快；在宗庙中行走，神态要恭敬诚恳；在朝廷上行走，神态要庄重严肃。君子在平常时神态闲雅，从容不迫，见到了所尊敬的人就要显得恭敬收敛。抬脚要稳重，手不乱指画，目不斜视，口不妄动，不乱咳嗽，不乱倾顾，在庄重的场合要屏气敛息，站立时应是俨然有德的气象，面色要庄重。坐要如尸一般的端正。闲居时教导别人，态度要温和可亲。凡参加祭祀者，其容貌颜色要像是真正看到了所祭的鬼神，切不可有虚应故事的神态。孝子在居丧期间，总要显出一副疲惫不堪的样子，满脸愁容，眼神惊愕而又茫然，说话的声音也有气无力。身着戎装时就要神态果毅，发号施令，表情严厉，虎虎生威，眼神明察秋毫。在尊者面前，虽然站立时应有自我贬卑的姿态，但也不能太过，近乎谄媚。平常站立时头颈必保持正直，如山一般地屹立，当行则行，显得浑身是劲，扬美于外，脸色温润如玉。

【原文】

凡自称，天子曰"予一人"，伯曰"天子之力臣①"。诸侯之于天子，曰"某土之守臣某"，其在边邑，曰"某屏之臣某"；其于敌、以下，曰"寡人"。小国之君曰"孤"，摈者②亦曰"孤"。上大夫曰"下臣"，摈者曰"寡君之老"，下大夫自名，摈者曰"寡大夫"。世子自名，摈者曰"寡君之适"。公子曰"臣孽"。士曰"传遽之臣"，于大夫曰"外私"。大夫私事使，私人摈则称名，公士③摈则曰"寡大夫"、"寡君之老"。大夫有所往，必与公士为宾④也。

【注释】

①力臣：效力之臣。②摈者：本指主人一方的接待员，主要负责传话，如本句就是。但有时又指客人一方所带的随从，即介。③公士：诸侯之士。奉君命出使，则由公士作随从。④宾：指介，即随从。

【译文】

凡自称：天子自称为"予一人"，州伯自称为"天子之力臣"。诸侯去朝见天子时，自称为"某地之守臣某"；如果是封在边陲的诸侯，自称为"某方的屏卫之臣某"。诸侯对于和自己身份相等或低于己者，自称为"寡人"。小国的国君自称"孤"，摈者为他传话也称"孤"。上大夫对于自己的国君自称"下臣"，如果出使他国晋见主国之君，其介在传话时称他为"寡君之老"。下大夫在自己的国君面前自称己名，如果出使他国，其介在传话时称他为"寡大夫"。太子在国君面前自称己名，如果出使他国，其介在通报时称之为"寡君之嫡子"。公子在国君面前自称"臣孽某"。士在国君面前自称为供驱使的"传遽之臣"，在他国大夫面前自称"外私"。大夫因自己的私事派人出使他国，使家臣通报则称大夫之名；倘奉国君之命出聘，则由公士通报，称之为"寡大夫"或者"寡君之老"。大夫如果出聘，一定要以公士为介。

大传

【题解】

"大传",也可理解为"大记"。郑玄说:"名曰《大传》者,以其记祖宗人亲之大义。"换言之,即同一宗族内血缘关系远近之大义。血缘关系的远近,是决定丧服制度的主要因素,本篇就是从这个角度来阐释丧服的。本篇的内容有祭法,有服制,有宗法,核心是表明先王治天下必从人道始。所谓人道,即儒家所说的亲亲之道。

【原文】

礼,不王不禘。王者禘其祖之所自出,以其祖配之。诸侯及其大祖。大夫、士有大事,省于其君,干祫,及其高祖。牧之野,武王之大事也。既事而退,柴于上帝,祈于社,设奠于牧室。遂率天下诸侯,执豆笾,逡奔走;追王大王亶父、王季历、文王昌;不以卑临尊也。上治祖祢,尊尊也;下治子孙,亲亲也;旁治昆弟,合族以食,序以昭缪[1],别之以礼义,人道竭矣。

【注释】

[1] 缪:通"穆"。

【译文】

按照礼的规定,不是天子就不能举行禘祭。天子举行禘祭,是祭祀诞育其始祖天帝的,并且以其始祖配享。诸侯合祭祖先时,可以上及其太祖。而大夫、士的合祭祖先,要比诸侯简省得多,最多可以及其高祖。牧野之战,是武王伐纣的关键战役。当这场战役取得胜利以后,周武王就将胜利的喜讯焚柴祭告上天,祭告土神,祭告随军而行的祖先神主。接着又率领天下诸侯回到周都，在周人的祖庙里，手捧祭品，忙而不乱地各行其是，追尊宜父、季历、西伯昌为王，以避免后辈的爵位高于上述祖先。排列好上代祖祢的顺序，是为了尊其所当尊；排列好下代子孙的顺序，是为了亲其所当亲；排列好兄弟等旁系亲属的关系，集合同族的人在祖庙中聚餐，以父昭子穆的次序排列座次；以礼义区别男女。做人的道理，也就是这么多了。

【原文】

圣人南面而听天下，所且先者五，民不与焉。一曰治亲，二曰报功，三曰举贤，四曰使能，五曰存爱。五者一得①于天下，民无不足、无不赡者。五者，一物纰缪，民莫得其死。圣人南面而治天下，必自人道始矣。立权度量，考文章②，改正朔③，易服色④，殊徽号⑤，异器械⑥，别衣服⑦，此其所得与民变革者也。其不可得变革者则有矣：亲亲也，尊尊也，长长也，男女有别，此其不可得与民变革者也。

【注释】

①一得：皆得。②文章，谓礼乐制度。③正朔：谓历法。正，谓岁首。朔，谓月初。④服色：各个朝代所崇尚的颜色。如夏尚青，殷尚白，周尚赤。⑤徽号：谓族旗。⑥器械：谓礼乐之器及兵甲。⑦衣服：如养老之衣，夏用燕衣，殷用缟衣，周用玄衣。

【译文】

圣人一旦坐上天子宝座而治理天下，有五件事情是当务之急，老百姓的事还不包括在内。第一件是排列好所有亲属的顺序，第二件是报答有功之臣，第三件是选拔德行出众的人，第四件是任用有才能的人，第五件是体恤有仁爱之心的人。这五件事如果统统做到了，那么，百姓就不会有不满意的，没有不富足的。这五件事如果有一件做得差了，老百姓可就要大吃苦头了。所以，圣人一旦坐上天子宝座而治理天下，一定要从治亲开始抓起。统一度量衡，制礼作乐，改变历法，改变服色，改变徽号，改换器械，改变衣服，以上这些事情，都是可以随着朝代的更迭而让百姓也跟着改变的。但是，也有不能随着朝代的更迭而随意改变的，那就是同族相亲，尊祖敬宗，幼而敬长，男女有别，这四条可不能因为朝代变了就让百姓也跟着变。

【原文】

同姓从宗，合族属；异姓主名，治际会。名著，而男女有别。其夫属乎父道①者，妻皆母道也；其夫属乎子道者，妻皆妇道也。谓弟之妻"妇"者，是嫂亦可谓之"母"乎？名者人治之大者也，可无慎乎？

【注释】

①道：行辈。

【译文】

凡是同姓的男子，都有一个共同的祖宗，组合为一个昭穆分明的族属。从外族嫁过来的女子，以其丈夫的昭穆为昭穆，从而确定其名分称呼，以便于参加族内的交际和聚会。其名分称呼明确了，男女之别才可以做到。对于嫁到本族的异姓女子来说，如果她的丈夫属于父辈，那么他的妻子就属于母辈；如果她的丈夫属于儿子一辈，那么他的妻子就属于儿媳一辈。如果把弟弟的妻子称作儿媳，而称呼嫂嫂为母亲，这不是乱套了吗！所以说名分称呼，是人伦中的大事，难道不应该慎重吗？

【原文】

四世而缌，服之穷也；五世袒免，杀同姓也。六世，亲属竭矣。其庶姓别于上，而戚单①于下，昏姻可以通乎？系之以姓而弗别，缀之以食而弗殊，虽百世而昏姻不通者，周道然也。

【注释】

①戚：亲情。单：通"殚"，尽也。

【译文】

同一高祖的子孙，彼此之间只穿缌麻丧服，这已经是五服的最后一等了。同一高祖之父的子孙，已经出了五服，彼此之间，只需袒露左臂、戴免示哀即可，这是因为虽然同姓而血缘已远，所以减少其情谊。同一高祖之祖的子孙，彼此同姓而已，亲属关系已经没有了。这些同姓的人，从高祖以上已经姓氏有别，从玄孙以下已经出了五服，他们之间可以彼此通婚吗？回答是：这些人都是系在一个老祖宗的正姓之下，在这一点上可以说没有分别；在合族聚餐的时候，二大家还是按辈分入席。因此，周代制定的办法是，只要是同姓的人，即使离老祖宗已经百代也不可彼此通婚。

【原文】

服术有六：一曰亲亲，二曰尊尊，三曰名，四曰出入^①，五曰长幼，六曰从服。从服有六：有属从，有徒从，有从有服而无服，有从无服而有服，有从重而轻，有从轻而重。自仁率亲，等而上之，至于祖，名曰轻。自义率祖，顺而下之，至于祢，名曰重。一轻一重，其义然也。君有合族^②之道，族人不得以其戚戚^③君，位也。

【注释】

①出入：已出嫁的女子叫出，待字闺中的叫入。②合族：设宴招待全体族人，以联络同族情谊。③戚戚：前"戚"指血缘关系，后"戚"指带来麻烦。

【译文】

制定丧服的依据有六条：第一条是根据血缘关系的远近，第二条是根据社会地位的尊卑，第三条是根据异姓女子嫁来以后所取得的名分，第四条是根据本族女子的出嫁与否，第五条是根据死者是成年人与否，第六条是从服。从服又可分为六种：第一种是属从，即因亲属关系而为死者服丧，如儿子跟从母亲为母亲的娘家人服丧；第二种是徒从，即非亲属而为之服丧，例如臣子为国君的家属服丧；第三种是本来有从服而变为无服，例如国君的庶子，本来是应跟从其妻为其岳父服丧的，但因怕触犯国君禁忌，就不服丧了；第四种是本来没有从服而变为有服，例如国君的庶子不为其母亲的娘家人服丧，而庶子之妻却要为之服丧；第五种是本应跟着服重服而变为服轻服，例如妻为其娘家父母服齐衰期，为重，而丈夫为其岳父母仅服缌麻，是轻。第六种是本应跟着服轻服而变为服重服，例如国君的庶子为其生母仅仅头戴练冠，葬后即除，而庶子之妻却要为之服齐衰期。从恩情这个角度上讲，沿着父亲逐代上推以至于远祖，那是愈远愈轻；从道义这个角度上讲，沿着远祖逐代下推以至于父庙，那是愈远愈重。这样，远祖在恩情上虽轻，在道义上却重；父亲在恩情上虽重，在道义上却轻。这样的有轻有重，从人情道理上也是讲得通的。国君身兼宗子，有义务聚合族人宴饮，敦睦族谊，但族人却不可自恃与国君有血缘关系而以家人之礼对待他，这是国君所处的地位所决定的。

【原文】

庶子不祭，明其宗也。庶子不得为长子三年，不继祖也。别子为祖，继别为宗，继祢者为小宗。有百世不迁之宗，有五世则迁之宗。百世不迁者，别子之后也；宗其继别子之，所自出者，百世不迁者也。宗其继高祖者，五世则迁之也。尊祖故敬宗。敬宗，尊祖之义也。有小宗而无大宗者，有大宗而无小宗者，有无宗亦莫之宗者，公子是也。公子有宗道：公子之公，为其士大夫之庶者，宗其士大夫之适者，公子之宗道也。绝族无移服，亲者属也。

【译文】

庶子不祭祖祢，这表明祭祖祢的事情应由宗子来做。做父亲的是庶子，就不能为其长子服丧三年，因为庶子不是祖祢的继承人。别子为其后裔之始祖，继承别子的嫡长子是大宗，继承别子之庶子的是小宗。有百世不迁之宗，即大宗；有五世则迁之宗，即小宗。百世不迁的大宗，就是别子的嫡长子那一支。继承别子的嫡长子那一支，就是百世不迁的大宗。只能继承高祖的宗，是五世则迁的小宗。因为尊祖，所以才尊敬嫡长子，而尊敬嫡长子，也就等于尊祖。诸侯公子的宗法，第一种是只有小宗而无大宗，第二种是只有大宗而无小宗，第三种是无人可为己宗，也无人以己为宗，这就是诸侯公子宗法的情况。诸侯的公子有这样的宗法，即由国君立一个同母弟作为其余被封为士大夫的异母弟的宗子，这就是公子的宗法。出了五服的族人，恩义已经断绝，就不再彼此互相挂孝。至于五服以内的亲属，该怎么服丧还怎么服丧。

【原文】

自仁率亲，等而上之，至于祖；自义率祖，顺而下之，至于祢。是故，人道亲亲也。亲亲故尊祖，尊祖故敬宗，敬宗故收族[①]，收族故宗庙严，宗庙严故重社稷，重社稷故爱百姓，爱百姓[②]故刑[③]罚中，刑罚中故庶民安，庶民安故财用足，财用足故百志成，百志成故礼俗刑，礼俗刑然后乐。诗云："不[④]显不承，无斁于人斯。"此之谓也。

【注释】

①收族：合族，团结族人。②百姓：谓百官。③刑：通"型"，典范。④不：通"丕"，大也。

【译文】

　　从恩情上讲，从父亲开始逐代上推以至于远祖，那是愈往上推愈轻；从道义上讲，从远祖开始逐代下推以至于父庙，那是越远越重。由此看来，爱其父母乃是人的天性。爱其父母就必然会尊敬祖先，尊敬祖先就必然会尊敬宗子，尊敬宗子就必然会团结族人，团结族人就必然会宗庙尊严，宗庙尊严就必然会重视社稷，重视社稷就必然会爱护百官，爱护百官就必然会刑罚公正，刑罚公正就必然会百姓安宁，百姓安宁就必然会财用充足，财用充足就必然会万事如意，万事如意就必然会礼俗美好，礼俗美好就会导致普天同乐。《诗经》上说："文王的功德，伟大而令人叹美，人们永远怀念他。"说的就是这个意思。

少仪

【题解】

篇名《少仪》，少犹小也。郑玄注以为篇名的含义是"以其记相见及荐羞之小威仪。"本篇主要记述日常社会交际的礼仪细节。内容包罗甚广，有相见礼、适丧礼、致赗礼，乃至洒扫、问卜、事君、事长、御车、侍食、饮酒、膳羞等诸礼，与《曲礼》《内则》相仿。

【原文】

闻①始见君子者辞，曰："某固愿闻名于将命者②。"不得阶主③。适者曰："某固愿见。"罕见曰："闻名"。亟见曰："朝夕"。瞽曰："闻名"。适有丧者曰："比"。童子曰："听事"。适公卿之丧，则曰："听役于司徒"。

【注释】

①闻：闻的主语是本篇作者。②某：求见者之名。闻名：通达姓名。将命者：出入传话的人，犹今日之传达。③阶主：谓直接指斥主人。

【译文】

听说古人相见之礼，如果是第一次拜访君子，就要说："某某很希望把贱名报告给您。"不可指名道姓地求见主人。如果是拜访与自己地位相等的人，就说："某某特地前来拜会。"平时难得见面的，就说："某某很希望将贱名通报给您。"常常见面的，就说："某某常常麻烦您的传达通报。"瞎子求见，其所致辞与平时难得见面者相同。到有丧事的人家去求见，应说："特来与您的传达一齐效劳。"未成年的孩子则说："特来听候使唤。"到有丧事的公卿之家去求见，应说："特来听候府上总管的差遣。"

【原文】

君将适他，臣如致金玉货贝于君，则曰："致马资于有司"；敌者曰："赠从者"。臣致禭于君，则曰："致废衣于贾①人"；敌者曰："禭"。亲者兄弟不，以禭进。臣为君丧，纳货贝于君，则曰："纳甸②于有司"。赗马入庙门；赙马与其币，大白兵车，不入庙门。赗者既致命，坐委之，摈者举之。主人无亲受也。

【注释】

①贾：熟知物价贵贱而为国君掌管衣物的人。②甸：谓田野之物。实即采地的收入。

【译文】

国君将到他国出访，臣下如果要向国君赠送金玉货币等物，应该谦让地说："这是一点送给陛下随从的养马费用。"如果是赠给地位相当的人，就应该说："送点微薄的礼品供您的从者使用。"臣下送敛衣给国君，应该说："臣某来给贾人送点废置不用的衣服。"如果是送敛衣于地位相当的人，就应该说："特来为死者送敛衣。"如果是大功以上的亲属赠送敛衣，那就不必客套，直接把敛衣送去就是。臣下为国君的丧事向国君进献货币，应该说："这是向有关部门进献一点田野之物。"送给死者的马可以进入庙门。送给丧主料理丧事的马和礼品，以及插有大白旗帜的兵车，就不宜进入庙门。赠送丧主礼品的人在吊唁以后，要跪着将礼品放在地上，然后由帮助丧主接待宾客的人从地上拿起来，加以收藏，丧主是不亲自接受的。

【原文】

受立授立，不坐。性之直者则有之矣。始入而辞，曰："辞矣"。即席，曰："可矣"。排阖说屦于户内者，一人而已矣。有尊长在则否。问品味曰："子亟食于某乎？"问道艺曰："子习于某乎？""子善于某乎？"不疑在躬，不度民械，不愿于大家，不訾重器。泛扫曰埽，埽席前曰拚。拚席不以鬣，箕膺揭。不贰问。问卜筮曰："义与？志与？"义则可问，志则否。

【译文】

一般情况下，受授礼物的双方都采取立姿，不采取跪姿，这样比较方便。但是，如果生来就是个身材高大的人，那就得采取跪姿受授礼物，以避免造成居高临下之势。客人刚刚入门，摈者要提醒主人向客人说："请您先进。"等到宾主双方都来到席前时，摈者就说："请各位落座"。如果坐席是铺设在室内，宾主在推门进去以后，只有地位最尊或年龄最大的一位可以脱鞋于室内席侧，其他人都脱于户外。如果室内原来已经坐有尊长，则后来的人都要将鞋子脱在户外。宾主之间如果询问对方的口味嗜好，要说："您经常吃某种食品吗？"如果询问对方的道艺，要说："您经常研究某一方面的学问吗？"或者说："足下是某一方面的专家吧？"不要做事让人怀疑自己，不要估量人家器械的多少，不要羡慕富贵人家，不要乱说人家的贵重物品不好。室内室外都进行打扫叫扫，只打扫席前一片地方叫拚。打扫席前不可使用扫帚，拿畚箕时要把箕舌对住自己的胸口。问卜的时候必须专心致志。在卜筮以前先要扪心自问："我来求卜筮是为了公家正事呢？还是为了个人目的？"如果是为了公家正事，才可以问；为了个人目的，就不可以问。

【原文】

尊长于己踰等①，不敢问其年。燕见②不将命。遇于道，见则面，不请所之。丧俟事不犆③吊。侍坐弗使，不执琴瑟，不画地，手无容，不翣也。寝则坐而将命。侍射则约矢，侍投则拥矢。胜则洗而以请，客亦如之。不角，不擢马。

【注释】

①踰等：谓爵位或辈分高于自己。②燕见：在主人闲暇时去拜见。燕，通"宴"，闲也。③犆：同"特"，单独。

【译文】

对于爵位或辈分高于自己的尊长，不应该询问他们的年龄。在尊长闲暇时前去拜见，可以不用传达通报。在路上遇到尊长，如果被尊长看见了，就上前问好，没有被看到就算了。在路上遇到尊长，不要问他到哪里去。去尊长家里吊丧，要等到朝夕哭时，不要独自随便闯进去吊丧。在陪侍尊长座谈时，如果尊长没有发话，就不要拿起琴瑟弹奏，不要在地上画来画去，不要玩弄手指，不要摇动扇子。尊长如果是躺着，卑幼者就应跪着为他传话。在陪侍尊长射箭时，要让尊长先取箭，然后自己再一次取过四箭。在陪侍尊长投壶时，要把自己要投的四支箭都拿在手里，不可放到地上。在射箭和投壶时，如果是卑幼者获胜，不可像通常那样让尊长吃罚酒，而要洗好杯子，斟好酒，端到他席前请他喝。如果是主人和客人比赛而客人输了，主人也要以这样的礼数对待客人。请尊长吃罚酒，不可使用吃罚酒的专用杯子。投壶时尽管卑幼者占据优势，但也不能按照擢马规则办事。

【原文】

　　执君之乘车则坐。仆者右带剑，负良绥，申之面，拖诸幦，以散绥升，执辔然后步。请见不请退。朝廷曰退，燕游曰归，师役曰罢。侍坐于君子，君子欠伸，运笏，泽剑首①，还屦②，问日之蚤莫③，虽请退可也。事君者量而后入，不入而后量；凡乞假于人，为人从事者亦然。然，故上无怨，而下远罪也。

【注释】

　　①泽剑首：抚摩剑柄。抚摩时间长了，剑柄上会有汗泽。②还屦：尊者脱鞋于户内，鞋在席侧，所以可旋转鞋的方向。③蚤莫：即"早暮"。

【译文】

　　在国君尚未登车时，驾车人手执马缰，跪在车中央。驾车人要把剑佩在身体右侧，把良绥搭在左肩，绕过背后，从右腋下穿出而至于面前，使其末稍搭在车轼的覆盖物上，准备让国君拉着登车。驾车的人拉着散绥登车，一手执马鞭，一手握马缰，然后试车。卑幼者可以请求进见尊长，但在既见之后不可主动请求退下，需待尊长示意方可告辞。从朝廷上下来叫作"退"，从宴席上或游玩后回家叫"归"，从军队上、从工地上下来叫"罢"。陪侍君子坐着说话，如果看到君子打哈欠，伸懒腰，转动笏板，抚摩剑柄，旋转鞋头的朝向，讯问时间的早晚，这都是君子困倦的表示。看到这种情形，主动请退是完全可以的。向国君提建议，应该在考虑成熟以后再提，不要在提出以后才进行考虑。凡是向人借东西，或者替别人办事，也要这样。唯其这样，才可以既不招致国君怪罪，自己也不至于得罪别人。

【原文】

不窥密，不旁狎，不道旧故，不戏色。为人臣下者，有谏而无讪，有亡而无疾；颂而无谄，谏而无骄；怠则张而相之，废则埽而更之；谓之社稷之役。毋拔来，毋报①往，毋渎神，毋循枉，毋测未至。士依于德，游于艺；工依于法，游于说。毋訾衣服成器，毋身质言语。言语之美，穆穆皇皇；朝廷之美，济济②翔翔；祭祀之美，齐齐皇皇③；车马之美，匪匪④翼翼⑤；鸾和⑥之美，肃肃雍雍。

【注释】

①拔、报：皆疾速之义。报，通"赴"。②济济：端重貌。③皇皇：读为"往往"，谓孝子祭祀，心有所系往。④匪匪：读为"排排"。马行走不止貌。⑤翼翼：整齐貌。⑥鸾和：都是车铃。鸾在车衡，和在车轼。

【译文】

不要窥探他人的隐私秘密，不要随便与别人套近乎，不要揭露他人的老底，不要有嬉笑侮慢的神态。作为臣子，对国君的过失可以当面劝谏，但不可以背后讪谤；国君如果不接受劝谏，做臣子的可以离他而去，但不可以心存怨恨。国君有美德，臣子可以称颂，但不可流于谄媚。国君接受了臣子的劝谏，臣子切不可得意忘形。国君如果怠于政事，臣子应当鼓励他帮助他；国政如果败坏，臣子应当扫除弊政，更创新政。能够这样做，就叫作社稷之臣。做任何事情都不能只凭一时冲动，否则也就只有三分钟的热度。不可亵渎神明，不可重蹈覆辙，不可妄测未来。作为士，应当以道德为依归，沉潜于六艺之中。作为工匠，应当以规矩为依归，钻研有关的理论。不要诋毁别人的衣服和制成的器皿。对于可疑的传闻只可姑妄听之，不可妄加证实。言语之美，在于语气平和，言简意深。朝廷之美，在于端庄整齐，举动合礼。祭祀之美，在于谨慎诚恳，心系鬼神。车马之美，在于行进整齐。鸾和之美，在于铃声的清脆和谐。

【原文】

　　问国君之子长幼，长，则曰："能从社稷之事矣。"幼，则曰："能御"、"未能御。"问大夫之子长幼，长，则曰："能从乐人之事矣。"幼，则曰："能正于乐人"、"未能正于乐人。"问士之子长幼，长，则曰："能耕矣。"幼，则曰："能负薪"、"未能负薪。"

【译文】

　　别人问及国君儿子的年龄，如果已经长大，就回答说"已经能够从事国家的政事了"；如果还没有长大，但已是大童，就回答说"已经能够驾驭车马了"；如果尚未成童，就回答说"还不能够驾驭车马"。别人问及大夫儿子的年龄，如果已经长大，就回答说："已经能够从事乐师的事务了"；如果尚未长大，就回答说"能够接受乐师的指正了"；如果尚未成童，就回答说"还不能受乐师的指正呢"。别人问及士的儿子的年龄，如果已经长大，就回答说"已经会耕地了"；如果尚未长大，就回答说"已经会背柴了"；如果尚未成童，就回答说"还不能背柴呢"。

【原文】

　　执玉执龟筴不趋，堂上不趋，城上不趋。武车不式；介者不拜。妇人吉事，虽有君赐，肃拜①。为尸坐，则不手拜②，肃拜；为丧主则不手拜。葛绖而麻带。取俎进俎不坐。执虚如执盈，入虚如有人。凡祭于室中堂上无跣，燕则有之。未尝③不食新。

【注释】

　　①肃拜：九拜之一。其法是下跪，低头，双手下垂而不至于地。肃拜是妇女常用之拜。②手拜：下跪，双手至地，低头至手而拜。妇女以手拜为丧拜。③尝：将当令的新鲜食品献祭于宗庙。

【译文】

　　手中拿着玉器，手中拿着龟甲蓍草，不要快步走。在堂上不要快步走，在城上不要快步走。在兵车上，不需要凭轼行礼。身穿铠甲的将士不行拜礼。

妇女在行吉礼时，即使是拜谢国君之赐，也是用肃拜。在充当祖姑之尸时，虽取坐姿，但不用手拜，而用肃拜。如果为丈夫或长子的丧主，则不行手拜礼，而行稽首礼。妇人在哭完灵以后，头上改戴葛绖，而腰间仍用麻带。祭祀时，无论是从俎上取肉还是把肉放到俎上，都不用跪下。手中拿着空的器皿，要像拿着装满东西的器皿那样小心谨慎。进入无人的房间，要像进入有人的房间那样恭敬。大凡祭祀，不管在室中还是堂上，都不脱鞋；但在燕饮时，升堂之前就要脱鞋。在没有把当令食品先献祭宗庙之前，任何人都不得吃。

【原文】

仆于君子，君子升下则授绥；始乘则式；君子下行，然后还立。乘贰车则式，佐车则否。贰车者，诸侯七乘，上大夫五乘，下大夫三乘。有贰车者之乘马服车不齿。观君子之衣服，服剑，乘马，弗贾。

【译文】

为尊长驾车，尊长上下车时，要把登车索递给他，使他有所把持。始乘之时，尊长尚未出来，驾车人要俯首凭轼，敬候尊长上车。尊长下车步行离开之后，驾车人将车转往一旁，下车站着守候。乘贰车要凭轼行礼，乘佐车就不必了。贰车的数量，诸侯是七辆，上大夫是五辆，下大夫是三辆。大夫以上的阶层，对于他们所乘之车及拉车之马，不要随便评论其新旧老幼。观看尊长的衣服、佩剑、驾车之马，不要议论其价值。

【原文】

其以乘壶酒，束修，一犬赐人，若献人，则陈酒执修以将命，亦曰乘壶酒，束修，一犬。其以鼎肉，则执以将命。其禽加于一双，则执一双以将命，委其余。犬则执绁；守犬，田犬，则授摈者，既受，乃问犬名。牛则执纼，马则执靮，皆右之。臣则左之。车则说^①绥，执以将命。甲若有以前之，则执以将命；无以前之，则袒橐奉胄。哭则执盖。弓则以左手屈韣执拊。剑则启椟盖袭之，加夫桡与剑焉。笏、书、修、苞苴、弓、茵、席、枕、几、颖、杖、琴、瑟、戈有刃者椟、筴、钥，其执之皆尚左手。刀却刃授颖。削授拊。凡有刺刃者，以授人则辟刃。乘兵车，出先刃，入后刃。军尚左，卒尚右。宾客主恭，祭祀主敬，丧事主哀，会同主诩。军旅思险，隐情以虞。

【注释】

①说：通"脱"，解下。

【译文】

如果以四壶酒、十条干肉、一只狗赐给下属，或者下属以同样的物品献给尊长，都是把酒和狗留到门外，只拿着干肉进去禀报，但禀报辞却要把所献物品全部表述出来："送来四壶酒、十条干肉、一只狗。"如果赠送的是已经切割好的肉，那就拿着肉进去通报。如果赠送的是家禽而且数量超过一双，那就只拿着一双进去通报，其余的都留在门外。当然，通报时要有多少双就说多少双。赠犬时，要牵着系狗的绳子。如果是赠送看家犬、田猎犬，就要交给主人家负责接待宾客的摈者；摈者接受之后，要询问狗的名字。如果是赠牛，就要牵着牛鼻绳；如果是赠马，就要牵着马缰绳。牛和马之类，都用右手牵绳；如果所送的是俘虏，就要用左手牵，空着右手以备其反抗。如果是赠车，只要将车上的绥解下来拿着进去通报就可以了。赠送盔甲时，如果有其他较轻的礼物需要先献，那就拿着比较轻礼物进去通报；如果没有较轻的礼物需要先献，那就打开放盔甲的袋子，取出头盔，拿着它进去通报。赠送笨重的盒子，可以只拿着它的盖子进去通报。赠弓时要把弓套褪下，左手抓着中央把手。赠剑时要打开剑匣的盖，把匣盖合在剑匣底部，然后把剑套垫在匣内，压在剑下。凡是赠送笏、书、干肉、芦苇包着鱼肉、弓、褥子、席、枕、小几、警枕、手杖、琴、瑟、用木盒装着的有刃的戈、菁草、筲等物，在拿的时候都以用左手为敬。送刀给人时，要让刀刃向后，递给对方刀环。递送曲刀时，要把刀把递给对方。凡是把有锋刃的东西递给别人时，都不要把锋刃正对着别人。在战车上的人，出城时刀刃向前，入城时刀刃向后。军队中的行列，将军以居左为上，示战无不胜；士卒以居右为上，示必死之志。接待宾客，要强调的是外貌之恭。举行祭祀，要强调的是内心之敬。办理丧事，要强调的是内心悲哀。国际交往，要强调的是扬我国威。行军作战，要留心险阻之处，不泄露自己的秘密，估量敌方意图。

【原文】

燕侍食于君子，则先饭而后已①；毋放饭，毋流歠；小饭而亟之；数噍②

毋为口容。客自彻，辞焉则止。客爵居左，其饮居右；介爵、酢爵、僎爵皆居右。羞③濡鱼者进尾；冬右腴，夏右鳍；祭膴。凡齐④，执之以右，居之于左。赞币自左，诏辞自右。酳尸之仆，如君之仆。其在车则左执辔右受爵，祭左右轨、范乃饮。

【注释】

①先饭：表示为君子尝食。后已：表示劝君子吃饱。②嚼：通"嚼"。③羞：进献。④齐：谓盐、梅等调味品。

【译文】

陪着尊长吃便饭时，要先尝食，要在尊长吃饱后才停止。不要把多取的饭再放回食器，不要大口大口地喝汤以至于汤汁顺着嘴角外流。要小口吃饭，但要迅速咽下。咀嚼要快，不要满嘴都是饭，弄得腮帮子都鼓起来。饭后，客人想自己收拾餐具，主人要加以劝阻，客人也就住手。举行乡饮酒礼时，主人酬宾的爵，宾接过以后不饮，放在自己席前的左边，主人献给介的爵，宾回敬主人的爵，主人献给僎的爵，这都是必饮之爵，都放在各自席前的右边。平常吃鱼，如果上的是烧好后又浇上汁的鱼，就要叫鱼尾朝前。冬天上鱼时让鱼腹在右，夏天上鱼时让鱼脊在右，这样便于用右手取食。祭祀的时候，要用胹。凡使用盐、梅等调味品，要用右手拿着，而把要调制的羹饭放在左手上。摈者在代表国君授人礼品时，要从国君的左边出；在为国君传达命令时，要从国君的右边出。给为尸驾车的人酳酒，其礼数与给君驾车的人酳酒相同。如果驾车人在车上，则以左手抓住缰绳，右手接过酒杯，先用酒祭车轴两头和车轼前面，然后自饮。

【原文】

凡羞有俎者，则于俎内祭。君子不食圂腴。小子走而不趋①，举爵则坐祭立饮。凡洗必盥。牛羊之肺，离而不提心②。凡羞有湆者，不以齐。为君子择葱薤，则绝其本末。羞首者，进喙祭耳。尊者以酌者之左为上尊。尊壶者面其鼻。饮酒者、禨者、醮者，有折俎不坐。未步爵，不尝羞。牛与羊鱼之腥，聂③而切之为脍；麋鹿为菹，野豕为轩，皆聂而不切；麕为辟鸡，兔为宛脾，皆聂而切之。切葱若薤，实之酰以柔之。其有折俎者，取祭肺，反之，不坐；

燔亦如之。尸则坐。

【注释】

①趋：趋跄。指步趋中节。②离：割切。提：割断。心：指中央部分。③聂：通"牒"，把肉切成薄片。

【译文】

凡上菜，如果用俎盛，就在俎内祭之。君子不吃猪犬的肠胃。弟子辈参与宴会，只能匆忙奔走而供役使，不能要求他们的步伐合礼中节；若举杯喝酒，可以和尊长一样跪着祭酒，但饮时却要起立。凡是洗杯子以前，一定先要洗手。牛羊的肺，切割时要留着中央的一点相连，到吃的时候再用手拉断，以便祭而后食。凡有汁的菜肴，就不用再加什么调料。为君子择葱、薤时，要把不能吃的根须和枯叶掐掉。凡上牲头，要把牲嘴对着尊者；尊者以牲耳来祭。陈设酒尊的人，要以斟酒人的左边为上尊之位。陈设酒壶的人，要使壶嘴朝外向着人。平常饮酒、洗头之后饮酒、向始冠者敬酒，在折俎未被撤下之前不敢落座。没有举行行酒礼，不吃菜肴。生的牛肉、羊肉、鱼肉，切成薄片以后再加细切就成为脍。麋肉、鹿肉切得较粗，叫作菹；野猪肉也切得较粗，叫作轩；都是切成薄片后不再细切。麇肉切得较细，叫作辟鸡；兔肉切得较细，那叫宛脾；都是切成薄片以后再加细切。葱和薤都要切碎，和肉拌在一起浸到醋里，使肉变软和除去腥气。如果有折俎，宾客就从折俎中取肺而祭，祭毕再放回俎内，取祭与放回时都不坐。取炙肉祭与放回时也不坐。做这些事情时，尸可以坐。

【原文】

衣服在躬，而不知其名为罔。其未有烛而有后至者，则以在者告。道瞽亦然。凡饮酒为献主者，执烛抱燋①，客作而辞，然后以授人。执烛不让，不辞，不歌。洗盥执食饮者勿气，有问焉，则辟咡②而对。

【注释】

①燋：尚未点燃之烛（火把）。②辟咡：交谈时侧着头，以免口气冲着对方，以表示尊重。

【译文】

衣服穿在身上而对有关衣服的知识说不出个所以然，就是无知。如果天色已晚，尚未掌灯，这时又有人来参加集会，主人就要把已经在座的人介绍给后来者。作盲人向导时也是这样。凡饮酒时为主人者，看到天色已晚，就应该一手执着点燃的火把，一手抱着尚未点燃的火把，以表示自己的热情好客。客人看到这种情况要站起来表示谢意，然后主人把已点燃、未点燃的火把都交给自己的下人。夜晚的宴会，宾主之礼就不十分讲究了。不必过多谦让，不必互相辞谢，不必交替而歌。为长者倒水洗脚、洗手和拿取吃的喝的，不要让口中之气直冲长者和食品。长者如果有所垂问，幼者要侧着头回答，以免口气冲及长者。

【原文】

为人祭曰致福；为己祭而致膳于君子曰膳；祔练曰告。凡膳告于君子，主人展之，以授使者于阼阶之南，南面再拜稽首送；反命，主人又再拜稽首。其礼：大牢则以牛左肩、臂、臑、折九个，少牢则以羊左肩七个，犆豕则以豕左肩五个。国家靡敝，则车不雕几，甲不组縢①，食器不刻镂，君子不履丝屦，马不常秣。

【注释】

① 縢：缘边。

【译文】

代人主持祭祀，祭毕将胙肉送人时，要说："把祭祀之福送给您。"主持自家祭祀，祭毕将胙肉送人时，要说："送点好吃的请品尝。"如果是举行祔、练之祭，祭毕送胙肉时，要说："我刚刚举行了祔、练之祭，特来禀告。"凡是送胙肉给国君，主人要亲自加以检视，在阼阶南面交给使者，面向南再拜稽首以送使者出发；使者完成使命归来，主人又面向南再拜稽首，以接受使者带回的君命。致送胙肉的礼数是：如果是太牢而祭，那就送牛的左肩、臂、臑三个部位，每个部位折为三段，共九段；如果是少牢而祭，那就送羊的左肩，折为七段；如果是用一只猪而祭，那就送猪的左肩并折为五段。国家财政紧张时，车子就不要雕刻花纹，铠甲也不用组带缘饰，食器也不用刻镂，有身份的人也不要穿丝鞋，马也不经常喂以谷物。

学记

【题解】

郑玄说："名曰《学记》者，以其记人学教之义。"也就是学者如何学、教者如何教之义。宋儒很推崇本篇，程颐说："《礼记》除《中庸》《大学》，唯《学记》《乐记》最近道。"当代学者认为，《学记》是战国后期思孟学派的作品，它对我国先秦时期的教育和教学第一次从理论上作了比较全面、系统的总结。《学记》不仅是中国古代也是世界上最早的一篇专门论述教育、教学问题的论著。《学记》言简意赅，喻辞生动，从教与学这两条线索出发，论述了教学的原则、方法、为师的条件、尊师的必要性、学习的方法、教与学的关系以及教学相长的基本规律，可资借鉴之处甚多。

【原文】

发虑宪①，求善良，足以謏②闻，不足以动众；就贤体远，足以动众，未足以化民。君子如欲化民成俗，其必由学乎！玉不琢，不成器；人不学，不知道。是故古之王者建国君民，教学为先。《兑命》③曰："念终始典④于学"。其此之谓乎！

【注释】

①虑宪：虑与宪是同义词，都是思虑之义。②謏：与"小"相通。③《兑命》：即《说命》，《尚书》篇名。兑，与"悦"同音。④典：经常。

【译文】

执政者发布政令，征求品德善良的人士辅佐自己，可以得到小小的声誉，但不能够耸动群众的听闻；接近贤明之士，亲近和自己疏远的人，可以耸动群众的听闻，但不能起到教化百姓的作用。君子想要教化百姓，并形成好的风俗，就一定要重视设学施教啊！玉石不经雕琢，就不能变成好的器物；人不经过学习，就不会明白道理。所以古代的君王，建立国家，统治人民，首先要设学施教。《尚书·兑命》篇中说："始终要以设学施教为主"，说的就是这个意思。

【原文】

虽有佳肴，弗食不知其旨也；虽有至道，弗学不知其善也。是故学然后知不足，教然后知困。知不足然后能自反也，知困然后能自强也。故曰：教学相长也。《兑命》曰："学学①半"。其此之谓乎！

【注释】

①学学：作"教学"。

【译文】

尽管有味美可口的菜肴，不吃是不会知道它的美味的；尽管有高深完善的道理，不学习也不会了解它的好处。所以，通过学习才能知道自己的不足，通过教人才能感到困惑。知道自己学业的不足，才能反过来严格要求自己；感到困惑然后才能不倦的钻研。所以说，教与学是互相促进的。《兑命》篇说："教与学是一个事情的两个方面"，说的就是这个意思。

【原文】

古之教者，家有塾，党①有庠，术②有序，国有学。比年入学，中年考校。一年视离经辨志；三年视敬业乐群；五年视博习亲师；七年视论学取友，谓之小成。九年知类通达，强立而不反，谓之大成。夫然后足以化民易俗，近者说服而远者怀之，此大学之道也。《记》曰："蛾③子时术④之"。其此之谓乎！

【注释】

①党：五百家为一党。党的学校叫庠。②术：通"遂"。一万二千五百家为遂。遂的学校叫序。③蛾：同"蚁"。④术：学习。

学记

【译文】

　　古代设学施教，每二十五家的"闾"设有学校叫"塾"，每一"党"有自己的学校叫"庠"，每一"术"有自己的学校叫"序"，在天子或诸侯的国都设立有大学。学校里每年招收学生入学，每隔一年对学生考查一次。第一年考查学生断句分章等基本阅读能力的情况，第三年考查学生是否专心学习和亲近同学，第五年考查学生是否博学和亲近老师，第七年考查学生讨论学业是非和识别朋友的能力，这一阶段学习合格叫"小成"。第九年学生能举一反三，推论事理，并有坚强的信念，不违背老师的教诲，达到这一阶段的学习标准叫作"大成"。唯有这样，才能教化百姓，移风易俗，周围的人能心悦诚服，远方的人也会来归顺他，这就是大学教人的宗旨。古书上说："求学的人应效法小蚂蚁衔土不息而成土堆的精神，不倦地学习，可以由小成到大成"。说的就是这个道理啊！

【原文】

　　大学始教，皮弁①祭菜，示敬道也。《宵雅》肄三②，官其始也。入学鼓箧，孙③其业也。夏楚④二物，收其威也。未卜禘不视学，游其志也。时观而弗语，存其心也。幼者听而弗问，学不躐等也。此七者，教之大伦也。《记》曰："凡学，官先事，士先志"。其此之谓乎！

【注释】

　　①皮弁：谓穿皮弁服。皮弁服是士的祭服。②《宵雅》：即《小雅》。宵，通"小"。三：指《诗经·小雅》中的《鹿鸣》《四牡》《皇皇者华》三篇。③孙：通"逊"，恭顺。④夏：通"榎"，木名，即楸树。可制教鞭，用以体罚学生。楚：荆条。

【译文】

　　大学开学的时候，天子或官吏穿着礼服，备有祭菜来祭祀先哲，表示尊师重道，学生要吟诵《诗经·小雅》中《鹿鸣》《四牡》《皇皇者华》三篇叙述君臣和睦的诗，使他们一入学就产生要做官的感受；要学生按鼓声开箧取出学习用品，使他们严肃地对待学业；同时展示戒尺，以维持整齐严肃的秩序；学生春季入学，教官没有夏祭不去考查学生，让学生有充裕的时间按自己的志愿去学习。学习过程中教师应先观察而不要事先告诉他们什么，以便让他们用心思考；年长的学生请教教师，年少的学生要注意听，不要插问，因为学习应循序渐进，不能越级。这七点，是施教顺序的大纲。古书上说："在教学活动中，教官首先要尽职，读书人要先立志"，说的就是这个道理啊！

【原文】

大学之教也，时①教必有正业，退息必有居学。不学操缦②，不能安弦；不学博依③，不能安诗；不学杂服，不能安礼。不兴其艺，不能乐学。故君子之于学也，藏焉修焉，息焉游焉。夫然，故安其学而亲其师，乐其友而信其道，是以虽离师辅④而不反也。《兑命》曰"敬孙务时敏，厥修乃来"，其此之谓乎！

【注释】

①时：谓按时序安排课程。②操缦：郑注云"杂弄"，盖谓以一些非正统的小调作指法练习。③依：譬喻。④辅：朋友。

【译文】

大学的教育活动，按时令进行，各有正式课业；休息的时候，也有课外作业。课外不学杂乐，课内就不可能把琴弹好；课外不学习设譬取意，课内就不能学好诗文；课外不学好服饰弁冕知识，课内就学不好礼仪。可见，不学习各种杂艺，就不可能乐于对待所学的正课。所以，君子对待学习，课内受业要学好正课；在家休息，要学好各种杂艺。唯其这样，才能安心学习，亲近师长，友爱学友，并深信所学之道。即使离开师长和学友，也不会违背所学的道理。《兑命》篇中说"只有专心致志谦逊恭敬，时时刻刻敏捷地求学，在学业上就能有所成就"，说的就是这个道理啊！

【原文】

今之教者，呻其占毕①，多其讯②言，及③于数进，而不顾其安，使人不由其诚，教人不尽其材，其施之也悖，其求之也佛④。夫然，故隐⑤其学而疾其师，苦其难而不知其益也。虽终其业，其去之必速，教之不刑，其此之由乎！

【注释】

①占：通"笘"，竹简。毕：竹简。②讯：通"谇（suì）"，告诉。③及：通"汲"，追求。④佛：通"拂"，违戾，违背。⑤隐：厌恶。

【译文】

今天的教师，单靠朗诵课文，大量灌输，一味赶进度，而不顾学生的接受能力，致使他们不能安下心来求学。教人不能因材施教，不能使学生的才能得到充分的发展。教学的方法违背了教学的原则，提出的要求不合学生的实际。这样，学生就会痛恨他的学业，并怨恨他的老师，苦于学业的艰难，而不懂得它的好处。虽然学习结业，他所学的东西必然忘得快，教学的目的也就达不到，其原因就在这里啊！

【原文】

大学之法：禁于未发之谓豫①；当其可之谓时；不凌节而施之谓孙；相观而善之谓摩。此四者，教之所由兴也。发然后禁，则扞格②而不胜；时过然后学，则勤苦而难成；杂施而不孙，则坏乱而不修；独学而无友，则孤陋而寡闻；燕朋逆其师，燕辟③废其学。此六者，教之所由废也。君子既知教之所由兴，又知教之所由废，然后可以为人师也。故君子之教，喻也。道④而弗牵，强⑤而弗抑，开而弗达。道而弗牵则和，强而弗抑则易，开而弗达则思。和、易以思，可谓善喻矣。

【注释】

①豫：预防。②扞格：互相抵触。③燕辟：谈不正经的话。辟，偏邪。④道：通"导"，引导。⑤强：劝勉。强，与"抢"同音。

【译文】

大学施教的方法：在学生的错误没有发生时就加以防止，叫作预防；在适当的时机进行教育，叫作及时；不超越受教育者的才能和年龄特征而进行教育，叫作合乎顺序；互相取长补短，叫作观摩。这四点，是教学成功的经验。错误出现了再去禁止，就有坚固不易攻破的趋势；放过了学习时机，事后补救，尽管勤苦努力，也较难成功；施教者杂乱无章而不按规律办事，打乱了条理，就不可收拾；自己一个人冥思苦想，不与友人讨论，就会学识浅薄，见闻不广；与不正派的朋友来往，必然会违逆老师的教导；从事一些不正经的交谈，必然荒废正课学习。这六点，是教学失败的原因。君子不但懂得教学成功的经验，而且懂得教学失败的原因，就可以当好教师了。所以说教师对学生施教，就是启发诱导，对学生诱导而不牵拉，劝勉而不强制，指导学习的门径，而不把答案直接告诉学生。教师对学生诱导而不牵拉，则师生融洽；劝勉而不强制，学生才能感到学习容易；启发而不包办，学生才会自己钻研思考。能做到师生融洽，使学生感到学习容易，并能独立思考，可以说是做到了善于启发诱导了。

【原文】

学者有四失，教者必知之。人之学也，或失则多，或失则寡，或失则易，或失则止。此四者，心之莫同也。知其心然后能救其失也。教也者，长善而救其失者也。善歌者，使人继其声；善教者，使人继其志。其言也，约而达，微而臧，罕譬而喻，可谓继志矣。

【译文】

学生在学习上有四种过失，是施教的人必须要了解的：人们学习失败的原因，或者是因为贪多，或者是知识面偏窄，或者是态度轻率，或者是畏难中止。这四点，是由于学生的不同心理和才智所引起的。教师懂得受教育者的不同心理特点，才能帮助学生克服缺点。教育的作用，就是使受教育者能发挥其优点并克服其缺点。会唱歌的人，不仅声音悦耳，动人心弦，还要使人情不自禁地跟着唱；会教人的人，不仅给人以知识，还要诱导学生自觉地跟着他学。教师讲课，要简单明确，精练而完善，举例不多，但能说明问题。这样，才可以达到使学生自觉地跟着他学的目的。

【原文】

君子知至学之难易而知其美恶，然后能博喻，能博喻然后能为师，能为师然后能为长，能为长然后能为君。故师也者，所以学为君也，是故择师不可不慎也。《记》曰"三王四代[①]唯其师"。其此之谓乎！凡学之道：严[②]师为难。师严然后道尊，道尊然后民知敬学。是故君之所以不臣于其臣者二：当其为尸③，则弗臣也；当其为师，则弗臣也。大学之礼，虽诏于天子无北面，所以尊师也。

【注释】

①三王四代：夏、商、周为三王，再加上虞就是四代。②严：尊敬。③尸：古代祭祖时代替死者受祭的人。

【译文】

君子要根据学生学习时的难易，看出学生资质的好坏，然后能做到因地制宜，对学生进行多方面的启发诱导。能够进行多方面启发诱导，才能当好教师。能当好教师才能做官长，能做官长才能当人君。所以说，当教师的，就是教统治权术的人。因为这个缘故，所以选择教师不可不慎重。古书上说："古代君王以选择教师为首要任务"，说的就是这个道理啊！在教育工作中，尊敬教师是难能可贵的。尊敬教师才能重视他传授的道。在上的君王能尊师重道，百姓才能专心求学。所以君王不以臣子相待的臣子有两种人：一是正在代表死者受祭祀的人，不以臣子相待；二是教师，不以臣子相待。根据礼制，这两种人被天子召见时，可以免去朝见君王的礼节，就是为了表示尊师重道。

【原文】

善学者，师逸而功倍，又从而庸①之。不善学者，师勤而功半，又从而怨之。善问者如攻坚木，先其易者，后其节目②，及其久也，相说以解。不善问者反此。善待问者如撞钟，叩之以小者则小鸣，叩之以大者则大鸣，待其从容，然后尽其声。不善答问者反此。此皆进学之道也。

【注释】

①庸：功劳。②节目：树木枝干交接处的疙疙瘩瘩部分。

【译文】

会学习的人，能使教师费力不大而效果好，并能感激教师；不会学习的人，即使老师很勤苦而自己收效甚少，还要埋怨教师。会提问的人，像木工砍木头先从容易的地方着手再砍坚硬的节疤一样。先问容易的问题再问难题，这样问题就会容易解决；不会提问题的人却与此相反。会对待提问的人，回答得有针对性，像撞钟一样，用力小，钟声则小，用力大，钟声则大，从容地响，让别人把问题说完再慢慢回答；不会回答问题的恰巧与此相反。以上这些，讲的都是教学的方法。

【原文】

记问之学，不足以为人师，必也听语乎！力不能问，然后语之，语之而不知，虽舍之可也。良冶之子，必学为裘；良弓之子，必学为箕；始驾马者反之，车在马前。君子察于此三者，可以有志于学矣。

【译文】

单靠死记一些零碎的知识，不能成为一个好教师，一定要有渊博的知识，随时准备根据学生的提问并给以圆满的回答才行。如果学生提不出问题，然后告诉他从某些方面钻研是可以的；告诉了他以后，仍不能理解，就不要再讲下去了。若要学到父亲高超的手艺，高明的冶金匠的儿子，一定要先去学缝皮袄；高明的弓匠的儿子，一定要先去学编撮箕；学拉车的小马，要放在车后跟着走。君子懂得了先易后难、由浅入深、反复练习、循序渐进使事业成功的道理，就可以立志于学了。

【原文】

古之学者，比物丑①类，鼓无当于五声②，五声弗得不和；水无当于五色③，五色弗得不章；学无当于五官④，五官弗得不治；师无当于五服⑤，五服弗得不亲。君子曰：大德不官，大道不器，大信不约，大时不齐。察于此四者，可以有志于学矣。三王之祭川也，皆先河而后海，或源也，或委也，此之谓务本！

【注释】

①丑：通"俦（chóu）"，齐。②五声：宫、商、角、徵、羽。③五色：青、赤、黄、白、黑。④五官：《曲礼下》说："天子之五官，曰司徒、司马、司空、司士、司寇"，此为泛指。⑤五服：斩衰、齐衰、大功、小功、缌麻。此处泛指人伦关系。

【译文】

　　古代求学的人，能够对同类事物进行比较，举一反三。鼓音不等同于五音中的任何一音，而五声中没有鼓点，就不和谐；水不等同于五色，但五色没有水调和，就不能鲜明悦目；学习不等同于五官，但五官不经过学习训练就不会发生好的功能；老师不等同于五服之亲，但没有教师的教导，人们不可能懂得五服的亲密关系。君子说，德行很高的人，不限于只担任某种官职；普遍的规律，不仅仅适用于某一种事物；有大信义的人，用不着他发誓后才信任他；天有四季变化，无需划一，也会守时。懂得这四点，就可以领会到做事求学也要抓住根本的道理了。古代的三王祭祀江河的时候，都是先祭河而后祭海，这是因为河是水的本源，而海是水的归宿。这才叫抓住了根本！

乐记

【题解】

本篇是儒家关于音乐理论的经典论述，相传为孔子弟子公孙尼子所作，主要论述了音乐的产生、音乐的社会功用以及音乐与礼、与人的德行、情性的关系，并涉及音乐对人的思想和感情的影响等。文章对音乐的论述全面、深入，是中国古代音乐理论史上一篇非常重要的文献。《乐记》作为先秦儒学的美学思想的集大成者，其丰富的美学思想，对两多千年来古典音乐的发展有着深刻的影响，并在世界音乐思想史上占有重要的地位。

【原文】

凡音之起，由人心生也。人心之动，物使之然也。感于物而动，故形于声；声相应，故生变；变成方，谓之音；比①音而乐之，及干戚羽旄，谓之乐也。乐者，音之所由生也，其本在人心感于物也。是故其哀心感者，其声噍以杀②；其乐心感者，其声啴以缓③；其喜心感者，其声发以散；其怒心感者，其声粗以厉；其敬心感者，其声直以廉④；其爱心感者，其声和以柔。六者非性也，感于物而后动，是故先王慎所以感之。故礼以导其志，乐以和其声，政以壹其行，刑以防其奸。礼乐刑政，其极一也，所以同民心而出治道也。

【注释】

①比：随着、顺着。②噍：通"焦"，急。杀：与"晒"同音，衰减。噍以杀就是促急而迅速减弱的意思。③啴：与"产"同音，宽舒。啴以缓就是宽缓的意思。④廉：不苟微细。直以廉是边、角分明，绝无邪曲的意思。

【译文】

　　大凡音的起始，是由人心产生的。而人心的变动，是物造成的。心有感于物而变动，由声表现出来；声与声相应和，才发生变化；按照一定的方法、规律变化，就叫作音；随着音的节奏用乐器演奏之，再加上干戚羽旄以舞之，就叫作乐了。所以说乐是由音产生的，而其根本是人心有感于物造成的。因此，被物所感而生哀痛心情时，其声急促而且由高而低，由强而弱；心生欢乐时，其声舒慢而宽缓；心生喜悦时，其声发扬而且轻散；心生愤怒时，其声粗猛严厉；心生敬意时，其声正直清亮；心生爱意时，其声柔和动听。以上六种情况，不关性情，任谁都会如此，是感于物而发生的变化，所以先王对外物的影响格外慎重。因此说礼用以诱导人的意志，乐用以调和人的声音，政用来统一人的行动，刑用来防止奸乱。礼乐刑政，其终极目的是相同的，都是为了齐同民心而使出现天下大治的世道啊。

【原文】

　　凡音者，生人心者也。情动于中，故形于声，声成文谓之音。是故治世之音安以乐，其正①和；乱世之音怨以怒，其正乖②；亡国之音哀以思，其民困。声音之道，与正通矣。宫为君，商为臣，角为民，徵为事，羽为物。五者不乱，则无怗懘③之音矣。宫乱则荒，共君骄；商乱则捶④，其臣坏；角乱则忧，其民怨；徵乱则哀，其事勤；羽乱则危，其财匮。五者皆乱，迭相陵，谓之慢。如此则国之灭亡无日矣。郑卫之音，乱世之音也。比于慢矣。桑间濮上之音，亡国之音也，其政散，其民流，诬上行私而不可止。

【注释】

　　①正：通"政"。②乖：背戾，不和谐。③怗懘：敝败。怗，与"沾"同音。懘，与"翅"同音。④捶：倾斜、不平正。

【译文】

　　凡是音，都是在人心中生成的。感情在心里冲动，表现为声，片片段段的声组合变化为有一定结构的整体称为音。所以世道太平时的音中充满安适与欢乐，其政治必平和；乱世时候的音里充满了怨恨与愤怒，其政治必是倒行逆施的；灭亡及濒于灭亡的国家其音充满哀和愁思，百姓困苦无望。声音的道理，是与政治相通的。五声中宫为君，商为臣，角为民，徵为事，羽为物。君、臣、民、事、物五者不乱，就不会有敝败不和的音声。宫声乱则五声废弃，其国君必骄纵废政；商声乱则五声跳掷不谐调，其臣官事不理；角声乱五音谱成的乐曲基调忧愁，百姓必多怨愤；徵音乱则曲多哀伤，其国多事；羽声乱曲调倾危难唱，其国财用匮乏。五声全部不准确，就是迭相侵陵，称为慢。这样国家的灭亡也就没有多少日子了。郑国、卫国的音声，是乱世之音，可与慢音相比拟；桑间濮上的音声，是亡国之音，其国的政治散漫，百姓流荡，臣子诬其君，在下位者不尊长上，公法废弃，私情流行而不可纠正。

【原文】

凡音者，生于人心者也；乐者，通于伦理者也。是故知声而不知音者，禽兽是也；知音而不知乐者，众庶是也。唯君子为能知乐。是故审声以知音，审音以知乐，审乐以知政，而治道备矣。是故不知声者不可与言音，不知音者不可与言乐，知乐则几①于礼矣。礼乐皆得，谓之有德。德者得也。是故乐之隆，非极音也；食飨②之礼，非极味也。清庙之瑟，朱弦而疏越，一倡而三叹，有遗音者矣。大飨之礼，尚玄酒而俎腥③鱼，大羹不和，有遗味者矣。是故先王之制礼乐也，非以极口腹耳目之欲也，将以教民平好恶而反人道之正也。

【注释】

①几：近。②食飨：食通"饲"。飨通"享"。凡以酒食待客均称为食飨。③俎：盛肉食的木盘。腥：肉未熟为腥。

【译文】

凡音，是在人心中产生的；乐，是与伦理相通的。所以单知声而不知音的，是禽兽；知音而不知乐的，是普通百姓。唯有君子才懂得乐。所以详细审察声以了解音，审察音以了解乐，审察乐以了解政治情况，治理天下的方法也就完备了。因此不懂得声的不足以与他谈论音，不懂得音的不足以与他谈论乐，懂得乐就近于明礼了。礼乐的精义都能得之于心，称为有德，德就是得的意思。所以说大乐的隆盛，不在于极尽音声的规模；宴享礼的隆盛，不在于肴

乐记

馔的丰盛。周庙太乐中用的瑟，外表是朱红色弦，下有两个通气孔，毫不起眼；演奏时一人唱三人和，形式单调简单，然而于乐声之外寓意无穷。大飨的礼仪中崇尚玄酒，以生鱼为俎实，大羹用味道单一的咸肉汤，不具五味，然而，在实际的滋味之外另有滋味。所以说先王制定礼乐的目的，不是为了满足口腹耳目的嗜欲，而是要以此教训百姓，使百姓有正确的好恶之心，从而归于人道的正路上来。

【原文】

人生而静，天之性也；感于物而动，性之颂也①。物至知知，然后好恶形焉。好恶无节于内，知②诱于外，不能反己，天理灭矣。夫物之感人无穷，而人之好恶无节，则是物至而人化物也。人化物也者，灭天理而穷人欲者也。于是有悖逆诈伪之心，有淫佚作乱之事。是故强者胁弱，众者暴寡，知者诈愚，勇者若怯，疾病不养，老幼孤寡不得其所，此大乱之道也。是故先王制礼乐，人为之节：衰麻哭泣③，所以节丧纪也；钟鼓干戚，所以和安乐也；婚姻冠笄，所以别男女也；射乡食飨，所以正交接也。礼节民心，乐和民声，政以行之，刑以防之。礼乐刑政四达而不悖，则王道备矣。

【注释】

①颂：容貌、外表。②知：指由于外物至而产生的感觉。③衰麻：丧服，此处指有关衰麻的礼仪制度。衰，与"崔"同音。

【译文】

人生来好静，是人的天性；感知外物以后发生情感的变动，是天性的外部表现。外物来到身边后被心智感知，然后形成好恶之情。好恶之情不节制于内，外物感知后产生的诱惑作用于外，天理就要泯灭了。外物给人的感受无穷无尽，而人的好恶之情没有节制，人就被身边的事物同化了。人被外物同化，就会灭绝天理而穷尽人欲。于是才有狂悖、逆乱、欺诈、作假的念头，有荒淫、佚乐、犯上作乱的事。因此，强大者胁迫弱小，众多者施强暴于寡少，聪慧多智的欺诈愚昧无知，勇悍的使怯懦者困苦，疾病者不得养，老人、幼童、孤儿、寡母不得安乐，这些是导致天下大乱的因素。所以，先王制礼作乐，人为的加以节制：以衰麻哭泣的礼仪制度，节制丧葬；钟鼓干戚等乐制，调和安乐；婚姻冠笄的制度，区别男女大防；乡射、大射、乡饮酒及其他宴客享食的礼节制度，端正人际间的交往关系。用礼节制民心，用乐调和民气，以政治推行之，刑罚防范之。礼乐刑政四者都能发达而不相悖乱，帝王之术也就完备了。

【原文】

乐者为同，礼者为异。同则相亲，异则相敬。乐胜则流①，礼胜则离。合情饰貌者，礼乐之事也。礼义立，则贵贱等矣；乐文同，则上下和矣；好恶著，则贤不肖②别矣；刑禁暴，爵举贤，则政均矣。仁以爱之，义以正之，如此则民治行矣。乐由中出，礼自外作。乐由中出，故静；礼自外作，故文。大乐必易，大礼必简。乐至则无怨，礼至则不争。揖让而治天下者，礼乐之谓也。暴民不作，诸侯宾服，兵革不试，五刑不用，百姓无患，天子不怨，如此则乐达矣。合父子之亲，明长幼之序，以敬四海之内。天子如此，则礼行矣。

【注释】

①流：流移不定，这里是庄重的反义词。②不肖：愚，不孝。

【译文】

乐的特性是求同，礼的特征是求异。同使人们互相亲爱，异则使人互相尊敬。乐事太过不加节制，会使人之间的尊卑界限混淆、流移不定；礼事太过不加节制，则使人们之间离心离德。和合人情，使相亲爱；整饬行为、外貌，使尊卑有序，这便是礼乐的功用了。礼的精义得以实现，就贵贱有等；乐事得以统一，则上下和合，无有争斗；人们好恶分明，贤与不贤自然区分开来；用刑罚禁止强暴，以爵赏推举贤能，就会政事均平。以仁心爱人，以义心纠正他们的过失，这样就会天下大治了。乐是人心中产生的，礼则是外加于人的。正因为乐自心出，所以它有静的特征；礼自外加于人身，其特征则是注重形式、外表。因而大乐的曲调、器具必甚简易，大礼必甚俭朴。乐事做得好了人心无怨，礼事做得好了则人无所争。所谓揖让而治天下，指的就是以礼乐治天下。强暴之民不起而作乱，诸候对天子恭敬臣服，甲兵不起，刑罚不用，百姓没有忧患，天子没有怨怒，这样乐事就发达了。调合父子之间的亲情，申明长幼之间的次序，使四海之内互相敬爱。天子做到这些，礼事就发达了。

【原文】

　　大乐与天地同和，大礼与天地同节①。和，故百物不失；节，故祀天祭地。明则有礼乐，幽则有鬼神，如此则四海之内合敬同爱矣。礼者，殊事合敬者也；乐者，异文合爱者也。礼乐之情同，故明王以相沿也。故事与时并，名与功偕。故钟鼓管磬羽龠干戚，乐之器也；诎信俯仰级兆舒疾②，乐之文也。簠簋俎豆制度文章，礼之器也；升降上下周旋裼袭，礼之文也。故知礼乐之情者能作，识礼乐之文者能术。作者之谓圣，术者之谓明。明圣者，术作之谓也。乐者，天地之和也；礼者，天地之序也。和，故百物皆化；序，故群物皆别。乐由天作，礼以地制。过制则乱，过作则暴。明于天地，然后能兴礼乐也。论伦无患，乐之情也；欣喜欢爱，乐之容官也。中正无邪③，礼之质也；庄敬恭顺，礼之制也。若夫礼乐之施于金石④，越于声音，用于宗庙社稷，事于山川鬼神，则此所以与民同也。

【注释】

　　①节：就是节其贵贱，使贵贱高下有等的意思。②诎：通"屈"。信：通"伸"。舒：舒缓。疾：急速。③邪：邪曲，不正当，不正派。④施：用、加。金石：金指金属制成的乐器，如钟等；石指石类物质制成的乐器，如磬等。金石相合泛指一切乐器。

【译文】

　　大乐与天地同样地和合万物，大礼与天地同样地节制万物。和合才使诸物生长不失；节制才有了祭祀天地的不同仪式。人间有礼乐，阴司有鬼神，以此二者教民，就能做到普天之下互相敬爱了。所谓礼，是要在各种场合下都做到互相尊敬；所谓乐，则是不论采用何种形式都体现同样的爱心。礼乐这种合敬合爱之情永远相同，是从古代贤明帝王一代代因袭下来。使得礼乐之事与时代相符，盛名与功德相符。所以钟鼓管磬羽龠干戚，只是乐所用器具；屈伸俯仰聚散舒疾，是乐的表现形式。而簠簋俎豆制度文章，是礼所用器具；升阶降阶、上堂下堂，环绕转身、袒露外衣、掩住外衣，都是礼的表现形式。知礼乐之情的才能制礼作乐，识得礼乐表现形式的只能记述修习先王所作不能自制。能自制作的称为圣，记述修习先王制作的称为明。谓明谓圣，就是能述能作的意思。乐是模仿天地的和谐产生的；礼是模仿天地的有序性产生的。和谐，才能使百物都化育生长；有序，才使群物都有区别。乐是按照天作成，礼是仿照地所制。所制过分了就会由于贵贱不分而生祸乱，所作过分则会因上下不和而生强暴。明白了天地的这些性质，然后才能制礼作乐。言与实和合不悖，是乐的主旨；欣喜欢爱，是乐的事迹。而中正无邪曲，是礼的实质，庄严敬顺则是礼的形制。至于礼乐加于金石，度为乐曲，用于祭祀宗庙社稷和山川鬼神的形式，天子与众民都是一样的。

【原文】

王者功成作乐，治定制礼。其功大者其乐备，其治辨①者其礼具。干戚之舞，非备乐也；亨孰而祀，非达礼也。五帝殊时，不相沿乐；三王异世，不相袭礼。乐极则忧，礼粗则偏矣。及夫敦乐②而无忧，礼备而不偏者，其唯大圣乎？天高地下，万物散殊，而礼制行③也；流而不息，合同而化，而乐兴也。春作夏长，仁也；秋敛冬藏，义也。仁近于乐，义近于礼。乐者敦和，率④神而从天；礼者辨宜，居鬼而从地。故圣人作乐以应天，作礼以配地。礼乐明备，天地官矣。

【注释】

①辨：通"遍"，普遍、宽广之意。②及：连接词，至于、以及、并。夫：发语词。敦乐：敦厚之乐。③行：实行，亦可作产生解释。④率：遵循、顺服。有敬义。

【译文】

帝王大功告成了就制作乐，文治成就了就制定礼。功业大的所制乐更加完备，文治广的所作礼制也更为具体。像舞动干戚那样的武乐，只歌颂武功，就不是完备的乐；礼重文，所以祭重气不重味，用烹熟的食物祭祀不是盛大的礼。五帝在位不同时，所作乐不相沿袭；三王不同世，也各自有礼，互不相同。乐太过则废事，后必有忧患，礼太简则不易周全，往往有偏漏。至于乐敦厚而无有忧患，礼完备又没有偏漏的，岂不是唯有大圣人才能如此吗？天空高远，地面低下，万物分散又各不相同，仿照这些实行了礼制；万物流动，变化不息，相同者合，不同者化，仿照这些兴起了乐。春天生，夏天长，化育万物，这就是仁；秋天收敛，冬天贮藏，敛藏决断，这就是义。乐能陶化万物，与仁相近；礼主决断，所以义与礼相近。乐使人际关系敦厚和睦，尊神而服从于天；礼能分别宜贵宜贱，敬鬼而服从于地。所以圣人作乐以与天相应，制礼与地相应。礼乐详明而完备，天地也就各得其职了。

【原文】

天尊地卑，君臣定矣。高卑已陈①，贵贱位矣。动静有常，小大殊矣。方以类聚，物以群分，则性命不同矣。在于成象，在地成形，如此则礼者天地之别也。地气上跻，天气下降，阴阳相摩，天地相荡，鼓之以雷霆，奋之以风雨，动之以四时，暖之以日月，而百物化兴焉，如此则乐者天地之和也。化不时则不生，男女无别则乱登，此天地之情也。及夫礼乐之极乎天而蟠乎地，行乎阴阳而通乎鬼神，穷高极远而测深厚。乐著太始而礼居成物。著不息者天也，著不动者地也。一动一静者，天地之间也。故圣人曰"礼云乐云"。

【注释】

①陈：陈列、布陈。

【译文】

天尊贵、地卑贱，君臣像天地，其地位高下就确定了。山泽高卑不同，布列在那里。公卿像山泽，其地位就有了贵贱之分。或动或静，各有常行，大者静，小者动，万物的大小就可以区别了。法术性行等无形体者以类相聚，世间万物有形体者以群相分，群类有不同，其性命长短也不相同。万物在天者显光亮，在地者成形体，如此说，礼就是天地间万物的界限和区别。地上的气上升，天上的气下降，地气为阴，天气为阳，所以阴阳之气相促迫，天地之气相激荡，以雷霆相鼓动，以风雨相润泽，于是万物奋迅而出，并随四时而变动，再以日月的光泽相温暖，就变化生长起来了。如此说，乐就是天地万物间的和合和谐调。化育不时万物就不能产生，男女没有分别就会产生祸乱，这是天地的情趣或意志。并且礼乐充斥于天地之间，连阴阳鬼神也与礼乐之事相关，高远至于日月星三辰，深厚如山川，礼乐都能穷尽其情。乐产生于万物始生的太始时期，而礼则产生于万物形成以后。生而不停息者是天，生而不动者是地。有动有静，是天地间的万物。礼乐像天地，所以圣人才有以上关于礼乐的种种论述。

【原文】

昔者舜作五弦之琴，以歌《南风》；夔始作乐，以赏诸侯。故天子之为乐也，以赏诸侯之有德者也。德盛而教尊，五谷时孰，然后赏之以乐。故其治民劳者，其舞行缀远；其治民佚者，其舞行缀短。故观其舞而知其德，闻其谥而知其行。《大章》，章之也；《咸池》，备也；《韶》，继也；《夏》，大也；殷周之乐尽也。天地之道，寒暑不时则疾，风雨不节则饥。教者，民之寒暑也，教不时则伤世。事①者，民之风雨也，事不节则无功。然则先王之为乐也，以法治也，善则行象德矣。夫豢豕为酒，非以为祸也；而狱讼益烦②，则酒之流生祸也。是故先王因为酒礼，一献之礼，宾主百拜，终日饮酒而不得醉焉，此先王之所以备酒祸也。故酒食者，所以合欢也。乐者，所以象德也；礼者，所以闭淫也。是故先王有大事，必有礼以哀之；有大福，必有礼以乐之。哀乐之分，皆以礼终。

【注释】

①事：徭役、兵事。②狱讼：刑狱诉讼。烦：通"繁"，繁多。

【译文】

舜曾经作五弦琴，用来歌唱《南风》的乐章；自夔开始作乐以赏赐诸侯。所以天子作乐，是为了赏赐那些有德行的诸侯的。德行隆盛而又教化尊显，五谷丰登，不失季节，然后赏给乐舞。因此，治化使民劳苦者，赏给的乐队人数少，行短，相互连缀的距离远；治化使民安逸的，赏给的乐队人数多，行长而缀距短，所以只要看诸侯的乐舞就能知道他德行的大小，听他的谥号就能知道他行为的善恶。乐名《大章》，是表彰尧德盛明的意思；乐名《咸池》，是说黄帝施德咸备，无有不及；乐名为《韶》，表示舜能承继尧的功德；《夏》乐表示禹能光大尧舜的功德；殷乐《大濩》、周乐《大武》，也都是各自尽其人事的。天地的规律是，寒暑不按时而至就产生疾病，风雨无节制就产生饥荒。政治、教化，犹如百姓的寒暑，教化不合时宜就会伤害世道。劳役工事，犹如老百姓的风雨，不加节制就劳而无功。这样先王作乐，用来作为治化的象征。好的乐舞，其行长短就象征着治化之德的大小。养猪造酒，不是为了惹是生非，但有了酒肉以后，由于酗酒斗殴，刑狱诉讼的事更加繁多

·241·

了，所以先王制定了饮酒的礼节制度，有献有酬，一献之间，宾主互拜不计其数，以致终日饮酒也不会醉倒，以此对付酒食造成的祸端。有了酒礼才可以说酒食是用来合众而欢乐的，乐是用来象征德行的，礼是用来防止行为过分的。所以先王有死丧大事，必有相应的礼以表示哀痛之情；有祭祀等祈福喜庆大事，必有相应的礼以遂顺其欢乐的心情。哀痛、欢乐的程度，都视礼的规定为准。

【原文】

乐也者，施也；礼也者，报也。乐，乐其所自生；而礼，反其所逢始。乐章德，礼报情反始也。所谓大路者，天子之舆也；龙旗九旒，天子之旌也；青黑缘者，天子之葆龟也；从之以牛羊之群，则所以赠诸侯也。乐也者，情之不可变者也；礼也者，理之不可易者也。乐统同，礼别异，礼乐之说贵乎人情矣。穷本知变，乐之情也；著诚去伪，礼之经也。礼乐顺天地之诚，达神明之德，降兴上下之神，而凝是精粗之体，领父子君臣之节。是故大人举礼乐，则天地将为昭焉。天地欣合，阴阳相得，煦妪复育万物，然后草木茂，区萌达，羽翮奋，角觡生，蛰虫昭苏，羽者妪伏，毛者孕鬻①，胎生者不殰而卵生者不殈②，则乐之道归焉耳。

【注释】

①鬻：通"育"，生。②殰：胎未生而死。殈：卵裂。

【译文】

乐的性质是施予；礼的性质是报答。乐的目的是为自己心中所生的情感而表示欢乐；而礼的目的是要追思其始祖的功绩加以祭祀。乐的作用是张扬功德，礼却是要反映自身得民心的情况，并追思其原因。礼主报，试看诸侯所有的那种称为大路的金玉车子，原是天子之车；绘有龙纹饰有九旒的旗子，原是天子之旗；青黑须髯，用于占卜的宝龟，原是天子之龟；还附带有成群的牛羊，所有这些都是天子回报来朝诸侯的礼品。乐歌颂的是人情中永恒不变的主题；礼表现的则是世事中不可移易的道理。乐在于表现人情中的共性部分，礼则是要区别人们之间的不同，礼乐相合就贯穿人情的终始了。深得本源，又能随时而变，是乐的内容特征；彰明诚实，去除诈伪，是礼的精义所在。礼乐相合就能顺从天地的诚实之情，通达神明变化的美德，以感召上下神祇，成就一切事物，统领父子君臣的大节。所以，在上位的贤君明臣若能按礼乐行事，天地将为此而变得光明。至于使天地之气欣然和合，阴阳相从不悖，熏陶母育万物，然后使草木茂盛，种子萌发，飞鸟奋飞，走兽生长，蛰虫复苏，披羽的孵化，带毛的生育，胎生者不死胎，卵生者不破卵。乐的全部功能就在于此了。

【原文】

乐者，非谓黄钟大吕弦歌干扬也，乐之末节也，故童者舞之；布筵席，陈樽俎，列笾豆，以升降为礼者，礼之末节也，故有司掌之。乐师辩①乎声诗，故北面而弦；宗祝辩乎宗庙之礼，故后尸；商祝辩乎丧礼，故后主人②。是故德成而上，蓺成而下③；行成而先，事成而后。是故先王有上有下，有先有后，然后可以有制于天下也。

【注释】

①辩：明悉、详审。②主人：礼仪的主办者为主人，观礼者为宾客。③蓺：同"艺"，指举行礼乐的技术性活动。

【译文】

乐，不是指的黄钟大吕和弦歌舞蹈，这只是乐的末节，所以只命童子奏舞也就够了；布置筵席，陈列樽俎笾豆，进退拜揖，这些所谓的礼，也只是礼的末节，命典礼的职役掌管也就够了。乐师熟习声诗，只让他在下首演奏；宗祝熟习宗庙祭礼，地位却在尸的后面；商祝熟习丧礼，地位也在主人后面。所以说是道德成就的居上位，技艺成就的居下位；功行成就的在前，职任琐事的在后。因此先王使有上下先后的分别，然后才制礼作乐，颁行于天下。

【原文】

乐者，圣人之所乐也，而可以善民心。其感人深，其风移俗易，故先王著其教焉。夫人有血气心知之性，而无哀乐喜怒之常，应感起物而动，然后心术形①焉。是故志微焦衰之音作，而民思忧；啴缓慢易，繁文简节之音作，而民康乐；粗厉猛起，奋末广贲②之音作，而民刚毅；廉直经正③，庄诚之音作，而民肃敬；宽裕肉好，顺成和动之音作，而民慈爱；流辟邪散，狄成涤滥之音作④，而民淫乱。

【注释】

①心术：心之所由，即思考问题的方法、途径。形：现形，出现、显现出来。②贲：大的意思。③廉直经正：廉直，棱角分明、峭直、不肯圆通。经，大事、纲领。经正就是临大事不可夺的意思。④流辟邪散：流、散都是不肯循规蹈矩的意思，邪、辟都是不正。所以流辟邪散就是放荡不正派。

【译文】

乐是圣人娱乐的一种方式，而它可以使民心向善。乐对人感化很深，可以移风易俗，所以先王明令乐为教育的内容之一。凡人都有血气心智等天性，却没有不变的喜怒哀乐等常情，人心受外物的感应而产生波动，然后其心术邪正才显现出来。所以人君心志细小而笃好繁文缛节的，促迫而气韵微弱的乐声产生，其民多悲思忧愁；人君疏缓大度、不拘细行的，简易而有节制的乐声产生，统治下的百姓也必享安乐；人君粗疏刚猛的，亢奋急疾而博大的乐声产生，其民气刚毅；人君廉正不阿的，庄重诚挚的乐声产生，其民气整肃，相互礼敬；人君宽裕厚重，谐和顺畅的乐声产生，其统治下的百姓多慈爱亲睦；人君放纵淫邪不正派的，乐声也必猥滥琐屑，不能永久，其国百姓也多淫乱。

【原文】

是故先王本之情性，稽①之度数，制之礼义，合生气之和，道②五常之行，使之阳而不散，阴而不密，刚气不怒，柔气不慑③，四畅交于中而发作于外，皆安其位而不相夺也。然后立之学等，广其节奏，省其文采，以绳德厚也。类小大之称，比终始之序，以象事行，使亲疏贵贱长幼男女之理皆形见于乐。故曰"乐观④其深矣"。土敝则草木不长，长烦则鱼鳖不大，气衰则生物不育，世乱则礼废而乐淫⑤。是故其声哀而不庄，乐而不安，慢易以犯节⑥，流湎以忘本。广则容奸，狭则思欲，感涤荡之气而灭平和之德，是以君子贱之也。

【注释】

①稽：考察。②道：通"导"，引导。③慑：恐惧。④乐观：关于乐的观

点、理论。⑤淫：过份。⑥犯节：无节奏。

【译文】

　　因此先王以人的性情为本，制成乐。并以日月行度相考察，礼义制度相节制，使与调和的阴阳二气相符合，引导诱发人们合于礼义仁智信五常的行为，使性刚的人阳刚之气不散，性柔的人阴柔之性不密，刚而不暴怒，柔而不胆小畏惧，阴阳刚柔四者交融于心中，表现于行动之外，各自相安不相侵夺。然后把制成的这种乐立于学官等机构，使相教授，并且扩大它的节奏，简省它的文采，以此检验人君德行的厚薄。以小大不同分类，制为乐器，与音律高低相称，与五音终始的次序相合，作为行事善恶的象征，使亲疏贵贱、长幼男女的关系都反映在乐声之中。所以古语说"乐的道理太深奥了"。土壤瘠薄草木就不能生长，水域烦扰鱼鳖就难以长大，时气衰微有生命之物就不能生长发育，世道丧乱则会礼制废弃，乐声淫荒。所以，这时的乐声悲哀而不庄重，虽以乐为乐，实不能自安，漫渎不敬而失于节奏，流连沉湎而不能返璞归真。声太缓是酝酿奸情，急则是思逞其欲，有损善良的气质，灭平和的德行，因此君子鄙视这样的乐声。

【原文】

　　凡奸声感人而逆气应之，逆气成象①而淫乐兴焉。正声感人而顺气应之，顺气成象而和乐兴焉。倡和有应，回邪曲直各归其分，而万物之理以类相动也。是故君子反情②以和其志，比类以成其行。奸声乱色不留聪明，淫乐废礼不接于心术，惰慢邪辟之气不设于身体，使耳目鼻口心知百体皆由顺正，以行其义。然后发以声音，文以琴瑟，动以干戚，饰以羽旄，从以箫管，奋至德之光，动四气之和，以著万物之理。是故清明象天，广大象地，终始象四时，周旋象风雨。五色成文而不乱，八风从律而不奸，百度③得数而有常；小大相成，终始相生，倡和清浊，代④相为经。故乐行而伦清，耳目聪明，血气和平，移风易俗，天下皆宁。故曰"乐者乐也"。君子乐得其道，小人乐得其欲以道制欲，则乐而不乱；以欲忘道，则惑而不乐。是故君子反情以和其志，广乐以成其教，乐行而民乡方⑤，可以观德矣。

【注释】

①成象：造成影响，产生具体的表现。②反情：约束其情欲，不任其流荡。③百度：百刻，即一昼夜的时间长度。④代：《乐记》作"迭"。通。⑤乡：通"向"。方：道。乡方就是心向道德。

【译文】

人的气质都有顺、逆两个方面，所感不同有不同表现。受奸邪不正派的乐声所感，逆气就反映出来，逆气造成恶果，又促使淫声邪乐产生。受正派的乐声所感，顺气就反映出来，顺气造成影响，又促使和顺的乐声产生出来。奸正与逆顺相互唱和呼应，使正邪曲直各得其所，而世间万物的道理也都与此一般，是同类互相感应的。所以居上位的君子才约束情性，和顺心志，比拟善类以造就自己美善的德行情操。务使不正当的声色不入心田，以免迷惑自己的耳目聪明；淫乐秽礼不与心术相接触，怠惰、轻慢、邪辟的气质不加于身体，使耳、目、口、鼻、心知等身体的所有部分都按照"顺"、"正"二字的原则，执行各自的官能功用。然后以如此美善的身体、气质发为声音，再以琴瑟之声加以文饰美化，以干戚谐调其动作，以羽旄装饰其仪容，用箫管伴奏，奋发神明至极恩德的光耀，以推动四时阴阳和顺之气，阐明万物生发的道理。因而这种音乐歌声朗朗，音色像天空一样清明；钟鼓铿锵，气魄像地一样广大；五音终始相接，如四时一样的循环不止；舞姿婆娑，进退往复如风雨一般地周旋。以致与它相配的五色也错综成文而不乱，八风随月律而至没有失误，昼夜得百刻之数，没有或长或短的差失，大小月相间而成岁，万物变化终始相生，清浊相应，迭为主次。所以乐得以施行，就能使人伦分明，不相混淆；耳聪目明，不为恶声恶色所乱；血气平和，强暴止息；风俗移易，归于淳朴，天下皆得乐享安宁。所以说"乐就是欢乐的意思"。居上位的君子为从乐中得到正天下的道理而欢乐，士庶人等为从乐中满足了自己的私欲而欢乐。若以道德节制私欲，就能得到真正的欢乐而不会以乐乱性；若因私欲遗忘了道德，就会因真性惑乱得不到真正的快乐。因此君子约束情性以使心志和顺，推广乐治以促成其教化。乐得以施行而百姓心向道德，就可由此以观察人君的道德了。

【原文】

德者，性之端也；乐声，德之华也；金石丝竹，乐之器也。诗，言其志也；歌，咏其声也；舞，动其容也；三者本乎心，然后乐气从之。是故情深而文明，气盛而化神，和顺积中而英华发外，唯乐不可以为伪。乐者，心之动也；声者，乐之象也；文采节奏①，声之饰也。君子动其本，乐其象，然后治其饰。是故先鼓以警戒，三步以见方②，再始以著往，复乱以饬归③。奋疾而不拔也，极幽而不隐。独乐其志，不厌其道；备举其道，不私其欲。是以情见而义立，乐终而德尊；君子以好善，小人以息过④。故曰"生民之道，乐为大焉"。

【注释】

①文采：曲折变化。节奏：强弱停顿的规律。②见：通"现"。方：即端点之端，引申为始，开始的意思。③复乱：复，又。乱，治、理。复乱就是舞将终，重新整理好队形的意思。饬归：饬众而归。④息过：改过。

【译文】

道德是端正了的人性，乐是道德发于外产生的光华，金石丝竹则是奏乐用的器具。诗是表述心志的，歌是对诗词声调的咏唱，舞则只改变歌者的容色。志、声、容三者都以心为根本，再由诗、歌、舞加以表现，所以情致深远而又文明，气势充盛而能变化神通，心志的善美化成的和顺之气积于心中，才有言词声音等英华发于身外，只有乐不可能做假骗人。乐是心被外物感动产生的；声是乐的外部形象；曲折变化等文采、强弱停顿等节奏，是对声的文饰。君子之心被作为外物的道德这个本原所感动，又为它的外部形象声而欢乐，然后下功夫对声加以文饰，这就产生了乐。所以《武》乐先击鼓以警众，然后三举步表示伐纣开始、军至孟津而归，复又开始，表明第二次伐纣，舞毕整饬队形，鸣铙而退。舞姿奋疾而不失节，气势坚毅而不可拔，含意幽深而不隐晦。可见《武》乐作者对伐纣的志意独乐于心，而又不厌弃实现此志意的道德方法；他将这些全都做到了，并不为私欲所动。因而乐中不但伐纣的情形历历可见，其以有道伐无道的义旨也表现出来，乐毕，武王之德更加尊显了；在上位的君子观后心慕武王，更加好善，士庶人观后痛惩纣恶而改正自己的过失。所以说"治理百姓的方法，乐是最重要的"。

【原文】

君子曰：礼乐不可以斯须去身。致乐以治心，则易直子谅之心油然生矣。易直子谅之心生则乐，乐则安，安则久，久则天，天则神。天则不言而信，神则不怒而威。致乐，以治心者也；致礼，以治躬者也。治躬则庄敬，庄敬则严威。心中斯须不知不乐，而鄙诈之心入之矣；外貌斯须不庄不敬，而慢易之心入之矣。故乐也者，动于内者也；礼也者，动于外者也。乐极和，礼极顺。内和而外顺，则民瞻其颜色而弗与争也，望其容貌而民不生易慢焉。故德辉动乎内而民莫不承听，理发乎外而民莫不承顺①。故曰："知礼乐之道，举而错②之天下无难矣"。乐也者，动于内者也；礼也者，动于外者也。故礼主其谦，乐主其盈。礼谦而进，以进为文；乐盈而反，以反为文。礼谦而不进，则销③；乐盈而不反，则放。故礼有报而乐有反。礼得其报则乐，乐得其反则安。礼之报，乐之反，其义一也。

【注释】

①承顺：承奉与顺从。②错：错置；引申为施于。③销：通"消"，消散、消失。

【译文】

君子说：礼乐片刻不可以离身。追求用乐治理人心，和易、正直、亲爱、诚信的心地就会油然而生。和易、正直、亲爱、诚信的心地产生就会感到快乐，心中快乐身体就会安宁，安宁则乐寿，长寿就会使人像对天一样的信从，信极生畏，就会如奉神灵。以乐治心，就能如天一样不言不语，民自信从；就能如神一样从不发怒，民自敬畏。制乐是用来治理人心的；治礼则是用来治身的。治身则容貌庄重恭敬，庄重恭敬则生威严。心中片刻不和不乐，卑鄙欺诈之心就会乘虚而入；外貌片刻不庄不敬，轻慢简易之心就会乘虚而入。所以乐是对内心起作用的；礼是对外貌起作用的。乐极平和，礼极恭顺。心中平和而又外貌恭顺，百姓瞻见其容颜面色就不会与他争竞，望见他的容貌就不会生简易怠慢之心。乐产生的道德的光耀在心中起作用，百姓无不承奉听从；礼产生的容貌举止的从容入理在外表起作用，百姓无不承奉顺从，所以说"懂得礼乐的道理，把它举而用之于天下，不会遇到难事"。乐是在心中起作用的，礼则是对人的容貌举止起作用。所以说礼主谦抑，乐主盈满。礼主谦抑而须勉力进取，以进取为美德；乐主盈满需自加抑制，以抑制为美德。礼若一味谦抑，不勉力进取，礼就会消亡，难以实行下去；乐只一味盈满，不知自加抑制，就会流于放纵。所以礼尚往来，讲究报答；乐有反复，曲终而复奏。行礼得到报答心里才有快乐，奏乐有反复，心中才得安宁。礼的报答，乐的反复，意义是相同的。

【原文】

魏文侯问于子夏曰："吾端冕而听古乐则唯恐卧，听郑卫之音则不知倦。敢问古乐之如彼，何也？新乐之如此，何也。"子夏答曰："今夫古乐，进旅而退旅，和正以广，弦匏笙簧合守拊鼓，始奏以文，止乱以武，治乱以相，讯疾①以雅。君子于是语，于是道古，修身及家，平均天下。此古乐之发也。今夫新乐，进俯退俯，奸声以淫，溺而不止，及优②侏儒，獶杂子女③，不知父子。乐终不可以语，不可以道古。此新乐之发也。今君之所问者乐也，所好者音也。夫乐之与音，相近而不同"。

【注释】

①讯疾：即迅疾，言舞者动作轻捷。②优：俳优，即逗人笑乐的艺人，古时身份极为低贱。③獶：同"猱"，猕猴。

【译文】

魏文侯问子夏说："我身服衮冕，恭恭敬敬地听古乐，却唯恐睡着了觉，听郑卫之音就不知道疲倦。请问古乐那样令人昏昏欲睡，原因何在？新乐这样令人乐不知疲，又是为何？"子夏回答说："如今的古乐，齐进齐退，整齐划一，乐声谐和、雅正，而且气势宽广，弦匏笙簧一应管弦乐器都听拊鼓节制，以播鼓开始，以鸣金铙结束，将终以相理其节奏，舞姿迅捷且又雅而不俗。君子由这些特征称说古乐，谈论制乐时所含深意，近与自己修身、理家、平治天下的事相联系。这是古乐所起作用。如今的新乐，进退曲折，或俯或仰，但求变幻，不求整齐，乐声淫邪，沉溺不反，并有俳优侏儒，侧身其间，男女无别，不知有父子尊卑，如猕猴麕聚。乐终之后无余味可寻，又不与古事相连，这是新乐的作用。现在您所问的是乐，所喜好的却是音。乐与音虽然相近，其实不同"。

【原文】

文侯曰："敢问何如？"子夏答曰："夫古者天地顺而四时当，民有德而五谷昌，疾疢不作而无袄祥①，此之谓大当。然后圣人作为父子君臣以为之纪纲，纪纲既正，天下大定，天下大定，然后正六律，和五声，弦歌诗颂，此之谓德音，德音之谓乐。《诗》曰：'莫其德音，其德克②明，克明克类，克长克君。王此大邦，克顺克俾。俾于文王，其德靡③悔。既受帝祉，施于孙子'。此之谓也。今君所好者，其溺音与？"

【注释】

①疾疢：即疾病。袄祥：预兆为祥；袄同"妖"，释为怪异，妖妄；所以袄祥就是怪异的征兆，或说是凶兆，不吉利的征兆。②克：能。③靡：无。

【译文】

文侯说道："请问音与乐有何不同？"子夏答道："古时候天地顺行，四时有序，民有道德，五谷丰盛，疾病不生，又无凶兆，一切都适当其时，恰到好处，这就称为大当。然后圣人制作了父子君臣之类的礼仪作为纪纲法度，纪纲既立，天下真正安定了，天下安定，然后端正六律，调和五声，将雅正的诗篇和颂扬之声谱入管弦，这就是德音，德音才叫作乐。《诗经·大雅·皇矣》说：'肃静宁定的德音啊，其德行能光照四方，既能光照四方又能施惠同类，能为人之长又能为人之君。如今做了大邦之王，能慈和服众，能择善而从，与文王相比，德行毫不逊色。既受了上帝的赐福，又施于其子子孙孙'。就是这个意思。如今您所喜好的不是这种属于德音的乐，岂不是那种沉溺难反的溺音吗？"

【原文】

文侯曰："敢问溺音者何从出也"？子夏答曰："郑音好滥淫志①，宋音燕女溺志，卫音趣数烦志，齐音骜辟骄志，四者皆淫于色而害于德，是以祭祀不用也。《诗》曰：'肃雍和鸣，先祖是听'。夫肃肃，敬也；雍雍，和也。夫敬以和，何事不行？为人君者，谨其所好恶而已矣。君好之则臣为之，上行之则民从之。《诗》曰：'诱民孔易'，此之谓也。然后圣人作为鞉鼓椌楬埙簴，此六者，德音之音也。然后钟磬竽瑟以和之，干戚旄狄以舞之。此所以祭先王之庙也，所以献酬酳酢也，所以官序贵贱各得其宜也，此所以示后世有尊卑长幼序也。钟声铿，铿以立号，号以立横，横以立武。君子听钟声则思武臣。石声磬，磬以立别，别以致死。君子听磬声则思死封疆之臣。丝声哀，哀以立廉，廉以立志。君子听琴瑟之声则思志义之臣。竹声滥，滥以立会②，会以聚众。君子听竽笙箫管之声则思畜聚之臣。鼓鼙之声讙，讙以立动，动以进众。君子听鼓鼙之声则思将帅之臣。君子之听音，非听其铿枪而已也，彼亦有所合之也。"

【注释】

①滥：泛溢为滥，引申为不合礼数。淫：浸渍。②会：会聚。

【译文】

文侯说："请问溺音是怎样产生的？"子夏说："溺音有几种：郑音是由于好违礼法而浸淫人志产生的，宋音是由于耽于女色而志气丧失产生的，卫音是由于促速劳顿而使人心志烦劳产生的，齐音是由于傲慢邪僻使人心志骄纵产生的，这四者都沉溺于女色而损害德行，所以祭祀时不使用它们。《诗经·周颂·有瞽》说：'肃雍相和而鸣的声音，才是先祖之所听'。肃肃，是尊敬的意思；雍雍，是和谐的意思。尊敬而又和谐，何事不能成功？作为百姓的君主，不过是要对自己好恶之心的流露谨慎一些罢了。君主喜好，臣子就会去实行，上行则下效。古《诗》说：'诱导百姓，十人容易'，就是这个意思。既能谨其好恶，然后圣人又制作了鞉鼓柷楬埙篪，这六种乐器音色质素无华，是属于德音一类的。然后又制成钟磬竽瑟等能发出华美的声音的乐器，与它们合奏，再手执干戚旄羽等来舞蹈。这种乐可以用来祭祀先王宗庙，用于主客之间的献酬酳酢，用于序明官职大小、身份贵贱，使各得其宜，不相悖乱，用来向后世表示有尊卑长幼的次序。钟声铿然，以此立为号令以警众，以号令的威严树立军士勇敢的气概，有此勇敢的气概则武事可立了。所以君子听钟声就会思念武臣。石类乐器声音刚劲有力，刚劲的音声用来辨别万物，万物有别，心怀节义者就会效死不顾了。所以君子听磬声就会思念死守封疆的大臣。丝弦乐的声音悲哀，悲哀可以树立廉直的作风，廉直可以使人树立志向。所以听琴瑟的声音就会思念有志重义的大臣。竹类乐器声音滥杂，滥杂使人产生会聚的意向，有会聚之心就能把众多的事物聚集起来。所以君子听竽笙箫管的声音就会思念善于畜聚的大臣。鼓鼙声音喧嚣，听了就会意气感动，感动则使众人奋进。所以君子听了鼓鼙的声音就会思念将帅之臣。君子听音声，并不是徒然听它的铿铿锵锵而已，必与自己心志有所合，并促成相应心志的产生"。

【原文】

宾牟贾侍坐于孔子，孔子与之言，及乐，曰："夫《武》之备戒之已久，何也？"答曰："病不得其众也。""永叹之，淫液之①，何也？"答曰："恐不逮事也。""发扬蹈厉之已蚤，何也？"答曰："及时事也。""《武》坐致右宪左，何也？"答曰："非武坐也。""声淫及商，何也？"答曰："非《武》音也。"子曰："若非《武》音，则何音也？"答曰："有司失其传也。如非有司失其传，则武王之志荒矣。"子曰："唯丘之闻诸苌弘，亦若吾子之言是也。"宾牟贾起，免席而请曰："夫《武》之备戒之已久，则既闻命矣。敢问迟之迟而又久，何也。"

【注释】

①淫液：与"淫逸"同，反复致意，如同流连忘返。

【译文】

宾牟贾陪孔子坐，孔子与他闲聊，说到乐，孔子问道："《武》乐开始时击鼓警众，与别的乐相比，持续时间长，这有什么含意？"宾牟贾答道："表示武王伐纣之初，担心得不到众诸侯的拥护，迟迟不肯发动。""其歌声反复咏叹，曼声长吟，是什么意思？"答道："那是心有疑虑，生怕事不成功的缘故。""《武》舞一开始便手舞足蹈，气势威猛，是什么意思？"答说："表示时至则动，当机立断，不要错过了事机。""《武》舞坐的动作与他舞不同，是右腿单膝着地，那是什么意思？"答道："这不是《武》舞原有的动作。""歌声表现出有贪图商王政权的不正当目的，这是什么原因？"答道："这不是《武》舞原有的曲调。"孔子说："不是《武》舞原有的曲调，那是什么曲调？"答道："掌管《武》乐的机构已失传了。若非如此，就表示武王作乐时，心志已经荒耄昏愦了。"孔子道："对，对。我曾听苌弘说过，他也是这个意思。"宾牟贾起身，立于坐席之下，请问道："《武》乐击鼓警众，迟迟不肯开始，我所知仅限于此，承蒙您所说，苌弘也这样解释，应该就是这个意思了。但我不明白的是，稍迟些就是了，为何竟拖得那样久？"

【原文】

　　子曰："居，吾语汝。夫乐者，象成者也。总干而山立^①，武王之事也；发扬蹈厉，太公之志也；武乱皆坐，周召之治也。且夫《武》，始而北出，再成而灭商，三成而南，四成而南国是疆，五成而分陕，周公左，召公右，六成复缀，以崇天子，夹振之而四伐，盛威于中国也。分夹而进，事蚤济也。久立于缀，以待诸侯之至也。且夫女独未闻牧野之语乎？武王克殷反商，未及下车，而封黄帝之后于蓟，封帝尧之后于祝，封帝舜之后于陈；下车而封夏后氏之后于杞，封殷之后于宋，封王子比干之墓，释箕子之囚，使之行商容而复其位。庶民弛政，庶士倍禄。济河而西，马散华山之阳而弗复乘；牛散桃林之野而不复服；车甲衅而藏之府库而弗复用；倒载干戈，苞之以虎皮；将率之士，使为诸侯，名之曰'建櫜'。然后天下知武王不复用兵也。散军而郊射，左射《狸首》，右射《驺虞》，而贯革之射息也；裨冕搢笏，而虎贲之士说剑也；祀乎明堂，而民知孝；朝觐，然后诸侯知所以臣；耕藉，然后诸侯知所以敬。五者天下之大教也。食三老五更于太学，天子袒而割牲，执酱而馈，执爵而酳，冕而总干，所以教诸侯之悌也。若此，则周道四达，礼乐交通，则夫《武》之迟久，不亦宜乎？"

【注释】

　　①总：手持着，拿着。

【译文】

　　孔子道："您先请坐，我慢慢告诉你。乐是对已发生过的事的形象化再现，如《武》乐开始时，舞者手持盾牌，像山一样立着不动，象征当时武王的行事：命部下全副武装，只待诸侯响应，就要出击了；《武》舞一开始就迅速激烈地手舞足蹈，威猛异常，象征太公吕望指挥战斗，欲一举而灭商的决心；结束时，武事已毕，舞者单膝跪地，象征周公、召公战后治理国家归于安定。再者，《武》乐开始时，舞者自南而北，象征北出朝歌。曲奏第二遍，舞者的动作象征灭商时的殊死决斗。第三遍象征凯旋南归。第四遍象征南方诸国归入版图。第五遍象征分陕而治，周、召二公为左右二伯，周公居左，治陕以东，召公居右，治陕以西。第六遍舞者重又相缀成行，表示对天子的崇敬，天子与大将夹舞者而立，振动铎铃，以增士气，出兵四面讨伐，威势盛于中国。夹舞者分进出击，是为了战事早些成功。成行以后久立不动，是为了等待诸侯兵的到来。你难道没有听说过武王在牧野誓师时说过的话吗？武王克殷以后，恢复商初的政治，不及下车，就封黄帝的后人于蓟，封帝尧的后人于祝，封帝舜的后人于陈；下车后封夏禹的后人于杞，封殷汤的后人于宋，给殷代贤臣比干的坟墓添土，释放被纣王囚禁的贤臣箕子，使他检视商朝掌管礼乐的官员，有贤者就恢复原来的官位。废除殷纣王的苛政，增加士人俸禄。渡过黄河，西行入陕，把战马散于华山南坡，不再乘骑；把役牛分散于华山以东桃林地区的荒野之中，不再用以驼载战具军需；战车、衣甲收藏于府库，不再使用；倒载干戈等兵器，使刃向里，外面裹上虎皮，表示定能以武力止息兵事；有功将帅，分封为诸侯，使他们像橐弓一样，把天下的战乱也从此橐藏起来，不再发生，因称分封诸侯为'建橐'。然后，天下知武王不再用兵了。遣散军队而行郊射求贤之礼，东郊射礼歌唱《狸首》的曲子，西郊射礼唱《驺虞》的曲子，军中那种旨在角力比武的贯穿革甲的射击停止了；使天下贤者人人穿着裨衣冕冠等礼服，衣带上插着笏板，勇武的士就会解下长剑，弃武从文；天子于明堂中祭祀先祖，百姓就由此懂得了为人子者应该行孝；朝廷行朝觐之礼，使诸侯知道怎样做个贤臣；天子亲耕籍田，使诸侯知道了怎样敬奉先祖。以上五项是教化天下最重要的方法。此外在太学奉养三老五更，天子亲自袒衣，切割牲肉，执酱请三老五更食肉，执爵请三老五更饮酒洗漱，头戴冠冕、手执干盾，亲自舞蹈，使他们能欢乐快活，以此教化诸侯，尊长敬老，懂得悌道。这样，周朝的教化达于四方，礼乐相辅相成，为了这些，《武》舞初的迟久，不是应该的吗？"

【原文】

乐也者，动于内者也；礼也者，动于外者也。故礼主其减，乐主其盈。礼减而进，以进为文；乐盈而反，以反为文。礼减而不进则销，乐盈而不反则放。故礼有报而乐有反。礼得其报则乐，乐得其反则安；礼之报，乐之反，其义一也。夫乐者乐也，人情之所不能免也。乐必发诸声音，形于动静，人道也。声音动静，性术之变，尽于此矣。故人不能无乐，乐不能无形。形而不为道，不能无乱。先王恶其乱，故制《雅》《颂》之声以道之，使其声足以乐而不流，使其文足以纶而不息，使其曲直繁省廉肉节奏，足以感动人之善心而已矣，不使放心邪气得接焉，是先王立乐之方也。是故乐在宗庙之中，君臣上下同听之，则莫不和敬。在族长乡里之中，长幼同听之，则莫不和顺。在闺门之内，父子兄弟同听之，则莫不和亲。故乐者，审一以定和，比物以饰节，节奏合以成文，所以合和父子君臣，附亲万民也，是先王立乐之方也。故听其《雅》《颂》之声，志意得广焉。执其干戚，习其俯仰诎信，容貌得庄焉。行其缀兆，要其节奏，行列得正焉，进退得齐焉。故乐者天地之齐，中和之纪，人情之所不能免也。夫乐者，先王之所以饰喜也，军旅鈇钺者，先王所以饰怒也。故先王之喜怒，皆得其侪焉。喜则天下和之，怒则暴乱者畏之。先王之道，礼乐可谓盛矣。

【译文】

　　音乐是发动于内心的，礼仪是发动于外表的。所以，礼主张消减，乐主张盈满。礼消减而前进，以前进为文德；乐盈满而返回，以返回为文德。礼消减而不前进则会销毁，乐盈满而不返回则会放纵。所以，礼有回报而乐有反情。礼得到回报则乐，乐得其反情则安详。礼的回报，乐的反情，其义理是一样的。乐，即是快乐的情感的抒发，是人情所不可避免的天生的情感的表露。所以人不能没有乐。欢乐必然要借声音来表达，借动作来表现，这是人之常情。声音和动作表现人们内心思想情感的变化，全部表现无遗。所以，人不能没有欢乐，欢乐不能不表现出来，表现得不合规范，就不能不混乱。先前的君王憎恶邪乱，所以创制了《雅》和《颂》的乐歌来加以引导。使乐歌足以令人快乐而不放纵，使乐歌的文辞足以明晰而不隐晦，使乐歌的曲折、平直、繁杂、简洁、细微、洪亮和节奏足以激发人们的向善之心，不让放纵邪恶的念头来影响人心。这就是前代君主作乐的宗旨。因此，在宗庙里演奏先王之乐，君臣上下一同聆听，没有谁不附和恭敬；在族长乡里演奏音乐、年长的和年幼的人一同聆听，没有谁不和谐顺从；在家门之内演奏音乐，父子兄弟一同聆听，没有谁不和睦亲近。所以，作乐要先确定基调宫音以协调众音，用各种乐器演奏以表现节奏，节奏和谐而形成整个乐章，用它来协调君臣父子的关系，使民众相亲相随。这就是前代君王作乐的宗旨。所以，听到《雅》《颂》的乐歌，会使人心胸开阔；拿着盾戚等舞具，学习俯、仰、屈、伸等舞蹈动作，会使人仪态变得庄重；按一定的行列和区域行动，配合着音乐的节奏。行列就会整齐了，进退也协调统一。所以，乐表现了天地间的协同一致，是中正谐和的纲纪，是人的性情必不可少的。音乐，先代圣王用它来表达喜乐，军队钺铖，先代圣王用来表达愤怒。所以，先代圣王的喜怒，都能够得以表现于其同类。喜则天下人附和他，怒则暴乱者畏惧他。先代圣王的大道，礼乐可以说是盛大了。

【原文】

子赣见师乙而问焉，曰："赐闻声歌各有宜也，如赐者，宜何歌也？"师乙曰："乙贱工也，何足以问所宜？请诵①其所闻，而吾子自执焉。爱者宜歌《商》；温良而能断者宜歌《齐》。夫歌者，直己而陈德也，动己而天地应焉，四时和焉，星辰理焉，万物育焉。故《商》者，五帝之遗声也。宽而静、柔而正者宜歌《颂》。广大而静、疏远而信者，宜歌《大雅》。恭俭而好礼者，宜歌《小雅》。正直而静，廉而谦者宜歌《风》。肆直而慈爱，商之遗声也，商人识之，故谓之《商》。《齐》者，三代之遗声也，齐人识之，故谓之《齐》。明乎商之音者，临事而屡断；明乎齐之音者，见利而让。临事而屡断，勇也；见利而让，义也。有勇有义，非歌孰能保此？故歌者，上如抗，下如队②，曲如折，止如槁木，倨中矩，句中钩③，累累乎端如贯珠④。故歌之为言也，长言之也。说之，故言之；言之不足，故长言之；长言之不足，故嗟叹之；嗟叹之不足，故不知手之舞之，足之蹈之也。"

【注释】

①诵：述说。②队：通"坠"。③句：本义是弯曲。钩：圆规，古代用来画圆的工具。④贯珠：成串的珠宝。

【译文】

子贡拜见乐师乙而问他说："我听说声音歌唱各有所宜，像我这样的人，适宜唱什么歌呢？"乐师乙说："我乙是一个卑贱的工人，怎么可以问我你适宜唱什么呢？请让我来讲述我所听到的，您自己决定吧。有爱心的人适宜歌唱《商》；温良而能决断的适宜歌唱《齐》。像唱歌这种事，直接表达自己心情而陈述自己的心意，自己行动而天地与之相应，四时相和，星辰相理，万物繁育。所以，《商》是五帝遗传下来的声音。宽容而文静、柔顺而正直的适宜歌唱《颂》。广大而安静、疏远而诚信的，适宜歌唱《大雅》。谦恭俭朴而喜好礼仪的，适宜歌唱《小雅》。正直而安静，清廉而谦虚的，适宜歌唱《风》。率真正直而慈爱，是商朝遗留下来的声乐，商国人懂得它，所以称之为《商》。《齐》是尧舜禹三代遗留下来的声乐，齐国人懂得它，所以称为《齐》。精明于《商》这首音乐的，遇到事而能够决断；精明于《齐》这首音乐的，见到利益而能够谦让。遇到事而能够决断是勇敢；见到利益而能够谦让是义。有勇有义，除非歌乐还有什么能够保证这样？所以，唱歌时，向上时如同抗拒，向下时如同坠落，弯曲时如同折断，停止时如同枯槁的木头，踞坐时符合矩，弯曲时符合规，连续不断如同成串的珠子。所以，歌中的语言，往往会拉长声音。讲说它，所以言谈它；言谈它而觉得不足，所以拉长声音来表达它；拉长声音来表达而不足，所以嗟叹它；嗟叹它而不足，所以不知不觉地以手起舞，用脚来蹈踏。"

乐记

祭法

【题解】

本篇记述祭祀之礼，主要记载了虞、夏、商、周四个朝代所举行的禘、郊、祖、宗等祭祀的祭法。郑玄说："名曰《祭法》者，以其记有虞氏至周天子以下所制祀群神之数。"今按篇中备载天神、地祇、人鬼之祀典，并论述其所以能够被列入祀典的原因。

【原文】

祭法：有虞氏禘黄帝而郊喾，祖颛顼而宗尧。夏后氏亦禘黄帝而郊鲧，祖颛顼而宗禹。殷人禘喾而郊冥，祖契而宗汤。周人禘喾而郊稷，祖文王而宗武王。燔柴于泰坛，祭天也；瘗埋于泰折，祭地也；用骍犊。埋少牢于泰昭，祭时也；相近于坎坛，祭寒暑也。王宫①，祭日也；夜明②，祭月也；幽宗③，祭星也；雩宗④，祭水旱也；四坎坛，祭四方也。山林、川谷、丘陵，能出云为风雨，见怪物，皆曰神。有天下者，祭百神。诸侯在其地则祭之，亡其地则不祭。大凡生于天地之间者，皆曰命。其万物死，皆曰折；人死，曰鬼；此五代之所不变也。七代之所更立者：禘、郊、宗、祖；其余不变也。

【注释】

①王宫：祭日之坛名，即日坛。②夜明：祭月之坛名，即月坛。③幽宗：星坛。④雩宗：水旱坛。

【译文】

祭祀的规定：有虞氏禘祭时以黄帝配享，郊祭时以帝喾配享，宗庙之祭以颛顼为祖，以帝尧为宗。夏后氏禘祭时也以黄帝配享，郊祭时以鲧配享，宗庙之祭以颛顼为祖，以禹为宗。殷人禘祭时以帝喾配享，郊祭时以冥配享，宗庙之祭以契为祖，以汤为宗。周人禘祭时以帝喾配享，郊祭时以后稷配享，宗庙之祭以文王为祖，以武王为宗。在泰坛上架柴焚烧祭品，这是祭天之礼。在泰折挖坑掩埋祭品，这是祭地之礼。祭天和祭地，都用赤色牛犊作牺牲。把少牢埋到泰昭坛上，这是祭四时之礼。在坑里或在坛上攘祈，这是祭寒暑之神。日坛是祭日之所，月坛是祭月之所，星坛是祭星之所，水旱坛是祭水旱之神之所。东西南北四方的坎和坛，是祭四方之神之所。一切山林、川谷、丘陵，只要它能吞云吐雾，兴风做雨，出现异常现象，就把它叫作神。天子应遍祭天下的名山大川；诸侯只祭自己境内的名山大川，如果丧失了国土，也就不用祭了。总的说来，凡是生活在天地之间的东西都叫作有生命。其中，万物之死都叫"折"，人死则叫"鬼"。这是五代以来都没有什么改变的。七代以来有所变化的只是禘祭、郊祭、宗祭、祖祭的对象有所不同，其他方面并没有什么改变。

【原文】

天下有王，分地建国，置都立邑，设庙祧坛墠而祭之，乃为亲疏多少之数。是故：王立七庙，一坛一墠，曰考庙，曰王考庙，曰皇考庙，曰显考庙，曰祖考①庙；皆月祭之。远庙为祧，有二祧②，享尝③乃止。去祧为坛，去坛为墠。坛墠，有祷焉祭之，无祷乃止。去墠曰鬼。诸侯立五庙，一坛一墠。曰考庙，曰王考庙，曰皇考庙，皆月祭之；显考庙，祖考庙，享尝乃止。去祖为坛，去坛为墠。坛墠，有祷焉祭之，无祷乃止。去墠为鬼。大夫立三庙、二坛，曰考庙，曰王考庙，曰皇考庙，享尝乃止。显考祖考无庙，有祷焉，为坛祭之。去坛为鬼。适士二庙一坛，曰考庙，曰王考庙，享尝乃止。显考无庙，有祷焉，为坛祭之。去坛为鬼。官师④一庙，曰考庙。王考无庙而祭之，去王考为鬼。庶士、庶人无庙，死曰鬼。

【注释】

①考：父。王考：祖父。皇考：曾祖。显考：高祖。祖考：始祖。②二祧：高祖之父和高祖之祖。③享尝：四时的祭祀。规格低于月祭。④官师：指诸侯的中士、下士。

【译文】

普天之下只有一个天子，于是分九州之地，建诸侯之国，为公卿设都，为大夫置邑，还普遍设立庙、祧、坛、墠来祭祀祖先，并按照关系的远近来决定祭祀的次数和规格。所以天子设立七庙和一坛一墠：即父庙、祖父庙、曾祖庙、高祖庙、始祖庙，以上五庙皆每月祭祀一次；高祖以上的远祖之庙叫作祧，天子有两个祧，只是每季祭祀一次；祧中的远祖迁出，则在坛上祭祀；坛上的远祖迁出，则在墠上祭祀；对于迁到坛墠上的远祖神主，只是在有所祈祷时才加以祭祀，无所祈祷就不祭祀；从墠上迁出的远祖叫作鬼，除非遇上禘祭，通常就不祭了。诸侯设立五庙和一坛一墠：即父庙、祖父庙、曾祖庙，以上三庙每月祭祀一次；其高祖庙、始祖庙，每季祭祀一次；从始祖庙中迁出的神主在坛上祭祀，从坛上迁出的远祖神主在墠上祭祀；对于迁到坛墠上的远祖神主，有所祈祷就祭祀，否则就不祭祀；从墠上迁出的远祖叫作鬼，除非遇上禘祭，通常是不祭的。大夫设立三庙二坛：即父庙、祖父庙、曾祖庙，此三庙每季祭祀一次；大夫的高祖、始祖无庙，如果有事向他们祈祷，就在坛上祭之；从坛上迁出的远祖叫作鬼。嫡士设立二庙一坛：即父庙、祖父庙，此二庙每季祭祀一次；其曾祖无庙，如果有事向曾祖祈祷，就在坛上祭之；从坛上迁出的曾祖以上的远祖叫作鬼。官师只立一庙，即父庙；其祖父无庙，如果要祭，就在父庙祭之；祖父以上的祖先死了叫作鬼。普通的士和庶人没有资格立庙，他们的父祖死了就叫作鬼。

【原文】

王为群姓立社，曰大社。王自为立社，曰王社。诸侯为百姓立社，曰国社。诸侯自为立社，曰侯社。大夫以下，成群立社曰置社。王为群姓立七祀：曰司命，曰中霤，曰国门，曰国行，曰泰厉[①]，曰户，曰灶。王自为立七祀。诸侯为国立五祀，曰司命，曰中霤，曰国门，曰国行，曰公厉[②]。诸侯自为立五祀。大夫立三祀：曰族厉[③]，曰门，曰行。适士立二祀：曰门，曰行。庶士、庶人立一祀，或立户，或立灶。王下祭殇五：适子、适孙、适曾孙、适玄孙、适来孙。诸侯下祭三，大夫下祭二，适士及庶人，祭子而止。

【注释】

①中霤：掌管堂室之神。国门：掌管城门之神。国行：掌管国内道路的神。泰厉：死后没有后代的古代帝王。因其无所归依，好为民作祸，故祀之。②公厉：死后没有后代的古代诸侯。③族厉：死后没有后代的大夫。

【译文】

天子为天下百姓所立的社，叫大社。天子为自己立的社，叫王社。诸侯为国内百姓所立的社，叫国社；诸侯为自己立的社，叫侯社。大夫以下不自立社，而与同里之民共立一社，叫置社。天子为天下百姓祭祀七个与人们日常生活密切相关的神，即司命之神、中霤之神、国门之神、国行之神、泰厉之神、户神、灶神。天子也为自己祭祀上述七神。诸侯为国内百姓祭祀五个与人们日常生活密切相关的神，即司命之神、中霤之神、国门之神、国行之神、公厉之神。诸侯也为自己祭祀上述五神。大夫祭祀三个与人们日常生活密切相关的神，即族厉之神、门神、路神。嫡士祭祀二神，即门神、路神。普通的士和普通百姓只祭一个与生活密切相关的神，或祭户神，或祭灶神。对于未成年而死的嫡系子孙，天子可以往下祭到五代，即嫡子、嫡孙、嫡曾孙、嫡玄孙、嫡来孙。对于未成年而死的嫡系子孙，诸侯可以下祭三代，即嫡子、嫡孙、嫡曾孙；大夫可以下祭二代，即嫡子、嫡孙；嫡士和庶民，只祭到嫡子就停止了。

【原文】

夫圣王之制祭祀也：法施于民则祀之，以死勤事则祀之，以劳定国则祀之，能御大菑则祀之，能捍大患则祀之。是故厉山氏之有天下也，其子曰农，能殖百谷；夏之衰也，周弃继之，故祀以为稷。共工氏之霸九州岛也，其子曰后土，能平九州岛，故祀以为社。帝喾能序星辰以着众；尧能赏均刑法以义终；舜勤众事而野死。鲧鄣鸿水而殛死，禹能修鲧之功。黄帝正名百物以明民共财，颛顼能修之。契为司徒而民成；冥勤其官而水死。汤以宽治民而除其虐；文王以文治，武王以武功，去民之菑。此皆有功烈于民者也。及夫日月星辰，民所瞻仰也；山林川谷丘陵，民所取材用也。非此族也，不在祀典。

【译文】

圣王制定祭祀的原则：凡是被百姓树立为榜样的就祭祀，凡是因公殉职的就祭祀，凡是为安邦定国建有功劳的就祭祀，凡是能为大众防止灾害的就祭祀，凡是能救民于水火的就祭祀。所以当厉山氏统治天下的时候，他有一个儿子叫农，能够指导人民种植百谷；到了夏代衰亡之时，周人的始祖弃能够继承农的未竟之业，所以被后人奉为稷神来祭祀。当共工氏称霸九州的时候，他有一个儿子叫后土，能够区划九州的风土，使人民各得其所，所以被人当作社神来祭祀。帝喾能根据星辰的运行划定四时，使人民的劳动与休息各有定时；帝尧能尽量使刑法公正，为民表率；帝舜为操劳国事而死于他乡；鲧治理洪水，大功未成而被杀死；夏禹能完成父亲未竟之业；黄帝能给各种事物都取个合适的名称，使人民贵贱有别，都可取用山泽的物产；颛顼能进一步完善黄帝的事业；契作为司徒在教化人民方面成绩卓著；冥恪尽职守，死在他的工作岗位上；商汤能对待人民宽厚，除暴安良；文王以其文治，武王以其武功，为人民除去纣这个祸害。上述诸人，都是为人民建功立业的人，所以被人们当作神来祭祀。此外还有日、月、星辰之神，人民赖以区分四时，安排农事；还有山林、川谷、丘陵之神，人民赖以取得各种生产生活资料。不属于此类情况的，就不会被人们当作神灵来祭祀了。

祭义

【题解】

本篇主要阐述祭祀之礼的意义，另外还有一些关于养老、孝悌的记述。郑玄说："名曰《祭义》者，以其记祭祀、斋戒、荐羞之义也。此于《别录》属祭祀。"

【原文】

祭不欲数，数则烦，烦则不敬。祭不欲疏，疏则怠，怠则忘。是故君子合诸天道：春禘秋尝。霜露既降，君子履之，必有凄怆之心，非其寒之谓也。春，雨露既濡，君子履之，必有怵惕之心，如将见之。乐以迎来，哀以送往，故禘有乐而尝无乐。

【译文】

祭祀的次数不能太频繁，太频繁就会使人感到厌烦，有厌烦之心就是对神不敬。祭祀的次数也不能太稀少，太稀少就会使人怠惰，有怠惰之心就会导致忘掉祖先。所以君子按照天的运行规律，春天举行禘祭，秋天举行尝祭。秋天来了，霜露覆盖大地，君子脚踏霜露，一定会有凄凉之感。这倒不是由于天气的寒冷，而是触景生情，想起了死去的亲人；春天来了，雨露滋润大地，君子脚踏雨露，一定会怵然动心，希望能像春回大地那样重见死去的亲人。人们以快乐的心情迎接亲人的归来，以悲哀的心情送别亲人的离去，所以禘祭奏乐而尝祭无乐。

【原文】

致齐[①]于内，散齐[②]于外。齐之日：思其居处，思其笑语，思其志意，思其所乐，思其所嗜。齐三日，乃见其所为齐者。祭之日：入室，僾然③必有见乎其位，周还出户，肃然必有闻乎其容声，出户而听，忾然必有闻乎其叹息之声。是故，先王之孝也，色不忘乎目，声不绝乎耳，心志嗜欲不忘乎心。致爱则存，致悫则着。着存不忘乎心，夫安得不敬乎？

【注释】

①致齐：即致斋。齐，通"斋"。下同。致斋是祭祀前三天的严格斋戒，昼夜居于斋宫。②散齐：致齐前七天开始的初步斋戒。散斋可以在斋宫外进行。③僾然：隐约，仿佛。

【译文】

致斋三天，必须在斋宫内进行；散斋七天，可以在斋宫外进行。在致斋的日子里，要思念死者生前的居处，思念死者生前的笑语，思念死者生前的志向，思念死者生前喜欢做什么、喜欢吃什么。这样专心致志地致斋三天，就会好像真正见到了将要祭祀的亲人。到了祭祀那一天，进入庙室，就隐隐约约好像看到了亲人的容貌；祭毕转身要出门时，肃然动心，又好像听到了亲人说话的声音；出得门来再仔细地听，又好像听到了亲人喟然长叹的声音。所以先王的孝敬父祖，父祖的容貌总在眼前晃动，父祖的声音总在耳畔回响，父祖的心思、爱好总是铭记在心。对父祖热爱到了这种程度，父祖自然总是活在心中；对父祖虔诚到了这种程度，父祖的容貌声音自然总是活灵活现。父祖在子孙的心里如此占有位置，怎能对他们不恭敬呢？

【原文】

君子生则敬养，死则敬享，思终身弗辱也。君子有终身之丧，忌日之谓也。忌日不用，非不祥也。言夫日，志有所至，而不敢尽其私也。唯圣人为能飨帝，孝子为能飨亲。飨者，乡也。乡之，然后能飨焉。是故孝子临尸而不怍。君牵牲，夫人奠盎。君献尸，夫人荐豆。卿大夫相君，命妇相夫人。齐齐①乎其敬也，愉愉乎其忠也，勿勿诸其欲其飨之也。

【注释】

①齐齐：读作"斋斋"，恭敬严肃貌。

【译文】

君子对于父母，在他们活着时要尽心奉养，在他们去世后要虔诚祭享，终身牢记不做有辱父母的事。君子有一辈子的丧事，这句话是指忌日来讲的。每逢忌日这一天，什么事也不做，这并不是说这一天做事不吉利，而是说这一天全部心思都在想念父母，根本就谈不上做其他事。祭飨上帝是件难做的事，只有圣人才能做到。祭飨双亲是件难做的事，只有孝子才能做到。祭飨的"飨"字，本来就是"向"的意思。只有孝子诚心向往双亲，然后双亲才会接受祭飨。所以孝子在尸的面前总是和颜悦色。诸侯祭祀时，国君亲自把牺牲牵入太庙，夫人献上盎齐之酒；国君亲自以牲血献给扮尸的人，夫人也献上豆笾。卿大夫们协助国君，卿大夫之妻协助夫人。严肃而又恭敬，和悦而又诚心，简直是迫不及待地想要被祭的神灵来享用祭品。

【原文】

文王之祭也：事死者如事生，思死者如不欲生，忌日必哀，称讳如见亲。祀之忠也，如见亲之所爱，如欲色然；其文王与？诗云："明发不寐，有怀二人。"文王之诗也。祭之明日，明发不寐，飨而致之，又从而思之。祭之日，乐与哀半；飨之必乐，已至必哀。

【译文】

文王在祭祀双亲时，敬事亡魂就像他们活着在世一般，思念死者简直就像不想再活下去。每逢忌日，必定悲哀。提及父母的名讳，就好像见到了死去的双亲。祭祀的虔诚程度，就好像见到了双亲生前所喜爱，就好像看到了双亲满意的神色。能做到这一步的，大概也只有文王吧。《诗经》上说："直到天亮还睡不着，是由于思念死去的双亲。"讲的就是文王啊。正祭的第二天，直到天亮还睡不着，又备办祭品祭飨双亲，又因此更加思念他们。在祭祀的日子里，既有快乐，也有哀伤。想到双亲前来接受祭飨，心中自然快乐；想到双亲接受祭飨以后还要离开，心中自然哀伤。

【原文】

仲尼尝，奉荐而进其亲也悫，其行趋趋①以数。已祭，子赣问曰："子之

祭义

言祭，济济②漆漆然；今子之祭，无济济漆漆，何也？"子曰："济济者，容也远也；漆漆者，容也自反也。容以远，若③容以自反也，夫何神明之及交，夫何济济漆漆之有乎？反馈④，乐成，荐其荐俎，序其礼乐，备其百官。君子致其济济漆漆，夫何慌惚⑤之有乎？夫言，岂一端而已？夫各有所当也。"

【注释】

①趋趋：步伐急促。②济济：仪表整齐貌。③若：及，和。④反馈：天子、诸侯庙祭凡九献，反馈是第五献中的礼节。⑤慌惚：指与神明交接时的精神状态。

【译文】

孔子举行秋祭，亲自奉献祭品，其神态是那样忠厚诚恳，步伐是那样急促。祭毕，子贡问道："老师曾教导我们：祭祀的时候，要仪表整齐，神态敬慎。今天看到老师您的祭祀，不讲究仪表整齐，神态敬慎，这该如何解释呢？"孔子回答说："仪表整齐，那是与神疏远的样子；神态敬慎，那是自我矜持的样子。与神疏远的样子再加上自我矜持的样子，还能谈得上与神明交互感通吗？答案自然是不能。那么为什么还要仪表整齐和神态敬慎呢？如果我们参加国君的祭礼，九献已毕，音乐奏起，一道道熟食菜肴端了上来，大家按礼乐的规矩行事，百官各就各位，到了这个时候，君子才可以做出仪表整齐、神态矜持的样子，因为作为客人他们是不会和神明交互感通的。我说的话并非任何情况下都适用，这要由具体情况来决定。"

【原文】

孝子将祭，虑事不可以不豫；比时具物，不可以不备；虚中以治之。宫室既修，墙屋既设，百物既备，夫妇齐戒沐浴，盛服奉承而进之，洞洞乎①，属属乎②，如弗胜，如将失之，其孝敬之心至也与！荐其荐俎，序其礼乐，备其百官，奉承而进之。于是谕其志意，以其慌惚以与神明交，庶或飨之。"庶或飨之"，孝子之志也。孝子之祭也，尽其悫而悫焉，尽其信而信焉，尽其敬而敬焉，尽其礼而不过失焉。进退必敬，如亲听命，则或使之也。孝子之祭，可知也，其立之也敬以诎，其进之也敬以愉，其荐之也敬以欲；退而立，如将受命；已彻而退，敬齐之色不绝于面。孝子之祭也，立而不诎，固也；进而不愉，疏也；荐而不欲，不爱也；退立而不如受命，敖也；已彻而退，无敬齐之色，而忘本也。如是而祭，失之矣。孝子之有深爱者，必有和气；有和气者，必有愉色；有愉色者，必有婉容。孝子如执玉，如奉盈，洞洞属属然，如弗胜，如将失之。严威俨恪，非所以事亲也，成人之道也。

【注释】

①洞洞乎：诚恳的样子。②属属乎：专一的样子。

【译文】

　　孝子将要举行祭祀，有关的事一定要提前考虑；届时，一切物品都要置办齐备；在做这些准备工作时，心中不可有其他杂念。宗庙中的宫室已经装修，墙屋已经粉刷，各种物品都已齐备，此时，孝子夫妇就可以进行斋戒、沐浴、穿上礼服，捧着祭品向神明进献。进献时的神情是那样的诚恳，那样的专注，就好像拿不动手中的祭品，又好像生怕失手脱掉，这都是孝子夫妇孝敬之心达到极端才有的表现吧。献上各种祭品，依礼奏起音乐，百官也都协助主人进献。此时此刻，通过祝的祝辞表达孝子的心意，恍惚之中，仿佛真的是在和神明对话，仿佛神明真的在享用祭品。仿佛神明真的在享用祭品，这本是孝子的初衷啊！孝子的祭祀，其实是一种极尽其敬的行为，尽其虔诚之心而表现为虔诚的动作，尽其对神明的相信而表现为确信神明一定存在，尽其敬意而表现为敬事神明的行为，尽其礼节而表现为不违背一点规矩。举手投足，都毕恭毕敬，就好像真的听到了神明在讲话，有什么事要使唤自己似的。孝子的祭祀，其内心如何可以通过外表观察出来：他站立时，像鞠躬似的；捧着祭品向前走时，和颜悦色；献上祭品时，真心希望神明尝一尝；退下来返回原位时，好像在倾听神明的吩咐；到了撤下祭品而退出时，脸上还始终保持着庄重的神色。相反，孝子在祭祀时，如果不是鞠躬式的站立，那就显得太粗野；捧着祭品向前时不是和颜悦色，那就显得疏远神明；进献祭品时不是唯恐神明不来品尝，那就显得对神明并不真爱；退回原位站着时不是像在倾听神明的吩咐，那就显得傲慢；撤下祭品退出时就全然失去了庄重的神色，那就等于忘掉祖宗了。这样的祭祀，就失去祭祀的意义了。如果孝子对父母有深深的爱戴，心中就必然充满和顺之气；心中充满和顺之气，脸上就一定会表现为和颜悦色；脸上有和颜悦色，就一定会表现为曲意承欢的样子。孝子在祭祀时，容貌敬慎，就好像拿着贵重的玉，又好像端着满满的一杯水，那份虔诚，那份专注，就好像拿不动，又好像生怕失手打坏。相反，那种威严肃穆一本正经的样子，不是孝子可以用来侍奉父母的态度，而只是作为成年人应有的态度。

【原文】

先王之所以治天下者五：贵有德，贵贵，贵老，敬长，慈幼。此五者，先王之所以定天下也。贵有德，何为也？为其近于道也。贵贵，为其近于君也。贵老，为其近于亲也。敬长，为其近于兄也。慈幼，为其近于子也。是故至孝近乎王，至弟近乎霸。至孝近乎王，虽天子，必有父；至弟近乎霸，虽诸侯，必有兄。先王之教，因而弗改，所以领天下国家也。子曰："立爱自亲始，教民睦也。立教自长始，教民顺也。教以慈睦，而民贵有亲；教以敬长，而民贵用命。孝以事亲，顺以听命，错诸天下，无所不行。"

【译文】

先王用来治理天下的原则有这么五条：教育大家都来尊重有德的人，尊重有地位的人，尊重老年人，尊敬年长的人，爱护下一代。这五条，就是先王之所以能够安定天下的原因。尊重有德的人，这是为什么呢？因为有德的人近乎天理人情。尊重有地位的人，是因为他们近乎国君。尊重老年人，是因为他们近乎自己的双亲。尊敬年长的人，是因为他们近乎自己的兄长。爱护下一代，是因为他们近乎自己的子女。所以，完全做到了"孝"就近乎建成王道之业，完全做到了"悌"就近乎建成霸主之业。做到了"孝"就近乎建成王道之业，因为虽然贵为天子，也有其父。做到了"悌"就近乎建成霸主之业，因为虽然贵为诸侯，也有其兄。对于先王的这种教化，后王如果能遵循不改，就可以领导天下国家。孔子说："人君欲立爱于天下，应当教育人民首先爱自己的双亲，这样就可以使人民和睦相处。人君欲立敬于天下，应当教育人民首先敬自己的兄长，这样就可以使人民懂得顺从。教导人民慈爱和睦，人民就会以侍奉双亲为美德。教导人民尊敬兄长，人民就会以顺从命令为美德。以孝心侍奉双亲，以顺从的态度听从长者的命令。普天之下人人如此，就不会有办不到的事情。"

【原文】

郊之祭也，丧者不敢哭，凶服者不敢入国门，敬之至也。祭之日，君牵牲，穆答君，卿大夫序从。既入庙门，丽①于碑，卿大夫袒，而毛牛尚耳，鸾刀②以刲，取膟膋，乃退。爓祭，祭腥而退，敬之至也。郊之祭，大报天而主日，配以月。夏后氏祭其闇，殷人祭其阳，周人祭日，以朝及闇。祭日于坛，祭月于坎，以别幽明，以制上下。祭日于东，祭月于西，以别外内，以端其位。日出于东，月生于西。阴阳长短，终始相巡，以致天下之和。

【注释】

①丽：犹系也，拴也。②鸾刀：祭祀时分割牲体之刀。

【译文】

天子南郊祭天，这是最最重要的吉祭，谁家死了人也不敢哭，披麻戴孝的人也不敢进入国都城门，对天的恭敬真是到极点了。举行宗庙之祭时，国君亲自牵引牺牲，嗣子在旁协助，卿大夫按照班序紧随其后。进入庙门以后，就把牺牲拴在庭中的石碑上，卿大夫袒露左臂宰牛，先取牛耳上的毛献祭，然后用鸾刀分割牲体，取出血和肠间脂肪献祭，乃退。接着还要用半生不熟的肉献祭，还要用生肉献祭，祭毕退下，也真是恭敬到极点了。南郊祭天，是为了报答上天诸神，以日神为主，以月神为配享。夏人尚黑，在黄昏时祭天。殷人尚白，在中午时分祭天。周人尚文，从早上一直祭到黄昏。祭日神是在坛上，祭月神是在坎内，以此区别幽暗和光明，以此划分上下。祭日于东方，祭月于西方，以此区别内外，端正其位。因为旭日出于东方，新月生于西方。日月一阴一阳，昼夜或长或短，终始相接，循环往复，以致天下和谐。

【原文】

天下之礼，致反始也，致鬼神也，致和用也，致义也，致让也。致反始，以厚其本也；致鬼神，以尊上也；致物用，以立民纪也。致义，则上下不悖逆矣。致让，以去争也。合此五者，以治天下之礼也，虽有奇邪，而不治者则微矣。

【译文】

　　天下的礼有这么五项作用：一是让人们缅怀初始，二是让人们不忘祖宗，三是开发资源以便利用，四是树立道义，五是提倡谦让。缅怀初始，意在使人饮水思源而不忘其本。不忘祖宗，意在使人知道尊上。开发资源以便利用，意在使人民的生活有保障。树立道义，意在理顺君君臣臣、父父子子的关系。提倡谦让，意在消除争讼。把这五项作用合起来，就构成了治理天下的无所不包的礼，即使还有些坏人坏事不能治住，其数量也微乎其微。

【原文】

　　宰我曰："吾闻鬼神之名，不知其所谓。"子曰："气①也者，神之盛也；魄也者，鬼之盛也；合鬼与神，教之至也。众生必死，死必归土：此之谓鬼。骨肉毙②于下，阴为野土；其气发扬于上，为昭明，焄蒿③，凄怆，此百物之精也，神之着也。因物之精，制为之极，明命鬼神，以为黔首则。百众以畏，万明以服。"圣人以是为未足也，筑为宫室，谓为宗祧④，以别亲疏远迩，教民反古复始，不忘其所由生也。众之服自此，故听且速也。

【注释】

　　①气：魂，灵魂。与下文之"魄"对文。魂与魄都是精气、精神，区别在于魂可以游离人体之外，魄则依附人体而存在。②毙：腐烂败坏之意。③焄：同"薰"，指气味。蒿：气味蒸出貌。④宗祧：宗庙和祧庙。近祖的神主在宗庙，远祖的神主居祧庙。

【译文】

　　宰我说："我听到人们常说鬼呀神呀的，就是不知其涵义。"孔子回答说："气是神的旺盛，魄是鬼的旺盛。既祭鬼，又祭神，这便达到了圣人以神道设教的完满境界。一切活着的东西都要死去，死后其体魄必然归土，这就叫鬼。体魄腐烂于地下，化为野土；而其灵魂则发扬于上，成为看得见的光明，闻得到的气味，感受得到的凄酸，这是一切生物都具有的可以意会而难以言传的精灵，也是神的存在的显示。圣人就根据万物的这种精灵，给它们取了个至高无上的名字，曰鬼曰神，作为黎民百姓遵守的法则，于是黎民百姓都害怕鬼神，服从鬼神。圣人以为光这样做还不够，于是又建造宫室，设立宗庙和祧庙，以区别鬼神的亲疏远近，教导人民不但要缅怀远祖，而且要祭祀父母，不要忘掉自己是从哪里来的。这一着很奏效，老百姓之所以服从管理，就是由于这一点，而且服从得非常快。

【原文】

二端既立，报以二礼。建设朝事，燔燎膻芗，见以萧光，以报气也。此教众反始也。荐黍稷，羞肝肺首心，见间以侠①甒，加以郁鬯，以报魄也。教民相爱，上下用情，礼之至也。君子反古复始，不忘其所由生也，是以致其敬，发其情，竭力从事，以报其亲，不敢弗尽也。是故昔者天子为藉千亩，冕而朱纮，躬秉耒。诸侯为藉百亩，冕而青纮，躬秉耒，以事天地、山川、社稷、先古，以为醴酪齐盛，于是乎取之，敬之至也。

【注释】

①侠：通"夹"，双也。

【译文】

既然设立了鬼和神这两个名称，就相应地报以两种不同的祭礼。一是朝事之礼，即把牲血和肠间脂肪放在萧蒿上焚烧，升起的烟，既有芳香之气，还杂有萧蒿之气。这是用气味来报答气，也就是神的。这种质朴尚古的祭祀可以提醒人们追怀初始。一是进献熟食之礼，即献以黍稷，又献以牲的肝、肺、首、心。加上两冠甒酒，再加上郁鬯香酒。这是用熟食来报答魄，也就是鬼的。这种进献熟食之祭可以起到教民相爱的作用。对上有报神之祭，对下有报鬼之祭，从礼数上来讲可以说两头都照顾到了。君子缅怀父母以至于远祖，不忘掉自己是从哪里来的，所以对他们是有多少敬意就拿出多少敬意，有多厚的感情就拿出多厚的感情，在祭祀活动中竭心尽力以报答自己的亲人，不敢有丝毫的保留。所以从前天子有籍田千亩，到了春耕的时候，要戴上系有红色帽带的礼帽，亲执犁把而耕；诸侯也有籍田百亩，到了春耕的时候，要戴上系有青色帽带的礼帽，亲执犁柄而耕。籍田所得的收入，用来祭祀天地、山川、社稷和先祖。醴酪黍稷等祭品，就是来自籍田的收入。这是多么虔诚的祭祀啊！

【原文】

　　古者天子、诸侯必有养兽之官，及岁时，齐戒沐浴而躬朝之。牺牷祭牲，必于是取之，敬之至也。君召牛，纳而视之，择其毛而卜之，吉，然后养之。君皮弁素积，朔月、月半，君巡牲，所以致力，孝之至也。古者天子、诸侯必有公桑、蚕室，近川而为之。筑宫仞有三尺，棘墙而外闭之。及大昕①之朝，君皮弁素积，卜三宫之夫人世妇之吉者，使入蚕于蚕室，奉种浴于川；桑于公桑，风戾以食之。岁既单②矣，世妇卒蚕，奉茧以示于君，遂献茧于夫人。夫人曰："此所以为君服与？"遂副袆而受之，因少牢以礼之。古之献茧者，其率用此与！及良日，夫人缫，三盆手，遂布于三宫夫人世妇之吉者使缫；遂朱绿之，玄黄之，以为黼黻文章。服既成，君服以祀先王先公，敬之至也。

【注释】

　　①大昕：季春三月初一的早上。②单：通"殚"，尽。

【译文】

　　古时候天子和诸侯都专门设有养兽之官，每年到了一定的时候，天子和诸侯都要在斋戒沐浴之后前往巡视，因为符合要求的祭牲一定要从其中挑选，这是对祭祀极其虔敬的表现。在祭前三月，国君派人把牛牵来，亲自察看，挑选毛色纯一体无损伤的牛加以占卜，如果得到吉兆，然后就把此牛敬养起来。到了每月的初一、十五，国君还要穿上皮弁礼服，亲自察看被养之牛。在这上面下这样大的力气，也是极其孝顺的表现。古时候天子和诸侯还都设有公家的桑园和养蚕的宫室，临着河边建造，以便漂洗蚕种。养蚕的宫室有一丈高，其周围种上荆棘当墙，门反锁着。到了季春三月初一的早上，国君身穿皮弁服，通过占卜选择后宫中符合吉兆的夫人和世妇，让她们到蚕室去养蚕。她们捧着蚕种到河里漂洗，到公家的桑园里采摘桑叶，让风吹干桑叶上的露水，然后用来喂蚕。等到春季已尽，世妇们养蚕的事情也就结束了，于是捧着收获的蚕茧请国君过目，然后就献茧于夫人。夫人就说："这是用来给国君做衣服的吧！"就身着礼服而接收了下来，并且用少牢之礼慰劳献茧的世妇。古代献茧的礼节，大概都是这样吧？等到黄道吉日，夫人就开始缫丝。先由夫人把手伸入泡蚕茧的盆中三次，每次抽出一个丝头，然后就把蚕茧分给符合吉兆的夫人和世妇，让她们缲丝。此后，还要把丝分别染成红色、绿色、黑色、黄色，制成绘有各种图案的礼服。礼服做成以后，国君穿上礼服祭祀先王先公，真是虔敬到极点了。

【原文】

曾子曰："孝有三：大孝尊亲，其次弗辱，其下能养。"公明仪问于曾子曰："夫子可以为孝乎？"曾子曰："是何言与！是何言与！君子之所为孝者：先意承志，谕父母于道。参，直养者也，安能为孝乎？"

【译文】

曾子说："孝有三等。第一等的孝是能光父耀母，第二等的孝是不玷辱父母的令名，第三等的孝是能够赡养父母。"曾子的学生公明仪向曾子问道："老师您可以说是做到了'孝'字吧？"曾子答道："这是哪儿的话！这是哪儿的话！君子所谓的孝，是不等父母有所表示就把父母想办的事办了，同时又能使父母放心自己的所作所为都是合乎正道的。我只不过是能赡养父母罢了，怎能说是做到了'孝'字呢！"

【原文】

曾子曰："身也者，父母之遗体也。行父母之遗体，敢不敬乎？居处不庄，非孝也；事君不忠，非孝也；莅官不敬，非孝也；朋友不信，非孝也；战陈无勇，非孝也；五者不遂，灾及于亲，敢不敬乎？亨孰膻芗，尝而荐之，非孝也，养也。君子之所谓孝也者，国人称愿然曰：'幸哉有子！'如此，所谓孝也已。众之本教曰孝，其行曰养。养，可能也，敬为难；敬，可能也，安为难；安，可能也，卒为难。父母既没，慎行其身，不遗父母恶名，可谓能终矣。仁者，仁此者也；礼者，履此者也；义者，宜此者也；信者，信此者也；强者，强此者也。乐自顺此生，刑自反此作。"

【译文】

曾子说："自己的身体，乃是父母的遗体。以父母的遗体来做事，敢不小心翼翼吗？日常起居不端重，就是不孝；为君主做事不忠诚，就是不孝；面对工作而儿戏,就是不孝;对朋友说话不算数,就是不孝;临阵作战不勇敢,就是不孝。这五个方面做不到,表面上看是自身受到惩罚,实际上是殃及父母的遗体,由此看来,敢不小心翼翼吗?用佳肴美味,岁时祭祀,这不能算作是孝,只能算作是养。君子所谓的孝,是全国的人都称羡喝彩地说:'有这样儿子的爹娘真是有福气呀!'这才是所谓的孝啊。各种道德的根本叫作孝,表现于行为则叫作养。养就算是可以做到,但尊敬就难了;尊敬就算是可以做到,但毫无勉强之意就难了;毫无勉强就算是可以做到,而在父母去世之后还能坚持不改就难了。父母去世以后,还能够小心翼翼地行事,不连累父母被人诟骂,这才叫终身行孝。所谓仁,就是要仁在孝上;所谓礼,就是要履行孝字;所谓义,就是要适宜于孝的事才做;所谓信,就是要诚信在孝上;所谓努力,就是要努力在孝字上做文章。欢乐是由于顺着孝道办事而产生的,刑罚是由于违背孝道办事而导致的。"

【原文】

曾子曰:"夫孝,置①之而塞乎天地,溥②之而横乎四海,施诸后世而无朝夕,推而放诸东海而准,推而放诸西海而准,推而放诸南海而准,推而放诸北海而准。诗云:'自西自东,自南自北,无思③不服。'此之谓也。"

【注释】

①置:通"植",树立。②溥:作"敷",散布。③思:助词,无义。

【译文】

曾子说:"孝作为一种美德,竖起来可以顶天立地,平着放可以覆盖四海,传到后代也被人们永远奉行,也不受地域的限制,推广到东海是准则,推广到西海是准则,推广到南海是准则,推广到北海也是准则。《诗经》上说:'从西到东,从南到北,没有人不遵从。'说的就是这种情况。"

【原文】

曾子曰:"树木以时伐焉,禽兽以时杀焉。夫子曰:'断一树,杀一兽,不以其时,非孝也。'孝有三:小孝用力,中孝用劳①,大孝不匮。思慈爱忘劳,可谓用力矣。尊仁安义,可谓用劳矣。博施备物,可谓不匮矣。父母爱之，嘉而弗忘；父母恶之，惧而无怨；父母有过，谏而不逆；父母既没，必求仁者之粟以祀之。此之谓礼终。"

【注释】

①劳：功劳，建功立业。

【译文】

曾子说："树木要在适当的时候砍伐，禽兽要在适当的时候捕杀。孔子说：'哪怕是砍伐一棵树木，哪怕是捕杀一只禽兽，只要砍伐、捕杀得不是时候，就是不孝。'孝有三等：小孝只要出力即可，中孝则要求建功立业，大孝则要求要什么有什么。思念父母的养育之恩而忘掉疲劳，可以说是出力了。躬行仁义，可以说是建功立业了。广泛地施惠于人，人们纷纷携带礼品参加自家的祭祀，可以说是要什么有什么了。父母喜爱自己，自己就高兴地永记在心。父母不喜欢自己，自己就戒惧反省，但无一句怨言。父母有了过失，自己可以婉言规劝，但不可和他们顶撞。父母去世，就是穷到借仁人的粮米才能进行祭祀的地步，也不向恶人乞求，这才叫终身行孝。"

【原文】

乐正子春下堂而伤其足，数月不出，犹有忧色。门弟子曰："夫子之足瘳①矣，数月不出，犹有忧色，何也？"乐正子春曰："善如尔之问也！善如尔之问也！吾闻诸曾子，曾子闻诸夫子曰：'天之所生，地之所养，无人为大。'父母全而生之，子全而归之，可谓孝矣。不亏其体，不辱其身，可谓全矣。故君子顷步而弗敢忘孝也。今予忘孝之道，予是以有忧色也。壹举足而不敢忘父母，壹出言而不敢忘父母。壹举足而不敢忘父母，是故道而不径，舟而不游，不敢以先父母之遗体行殆。壹出言而不敢忘父母，是故恶言不出于口，忿言不反于身。不辱其身，不羞其亲，可谓孝矣。"

【注释】

①瘳：痊愈。

【译文】

乐正子春下堂时，不小心扭伤了脚，好几个月不出门，还面带忧色。他的弟子对此不解，就问道："老师的脚伤已经好了，好几个月不出门，还面带忧色，这是为什么呢？"乐正子春说："你问的太好了！你问的太好了！我听曾子说过，而曾子也是从孔子那儿听到：'天之所生，地之所养，没有比人更高贵。父母完整地把自己生了下来，做儿子的也要把身体完整地还给父母，这才叫作孝。不使身体受到损伤，不使名声受到污辱，这才叫作完整。'所以君子抬腿动脚都不敢忘掉孝道。现在我扭伤了脚，是忘掉孝道的表现，所以我才面有忧色啊。每抬一次脚都不敢忘掉父母，每说一句话都不敢忘掉父母。因为每抬一次脚都不敢忘掉父母，所以走路的时候光走大道而不走邪径，过河的时候要乘船而渡而不游泳而渡，不敢拿已故父母的遗体冒险。因为每说一句话都不敢忘掉父母，所以伤害他人的话不出于口，别人的辱骂也绝不会摊到自己身上。不让自己的身体受辱，也就等于不让自己的父母受辱，做到这一点，可以称得上孝了。"

【原文】

昔者，有虞氏贵德而尚齿，夏后氏贵爵而尚齿，殷人贵富而尚齿，周人贵亲而尚齿。虞夏殷周，天下之盛王也，未有遗年者。年之贵乎天下，久矣；次乎事亲也。是故朝廷同爵则尚齿。七十杖于朝，君问则席。八十不俟朝，君问则就之，而弟达乎朝廷矣。行，肩而不并，不错则随。见老者，则车徒辟；斑白者不以其任行乎道路，而弟达乎道路矣。居乡以齿，而老穷不遗，强不犯弱，众不暴寡，而弟达乎州巷①矣。古之道，五十不为甸徒②，颁禽隆诸长者，而弟达乎搜狩矣。军旅什伍，同爵则尚齿，而弟达乎军旅矣。孝弟发诸朝廷，行乎道路，至乎州巷，放乎搜狩，修乎军旅，众以义死之，而弗敢犯也。

【注释】

①州巷：犹言乡间、乡里。②甸徒：田猎时的走卒。

【译文】

从前虞舜之时，虽然尊重有德之人，但也不忘尊重年长之人；夏代虽然尊重有爵之人，但也不忘尊重年长之人；殷代虽然尊重有钱之人，但也不忘尊重年长之人；周代虽然尊重有亲属关系的人，但也不忘尊重年长之人。虞、夏、殷、周四代，是人们公认的盛世，他们都没有忘记对年长者的尊重。由此看来，年龄被人们看重由来已久，其重要性仅次于孝道。因此，在朝廷上，彼此官爵相同，则年长者居上位；年龄到了七十岁，可以挂着拐杖上朝，国君如果有所咨询，就要在堂上为他铺席以便落座；到了八十岁不但可以扶杖上朝，而且可以在行过朝见礼后就打道回府，国君如果有所咨询，就要亲自到他府上求教。这样，悌道就通行于朝廷了。在道路上行走，不能和年长者并肩，年长者如果是兄辈的年龄，就斜错在他身后走；年长者如果是父辈的年龄，就紧随在他身后走。无论是乘车的还是步行的，遇到年长者都要让路。看见头发花白的老人挑着担子行路，年轻人就要为他代劳。这样一来，悌道就通行于道路了。在乡里居住，凡事都讲究个长幼，即使贫穷的老人也不遗弃，年轻人不可恃强凌弱，以众欺寡。这样一来，悌道就通行于乡里了。按照古代的规矩，年龄到了五十岁就可以不参加田猎活动了，而在分配猎获物的时候还要让年长者多得点。这样一来，悌道就通行于田猎了。在军队里边，官爵相同则以年长者居上。这样一来，悌道就通行于军旅了。孝悌之道，从朝廷开始，通行于道路，通行于乡里，通行于田猎，通行于军旅，大家都抱着宁可为孝悌而死的信念，没有人敢违背它。

【原文】

祀乎明堂，所以教诸侯之孝也；食三老五更于大学，所以教诸侯之弟也。祀先贤于西学，所以教诸侯之德也；耕藉，所以教诸侯之养也；朝觐，所以教诸侯之臣也。五者，天下之大教也。食三老五更于大学，天子袒而割牲，执酱而馈，执爵而酳，冕而总干，所以教诸侯之弟也。是故，乡里有齿，而老穷不遗，强不犯弱，众不暴寡，此由大学来者也。天子设四学，当入学，而大子齿。

【译文】

周代的天子在明堂祭祀文王以配上帝，就是为了教育诸侯懂得孝道；在太学里宴请三老、五更，就是为了教育诸侯懂得悌道；在西学里祭祀前代的贤人，就是为了教育诸侯培养道德；天子亲耕籍田，就是为了教育诸侯用自己的劳动果实祭祀祖先；安排诸侯定期朝见天子，就是为了教育诸侯如何恪尽臣职。以上五项，是天下最重要的教育。在太学中宴请三老、五更，天子袒开衣襟亲自切割牲肉，捧着酱请他们吃，端起酒请他们漱口，还头戴礼帽，手执盾牌，为他们起舞助兴。这是为了向诸侯示范如何尊老养老。于是乡里的居民也都能做到尊重老人，连那些贫穷的老人也不被遗漏。年轻人不恃强凌弱，不以众欺寡，这都是由于天子在太学尊老养老而形成的好风气。天子设置四学，到了年龄入学，就是太子也要和同学们按年龄大小论礼。

【原文】

天子巡守，诸侯待于竟。天子先见百年者。八十、九十者东行，西行者弗敢过；西行，东行者弗敢过。欲言政者，君就之可也。壹命齿于乡里，再命齿于族，三命不齿；族有七十者，弗敢先。七十者，不有大故不入朝；若有大故而入，君必与之揖让，而后及爵者。

【译文】

天子巡守时，诸侯要在自己的国境上恭候迎接。进入诸侯国内，要先会见百岁老人。八九十的老人走在路的左边，走在右边的人也不敢超过他们；如果他们走在路的右边，走在左边的人也不敢超过他们。他们有政见要讲，国君要登门听取。得到天子一命封爵的，还要和乡亲们按年龄大小分先后；得到二命封爵的，只要和族人按年龄大小分先后即可；得到三命封爵的，就不需与他人比较年龄大小，可以径居上位；但如果遇到有七十岁以上的族人，就不敢位居其上。七十岁以上的老人，没有重大的事情不必入朝；如果有重大事情入朝，国君一定要先和他施礼，然后才和卿大夫施礼。

【原文】

天子有善，让德于天；诸侯有善，归诸天子；卿大夫有善，荐于诸侯；士、庶人有善，本诸父母，存诸长老；禄爵庆赏，成诸宗庙；所以示顺也。昔者，圣人建阴阳天地之情①，立以为易。易抱龟南面，天子卷冕北面，虽有明知之心，必进断其志焉。示不敢专，以尊天也。善则称人，过则称己。教不伐以尊贤也。

【注释】

①情：指明显可见的吉凶。

【译文】

天子有了成绩，应该归功于天。诸侯有了成绩，应该归功于天子。卿大夫有了成绩，应该归功于诸侯。士、庶人有了成绩，应该归功于父母，归功于长辈。遇到加官晋爵喜庆受赏之事，则应设祭告成于祖宗，以表示这是祖宗积德所致，子孙不过是托庇受荫而已。从前，圣人根据阴阳变化所显示的吉凶之兆，归纳为《易》。掌卜筮的官员抱着用来占卜的龟南面而立，天子戴着礼帽穿着龙袍北面而立，尽管天子已经胸有成竹，也一定要通过占卜做出最后的决断，这表示对天意的尊重。有成绩要归功他人，有过失则应归咎于己，这是教人不自夸，教人尊重贤人。

【原文】

孝子将祭祀，必有齐庄①之心以虑事，以具服物，以修宫室，以治百事。及祭之日，颜色必温，行必恐，如惧不及爱然。其奠之也，容貌必温，身必诎，如语焉而未之然。宿者②皆出，其立卑静以正，如将弗见然。及祭之后，陶陶遂遂③，如将复入然。是故，悫善不违身，耳目不违心，思虑不违亲。结诸心，形诸色，而术④省之，孝子之志也。建国之神位，右社稷，而左宗庙。

【注释】

①齐庄：恭敬。②宿者：助祭的宾客。宿是斋戒，助祭者也要在祭前斋戒。③陶陶遂遂：神情恍惚而意犹未尽之貌。④术：通"述"，此指追忆。

【译文】

孝子将要举行祭祀，一定要怀着毕恭毕敬的心情来考虑祭事，准备祭服祭品，整修宫室，处理好各项事务。等到祭祀那一天，脸色必须温和，而走路却带着紧张，就好像害怕赶不上看到自己的亲人的样子。孝子在献上祭品时，要和颜悦色，身体前屈，就好像给亲人说话而等待回答的样子。助祭的宾客都陆续退出时，孝子还默默地躬身站在那里，好像视若不见的样子。等到祭祀结束，孝子还沉浸在对亲人的思念之中，神情恍惚，好像亲人还要进来的样子。所以，诚心诚意的态度一直表现在孝子身上，耳之所闻与目之所见都和心中思念的一致，心中思念的则无时无刻不是亲人。内心怀着思亲的情结，在外貌上也有所流露，反复地回忆和自省，这就是孝子的心态啊。建立国都中祭祀的神位：社神稷神的庙在王宫路门外的右边，列祖列宗的庙在王宫路门外的左边。

祭统

【题解】

郑玄说："名曰《祭统》者，以其记祭祀之本也。统，犹本也。"说得更明白点，这个"本"就是一片孝心。"祭统"的意思就是说祭祀最根本的在于内心的敬畏和虔诚。祭祀先祖，这并不是迷信鬼神，而是出于饮水思源的孝心。祭祀过程中的种种仪节，无不体现着孝心。

【原文】

凡治人之道，莫急于礼。礼有五经①，莫重于祭。夫祭者，非物自外至者也，自中出生于心也；心怵而奉之以礼。是故，唯贤者能尽祭之义。

【注释】

①五经：指吉礼、凶礼、宾礼、军礼、嘉礼等五礼。

【译文】

在管理百姓的种种方法之中，没有比礼更重要的了。礼有吉、凶、宾、军、嘉五种，其中最重要的便是祭礼。祭礼，并不是外界有什么东西强迫你这么做，而是发自内心深处的自觉行动。春夏秋冬，时序推移，人们感物伤时，触景生情，不由地就会想起死去的亲人，这种感情的表达就是祭之以礼。所以只有贤者才能完全理解祭礼的意义。

【原文】

贤者之祭也，必受其福。非世所谓福也。福者，备也；备者，百顺之名也。无所不顺者，谓之备。言：内尽于己，而外顺于道也。忠臣以事其君，孝子以事其亲，其本一也。上则顺于鬼神，外则顺于君长，内则以孝于亲。如此之谓备。唯贤者能备，能备然后能祭。是故，贤者之祭也：致其诚信与其忠敬，奉之以物，道之以礼，安之以乐，参之以时。明荐之而已矣。不求其为。此孝子之心也。祭者，所以追养继孝也。孝者畜也。顺于道不逆于伦，是之谓畜。是故，孝子之事亲也，有三道焉：生则养，没则丧，丧毕则祭。养则观其顺也，丧则观其哀也，祭则观其敬而时也。尽此三道者，孝子之行也。

【译文】

贤者的祭祀，一定会得到鬼神所赐的福，但这个福，不是世俗所说的福。贤者的福，是备的意思。而备字怎讲呢？是一切事情都顺着理办的意思。无所不顺，这就叫备。其意思是说，对自己，按着良知行事；对外界，按着道理行事。忠臣侍奉国君，孝子侍奉双亲，其忠其孝都来源于一个顺字。对上则顺着鬼神，对外则顺着君长，对内则顺着双亲，这样做了才叫作备。只有贤者才能做到备，能做到备才能做到必然得到鬼神赐福的祭。所以贤者的祭祀，不过是竭尽自己的诚信与忠敬，奉献祭品，行其典礼，和之以音乐，稽之以季节，洁净地荐献而已，并不存心要神保佑赐福。这才是孝子举行祭祀时的心情。孝子的祭祀，是用来完成对父母生前应尽而未尽的供养和孝道。所谓孝，就是这种供养和孝道的积蓄。将顺字贯穿于父母的生前和身后，这才叫作孝的积蓄。所以孝子侍奉父母不外乎三件事：头一件是生前好好供养，第二件是身后依礼服丧，第三件是服丧期满要按时祭祀。在供养这件事上可以看出做儿子的是否孝顺，在服丧这件事上可以看出他是否哀伤，在祭祀这件事上可以看出他是否虔敬和按时。这三件事都做得很好，才配称作孝子的行为。

【原文】

既内自尽，又外求助，昏礼是也。故国君取夫人之辞曰："请君之玉女与寡人共有敝邑，事宗庙社稷。"此求助之本也。夫祭也者，必夫妇亲之，所以备外内之官也；官备则具备。水草之菹，陆产之醢，小物备矣；三牲之俎，八簋之实，美物备矣；昆虫之异，草木之实，阴阳之物备矣。凡天之所生，地之所长，苟可荐者，莫不咸在，示尽物也。外则尽物，内则尽志，此祭之心也。是故，天子亲耕于南郊，以共齐盛；王后蚕于北郊，以共纯服。诸侯耕于东郊，亦以共齐盛；夫人蚕于北郊，以共冕服。天子诸侯非莫耕也，王后夫人非莫蚕也，身致其诚信，诚信之谓尽，尽之谓敬，敬尽然后可以事神明，此祭之道也。

【译文】

祭祀不但要求自己尽心尽力，还要求求助于外，这就关系到婚礼了。所以国君在娶夫人之前的求婚辞是这样说的："听说您有位贤淑的女儿，希望能嫁给我，和我一道治理国家，祭祀宗庙社稷。"这就是求助的目的。祭祀这件事，必须由夫妇亲自共同参加，以便里里外外的事情都有人负责。事情都有人负责，就必然祭品齐备。水中产的菹菜、陆地产的醢菜、肉酱有了，这算是祭祀用的小吃类齐备了。牛羊猪三牲齐全，黍稷稻粱分装八碗，这算是美味齐备了。还有各种不同的昆虫，还有各种不同的瓜果，这算是世上之物都有了。总而言之，只要是天下生的，地上长的，只要是可以用来进献的，没有一样没有，这表示祭品的极其丰盛。从客观上来说要求祭品极其丰盛，从主观上来说则要求极其虔诚，这才算是祭祀的用心。因此，天子才在南郊亲耕籍田，以提供祭品；王后在北郊亲自养蚕，以提供祭服；诸侯在东郊亲耕籍田，也是用以提供祭品；夫人在北郊亲自养蚕，也是用以提供祭服。天子和诸侯并不是穷到了自己不亲耕就没有祭品，王后和夫人也不是穷到了自己不养蚕就没有祭服，之所以要那样做，是为了表达自己的诚信，有了诚信才算尽心，尽了心才算是虔敬。虔敬了，尽心了，然后才可以侍奉神明。这便是祭祀的原则。

【原文】

及时将祭，君子乃齐。齐之为言齐也。齐不齐以致齐者也。是以君子非有大事也，非有恭敬也，则不齐。不齐则于物无防也，嗜欲无止也。及其将齐也，防其邪物，讫①其嗜欲，耳不听乐。故记曰："齐者不乐"，言不敢散其志也。心不苟虑，必依于道；手足不苟动，必依于礼。是故君子之齐也，专致其精明之德。故散齐七日以定之，致齐三日以齐之。定之之谓齐。齐者精明之至也，然后可以交于神明也。是故，先期旬有一日，宫宰宿②夫人，夫人亦散齐七日，致齐三日。君致齐于外，夫人致齐于内，然后会于大庙。君纯冕立于阼，夫人副祎立于东房。君执圭瓒祼尸，大宗执璋瓒亚祼。及迎牲，君执纮，卿大夫从士执匜。宗妇执盎从夫人荐涗水。君执銮刀羞哜③，夫人荐豆，此之谓夫妇亲之。

【注释】

①讫：防止。②宿：通"肃"，郑重告诫之意。③羞哜：用牙齿啃一点尝尝。

【译文】

到了将要举行祭祀的时候，君子就要斋戒。斋戒也可以说是整齐的意思，就是把身上和心里不整齐的东西整理一下以求达到整齐。所以君子不是从事于祭祀，在不需要恭敬的场合，就不斋戒。不斋戒就他事没有禁忌，嗜欲也没有限制。但到了要斋戒的时候，禁忌之事就不能做，嗜欲也要加以限制，耳不听音乐。所以古书上说："斋戒的人不举乐。"就是说斋戒的时候不敢分散心思。心无杂念，所思所想必然合乎正道；手足不乱动，抬手动脚必然合乎规矩。所以君子的斋戒，其目的就在于达到身心的纯洁。为此，先散斋七天收敛一下心志，然后再致斋三天加以整理。把心志收敛住了就叫作斋戒。斋戒是高度的身心纯洁，然后才可以和神明打交道。所以，在祭祀前十一天，宫宰要郑重地告诫夫人，于是夫人开始斋戒，先散斋七天，接着再致斋三天。国君在国君的正寝致齐，夫人在夫人的正寝致齐，到祭祀那天才会合于太庙。国君身着礼服头戴礼帽站在阼阶，夫人头戴首饰身穿礼服站在东房。国君手执圭瓒在尸前行裸礼，大宗伯手执璋瓒在尸前再行裸礼。到了迎牲入庙时，国君亲自牵着牛鼻绳，大夫紧跟在牲后，士抱着禾秆。宗妇捧着盎齐随在夫人身后，献上涗水。国君亲执銮刀切取牲肺献给尸品尝，夫人则献上馈食之豆。这就叫作夫妇一道亲自主持祭祀。

【原文】

及入舞，君执干戚就舞位，君为东上，冕而摠干，率其群臣，以乐皇尸。是故天子之祭也，与天下乐之；诸侯之祭也，与竟内乐之。冕而摠干，率其群臣，以乐皇尸，此与竟内乐之之义也。

【译文】

祭祀进行到乐舞这一项目时，国君手执干戚站到舞位上，国君站在靠东边的上位，头戴礼帽，手执盾牌，率其群臣起舞，以博得皇尸的欢心。因此，天子的祭祀，是与天下臣民同乐；诸侯的祭祀，是与境内臣民同乐。诸侯头戴礼帽，手执盾牌，率其群臣起舞，以博得皇尸的欢心，这便是与境内臣民同乐的表现。

【原文】

夫祭有三重焉：献之属，莫重于祼，声莫重于升歌，舞莫重于武宿夜，此周道也。凡三道者，所以假于外而以增君子之志也，故与志进退；志轻则亦轻，志重则亦重。轻其志而求外之重也，虽圣人弗能得也。是故君子之祭也，必身自尽也，所以明重也。道之以礼，以奉三重，而荐诸皇尸，此圣人之道也。

【译文】

在祭祀过程中有三个最重要的节目：在奉献祭品活动中，没有比祼礼更重要的了；在歌唱演奏活动中，没有比登堂歌唱《清庙》更重要的了；在舞蹈活动中，没有比《武宿夜》之舞更重要的了。这是周代的规矩。这三个最重要的节目，都是用来借助于外部的动作以增强君子虔诚的内心。所以二者的关系是密切相关的，内心轻忽则外部动作也不带劲，内心端庄则外部动作也随之端庄。内心轻忽而希望达到外部动作的端庄，即使是圣人也做不到。所以君子的祭祀，一定要自己竭尽诚心，这样才能使外部动作也端庄起来。遵循礼的要求，把三个最重要的节目做好而博得皇尸的欢心，这才是圣人的祭祀之道。

【原文】

夫祭有馂[①]。馂者祭之末也，不可不知也。是故古之人有言曰："善终者如始。"馂其是已。是故古之君子曰："尸亦馂鬼神之余也，惠术也，可以观政矣。"是故尸谡，君与卿四人馂。君起，大夫六人馂；臣馂君之余也。大夫起，士八人馂；贱馂贵之余也。士起，各执其具以出，陈于堂下，百官[②]进，彻之，下馂上之余也。凡馂之道，每变以众，所以别贵贱之等，而兴施惠之象也。是故以四簋黍见其修于庙中也。庙中者竟内之象也。祭者泽之大者也。是

祭统

故上有大泽则惠必及下，顾上先下后耳。非上积重而下有冻馁之民也。是故上有大泽，则民夫人待于下流，知惠之必将至也，由馂见之矣。故曰："可以观政矣。"

【注释】

①馂：吃剩余的食物。这里指祭祀结束后大家分享鬼神用过的祭品。②百官：指祭祀时各种当差的人。

【译文】

祭礼中有馂这回事。虽然馂是祭祀末尾的事，但也不可不了解其意义。所以古人这样说过："好的结束要像好的开始一样，馂这件事大概是最能说明这一点了。"所以古代的君子说："尸虽然尊贵，但他也吃鬼神吃剩的东西。馂也是一种施惠之道，从中可以观察出政治意义来。"所以尸食毕起身离席，就由国君和卿四人吃尸剩下的祭品；国君吃罢起身，就由大夫六人吃国君吃剩的祭品，这叫作臣吃君之剩余；大夫吃罢起身，就由士八人吃剩下的，这叫作贱者吃贵者剩下的；士吃罢起身，各人端着盛有剩余祭品的食具出来，陈列在堂下，由各种当差的吃剩下的，吃毕撤掉，这叫作底下人吃在上位者之剩余。综观馂的全过程，每变一次馂的人数就随之增多，这是要表明人有贵贱之分，而施惠的对象却越来越多。所以用四盘祭品就可以表现出恩惠遍施于庙中。而庙中，乃是整个国境内的缩影。祭礼中的馂，是一种大的恩泽。所以上面有大的恩泽，就一定要惠及下面，只不过上面的先得到而下面的后得到而已，并不是把上面的都撑死而把下面的都饿死。所以上面有大的恩泽，民众就会都在下面等待，相信恩泽也必定会落到他们头上。这一切都是从馂这件事上反映出来的，所以说："可以从中观察出政治意义来。"

【原文】

夫祭之为物大矣，其兴物备矣。顺以备者也，其教之本与？是故，君子之教也，外则教之以尊其君长，内则教之以孝于其亲。是故，明君在上，则诸臣服从；崇事宗庙社稷，则子孙顺孝。尽其道，端其义，而教生焉。是故君子之事君也，必身行之，所不安于上，则不以使下；所恶于下，则不以事上；非诸人，行诸己，非教之道也。是故君子之教也，必由其本，顺之至也，祭其是与？故曰："祭者，教之本也已。"

【译文】

  祭祀作为一件事情可以说是够大的了，祭祀时荐献的供品够完备了。孝顺的心再加上完备的祭品，这大概也就是教化的根本吧！所以君子的施行教化，在社会上就教育人们尊敬君长，在家庭里就教育他们孝顺双亲。所以至明的君主在上，则大小臣工服从；尊敬地祭祀宗庙社稷，则子孙孝顺。竭尽祭祀之礼，端正祭祀之义，这就需要教化了。所以君子侍奉君王，一定要身体力行。自己感到上面有什么地方做得不对，就不要再让下面这样去做；自己厌恶下面的某些做法，就不要再这样去应付上面。不让人家去做，而自己却明知故犯，这不是教育的方法。所以君子的施行教化，一定要从根本抓起，提纲挈领，这样的办法大概非祭祀莫属吧！这就无怪乎人们说：祭祀是教化的根本。

【原文】

  夫祭有十伦焉：见事鬼神之道焉，见君臣之义焉，见父子之伦焉，见贵贱之等焉，见亲疏之杀焉，见爵赏之施焉，见夫妇之别焉，见政事之均焉，见长幼之序焉，见上下之际焉。此之谓十伦。铺筵设同几^①，为依神也；诏祝于室，而出于祊，此交神明之道也。君迎牲而不迎尸，别嫌也。尸在庙门外，则疑于臣，在庙中则全于君；君在庙门外则疑于君，入庙门则全于臣、全于子。是故，不出者，明君臣之义也。夫祭之道，孙为王父尸。所使为尸者，于祭者子行^②也；父北面而事之，所以明子事父之道也。此父子之伦也。尸饮五，君洗玉爵^③献卿；尸饮七，以瑶爵献大夫；尸饮九，以散爵献士及群有司，皆以齿。明尊卑之等也。夫祭有昭穆，昭穆者，所以别父子、远近、长幼、亲疏之序而无乱也！是故，有事于大庙，则群昭群穆咸在而不失其伦。此之谓亲疏之杀也。古者，明君爵有德而禄有功，必赐爵禄于大庙，示不敢专也。故祭之日，一献，君降立于阼阶之南，南乡。所命北面，史由君右执策命之。再拜稽首。受书以归，而舍奠于其庙。此爵赏之施也。君卷冕立于阼，夫人副袆立于东房。夫人荐豆执校，执醴授之执镫。尸酢夫人执柄，夫人授尸执足。夫妇相授受，不相袭处，酢必易爵。明夫妇之别也。凡为俎者，以骨为主。骨有贵贱；殷人贵髀，周人贵肩，凡前贵于后。俎者，所以明祭之必有惠也。是故，贵者取贵骨，贱者取贱骨。贵者不重，贱者不虚，示均也。惠均则政行，政行则事成，事成则功立。功之所以立者，不可不知也。俎者，所以明惠之必均也。善为政者如此，故曰："见政事之均焉。"凡赐爵④，昭为一，穆为一。昭与昭齿，穆与穆齿，凡群有司皆以齿，此之谓长幼有序。夫祭有畀煇胞翟、阍者，惠下之道也。唯有德之君为能行此，明足以见之，仁足以与之。畀之为言与也，能以其余畀其下者也。煇者，甲吏之贱者也；胞者，肉吏之贱者也；翟者，乐吏之贱者也；阍者，守门之贱者也。古者不使刑人守门，此四守者，吏之至贱者也。尸又至尊；以至尊既祭之末，而不忘至贱，而以其余畀之。是故明君在上，则竟内之民无冻馁者矣，此之谓上下之际。

【注释】

①同几：生时夫妇异几；死后夫妇同几。②子行：犹言儿子辈。祭祖则用孙子辈为尸，皆取于同姓之嫡孙。③玉爵：以玉为饰之爵。下文的"瑶爵"是以瑶为饰之爵，"散爵"是以璧为饰之爵。④赐爵：宗庙之祭进行到最后时，赐给助祭者酒。

【译文】

祭祀有十种意义：第一是体现侍奉鬼神之道，第二是体现君臣之义，第三是体现父子关系，第四是体现贵贱有别，第五是体现亲疏有别，第六是体现爵赏的施行，第七是体现夫妇之别，第八是体现政事公平，第九是体现长幼有序，第十是体现上下关系。这就是祭祀的十种意义。下面分开来说。铺席设几，让死者夫妇同席同几，供神凭依；因为不知道神究竟在哪里，所以不仅头一天在室内行祭，而且第二天又在门外行祭。这是和神明打交道的应有做法。祭祀时，国君走出庙外迎牲，但不走出庙门外迎尸，这是为了避开嫌疑。因为尸在庙门外仍然是臣子的身份，而进到庙内就变成君父的身份了。而国君在庙门外仍然是国君的身份，一进入庙门就变成臣子的身份了。所以不出门迎接尸，是为了不搞乱君臣的名分。祭祀中规定，由孙子辈的人充当祖父的尸。那个充当尸的人，对于祭祀者来讲是儿子辈，而作为父辈的祭者倒要面朝北去侍奉尸，这就是为了让人明白儿子应当如何侍奉父亲。这就是父子之间的关系。上公之祭九献，五献之后，国君便洗净玉爵向卿献酒；七献之后，国君才用瑶爵向大夫献酒；九献之后，国君才用散爵向士和各种当差的献酒。这体现了尊卑有别。祭祀时，所有参加祭祀的子孙都是按照父昭子穆的辈分排列。昭穆的作用，就是用来区别父子、远近、长幼、亲疏的顺序而不使混乱。所以在太庙中举行祭祀时，尽管全体族人中的昭辈穆辈都在，也仍然是各就各位，有条不紊。这就叫亲疏有别。古时候明君对有德的人进爵对有功的人加禄，晋爵加禄的典礼一定要在太庙中举行，这表示国君自己不敢独断专行。所以在祭祀的那天，第一次行酬礼后，国君就从堂上下来，立于阼阶之南，面朝南，受册封者面朝北，负责册命的史官从国君右边捧着册封文书宣读，被册封者行过再拜稽首的大礼后接过册命，然后回家，在自己的家庙中设奠禀告祖宗。这就体现了爵赏的施行。祭祀时，国君身穿礼服头戴礼帽立于阼阶，夫人头戴首饰身穿礼服立于东房。夫人进献豆时，手握豆柄；而执醴者把豆交给夫人时，则是手握豆的底座。尸向夫人回敬酒时，手执酒爵的柄；夫人在接受时，手执酒爵的足。夫妇之间授受祭器，不能拿着同一部位。夫妇互相回敬酒，一定要更换杯子。这些都体现了夫妇有别。凡分配俎肉，以带骨的肉为主。牲体的臂，也分贵贱。殷人以后腿上部的髀为贵，周人则以前腿上部的肩为贵。对于周人来说，牲体前面的骨贵于后面的骨。分配俎肉，就是要体现举行祭祀肯定对大家都有好处。所以在分配时，高贵的人取得贵骨，卑贱的人取得贱骨，高贵的人不拿双份，卑贱的人也不会空手，这就体现了公平。每个人都能得到恩惠，政令就容易推行；政令得到推行，事情就容易办成；事情办成，就能建功立业。之所以能够建功立业，其原因不可不知。分配俎肉，就是要体现恩惠必定人人有份。善于治理国家者也就像分配俎肉那样，所以说："可以体现政事的公平。"祭祀到最后时向助祭的众多兄弟众多子孙敬酒，这些人按昭穆排为二列：昭辈排为一列，穆辈排为一列；同是昭辈者再按年龄大小排列，同是穆辈者再按年龄大小排列。其他的来宾以及各种当差的，也都按年龄大小排列。这就叫长幼有序。祭祀末尾有赐馂之礼，这时要把神吃剩下的祭品分给皮匠、厨子、舞师和阍人，这是向下人施惠的方法。只有有道之君才能做到这一点，其聪明足以使他认识到这样做的重要，其仁慈足以使他采取实际的行动。所谓畀，也就是赐予，也就是能把他多余的东西赐予他的下人。皮匠，这是制造铠甲这类小官中的贱者；厨子，这是职掌屠宰这类小官中的贱者；舞师，这是教习乐舞这类小官中的贱者；阍人，这是掌管守门这类小官中的贱者，在古代不让受过刑罚的人守门。干这四种差使的人，是小官当中最低贱的，而尸在庙中是最尊贵的，以最尊贵的身份在祭祀的末尾能够不忘记最低贱的人，并且把神

祭统

吃剩下的东西赐予他们。所以如果一个国家由明君来领导，全国的老百姓就不会有受冻挨饿的。这就体现了上下关系。

【原文】

凡祭有四时：春祭曰礿，夏祭曰禘，秋祭曰尝，冬祭曰烝。礿、禘，阳义也；尝、烝，阴义也。禘者阳之盛也，尝者阴之盛也。故曰："莫重于禘、尝。"古者于禘也，发爵赐服，顺阳义也；于尝也，出田邑，发秋政，顺阴义也。故记曰："尝之日，发公室，示赏也；草艾则墨；未发秋政，则民弗敢草也。"故曰："禘、尝之义大矣。治国之本也，不可不知也。"明其义者君也，能其事者臣也。不明其义，君人不全；不能其事，为臣不全。夫义者，所以济志也，诸德之发也。是故其德盛者，其志厚；其志厚者，其义章。其义章者，其祭也敬。祭敬则竟内之子孙莫敢不敬矣。是故君子之祭也，必身亲莅之；有故，则使人可也。虽使人也，君不失其义者，君明其义故也。其德薄者，其志轻，疑于其义，而求祭；使之必敬也，弗可得已。祭而不敬，何以为民父母矣！

【译文】

祭祀也有四季的不同：春祭叫礿，夏祭叫禘，秋祭叫尝，冬祭叫烝。礿和禘，举行在阳气由起到盛之时，体现了阳的意义；尝和烝，举行在阴气由起到盛之时，体现了阴的意义。禘是阳气最盛的祭，尝是阴气最盛的祭，所以说：没有比禘、尝更重要的。古时候，在举行禘祭时要颁发爵位，赏赐车服，这就是顺着阳气行事；在举行尝祭时要教民田猎，开始动用刑罚，这就是顺着阴气行事。所以古书上说："在举行尝祭之时，要拿出公家的东西，表示将要行赏。"到了可以割草打柴的时候，就可以动用轻刑了。尚未开始动用刑罚时，老百姓就不敢割草打柴。所以说：禘、尝二祭的意义很重大，涉及治国的根本，不可不知。明白禘尝之义是君主的事，办好禘尝之事是臣子的事。不明白禘尝之义，作为国君就有所不足；办不好禘尝之祭，作为臣子就有所不足。这里所说的"义"，是用来实现自己的志尚，是各种德行的表现。所以德行盛大的人他的思亲意念就强烈，思亲意念强烈的人他对祭祀意义的理解就透彻，对意义理解透彻的人他在祭祀时必然恭敬。国君对祭祀恭敬，那么国内的黎民百姓谁敢不恭敬呢。所以君子对待祭祀，一定要亲自参加。有特殊情况时让别人代替也是可以的。虽然是让人代替，但效果却和国君亲临没有什么不同，原因就在于国君深明祭祀之义。道德浅薄的人他对祭祀的事就心不在焉，对祭祀的意义也半信半疑，在这种情况下让他去向神求祭，要求他做到毕恭毕敬是办不到的。祭祀祖先而做不到恭敬，还有什么资格为民父母呢！

【原文】

夫鼎有铭，铭者，自名也。自名以称扬其先祖之美，而明着之后世者也。为先祖者，莫不有美焉，莫不有恶焉，铭之义，称美而不称恶，此孝子孝孙之心也。唯贤者能之。铭者，论譔其先祖之有德善，功烈勋劳庆赏声名列于天下，而酌之祭器；自成其名焉，以祀其先祖者也。显扬先祖，所以崇孝也。身比焉，顺也。明示后世，教也。夫铭者，壹称而上下皆得焉耳矣。是故君子之观于铭也，既美其所称，又美其所为。为之者，明足以见之，仁足以与之，知足以利之，可谓贤矣。贤而勿伐，可谓恭矣。

【译文】

作为祭器的鼎，其上经常铸有铭文。所谓铭文，就是首先称扬先祖之功德而后再附己名于其下，自己附名于下以称扬先祖的美德，并使之明显地传于后世。那作为先祖的人，没有一个没有优点，也没有一个没有缺点。而铭文的要求，是只赞美其优点而掩盖其缺点。这种孝子孝孙的用心，只有贤者才能办到。制作铭文，就是要论述自己先祖的美德、功业、勋劳、受到的褒奖和荣誉，公布于天下，而斟酌其要点而刻之于祭器，同时附上自己的名字，用来祭祀其先祖。赞扬先祖，表示自己的孝敬；自己附名其下，表示自己要效法他们；明示后世，表示对子孙后代的教育。由此看来，制作铭文真是一举三得的事。所以君子在观看铭文时，既赞美铭文中称道的祖先美德，又赞美铭文制作这件事本身。制作铭文的人，其明察足以看到祖宗的美德，其仁爱足以使他能果断地决定此事，其智慧足以使他和他的子孙从这件事上得到好处，真可以说是聪明透顶了。聪明透顶而又不自夸，真可以算是谦恭了。

【原文】

故卫孔悝之鼎铭曰："六月丁亥，公假于大庙。公曰：'叔舅！乃祖庄叔，左右成公。成公乃命庄叔随难于汉阳，即宫于宗周，奔走无射①。启右献公。献公乃命成叔，纂乃祖服②。乃考文叔，兴旧耆欲，作率庆士③，躬恤卫国，其勤公家，夙夜不解，民咸曰：休哉！'公曰：'叔舅！予女铭：若纂乃考服。'悝拜稽首曰：'对扬以辟④之，勤大命施于烝彝鼎。'"此卫孔悝之鼎铭也。古之君子论譔其先祖之美，而明着之后世者也。以比其身，以重其国家如此。子孙之守宗庙社稷者，其先祖无美而称之，是诬也；有善而弗知，不明也；知而弗传，不仁也。此三者，君子之所耻也。

【注释】

①射：通"斁"，厌倦。②纂：继承。服：事。③庆士：即卿士。庆，通"卿"。④辟：阐明。

【译文】

所以卫国大夫孔悝的鼎上刻有下述铭文："六月丁亥，卫庄公来到太庙行祭。庄公说：'叔舅！你的远祖庄叔辅佐我的远祖成公。成公曾命令庄叔随他逃难到楚国，又曾随成公一道被囚禁在京师，庄叔东西南北地奔走，毫不懈怠。庄叔之功流于后世，又保佑我祖献公返回国内。献公于是命令成叔继承其祖庄叔的事业，忠君之事。你的父亲文叔，又继承祖先的遗志，作为百官的表率，时刻想着如何把卫国搞好。他操劳国家事务，昼夜不敢懈怠，老百姓都夸他是好样的。'庄公又说：'叔舅，我现在给你这篇铭文，你要继承父亲的精神，像他那样尽忠报国。'孔悝于是下拜叩头说：'我将发扬君命以赞颂我先祖之美德，努力实现您的厚望。所有这些，我都要把它刻在烝祭的彝鼎上。'"这就是卫国孔悝的彝鼎上铭文。它也反映了古代的君子论述其先祖之美德并使之昭著于后世的这种情况。通过铭文，自己可以附名于下，可以把祖先所建功业在国家生活中所占有的重要意义颂扬一番。孔悝的铭文不过是一个例子而已。负有守卫宗庙社稷责任的子孙，其先祖如果没有优点而乱吹一通，那是欺骗；如果有优点而不知道，那是愚蠢；如果知道而不使流芳后世，那是麻木不仁。这三条中的任何一条，都是让君子感到耻辱的。

【原文】

昔者，周公旦有勋劳于天下。周公既没，成王、康王追念周公之所以勋劳者，而欲尊鲁；故赐之以重祭。外祭，则郊社是也；内祭，则大尝禘是也。

夫大尝禘，升歌清庙，下而管象；朱干玉戚，以舞大武；八佾①，以舞大夏；此天子之乐也。康周公，故以赐鲁也。子孙纂之，至于今不废，所以明周公之德而又以重其国也。

【注释】

①佾：古时乐舞的行列。八人为一列，八佾则八八六十四人。按礼，天子八佾，诸侯只能六佾。

【译文】

从前周公为周代天下的巩固，建立了不朽的功勋。周公去世以后，周成王，周康王追念周公的不朽功勋，而打算在诸侯之中格外尊重鲁国，所以特赐鲁国可以提高其祭祀规格，具体地说，就是在郊外可以祭天，在太庙里可以以禘礼祭周公。以禘礼祭周公时，乐工登堂所唱的《清庙》，管乐队在堂下演奏的《象》，舞者手执红色盾牌和玉做的斧钺所跳的《大武》之舞，还有由八列舞队所跳的《大夏》之舞，这些统统都是天子才能使用的乐舞。为了褒奖周公，所以把这一套天子乐舞赐给了鲁国。周公的子孙继承了这一套东西，直到今天还在使用，就是为了颂扬周公之德，同时又提高了鲁国在诸侯中的地位。

经解

【题解】

郑玄说:"名曰《经解》者,以其记六艺政教之得失也。"《经解》从正反两方面对五经教化进行扼要点评,通过譬喻的方式申论礼教要旨,切中要害,耐人寻味。孔颖达以为篇首的"孔子曰"统辖全篇,失之拘泥,而且也不必以为一定是孔子所说。

【原文】

孔子曰:"入其国,其教可知也。其为人也,温柔敦厚,诗教也;疏通知远,书教也;广博易良,乐教也;絜静精微,易教也;恭俭庄敬,礼教也;属辞比事,春秋教也。故诗之失,愚;书之失,诬;乐之失,奢;易之失,贼;礼之失,烦;春秋之失,乱。其为人也,温柔敦厚而不愚,则深于诗者也;疏通知远而不诬,则深于书者也;广博易良而不奢,则深于乐者也;絜静精微而不贼,则深于易者也;恭俭庄敬而不烦,则深于礼者也;属辞比事而不乱,则深于春秋者也。"

【译文】

孔子说:"进入一个国家,只要看看那里的风俗,就可以知道该国的教化如何了。那里的人们如果是温和柔顺、朴实忠厚,那就是《诗》教的结果;如果是通晓远古之事,那就是《书》教的结果;如果是心胸广阔坦荡,那就是《乐》教的结果;如果是清洁沉静、洞察细微,那就是《易》教的结果;如果是端庄恭敬,那就是《礼》教的结果;如果是善于辞令和铺叙,那就是《春秋》教的结果。学者如果学《诗》学过了头,就会愚蠢;如果学《书》学过了头,就会狂妄;如果学《乐》学过了头,就会过分;如果学《易》学过了头,就会迷信；如果学《礼》学过了头，就会烦琐；如果学《春秋》学过了头，就会犯上作乱。作为一个国民，如果温和柔顺、朴实忠厚而不愚蠢，那就是真正把《诗》学好了；如果通晓远古之事而不狂妄，那就是真正把《书》学好了；如果心胸广阔坦荡而不过分，那就是真正把《乐》学好了；如果清洁沉静、洞察细微而不迷信，那就是真正把《易》学好了；如果端庄恭敬而不烦琐，那就是真正把《礼》学好了；如果善于辞令和铺叙而不犯上作乱，那就是真正把《春秋》学好了。"

【原文】

天子者，与天地参①，故德配天地，兼利万物；与日月并明，明照四海而不遗微小。其在朝廷则道仁圣礼义之序，燕处则听雅、颂之音；行步则有环佩之声；升车则有鸾和之音。居处有礼，进退有度，百官得其宜，万事得其序。诗云："淑人君子，其仪不忒。其仪不忒，正是四国。"此之谓也。发号出令而民说，谓之和；上下相亲，谓之仁；民不求其所欲而得之，谓之信；除去天地之害，谓之义。义与信，和与仁，霸王之器也。有治民之意而无其器，则不成。

【注释】

①参：通"叁"。

【译文】

所谓天子，就是天是老大，地是老二，他就是老三。所以他的道德可以与天地匹配，他的恩惠普及万物，他的明亮如同日月，普照天下而不遗漏任何一个角落。在朝廷上，他开言必讲仁圣礼义之事；退朝之后，必听中正和平之乐；走路之时，身上的佩玉发出有节奏的声响；登车之时，车上的鸾发出悦耳的声响。升朝与退朝，都按礼行事；走路与登车，都有一定规矩；百官各得其所，万事井然有序。《诗经》上说："我们的国君是个仁善君子，他的言行从不走样。因为他的言行从不走样，所以是四方各国的好榜样。"说的就是这种情况。天子发号施令而百姓衷心拥护，这叫作"和"；上下相亲相爱，这叫作"仁"；百姓想要的东西不用开口就能得到，这叫作"信"；为百姓消除天灾人祸，这叫作"义"。义与信，和与仁，是称霸称王的工具。有称霸称王的志愿，而无称霸称王的工具，是达不到目的的。

【原文】

礼之于正国也，犹衡之于轻重也，绳墨之于曲直也，规矩之于方圆也。故衡诚县，不可欺以轻重；绳墨诚陈，不可欺以曲直；规矩诚设，不可欺以方圆；君子审礼，不可诬以奸诈。是故隆礼、由礼，谓之有方之士；不隆礼、不由礼，谓之无方之民。敬让之道也。故以奉宗庙则敬，以入朝廷则贵贱有位，以处室家则父子亲、兄弟和，以处乡里则长幼有序。孔子曰："安上治民，莫善于礼。"此之谓也。

【译文】

用礼来治国，就好比用秤来称轻重，用绳墨来画曲线直线，用规矩来画方形圆形。所以，如果把秤认真地悬挂起来，是轻是重就骗不了人了；把绳墨认真地陈设那里，是曲线是直线就骗不了人了；把规矩认真地陈设那里，是方形是圆形就骗不了人了；如果君子深明于礼，那么任何奸诈伎俩也就骗不了人了。所以，重视礼、遵循礼的人，叫作有道之士；不重视礼、不遵循礼的人，叫作无道之民。礼的运用以敬让为贵，把礼运用到宗庙之内，就会人人恭敬；把礼运用到朝廷之上，就会贵贱有别；把礼运用到家庭之内，就会父子相亲、兄弟和睦；把礼运用到乡里之中，就会形成尊老爱幼的风气。孔子说："安上治民，莫善于礼。"就是说的这个意思。

【原文】

故朝觐之礼，所以明君臣之义也；聘问之礼，所以使诸侯相尊敬也；丧祭之礼，所以明臣子之恩也；乡饮酒之礼，所以明长幼之序也；昏姻之礼，所以明男女之别也。夫礼，禁乱之所由生，犹坊止水之所自来也。故以旧坊为无所用而坏之者，必有水败；以旧礼为无所用而去之者，必有乱患。故昏姻之礼废，则夫妇之道苦，而淫辟之罪多矣；乡饮酒之礼废，则长幼之序失，而争斗之狱繁矣；丧祭之礼废，则臣子之恩薄，而倍死忘生者众矣；聘觐之礼废，则君臣之位失，诸侯之行恶，而倍畔侵陵之败起矣。故礼之教化也微，其止邪也于未形，使人日徙善远罪而不自知也，是以先王隆之也。易曰："君子慎始。差若豪厘，缪以千里①。"此之谓也。

【注释】

①豪：通"毫"。缪；通"谬"。

【译文】

　　所以制定朝觐之礼，是用来表明君臣之间的名分；制定聘问之礼，是用来让诸侯互相尊敬；制定丧祭之礼，是用来表明臣子不应忘记君亲之恩；制定乡饮酒之礼，是用来表明尊老敬长的道理；制定男婚女嫁之礼，是用来表明男女有别。礼，可以用来消除祸乱的根源，就好比堤坝可以防止河水泛滥那样。所以，如果认为早先的堤防没有用处而加以破坏，一定会酿成水灾；认为老辈子的礼没有用处而废弃不用，一定会导致天下大乱。所以说，如果废弃男婚女嫁之礼，夫妇之间的关系就会遭到破坏，而淫乱苟合伤风败俗的坏事就多了；废弃乡饮酒之礼，就会导致人们没老没少，而互相争斗的官司就多了；废弃丧祭之礼，就会导致臣子忘掉君亲之恩，而背叛死者、忘记祖先的人就多了；废弃朝觐、聘问之礼，就会导致君臣之间的名分丧失，诸侯的行为恶劣，而背叛君主、互相侵陵的祸乱就会产生了。所以，礼的教化作用是从看不见的地方开始，它禁止邪恶是在邪恶处于萌芽状态时就开始了，它使人们在不知不觉之中日积月累地弃恶扬善，所以先王对它非常重视。《易》上说："君子非常重视事情的开始。开始的时候尽管只是一点不起眼的差错，结果却会导致极大的祸害。"说的就是这个道理。

仲尼燕居

【题解】

本篇以《仲尼燕居》为名,当是摘取篇首四字。本篇讲述孔子退朝闲居,子张、子贡、子游三弟子侍侧,孔子为其说礼事。名曰"仲尼燕居",是夸赞孔子诲人不倦之意:夫子燕居而能与弟子谈论礼。儒生以为其事可法,所以著录以传于世。

【原文】

仲尼燕居,子张、子贡、子游侍,纵言至于礼。子曰:"居!女三人者,吾语女礼,使女以礼周流无不徧也。"子贡越席而对曰:"敢问何如?"子曰:"敬而不中礼,谓之野;恭而不中礼,谓之给;勇而不中礼,谓之逆。"子曰:"给夺慈仁。"子曰:"师,尔过;而商也不及。子产犹众人之母也,能食之不能教也。"子贡越席而对曰:"敢问将何以为此中者也?"子曰:"礼乎礼!夫礼所以制中也。"

【译文】

孔子在家闲坐,子张、子贡、子游在一旁侍立,在随便谈论时说到了礼。孔子说:"你们三个人都坐下,我来给你们讲一讲什么是礼,以便你们能够到处运用,处处普及。"子贡马上离开坐席回答说:"请问老师要讲的礼是怎样的呢?"孔子回答说:"虽然内心恭敬但却不合乎礼的要求,那叫粗野;虽然外表恭顺但却不合乎礼的要求,那叫花言巧语;虽然勇敢但不合乎礼的要求,那叫乱来。"孔子又补充说道:"花言巧语只是给人以仁慈的假象。"孔子又说:"师,你做事往往过火,而商却往往做得不够。子产好像是百姓的慈母,他能让百姓吃饱,但却不知道怎样教育他们。"子贡又马上离开坐席回答说："请问怎样做才能做到恰到好处呢？"孔子说："只有礼呀！礼就是用来掌握火候使人做到恰到好处的。"

【原文】

子贡退，言游进曰："敢问礼也者，领恶而全好者与？"子曰："然。""然则何如？"子曰："郊社之义，所以仁鬼神也；尝禘之礼，所以仁昭穆也；馈奠之礼，所以仁死丧也；射乡之礼，所以仁乡党也；食飨之礼，所以仁宾客也。"

【译文】

子贡退下来，子游又上前问道："请问礼的作用是不是就在于治理丑恶而保护善美？"孔子说："是的。"子游又接着问："究竟怎样治理丑恶保护善美呢？"孔子回答说："郊天祭地之礼，就在于对鬼神表示仁爱；秋尝夏禘之礼，就在于对祖先表示仁爱；馈食祭奠之礼，就在于对死者表示仁爱；乡射、乡饮酒之礼，就在于对乡党表示仁爱；招待宾客的食飨之礼，就在于对宾客表示仁爱。"

【原文】

子曰："明乎郊社之义、尝禘之礼，治国其如指诸掌而已乎！是故，以之居处有礼，故长幼辨也。以之闺门之内有礼，故三族和也。以之朝廷有礼，故官爵序也。以之田猎有礼，故戎事闲也。以之军旅有礼，故武功成也。是故，宫室得其度，量鼎得其象，味得其时，乐得其节，车得其式，鬼神得其飨，丧纪得其哀，辨说得其党，官得其体，政事得其施；加于身而错于前，凡众之动得其宜。"

【译文】

孔子又接着说："如果明白了郊天祭地、秋尝夏禘之礼的含义，那么对于如何治理国家就心中有数，就好比用指头在手掌上指指画画一般。所以，因为日常生活有了礼，长辈和晚辈就有分别了；因为家门之内有了礼，祖孙三代就和睦了；因为朝廷之上有了礼，官职爵位就有条不紊了；因为田猎之时有了礼，军事训练就娴熟了；因为军队之中有了礼，作战目的就达到了。因为有了礼，宫室的建造就合乎制度，量鼎的制造就不失分寸，五味就各得其时，乐曲的演奏就与身份、场合吻合，车辆的建造就合乎规定，鬼神就得到合乎要求的祭飨，丧事就会办得恰如其分，解说事情就不会离题千里，百官的职能就会互不混淆，各项政令就能得到施行；如果一个人能够把礼拿来身体力行而且时时不忘；那么他无论于什么都会干得恰到好处。"

【原文】

子曰："礼者何也？即事之治也。君子有其事，必有其治。治国而无礼，譬犹瞽之无相与？伥伥①乎其何之？譬如终夜有求于幽室之中，非烛何见？若无礼则手足无所错，耳目无所加，进退揖让无所制。是故，以之居处，长幼失其别；闺门，三族失其和；朝廷，官爵失其序；田猎，戎事失其策；军旅，武功失其制；宫室，失其度；量鼎，失其象；味，失其时；乐，失其节；车，失其式；鬼神，失其飨；丧纪，失其哀；辨说，失其党；官，失其体；政事，失其施；加于身而错于前，凡众之动，失其宜。如此，则无以祖洽于众也。"

【注释】

①伥伥：茫然失措的样子。

【译文】

孔子说："礼是什么呢？礼就是做事的办法。君子一定有要做的事，那就必定要有做事的办法。治理国家而没有礼，那就好比瞎子走路而没有助手，迷迷茫茫不知该往哪里走；又好比整夜在暗室中寻找东西，没有火把能看见什么？如果没有礼，就会手脚不知该往哪儿放，耳朵不知该听什么，眼睛不知该看什么，在社交场合是该进该退该揖该让就全都乱了套。这样一来，日常生活中长辈晚辈也就没有了区别，家庭内部三代人也失去了和睦，朝廷上的官爵也乱了套，田猎和军事训练也毫无计划，作战打仗也没有了规矩，五味和四时乱配，乐曲乱吹一通，车辆的制造也不依规矩，祭祀鬼神的规格错乱，丧事办得不像丧事，解释问题离题千里，百官的职守混乱，政令得不到推行。凡加在身上的和摆在眼前的，所有的举动都会不合时宜。这样一来，就会无法领导和团结百姓了。"

【原文】

子曰："慎听之！女三人者，吾语女：礼犹有九焉，大飨有四焉。苟知此矣，虽在畎亩①之中事之，圣人已。两君相见，揖让而入门，入门而县兴；揖让而升堂，升堂而乐阕。下管象、武、夏、钥序兴。陈其荐俎，序其礼乐，备其百官。如此，而后君子知仁焉。行中规，还中矩，和鸾中采齐，客出以雍，彻以振羽。是故，君子无物而不在礼矣。入门而金作，示情也。升歌清庙，示德也。下而管象，示事也。是故古之君子，不必亲相与言也，以礼乐相示而已。"

【注释】

①畎亩：田间，田野。畎是田间水沟。

【译文】

孔子说："你们三个人仔细听着！我告诉你们，除了上面讲的礼以外，礼还有九个节目，而大飨之礼占了其中的四个。如果知道这些，即使是个种地的农夫，依礼而行，也可以说是圣人了。两国国君相见，宾主互相揖让而先后进入大门。进入大门以后，马上钟鼓齐鸣。宾主互相揖让而升堂，升堂以后，一献礼毕，钟鼓之声停止。这时堂下的管乐奏起《象》这首乐曲，而《大武》之舞、《大夏》之舞，一个接着一个地相继跳起。于是陈列美味佳肴，安排应有的礼仪和乐曲，执事人等一个不缺。这样做了以后，客人就不难看出主人待客的深情厚谊了。此外，走路笔直，合乎曲尺的要求；旋转的弧度，合乎圆规的要求；车上的铃声，合着《采齐》乐曲的节奏；客人出门时，奏起《雍》这首送别曲；撤席之时，奏起《振羽》这首结束曲。所以，君子做事，没有一件不合乎礼的要求。客人刚一进门就钟鼓齐鸣，这是表示欢迎之情。歌工升堂合唱《清庙》之诗，这是表现文王的崇高德行；管乐队在堂下奏起《象》这首乐曲，这是表现武王的伟大功业。所以古代的君子要互相沟通感情，根本就用不着说话，只要通过行礼奏乐就可以表达意思了。"

【原文】

子曰："礼也者，理也；乐也者，节也。君子无理不动，无节不作。不能诗，于礼缪；不能乐，于礼素；薄于德，于礼虚。"子曰："制度在礼，文为在礼，行之，其在人乎！"子贡越席而对曰："敢问：夔其穷与？"子曰："古之人与？古之人也。达于礼而不达于乐，谓之素；达于乐而不达于礼，谓之偏。夫夔，达于乐而不达于礼，是以传此名也，古之人也。"

【译文】

孔子说："所谓礼，就是道理；所谓乐，就是节制。没有道理的事君子不做，没有节制的事君子不做。如果不能赋《诗》言志，在礼节上就会出现差错；能行礼而不能用乐来配合，礼就显得单调呆板。如果道德浅薄，即使行礼也只是一个空架子。"孔子又说："各种制度是由礼来规定的，各种文饰行为也是由礼来规定的，但要实行起来，却是非人不可呀！"子贡又离席发言说："请问夔这个人是不是只懂得乐而对礼却一窍不通呀？"孔子回答说："你问的是古代的那个夔吗？须知古代的人是把精于礼而不精于乐的人叫作素，把精于乐而不精于礼的人叫作偏。夔这个人只不过是在乐的方面的造诣比在礼的方面的造诣高一些罢了，所以只传下来一个精通音乐的名声，那是根据古人的标准来说的。"

【原文】

子张问政，子曰："师乎！前，吾语女乎？君子明于礼乐，举而错之而已。"子张复问。子曰："师，尔以为必铺几筵，升降酌献酬酢，然后谓之礼乎？尔以为必行缀兆①，兴羽龠，作钟鼓，然后谓之乐乎？言而履之，礼也。行而乐之，乐也。君子力此二者以南面而立②，夫是以天下太平也。诸侯朝，万物服体，而百官莫敢不承事矣。礼之所兴，众之所治也；礼之所废，众之所乱也。目巧之室，则有奥阼，席则有上下，车则有左右，行则有随，立则有序，古之义也。室而无奥阼，则乱于堂室也。席而无上下，则乱于席上也。车而无左右，则乱于车也。行而无随，则乱于涂也。立而无序，则乱于位也。昔圣帝明王诸侯，辨贵贱、长幼、远近、男女、外内，莫敢相踰越，皆由此涂出也。"三子者，既得闻此言也于夫子，昭然若发蒙矣。

【注释】

①缀兆：舞时表示行列位置的标志叫作缀，舞时进退的范围叫作兆。②南面

而立：垂拱无为之意。形容做事容易。

【译文】

　　子张问到如何从政。孔子说："师啊，你往前边来，听我给你说！君子从政，不过是首先自己在礼乐方面精通，然后再拿来付诸实行罢了。"子张似乎没有听懂孔子的意思，就又接着发问。孔子于是继续说道："师，你以为只有铺设几筵，升堂下堂，献酒进馔，举杯酬酢，这样做了才算是礼吗？你以为只有在缀兆上扭来扭去，挥动羽龠，敲钟击鼓，这样做了才算是乐吗？其实，说到就能做到，这就是礼；做起来又使人感到快乐，这就是乐。君子只要在这两点上狠下工夫，不需要多么费劲，天下就会太太平平的。于是诸侯都来朝拜，万物各得其所，百官无不恪尽职守。礼得到了重视，这就是百姓们为什么得到了治理；礼被扔到了一边，这就是百姓们为什么作乱。举例来说，屋室有室奥和台阶之分，坐席有上下之分，乘车有左右之分，行路有先后之分，站立要各就其位。自古以来就是如此。如果屋室没有室奥和台阶之分，堂与室就混乱了；如果席位没有上下之分，座位就混乱了；如果乘车没有左右之分，车上的位置就混乱了；如果行路不分先后，道路就混乱了；如果站立没有顺序，谁的位置在哪里也就混乱了。从前圣明的帝王和诸侯，分别贵贱、长幼、远近、男女、内外的界限，使他们不敢互相逾越，用的都是这个办法啊！"三个学生听了孔子的这一番高论，心中豁然开朗，好像瞎子重见光明一样。

孔子闲居

【题解】

　　以《孔子闲居》为篇名，是摘取篇首四字的缘故。此篇讲孔子诲人不倦，即使是一个弟子侍坐，也不狎昵，而为之说《诗》而讲礼。本篇所引用的《诗》，与今天我们所见到的《毛诗》有很多不同，从中可以窥见汉代《诗经》的一些状况。本篇对礼的论述，不似《论语》平易，但仍能体现儒家的实践精神。

【原文】

　　孔子闲居，子夏侍。子夏曰："敢问诗云：'凯弟君子，民之父母'，何如斯可谓民之父母矣？"孔子曰："夫民之父母乎，必达于礼乐之原，以致五至，而行三无，以横于天下。四方有败，必先知之。此之谓民之父母矣。"

【译文】

　　孔子在家休息，子夏在旁边侍立。子夏问道："请问《诗》上所说的'平易近人的君王，就好比百姓的父母'，怎样做才可以被叫作'百姓的父母'呢？"孔子回答说："说到'百姓的父母'嘛，他必须通晓礼乐的本源，达到'五至'，做到'三无'，并用来普及于天下；不管任何地方出现了灾祸，他一定能够最早知道。做到了这些，才算是'百姓的父母'啊！"

【原文】

　　子夏曰："民之父母，既得而闻之矣；敢问何谓'五至'？"孔子曰："志之所至，诗亦至焉。诗之所至，礼亦至焉。礼之所至，乐亦至焉。乐之所至，哀亦至焉。哀乐相生。是故，正明目而视之，不可得而见也；倾耳而听之，不可得而闻也；志气塞乎天地，此之谓五至。"

【译文】

子夏说："什么是'百姓的父母'，学生已经领教了，再请问什么叫作'五至'？"孔子回答说："既有爱民之心至于百姓，就会有爱民的诗歌至于百姓；既有爱民的诗歌至于百姓，就会有爱民的礼至于百姓；既有爱民的礼至于百姓，就会有爱民的乐至于百姓；既有爱民的乐至于百姓，就会有哀民不幸之心至于百姓。哀与乐是相生相成。这种道理，瞪大眼睛来看，你无法看得到；竖起耳朵来听，你无法听得到；但君王的这种思想却充塞于天地之间。这就叫作'五至'。"

【原文】

子夏曰："五至既得而闻之矣，敢问何谓三无？"孔子曰："无声之乐，无体之礼，无服之丧，此之谓三无。"子夏曰："三无既得略而闻之矣，敢问何诗近之？"孔子曰："'夙夜其命宥密①'，无声之乐也。'威仪逮逮②，不可选也'，无体之礼也。'凡民有丧，匍匐救之'，无服之丧也。"

【注释】

①宥密：宥，仁厚；密，宁静。谓心存仁厚，性情宁静。②逮逮：安详貌。

【译文】

子夏说："什么是'五至'，学生已经明白了。再请问什么叫作'三无？'"孔子回答说："没有声音的音乐，没有形式的礼仪，没有丧服的服丧，这就叫作'三无'。"子夏说："什么是'三无'，大体上已经懂了。再请问什么诗最近乎'三无'的含义？"孔子回答说："'日夜谋政，志在安邦'，这句诗最近乎没有声音的音乐；'仪态安详，无可挑剔'，这句诗最近乎没有形式的礼仪；'看到他人有灾难，千方百计去支援'，这句诗最近乎没有丧服的服丧。"

【原文】

子夏曰："言则大矣！美矣！盛矣！言尽于此而已乎？"孔子曰："何

为其然也！君子之服之也，犹有五起焉。"子夏曰："何如？"孔子曰："无声之乐，气志不违；无体之礼，威仪迟迟；无服之丧，内恕孔①悲。无声之乐，气志既得；无体之礼，威仪翼翼；无服之丧，施②及四国。无声之乐，气志既从；无体之礼，上下和同；无服之丧，以畜万邦。无声之乐，日闻四方；无体之礼，日就月将；无服之丧，纯德孔明。无声之乐，气志既起；无体之礼，施及四海；无服之丧，施于孙子。"

【注释】

①孔：很，非常。②施：蔓延，延及。

【译文】

子夏说："您这番话太伟大了，太美妙了，太有哲理了！是不是话说到这里就算到头了呢？"孔子说："怎么会呢？君子在实行'三无'的时候，还有'五起'呢。"子夏说："'五起'怎么讲？"孔子说："第一，没有声音的音乐，百姓不违背国君的心愿；没有形式的礼仪，国君的态度从容不迫；没有丧服的服丧，设身处地同样非常悲伤。第二，没有声音的音乐，心愿已经满足；没有形式的礼仪，态度恭恭敬敬；没有丧服的服丧，爱心延及四方各国。第三，没有声音的音乐，上下心愿交融；没有形式的礼仪，上下和睦齐同；没有丧服的服丧，使万国之民竞相孝养。第四，没有声音的音乐，四方闻者日益增多；没有形式的礼仪，一天胜似一天，一月强过一月；没有丧服的服丧，使纯粹的道德日益光明。第五，没有声音的音乐，使响应之心纷纷而起；没有形式的礼仪，普及四海；没有丧服的服丧，传及后世子孙。"

【原文】

子夏曰："三王之德，参于天地，敢问：何如斯可谓参于天地矣？"孔子曰："奉三无私以劳天下。"子夏曰："敢问何谓三无私？"孔子曰："天无私覆，地无私载，日月无私照。奉斯三者以劳天下，此之谓三无私。其在诗曰：'帝命不违，至于汤齐。汤降不迟，圣敬日齐。昭假迟迟，上帝是祗。帝命式于九围①。'是汤之德也。天有四时，春秋冬夏，风雨霜露，无非教也。地载神气，神气风霆，风霆流形，庶物露生，无非教也。清明在躬，气志如神，嗜欲将至，有开必先。天降时雨，山川出云。其在诗曰：'嵩高惟岳，峻极于天。惟岳降神，生甫及申。惟申及甫，惟周之翰。四国于蕃，四方于宣。'此文武之德也。三代之王也，必先令闻，诗云：'明明天子，令闻不已。'三代之德也。'弛②其文德，协此四国。'大王之德也。"子夏蹶然③而起，负墙而立曰："弟子敢不承乎！"

【注释】

①齐：通"跻"，高升。此谓高升君位。假：通"格"，至也。抵：敬。九围：九州之界也。此谓九州。②弛：通"施"。③蹶然：一跃而起的样子。

【译文】

子夏问道："夏禹、商汤、文王的德行，与天地并列而为三。请问怎样才可以称作是与天地并列而为三呢？"孔子答道："要遵奉'三无私'的精神，以恩德招揽天下百姓。"子夏接着问道："什么叫'三无私'呢？"孔子答道："就是像天那样无私地覆盖万物，像地那样无私地承载万物，像日月那样无私地照耀万物。按照这三条来招揽天下百姓，就叫'三无私'。这个意思在《诗经》里也有所反映：'奉行天命不敢违，至于成汤登君位。降下政教不迟缓，聪明谨慎日向上。明德长久照下民，恭恭敬敬畏上帝，帝命九州效法汤。'这就是商汤的德行。天有四季，春生夏长，秋收冬藏，既有刮风下雨，也有下露降霜。这些都是天所显示的教化，人君应当奉行以为政教。大地承载着神妙之气，风雷鼓荡，万物萌芽生长。这些都是地所显示的教化，人君应当奉行以为政教。圣人自身的德行极其清明，他的气志微妙如神。在他行将称王天下的时候，神灵有所预知，一定要为他生下贤能的辅佐之臣。就好像天降及时雨，又好像山川飘出祥云。有《诗》为证：'五岳居中是嵩山，巍巍高耸入云天。中岳嵩山降神灵，生下甫侯和申伯。只有甫侯和申伯，才是周朝栋梁臣。诸侯靠他作屏障，宣扬盛德遍四方。'这就是文王、武王的德行。夏、商、周三代称王，在其称王之前就已经有了美好的名声。《诗》上说：'勤勉不倦的天子，美好名声千古传。'这就是三代圣王的德行。《诗》上又说：'太王施其文德，团结四方各国。'这就是太王的德行。"子夏听到这里，一跃而起，倚墙而立，说："弟子敢不接受老师的这番教诲吗！"

孔子闲居

坊记

【题解】

坊是防范、防止的意思。郑玄说："名'坊记'者，以其记六艺之义，所以防人之失者也。"本篇是记防备人们做种种错事、种种坏事的道理，而这些道理，有不少就蕴含在《六经》里面。通篇文字都托之于孔子之口，重点强调礼的规范作用，强调用礼来规范人们的失礼行为。本篇与后面的《表记》互为表里，相辅相成。《坊记》的重点在于防他人，《表记》的重点在于自我勉励。本篇为了取得震慑的效果，往往故意危言耸听，我们读的时候，把这看成是一种修辞手段就可以了。

【原文】

子言之："君子之道，辟则坊[1]与？坊民之所不足者也。大为之坊，民犹踰之。故君子礼以坊德，刑以坊淫，命以坊欲。"子云："小人贫斯约，富斯骄；约斯盗，骄斯乱。礼者，因人之情而为之节文，以为民坊者也。故圣人之制富贵也使民富不足以骄，贫不至于约，贵不慊于上，故乱益亡。"子云："贫而好乐，富而好礼，众而以宁者，天下其几矣！诗云：'民之贪乱，宁为荼毒。'故制：国不过千乘，都城不过百雉[2]，家富不过百乘。以此坊民，诸侯犹有畔者。"

【注释】

[1]坊：同"防"，堤防。[2]雉：高一丈长三丈为一雉。

【译文】

孔子说："君子的治民之道，打个比方来说，就好像防止河水漫溢堤防吧！它是为了防止百姓出现过失。虽然周密地为之设防，百姓中还是有人犯规。所以君子用礼来防止道德上的过失，用刑来防止邪恶的行为，用教令来防止贪婪的欲望。"孔子说："小人贫则穷困，富则骄横；穷困了就会去偷盗，骄横了就会去乱来。所谓礼，就是顺应人的这种情况而为之制定控制的标准，以作为防止百姓越轨的堤防。所以，圣人制定出了一套富贵贫贱的标准，使富起来的百姓不足以骄横，贫下去的百姓不至于穷困，取得一定社会地位的人不至于对上级不满，所以犯上作乱的事就日趋减少。"孔子说："贫穷而能乐天知命，富贵而能彬彬有礼，家族人多势众而能安守本分，普天之下能做到的人可以说是寥寥无几。《诗经》上就说：'有些百姓贪心作乱，心安理得地去残害他人。'所以做出规定，诸侯的兵车不得超过千乘，国都的城墙不得超过百雉，卿大夫之家的兵车不得超过百乘。用这种办法来防备百姓，但是诸侯还是有叛乱的。"

【原文】

子云："夫礼者，所以章疑别微，以为民坊者也。"故贵贱有等，衣服有别，朝廷有位，则民有所让。"子云："天无二日，土无二王，家无二主，尊无二上，示民有君臣之别也。春秋不称楚越之王丧，礼君不称天，大夫不称君，恐民之惑也。诗云：'相彼盍旦①，尚犹患之。'"子云："君不与同姓同车，与异姓同车不同服，示民不嫌也。以此坊民，民犹得同姓以弑其君。"

【注释】

①盍旦：夜鸣求旦之鸟。因为它混淆白天和黑夜，求其所不当求，所以用来比喻僭越犯上的人。

【译文】

孔子说："礼这个东西，是用来去掉疑惑、辨别隐微，从而防范百姓越轨的。所以人的贵贱有等级，衣服的色彩、图案有差别，朝廷上有固定的班位，这样一来，老百姓就知道谁该让谁了。"孔子说："天上没有两个太阳，一国没有两个国王，一家没有两个家长，最高的权威只有一个，这是要向百姓显示有君臣之别。楚、越之君僭号称王，其国君死，《春秋》贬之，不书其葬；按照礼的规定，诸侯不得像天子那样称天，大夫不得像诸侯那样称君。这就是担心百姓对上下级关系产生迷惑。《诗经》上说：'你看那盍旦鸟儿的鸣叫，人们尚且讨厌它！'更何况对那些僭越犯上的人呢！"孔子说："国君不与同姓的人同车，与异姓的人可以同车，但不可穿相同的服装，这是要让臣民避嫌。用这种方法来防范，臣民中还有同姓弑其君的。"

【原文】

子云："君子辞贵不辞贱，辞富不辞贫，则乱益亡。故君子与其使食浮于人也，宁使人浮于食。"子云："觞酒豆肉让而受恶，民犹犯齿；衽席之上让而坐下，民犹犯贵；朝廷之位让而就贱，民犹犯君。诗云：'民之无良，相怨一方；受爵不让，至于已斯亡。'"子云："君子贵人而贱己，先人而后己，则民作让。故称人之君曰君，自称其君曰寡君。"

【译文】

孔子说："君子推辞高贵而不推辞卑贱，推辞富有而不推辞贫穷，大家都这样做，作乱的事情就会日趋消亡。所以君子与其让俸禄超过才能，不如让才能超过俸禄。"孔子说："一盅酒，一盘肉，让来让去，君子才接受那不好的一份，就这样还有人僭越长者。筵席之上，让来让去，君子才坐在下首，就这样还有人僭越尊者。朝廷上的班位，让来让去，君子才立于贱位，就这样还有人僭越君上。《诗经》上说：'如今人们心不良，遇事只知怨对方；接受官爵不谦让，事关自己道理忘。'"孔子说："君子尊重别人而贬抑自己，先人而后己，这样一来在百姓中就会兴起谦让的风气。所以称呼别人的国君叫国君，称呼自己的国君叫寡君。"

【原文】

子云："利禄，先死者而后生者，则民不偝；先亡者而后存者，则民可以托。诗云：'先君之思，以畜寡人。'以此坊民，民犹偝死而号无告。"子云："有国家者，贵人而贱禄，则民兴让；尚技而贱车，则民兴艺。故君子约言，小人先言。"子云："上酌民言，则下天上施；上不酌民言，则犯也；下不天上施，则乱也。故君子信让以莅百姓，则民之报礼重。诗云：'先民有言，询于刍荛。'"

【译文】

孔子说:"利益和荣誉,应该先给死者,后给生者,这样一来,百姓就不会背弃死者;先给在国外为国事奔走的人,后给留在国内的人,这样一来,老百姓就会感到国君可以信任。《诗经》上说:'你应该思念死去的先君,赡养我这未亡人。'用这种方法防范百姓,百姓还有背弃死者,而死者的家属却哭告无门的。"孔子说:"有国有家的诸侯大夫,如果重视人才而不吝惜颁赏爵禄,百姓就会兴起谦让的风气;如果重视技艺而不吝惜颁赏车马,百姓就会乐意学习技艺。所以君子说的少而做得多,而小人则好说空话而少干实事。"孔子说:"在上位的人如果能够听取百姓的意见,那么百姓就把上边的政令看作是上天的施惠一般;如果不能听取百姓的意见,就会导致百姓的犯上;百姓不把上边的政令看作是上天的施惠一般,就会作乱。所以,君子用诚信谦让来对待百姓,百姓就会以重礼相报。《诗经》上这样说过:'前辈有这样的教导,就是对于打柴的人也要不耻下问。'"

【原文】

子云:"善则称人,过则称己,则民不争;善则称人,过则称己,则怨益亡。诗云:'尔卜尔筮,履无咎言。'"子云:"善则称人,过则称己,则民让善。诗云:'考卜惟王,度是镐京;惟龟正之,武王成之。'"子云:"善则称君,过则称己,则民作忠。君陈曰:'尔有嘉谋嘉猷,入告尔君于内,女乃顺之于外,曰:此谋此猷,惟我君之德。于乎!是惟良显哉。'"子云:"善则称亲,过则称己,则民作孝。大誓曰:'予克纣,非予武,惟朕文考无罪;纣克予,非朕文考有罪,惟予小子无良。'"

【译文】

孔子说:"有成绩就归功他人,有错误则归咎自己,这样一来百姓就不你争我夺。有成绩就归功他人,有错误则归咎自己,这样一来百姓间的怨恨就会日趋消亡。《诗经》上说:'你曾占卜,你曾算卦,卦象上并没有什么坏话。'"孔子说:"有成绩就归功他人,有错误则归咎自己,老百姓就会互相推让。《诗经》上说:'武王占卜问神灵,可否建都在镐京。龟兆显示大大吉,武王终于建成之。'"孔子说:"有成绩就归功君王,有错误则归咎自己，这样百姓就会兴起忠君之风。《尚书·君陈》上说：'你有好主意，好办法，先进去启奏君王。得到俯允之后，你再拿到外边去实行，并且宣布说：'这个好主意，这个好办法，全靠君王领导得好。呜呼！只有善良的君王才会如此光明伟大。''"孔子说："有成绩就归功双亲，有错误则归咎自己，这样百姓就会兴起孝顺父母之风。《尚书·太誓》上说：'如果我打败了殷纣，那也不是因为我的武功，而是因为我的父亲本来就没有错；如果殷纣打败了我，那也不是因为我的父亲有错，而是因为我这个做儿子的不肖。'"

【原文】

子云："君子弛①其亲之过，而敬其美。"论语曰："三年无改于父之道，可谓孝矣。"高宗云："三年其惟不言，言乃讙。"子云："从命不忿，微谏不倦，劳②而不怨，可谓孝矣。诗云：'孝子不匮。'"子云："睦于父母之党，可谓孝矣。故君子因睦以合族。诗云：'此令③兄弟，绰绰④有裕⑤；不令兄弟，交相为愈。'"

【注释】

①弛：弃忘。②劳：忧虑，操心。③令：善，好。④绰绰：宽容的样子。⑤有裕：气量宽大的样子。

【译文】

孔子说："君子不把父母的过错记恨在心，但对于父母的美德却要牢记在怀。"《论语》上说："三年不改变父亲生前的主张，可以说是孝子了。"《尚书》上说："高宗守丧三年，一句话都不讲；可是等到守丧期满一开口讲话，就非常受人拥护。"孔子说："听从父母的教导毫不懈怠，含蓄地规劝父母不知疲倦，为父母担忧而毫无怨言，这样的儿子可以称得上孝顺了。《诗经》上说：'孝子对父母的孝心是无穷无尽的。'"孔子说："能够与父母的亲人也和睦相处，才可以称作孝。所以君子经常招待族人聚餐以加强团结。《诗经》上说：'兄弟关系良好，彼此融洽无间；兄弟关系恶劣，彼此互相指责。'"

【原文】

子云："父子不同位，以厚敬也。书云：'厥辟不辟，忝①厥祖。'"子云："父母在，不称老，言孝不言慈；闺门之内，戏而不叹。君子以此坊民，民犹薄于孝而厚于慈。"子云："长民者，朝廷敬老，则民作孝。"子云："祭祀之有尸②也，宗庙之主也，示民有事也。修宗庙，敬祀事，教民追孝也。以此坊民，民犹忘其亲。"

【注释】

①忝：辱没。②尸：代替死者受祭的活人。

【译文】

孔子说："父亲与儿子，不能处在尊卑相同的位置上，以此来强调对父亲的敬重。《尚书》上说：'做国君的不像个做国君的样子，那就是辱没他的先祖。'"孔子说："父母健在，做儿子的不敢自称老。平常要多讲究对父母如何孝顺，不要讲究做父母的应该怎样心疼自己。家门之内，只可引逗父母高兴，不可在父母面前唉声叹气。君子用这些礼节来规范百姓，百姓还有讲究孝道的少，企求父母慈爱的多。"孔子说："身为天子、诸侯，如果能够在朝廷上做到敬老，那么百姓就会兴起孝顺之风。"孔子说："祭祀时候有尸，宗庙中设立神主，这是向人们指出应该尊奉的对象。修建宗庙，恭恭敬敬地进行祭祀，这是教育百姓不要忘掉死去的亲人。用这种办法来教育百姓，百姓还有忘掉亲人的。"

【原文】

子云："敬则用祭器。故君子不以菲废礼，不以美没礼。故食礼①：主人亲馈，则客祭；主人不亲馈，则客不祭。故君子苟无礼，虽美不食焉。易曰：'东邻杀牛，不如西邻之禴祭，实受其福。'诗云：'既醉以酒，既饱以德。'以此示民，民犹争利而忘义。"

【注释】

①食礼：以食为主，有牲无酒的筵席。

坊记

【译文】

孔子说："为了表示对宾客的尊敬,就可以用祭器来款待。所以,君子不因家道贫穷而废除礼,也不因家道殷实而超过礼。所以食礼规定,主人亲自给客人布菜,客人就祭;主人不亲自给客人布菜,客人就不祭。所以,君子如果遇到无理的接待,即使是佳肴美味也不去吃。《易经》上说:'殷纣国中的杀牛之祭,还不如文王国中的杀猪之祭,能够真正得到神的保佑。'《诗经》上说:'君子的设宴待客,不但要让把酒喝好,而且要充分展示美德。'用这种办法来教育百姓,百姓还有争利而忘义的。"

【原文】

子云:"七日戒,三日齐,承一人焉以为尸,过之者趋走,以教敬也。醴酒在室,醍酒在堂,澄酒在下,示民不淫也。尸饮三,众宾饮一,示民有上下也。因其酒肉,聚其宗族,以教民睦也。故堂上观乎室,堂下观乎上。诗云:'礼仪卒①度,笑语卒获②。'"

【注释】

①卒:完全。②获:恰到好处。

【译文】

孔子说:"国君在祭祀的前十天内,头七天散斋,后三天致斋;又奉事一人以为尸,士大夫遇到他都要回避。这是教导人们要对神恭敬。醴酒放在室内,醍酒放在堂上,澄酒放在堂下,味薄的放在上面,味厚的放在下面,这是教育人们不要贪味。向尸敬酒三次,向宾敬酒只一次,这是教育人们要知道尊卑。借着祭祀剩下的酒肉,聚集合族的人会餐,这是教育人们要和睦相处。所以堂上的人以室内的人为楷模,堂下的人又以堂上的人为楷模。《诗经》上说:'礼仪都合乎法度,谈笑也很有分寸。'"

【原文】

子云:"宾礼每进以让,丧礼每加以远。浴于中溜①,饭于牖下,小敛于户内,大敛于阼,殡于客位,祖于庭,葬于墓,所以示远也。殷人吊于圹,周人吊于家，示民不偝也。"子云："死，民之卒事也，吾从周。以此坊民，诸侯犹有薨而不葬者。"子云："升自客阶，受吊于宾位，教民追孝也。未没丧不称君，示民不争也。故鲁春秋记晋丧曰：'杀其君之子奚齐及其君卓。'以此坊民，子犹有弑其父者。"

【注释】

①中溜：指室内的中央部分。

【译文】

孔子说："行宾礼时，每逢进门、升堂都要互相谦让；而行丧礼时，每一个仪式的完成，都意味着死者离家更加遥远。人死以后，首先是在室中浴尸，接着是在南窗之下饭含，然后在门内举行小敛，在阼阶举行大敛，在西阶停殡，迁柩于家庙之中举行祖奠，最后葬于墓穴，借以表示死者离开生者愈来愈远了。殷人在墓地上吊慰死者家属，周人是在死者家属从墓地返回家中以后才进行吊慰，这是教育人们不要忘记死者。"孔子说："死是人生的最后一件大事，周人的送死之礼比较完备，所以我赞成周人的办法。用这种办法来规范人们，诸侯还有死了以后不能如期下葬的。"孔子说："葬毕回家以后，孝子还坚持从西阶升堂，在宾位受吊。这是教育人们不要马上忘记亲人。所以，鲁国的《春秋》在记载晋国的丧事时说：'晋国大臣里克杀死了晋国国君的儿子奚齐，及其国君卓。用这种办法教育人们，还有儿子杀死他父亲的。"

【原文】

子云："孝以事君，弟以事长，示民不贰也，故君子有君不谋仕，唯卜之日称二君。丧父三年，丧君三年，示民不疑也。父母在，不敢有其身，不敢私其财，示民有上下也。故天子四海之内无客礼，莫敢为主焉。故君适其臣，升自阼阶，即位于堂，示民不敢有其室也。父母在，馈献不及车马，示民不敢专也。以此坊民，民犹忘其亲而贰其君。"

【译文】

孔子说："用孝道来侍奉国君，用悌道来侍奉尊长，这是教育人们对上不要怀有二心。所以，国君之子在国君健在时不谋求任何官职，只有在代替国君占卜时才可以自称'国君的副手'。父亲死了守丧三年，国君死了也守丧三年，这是向百姓表示，国君的尊严与父亲完全一样，毋庸置疑。父母健在之时，做儿子的就不敢认为身体是自己的，也不敢置备私产，这是教育人们要知道上下尊卑。所以天子在四海之内没有作客的礼仪，因为没有哪个人敢当他的主人。所以国君到了臣下家里，升自主阶，即位于堂，这是教育百姓不要把家看成是自己的。父母健在，向别人赠送东西，小件东西还可以，像车马那样的大件就不可以，这是教育百姓不敢自作主张。用这种办法来教育百姓，百姓还有忘掉父母和对国君怀有二心的。"

【原文】

子云："礼之先币帛也，欲民之先事而后禄也。先财而后礼，则民利；无辞而行情①，则民争。故君子于有馈者，弗能见则不视②其馈。易曰：'不耕获，不菑畬，凶。'以此坊民，民犹贵禄而贱行。"子云："君子不尽利以遗民。诗云：'彼有遗秉，此有不敛穧，伊寡妇之利。'故君子仕则不稼，田则不渔；食时不力珍，大夫不坐羊，士不坐犬。诗云：'采葑采菲，无以下体，德音莫违，及尔同死。'以此坊民，民犹忘义而争利，以亡其身。"

【注释】

①行情：有随心所欲的意思。②视：接受，接纳。

【译文】

孔子说："在行过相见之礼以后才奉上见面的礼物。之所以要这样做，是要教育百姓先做事情而后接受俸禄。先奉上见面的礼物然后再行相见之礼，就会导致百姓产生贪财之心。不加辞让，见礼就收，就会导致百姓相争。所以，君子在有人馈赠礼物时，如果自己不能接见，就不接受对方的礼物。《易经》上说：'不耕而获，不耕耘而得到良田，凶。'用这种办法来教育百姓，百姓还有看重利禄而轻视做事的。"孔子说："君子不把利益全部占有，要给百姓留下一部分。《诗经》上说：'那里有遗留下来的禾把，这里有撒在地上的禾穗，这是让寡妇们随意拣拾的。'所以君子当官就不种地，田猎就不打鱼，一年四季有什么吃什么，不追求山珍海味，大夫无故不杀羊，士无故不杀狗。《诗经》上说：'采葑又采菲，叶子已摘走，不要连根取。昔日山盟莫相忘，与你生死不分离。'用这种办法来教育百姓，百姓还有因为忘义争利而丧生的。"

【原文】

子云："夫礼，坊民所淫，章民之别，使民无嫌，以为民纪者也。故男女无媒不交，无币不相见，恐男女之无别也。以此坊民，民犹有自献其身。诗云：'伐柯如之何？匪斧不克；取妻如之何？匪媒不得''蓺麻如之何？横从①其亩；取妻如之何？必告父母。'"

【注释】

①横从：通"横纵"，整治。

【译文】

孔子说："礼可以用来防止人们的贪淫好色，强调男女之别，使其避免嫌疑，并成为人们遵守的纪律。所以，男女之间没有媒妁就不得交往，不下聘礼不得相见，就是担心男女无别才做出这种规定。用这种办法来教育人们，人们还有私自结合的。《诗经》上说：'砍柴靠什么？没有斧头就办不到。娶妻靠什么？没有媒妁办不成。种麻靠什么？必须整理田亩。娶妻靠什么？必先禀告父母。'"

【原文】

子云："取妻不取同姓，以厚别也。故买妾不知其姓，则卜之。以此坊民，鲁春秋犹去夫人之姓曰'吴'，其死曰'孟子卒'。"子云："礼，非祭，男女不交爵。"以此坊民，阳侯犹杀缪侯而窃其夫人。故大飨废夫人之礼。"子云："寡妇之子，不有见焉，则弗友也，君子以辟远也。故朋友之交，主人不在，不有大故，则不入其门。以此坊民，民犹以色厚于德。"

【译文】

孔子说："娶妻不娶同姓之女，这是为了强调同姓不婚。所以买妾的时候，如果不知道妾的姓，就应该占卜一下，看看是否适宜。用这种办法来教育人们，鲁昭公竟然还娶与鲁同姓的吴国女子为夫人，以至于鲁国的《春秋》在记载昭公娶夫人这件事时，不得不隐去夫人的姓，而只说是来自吴国；到她死时，又不得不隐去她的姓，而只说是'孟子卒。'"孔子说："按照礼的规定，不是祭祀的时候，男女之间不互相敬酒。用这种办法来教育人们，阳侯还杀掉缪侯而且霸占了他的夫人。从那以后，两君相见的大飨，就废除了夫人必须参加的礼节。"孔子说："对于寡妇的儿子，如果不是看到他很有才能，就不和他交朋友，因为君子要远避嫌疑。所以朋友互相往来，如果男主人不在家，又没有死人、生病等重大事情，就不进入他家的门。用这种办法来教育人们，人们还好色超过了好德。"

【原文】

子云："好德如好色。诸侯不下渔色。故君子远色以为民纪。故男女授受不亲。御妇人则进左手。姑姊妹女子子已嫁而反，男子不与同席而坐。寡妇不夜哭。妇人疾，问之不问其疾。以此坊民，民犹淫泆而乱于族。"子云："昏礼，壻①亲迎，见于舅姑②，舅姑承子以授壻，恐事之违也。以此坊民，妇犹有不至者。"

【注释】

①壻：同"婿"。②舅姑：本指公公婆婆，此指岳父岳母。

【译文】

孔子说："人们的爱好道德之心，如果像爱好女色那样就好了。诸侯不应该在本国臣民中挑选美女作妻妾。所以君子不贪女色，为百姓树立楷模。所以男女授受不亲。为妇人驾车，应该以左手上前。姑、姊妹、女儿出嫁以后又回到娘家，男子就不再和她们同席而坐。寡妇不应该在夜间哭泣。妇人有病，可以问她病是轻了还是重了，但不要问她害的是什么病。用这种办法来教育百姓，百姓还有乱搞两性关系而败坏伦常的。"孔子说："按照婚礼的规定，新婿要亲自到女家迎亲，拜见岳父岳母，岳父岳母亲手把女儿交给新婿，并且千叮咛万嘱咐地要她到婆家以后孝顺听话。用这种办法来教育人们，还有不孝顺不听话的媳妇。"

中庸

【题解】

　　因本篇主要内容是讲中庸之道，故名《中庸》。郑玄《目录》曰："名曰'中庸'者，以其记中和之为用也。庸，用也。孔子之孙子思作之，以昭明圣祖之德。此于《别录》属通论。"何为"中庸"？中庸之义主要指折中、适当、不走极端，中庸就是不善也不恶的人的本性，实质上用现代文字表述就是"临界点"，这就是难以把握的"中庸之道"。《中庸》被宋代学人提到了突出地位上来，北宋程颢、程颐极力尊崇《中庸》，南宋朱熹把《中庸》和《大学》《论语》《孟子》并列称为"四书"。宋、元以后，《中庸》成为学校官定的教科书和科举考试的必读书，对古代教育产生了极大的影响。

【原文】

　　天命①之谓性；率性②之谓道；修道③之谓教。道也者，不可须臾④离也，可离非道也。是故君子戒慎乎其所不睹，恐惧乎其所不闻。莫见乎隐，莫⑤显乎微。故君子慎其独⑥也。喜、怒、哀、乐之未发，谓之中。发而皆中节，谓之和。中也者，天下之大本也。和也者，天下之达道也。致中和，天地位焉，万物育焉。

【注释】

　　①天命：天赋，指人的自然禀赋。也指天理，命运。②率性：统率并规范人的自然本性。③修道：修养道德，探求事物的本源，研究世界发展变化的规律。道，道德。④须臾：片刻。⑤莫：在这里是"没有什么更……"的意思。⑥独：独处或独知时。

【译文】

　　上天赋予人的叫作性，遵循上天赋予的性而行动叫作道，把道加以修饬并使众人仿效叫作教。道，是不能片刻离开的；如果可以离开，那就不是道了。所以，君子在人们看不见的地方也自觉地警惕谨慎，在人们听不见的地方也仍然战战兢兢。没有什么隐秘可以不被发现，没有什么小事可以不被显露，所以君子在一人独处的时候也十分小心谨慎。人的喜怒哀乐尚未表现出来，叫作中；表现出来而又处处合乎规范，叫作和。中，这是天下的最大根本；和，这是天下的普遍规律。达到了中和，就会天地有条不紊，万物发育生长。

【原文】

　　仲尼曰："君子中庸，小人反中庸。君子之中庸也，君子而时中；小人之中庸也，小人而无忌惮也。"子曰："中庸其至矣乎！民鲜能久矣！"子曰："道之不行也，我知之矣：知者过之，愚者不及也。道之不明也，我知之矣：贤者过之，不肖者不及也。人莫不饮食也，鲜能知味也。"子曰："道其不行矣夫！"

【译文】

　　孔子说："君子坚持中庸，小人违背中庸。君子之所以坚持中庸，是因为有君子之德，因而总是恰如其分；小人之所以违背中庸，是因为有小人之心，因而肆无忌惮。"孔子说："中庸大概是最高的道德标准了！可惜人们很少能够长期做到啊！"孔子说："中庸之道之所以不能实行，我知道原因了：聪明的人做过了头，愚蠢的人却还没有达到；中庸之道之所以不能彰明，我知道原因了：贤者做过了头，不贤者却还没有达到。没有一个人不吃不喝，但能品尝出滋味的却很少。"孔子说："中庸之道大概是不能实行了吧！"

【原文】

　　子曰："舜其大知也与！舜好问而好察迩言[1]，隐恶而扬善，执其两端，用其中于民，其斯以为舜乎！"子曰："人皆曰'予知'，驱而纳诸罟罟②陷阱之中，而莫之知辟③也。人皆曰'予知'，择乎中庸，而不能期月④守也。"子曰："回之为人也，择乎中庸，得一善，则拳拳服膺⑤而弗失之矣。"子曰："天下国家可均⑥也，爵禄可辞也，白刃可蹈⑦也，中庸不可能也。"

【注释】

①迩言：容易让人理解的话。②罟：与"古"同音，专门用来捕获猎物的网。擭：与"获"同音，有机密装置，专用来捕获猎物的笼子。③辟：与"避"同，躲避、躲闪之意。④期月：一个月。⑤拳拳服膺：深深地铭记在心。拳拳，真诚、用心的样子。服膺，放在心间之意。⑥均：公平治理之意。⑦蹈：踩踏之意。

【译文】

孔子说："舜大概是最明智的人了吧！他不耻下问而且善于审察浅近的话，别人说错的他加以掩盖，别人说对的他加以表扬；他抓住'过'与'不及'这两个极端，取其折中之道使愚智之民都能实行。这就是舜之所以为舜的道理吧！"孔子说："人人都说自己聪明，被利欲驱赶到罗网、机关、陷阱之中却不知道躲避。人人都说自己聪明，选择了中庸之道，却连一个月也不能坚持。"孔子说："颜回的为人，选择了中庸之道，取得了一点进步，就牢牢记在心中，使其永不丢失。"孔子说："天下国家可以得到治理，爵位俸禄可以辞掉，锋利的刀刃可以脚踏上去，而中庸之道却是很难做到的。"

【原文】

子路问强。子曰："南方之强与？北方之强与？抑而①强与？宽柔以教，不报无道，南方之强也，君子居②之。衽金革③，死而不厌④，北方之强也，而强者居之。故君子和而不流，强哉矫！中立而不倚，强哉矫！国有道，不变塞⑤焉，强哉矫！国无道，至死不变，强哉矫！"

【注释】

①抑：连词，"还是"之意。而：指你。②居：属于之意。③衽：枕着。金：铁制的兵器。革：皮革制的甲盾。④死而不厌：战死了也不后悔。⑤变塞：

中庸

变节、变志之意。

【译文】

子路向孔子请教什么是强。孔子说："你问的是南方的强呢，还是北方的强？抑或是你自己的强？用宽厚柔和来教诲人们，尽管别人对自己无理，自己也不以牙还牙，这便是南方的强，君子才能做到。顶盔贯甲，枕戈待旦，战死不悔，这便是北方的强，性情强悍的人才能做到。所以，君子和顺而不随波逐流，这才是真正的强！中立而不偏不倚，这才是真正的强！国家有道之时，也不改变穷困时的操守，这才是真正的强！国家无道之时，至死也不改变志向，这才是真正的强！"

【原文】

子曰："素隐行怪①，后世有述②焉，吾弗为之矣。君子遵道而行，半涂而废，吾弗能已矣。君子依乎中庸，遁世不见知③而不悔，唯圣者能之。""君子之道费而隐④。夫妇⑤之愚，可以与知焉，及其至也，虽圣人亦有所不知焉；夫妇之不肖，可以能行焉，及其至也，虽圣人亦有所不能焉。天地之大也，人犹有所憾，故君子语大，天下莫能载焉；语小，天下莫能破⑥焉。诗云：'鸢飞戾天，鱼跃于渊。'言其上下察也。君子之道，造端⑦乎夫妇，及其至也，察乎天地。"

【注释】

①素：与"索"同。怪：荒诞不经之意。②述：记录、诉诸之意。③见知：被知道。④费而隐：广大而又精微。⑤夫妇：指的是平民老百姓。⑥破：破裂、分开，此指理解之意。⑦造端：发轫、发端之意。

【译文】

孔子说："探求隐僻的道理，做出诡异的行动，后世会对这种欺世盗名的行径有所称述，我不这样干。君子遵循正道而行，半途而废，我却不能停顿下来。君子依照中庸之道行事，如果碰上无道之时，不得不隐遁于世，即使不被人知也不后悔。这只有圣人才能做到。""君子之道，广大而又精微。就其一般情况来说，即使是普通的男男女女，也可以知其一二；如果说到它的最高境界，即使是圣人也有所不知。就其一般情况来说，普通的男男女女也能做到；如果说到它的最高境界，即使是圣人也有所不能。天地如此之大，人们尚且感到有所遗憾。所以，君子所说的大，整个天下都无法承载；君子所说的小，整个天下也无人能够剖析。《诗经》上说：'老鹰展翅飞上天，鱼儿游动在深渊。'这是说圣人之德昭著于天地。君子之道，从普通男男女女的所知所行开始；说到它的最高境界，则昭著于天地之间。"

【原文】

子曰："道不远人。人之为道而远人，不可以为道。诗云：'伐柯伐柯，其则不远。'执柯以伐柯，睨而视之，犹以为远。故君子以人治人，改而止。忠恕违道不远，施诸己而不愿，亦勿施于人。君子之道四，丘未能一焉：所求乎子以事父，未能也；所求乎臣以事君，未能也；所求乎弟以事兄，未能也；所求乎朋友先施之，未能也。庸德之行，庸言之谨，有所不足，不敢不勉，有余不敢尽；言顾行，行顾言，君子胡不慥慥①尔？君子素其位而行，不愿乎其外。素富贵，行乎富贵；素贫贱，行乎贫贱；素夷狄，行乎夷狄；素患难，行乎患难：君子无入②而不自得焉。在上位不陵③下，在下位不援④上，正己而不求于人，则无怨。上不怨天，下不尤人。故君子居易以俟命⑤，小人行险以徼幸。"

【注释】

①慥慥：与"造"同音，真诚敦厚的样子。②无入：不论在什么样的位置下。③陵：欺凌之意。④援：攀登向上之意，在这里指的是靠权势向上。⑤居易：待在平常人的位置上。俟命，听从天意的安排。

【译文】

孔子说："道不可远离于人。人所实行的道却远离于人，那就不可以作为道了。《诗经》上说：'砍斧柄呀砍斧柄，式样就在你面前。'握着斧柄去砍斧柄，一斜眼就能看到斧柄的式样，还以为离得很远。所以君子的治人，即以其人之道，还治其人之身，有过能改，也就不再责备。忠恕的精神离道不远，别人让自己干自己都不愿干的事，也不要让别人去干。君子之道有四个方面，我一个方面都没有做到：要求儿子对我做到的，我应当先对父亲做到，这一条我还没有做到；要求下属对我做到的，我应当先对国君做到，这一条我还没有做到；要求弟弟对我做到的，我应当先对哥哥做到，这一条我还没有做到；要求朋友对我做到的，我应当先对朋友做到，这一条我还没有做到。平常道德的实行，平常言论的谨慎，如果自己的才能还有所不足，不敢不努力自勉；如果自己的才能绰绰有余，也不敢把本领使尽。说话要顾及行动，行动要顾及说话。做到了这一点，岂不是一个言行一致的笃实君子吗？君子按照当时所处的地位行事，不抱非分之想。处在富贵的地位，就按照富贵者的身份行事；处在贫贱的地位，就按照贫贱者的身份行事；处在夷狄的地位，就按照夷狄的身份行事；处在患难之中，就按照患难者的身份行事；君子无论处在什么地位，都能够恰如其分地行事。身居上位，不欺凌在下位的人；身居下位，不巴结在上位的人；端正自己而不求于人：这样就不会招致怨恨。上不埋怨苍天，下不归罪他人。所以，君子处在现有的境地而等待天命的安排，小人则铤而走险以求侥幸。"

【原文】

子曰："射有似乎君子，失诸正鹄①，反求诸其身。君子之道，辟如行远必自迩，辟如登高必自卑。诗曰：'妻子好合，如鼓瑟琴；兄弟既翕，和乐且耽。宜尔室家，乐尔妻帑。'②"子曰："父母其顺矣乎！"

【注释】

①正鹄：指的都是箭靶子。正，是画在布上的。鹄，与"姑"同音，是画在皮上的。②妻子好合……乐尔妻帑：出自《诗经·小雅·常棣》。好合，和睦相处之意。翕，与"西"同音，和谐相处之意。耽，安贫乐道之意。帑，与"孥"通假，子孙后代之意。

【译文】

孔子说："射箭之道有似于君子之道，如果没有射中靶心，要回过头来检查自己。君子之道，就好比走远路一定要从近处开始，又好比登高一定要从低处开始。《诗经》上说：'同妻子相亲相爱，像琴瑟一样和谐。加上兄弟和睦，欢乐气氛浓厚。使你的家庭安宁，使你的妻儿高兴。'"孔子说："能够这样做，做父母的大概就感到顺心了。"

【原文】

子曰："鬼神之为德，其盛矣乎！视之而弗见，听之而弗闻，体物而不可遗。使天下之人齐明盛服①，以承祭祀，洋洋乎如在其上，如在其左右。诗曰：'神之格思，不可度思！矧可射思！'②夫微之显，诚之不可揜如此夫！"

【注释】

①齐：与"斋"通假，斋戒之意。明：干净。盛服：正式的服装。②神之格思……矧射思：出自《诗经·大雅·抑》。格，到来之意。思，没有实际意义的语气词。度，揣摩。矧，与"审"同音，"况且"之意。射，与"意"同音，懈怠之意。

【译文】

孔子说："神所表现出来的功德，恐怕够盛大了！看它又看不见，听它又听不到，但又体现在万物之中而不可轻视它的存在。使天下的人都斋戒沐浴，身着盛服，恭恭敬敬地从事祭祀。无所不在啊！既好像在人们的头上，又好像在人们的左右。《诗经》上说：'神的降临时刻，无法进行揣测，岂敢怠慢厌倦！'神无形却到处显灵，神不言却应验，确实如此。"

【原文】

子曰："舜其大孝也与！德为圣人，尊为天子，富有四海之内。宗庙飨之，子孙保之。故大德必得其位，必得其禄，必得其名，必得其寿。故天之生物，必因其材而笃焉。故栽者培之，倾者覆①之。诗曰：'嘉乐君子，宪宪令德！宜民宜人，受禄于天。保佑命之，自天申之！'②故大德者必受命。"

【注释】

①覆：颠覆，此指淘汰。②嘉乐君子……自天申之：出自《诗经·大雅·假乐》。嘉乐，即诗名"假乐"，快乐之意。宪宪，即"显显"，光明显盛的意思。

【译文】

孔子说:"舜可以说是一个大孝子了!论道德是个圣人,论尊贵是个天子,论财富拥有四海之内,死后在宗庙享受祭祀,子孙也托福受到庇护。所以大德之人必得高位,必得高禄,必得令名,必得高寿。所以,天生万物,一定要根据其不同的秉性而厚其待遇。所以道德高尚者就得到栽培,道德卑劣者就遭到失败。《诗经》上说:'令人赞美喜爱的君子,具有十分光明的美德。善于安民善于用人,接受来自上天的福禄。上天保佑于他,上天一再赐福于他。'所以大德之人必受天命为天子。"

【原文】

子曰:"无忧者其唯文王乎!以王季为父,以武王为子,父作①之,子述②之。武王缵大王、王季、文王之绪,壹戎衣而有天下,身不失天下之显名;尊为天子,富有四海之内。宗庙飨之,子孙保之。武王末受命,周公成文、武之德,追王大王、王季,上祀先公以天子之礼。斯礼也,达乎诸侯、大夫及士、庶人。父为大夫,子为士,葬以大夫,祭以士。父为士,子为大夫,葬以士,祭以大夫。期之丧,达乎大夫;三年之丧,达乎天子;父母之丧,无贵贱,一也。"

【注释】

①作:开创。②述:继承。

【译文】

孔子说:"无忧无虑的人,恐怕只有文王吧!有王季作他的父亲,有武王作他的儿子,父亲为他开创了基业,儿子又继承了他的事业。武王继承了太王、王季、文王的未竟之业,一用兵就战胜了殷纣而取得了天下,自身又没有丢掉天下的美名。论尊贵身为天子,论财富拥有四海之内,宗庙中享受祭祀,子孙也托福受到庇护。武王在晚年才受命为天子,周公成就了文王、武王的心愿,追尊太王、王季为王,对太王以上的列祖列宗用天子之礼祭祀。这种礼节,通用于诸侯、大夫、士及庶人。父亲是大夫,儿子是士,父亲去世用大夫之礼安葬,用士礼祭祀。父亲是士,儿子是大夫,父亲死后用士礼安葬,用大夫之礼祭祀。对旁系亲属一年之丧的服丧，从庶人起，到大夫为止；对父母三年之丧的服丧，下起庶人，上止天子；父母之丧，无论儿子的身份是贵是贱，丧期都是一样的。"

【原文】

子曰："武王、周公，其达孝①矣乎！夫孝者：善继人之志，善述人之事者也。春、秋修其祖庙，陈其宗器，设其裳衣，荐②其时食。宗庙之礼，所以序昭穆也；序爵，所以辨贵贱也；序事，所以辨贤也；旅酬下为上，所以逮贱也；燕毛，所以序齿也③。践其位，行其礼，奏其乐，敬其所尊，爱其所亲，事死如事生，事亡如事存，孝之至也。郊社之礼，所以事上帝也；宗庙之礼，所以祀乎其先也。明乎郊社之礼、禘尝之义，治国其如示诸掌乎！"

【注释】

①达孝：特别孝道，最守孝道。②荐：供奉，贡献。③燕毛，所以序齿也：宴饮时按头发的黑白次序坐，这样就使老少有次序。

【译文】

孔子说："武王和周公，大概是最孝的人了吧！所谓孝，就是要善于继承先人的遗志，善于完成先人的未竟之业。一年四季按时打扫先人的祖庙，陈设先人的祭器，陈设先人的衣服，进献先人要吃的应时食品。宗庙之礼，是用来排列昭穆顺序的；助祭者按爵位高低来排列顺序，是用来辨别贵贱的；进献祭品者按其职事来排列顺序，是用来区分才能的；旅酬时，让卑幼者首先为尊长者举杯劝饮，是为了让卑贱者也能摊到事做；宴饮时，按头发的黑白程度排列座次，是为了区别年龄的大小。就先人所就之位，行先人所行之礼，奏先人所奏之乐，敬先人之所尊，爱先人之所亲，侍奉死者就像其生前一样，侍奉亡者就像其健在一样，真是孝到极点了。郊天祭地之礼，是用来敬事上帝的。宗庙之礼，是用来祭祀先人的。如果明白了郊天祭地之礼的含义，明白了宗庙四时之祭的含义，治理国家就心中有数，就好比用指头在手掌上指指画画一般。"

【原文】

哀公①问政。子曰："文、武之政，布在方策②，其人存，则其政举；其人亡，则其政息。人道敏③政，地道敏树。夫政也者，蒲卢也。故为政在人，取人以身，修身以道，修道以仁。仁者人也，亲亲为大；义者宜也，尊贤为大。亲亲之杀④，尊贤之等，礼所生也。在下位不获乎上，民不可得而治矣！故君子不可以不修身；思修身，不可以不事亲；思事亲，不可以不知人；思知人，不可以不知天。天下之达道五，所以行之者三，曰：君臣也，父子也，夫妇也，昆弟⑤也，朋友之交也，五者天下之达道也。知仁勇三者，天下之达德也，所以行之者一也。或生而知之，或学而知之，或困而知之，及其知之，一也；或安而行之，或利而行之，或勉强而行之，及其成功，一也。"子曰："好学近乎知，力行近乎仁，知耻近乎勇。知斯三者，则知所以修身；知所以修身，则知所以治人；知所以治人，则知所以治天下国家矣。

【注释】

①哀公：春秋时期鲁国国君。"哀"，是谥号。②布：展示、显露之意。方、策，书写用的木板和竹简。③敏：致力之意。④杀：与"晒"同音，亲疏之分。⑤昆弟：指兄弟，包括亲兄弟和堂兄弟。

【译文】

鲁哀公向孔子请教治理国家的方法。孔子回答说："文王、武王的治国方法，都记载在典籍上面。他们在世，这些治国方法就能得到实施；他们去世，这些治国方法也就随着废弛。治人之道在于讲究治理方法，种地之道在于讲究种植方法。治国方法，就好像蒲苇一样。所以，治理国家的根本问题在于得到贤人，而能否得到贤人又决定于国君自身的修养，加强自身修养要靠道德，加强道德修养要靠仁。所谓仁，就是爱人，爱人之中，以亲近自己的亲人最重要；所谓义，就是适宜，适宜之中，以尊敬贤人最重要。亲近亲人而有亲疏之别，尊敬贤人而有贵贱之差，礼这个东西也就应运而生。职位卑下，又得不到上级的信任，是不能够把百姓治理好的。所以，君子不可以不加强自身修养；要想加强自身修养，不可以不侍奉双亲；要想侍奉双亲，不可以不知人；要想知人，不可以不知道天理。天下通行的准则有五条，实行这五条准则的美德有三种。君臣、父子、夫妇、兄弟、朋友的交往，这五条就是天下通行的准则；智、仁、勇，这三点就是天下通行的美德，是用来推行这五条准则的。对于这五条准则，有的人生下来就知道，有的人通过学习才知道，有的人碰了钉子才知道；不管是怎样知道的，只要知道了，就是一样的。对于实行这五条准则的三项美德，有的人是心安理得地去实行，有的人是抱着功利目的去实行，有的人是勉强地去实行；不管怎样去实行，只要最后取得成功，就是一样的。"孔子说："爱好学习，接近于智；努力行善，接近于仁；懂得羞耻，接近于勇。知道了这三条，就知道该怎样修身；知道该怎样修身，就知道该怎样治理百姓；知道该怎样治理百姓，就知道该怎样治理天下和国家。

【原文】

凡为天下国家有九经①，曰：修身也，尊贤也，亲亲也，敬大臣也，体群臣也，子②庶民也，来百工③也，柔远人也，怀④诸侯也。修身则道立，尊贤则不惑，亲亲则诸父昆弟不怨，敬大臣则不眩，体群臣则士之报礼重，子庶民则百姓劝，来百工则财用足，柔远人则四方归之，怀诸侯则天下畏之。"齐明盛服，非礼不动，所以修身也；去谗远色，贱货而贵德，所以劝贤也；尊其位，重其禄，同其好恶，所以劝亲亲也；官盛任使⑤，所以劝大臣也；忠信重禄，所以劝士也；时使薄敛⑥，所以劝百姓也；日省月试⑦，既禀称事⑧，所以劝百工也；送往迎来，嘉善而矜⑨不能，所以柔远人也；继绝世，举废国，治乱持危，朝聘以时，厚往而薄来，所以怀诸侯也。"

【注释】

①经：原则之意。②子：以……为子。③来：召集。百工：各种类型的工匠。④怀：安抚之意。⑤官：下官。盛：多。任使：随便地调用。⑥时使：使用老百姓时，不占用他们的农忙时节。薄敛：少收赋税。⑦省：访视之意。试：考察之意。⑧既：与"西"同音。既禀：赠给别人粮食。称事：与其所干的公事相符合。⑨矜：怜悯之意。

【译文】

凡治理天下、国家，有九条原则，即修养自身，尊重贤人，亲爱亲属，敬重大臣，体恤群臣，爱护民众，招集百工，怀柔藩国，安抚诸侯。修养自身，道德就能树立；尊重贤人，遇事就不迷惑；亲爱亲属，伯父、叔父、兄弟就不会怨恨；敬重大臣，遇事就能安之若素；体恤群臣，群臣就会加倍回报；爱护民众，百姓就会受到鼓励；招集百工，财用就会充足；怀柔藩国，四方就会归顺；安抚诸侯，天下就会畏服。斋戒沐浴，衣冠整齐，不合乎礼的事情不做，这是用来修养自身的办法；屏退谗佞，远离女色，轻视财货而看重道德，这是用来鼓励贤人的办法；高位厚禄，好亲人之所好，恶亲人之所恶，这是用来鼓励亲爱亲属的办法；属员众多，足备使用，这是用来鼓励大臣的办法；忠信待士，予以厚禄，这是用来鼓励群臣的办法；役使有时，减轻赋税，这是用来鼓励百姓的办法；每日检查，每月考试，论功行赏，这是用来鼓励百工的办法；来时欢迎，走时欢送，多夸奖而少责备，这是用来怀柔藩国的办法；延续断绝了的世系，恢复灭亡了的国家，国内有乱就帮助平定，国势危急就给予支援，按时接受朝聘，走的时候赏赐丰厚，而来的时候纳贡菲薄，这是用来安抚诸侯的办法。"

【原文】

"凡为天下国家有九经，所以行之者一也。凡事豫①则立，不豫则废。言前定则不跲②，事前定则不困，行前定则不疚，道前定则不穷。"在下位不获乎上，民不可得而治矣；获乎上有道：不信乎朋友，不获乎上矣；信乎朋友有道：不顺乎亲，不信乎朋友矣；顺乎亲有道：反诸身不诚，不顺乎亲矣；诚身有道：不明乎善，不诚乎身矣。诚者，天之道也；诚之者，人之道也。诚者不勉而中，不思而得，从容中道，圣人也！诚之者，择善而固执之者也。"

【注释】

①豫：与"预"同，预谋之意。②跲：与"夹"同音，言语不通顺。

【译文】

凡治理天下国家有九条原则，而用来实行这九条原则的方法是事先要有所准备。不管什么事，事先有所准备就能成功，事先没有准备就会失败。说话事先有所准备就不会中断，做事事先有所准备就不会受窘，行动之前有所准备就不会出错，道路事先计划妥当就不会搞到走投无路。职位卑下，又得不到上级的信任，是不能够把百姓治理好的。要得到上级的信任，首先要得到朋友的信任，如果得不到朋友的信任，也就得不到上级的信任了；要得到朋友的信任，首先要孝顺父母，如果不孝顺父母，也就得不到朋友的信任了；要做到孝顺父母，首先要反省自己是不是诚心诚意，如果不是诚心诚意，也就做不到孝顺父母了；要使自己诚心诚意，首先要明白什么是善，如果不明白什么是善，也就不能使自己诚心诚意了。诚，这是上天的准则；做到诚，这是做人的准则。作为上天准则的诚，不用勉强就正好，不用思考就得到，从容不迫，一举一动都恰如其分，能这样做到的是圣人。要做到诚，就要择善而从并且牢牢抓住不放。

【原文】

"博学之，审问之，慎思之，明辨之，笃行之。有弗学，学之弗能，弗措①也；有弗问，问之弗知，弗措也；有弗思，思之弗得，弗措也；有弗辨，辨之弗明，弗措也，有弗行，行之弗笃，弗措也。人一能之己百之，人十能之己千之。果能此道矣，虽愚必明，虽柔必强。"

【注释】

①弗措：不厌倦、不罢休之意。

【译文】

广泛地学习，详细地求教，慎重地思考，清楚地辨别，切实地实行。除非不学，学了而没有学会，就不罢休；除非不问，问了而没有弄懂，就不罢休；除非不思考，思考而没有得到结果，就不罢休；除非不分辨，分辨而没有分辨明白，就不罢休；除非不实行，实行而不实行彻底，就不罢休。别人聪明，学一遍就能学会，自己就学上百遍；别人学十遍就能学会，自己就学上千遍。如果真能这样做了，即使是愚笨的人也一定会变得聪明，即使是柔弱的人也一定会变得刚强。

【原文】

自诚明①，谓之性；自明诚，谓之教。诚则明矣，明则诚矣。唯天下至诚，为能尽其性；能尽其性，则能尽人之性；能尽人之性，则能尽物之性；能尽物之性，则可以赞天地之化育；可以赞天地之化育，则可以与天地参②矣。其次致曲③。曲能有诚，诚则形，形则著，著则明，明则动，动则变，变则化。唯天下至诚为能化。至诚之道，可以前知。国家将兴，必有祯祥④；国家将亡，必有妖孽⑤。见乎蓍龟，动乎四体⑥。祸福将至：善，必先知之；不善，必先知之。故至诚如神。

【注释】

①自：从。明：通晓之意。②天地参：与天地并列之意。③其次致曲：次于"自诚明"的下一等的人，可以贤人相称。致曲，致力于细微之处。④祯祥：吉祥的前兆。⑤妖孽：异于常态的动植物。妖，多指草木类。孽，多指虫豸类。⑥四体：两手两足，此指身体仪态。

【译文】

由至诚而有明德，这是圣人的天性；由明德而有至诚，这是贤人学习的结果。有至诚则必有明德，有明德则必有至诚。只有天下至诚的圣人，才能完全发挥自己的天性；能完全发挥自己的天性，就能完全发挥他人的天性；能完全发挥他人的天性，就能完全发挥万物的性能；能完全发挥万物的性能，就可以赞助天地化育万物；可以赞助天地化育万物，就可以和天地并列而为三了。贤人只能从点滴小事做起，在点滴小事上能有至诚；有了至诚就会表现出来，表现出来就会日益显著；日益显著就会大放光明，大放光明就会感动人心；感动人心就会变恶为善，变恶为善就会让人脱胎换骨。只有天下至诚的贤人才能化恶为善，移风易俗。心怀至诚，就可以预知未来。国家将要兴盛，必定有吉祥的预兆；国家将要灭亡，必定有妖异的前征。反映在占卜的蓍草、龟甲中，表现在人们的仪容、举止上。祸福将要来临的时候，是福，必定预先知道；是祸，也必定预先知道。所以，心怀至诚的人就像神明一样。

【原文】

诚者，自成①也，而道，自道②也。诚者物之终始，不诚无物。是故君子诚之为贵。诚者，非自成己而已也，所以成物也。成己，仁也；成物，知也。性之德也，合外内之道也，故时措之宜也。故至诚无息。不息则久，久则征③，征则悠远，悠远则博厚，博厚则高明。博厚，所以载物也；高明，所以覆物也；悠久，所以成物也。博厚配地，高明配天，悠久无疆。如此者，不见而章④，不动而变，无为而成。

【注释】

①自成：成全自己、完善自己之意。②自道：自己引导之意。③征：检验、校验。④见：与"现"同音，显露之意。章：通"彰"，彰显。

【译文】

诚，就是自身品德修养的完成；而道，乃是走向完成品德修养的自我指导。诚贯穿于万物的始终，没有诚也就没有万物。所以，君子把诚看作是最高贵的品德。诚，并非完成自身的修养就算完事了，而是要成就外物。完成自身的修养，叫作仁；成就外物，叫作智。仁和智是人性固有的美德，综合了成物、成己的规律，所以任何时候用它都是适宜的。所以，至诚是不间断的。不间断就可以长久，长久就可以得到验证，得到验证就可以行之悠远，行之悠远就可以广博深厚，广博深厚就可以高大光明。广博深厚，能用来承载万物；高大光明，能用来覆盖万物；行之悠远，能用来成就万物。广博深厚可以与地相配，高大光明可以与天相配，行之悠远而无边无际。圣人之德如此广博深厚、高大光明、行之悠远，以至于不见所为而功业彰显，不见动作而万物改变，无所作为而自然成功。

【原文】

天地之道，可壹言①而尽也。"其为物不贰②，则其生物不测。"天地之道，博也厚也，高也明也，悠也久也。今夫天，斯昭昭③之多，及其无穷也，日月星辰系焉，万物覆焉。今夫地，一撮土之多，及其广大，载华岳而不重，振④河海而不泄，万物载焉。今夫山，一卷石⑤之多，及其广大，草木生之，禽兽居之，宝藏兴焉。今夫水，一勺之多，及其不测，鼋鼍、蛟龙、鱼鳖生焉，货财殖焉。诗云："惟天之命，于穆不已。"盖曰天之所以为天也。"于乎不显⑥！文王之德之纯！"盖曰文王之所以为文也，纯亦不已。

【注释】

①壹言：一字之意，在这里是指前面说到的"诚"字。②不贰：始终如一的意思。③斯：这。昭昭：明亮、光明。④振：通"整"，治理、改善之意。⑤一卷石：指的是拳头大的石头。卷，通"拳"。⑥不显：不，通"丕"，大的意思。显，光明之意。

【译文】

　　天地之道，可以用一个字来概括，那就是一个"诚"字。"它以至诚不贰对待万物，所以能够生育万物而其数无法估量"。天地之道，广博、深厚、高大、光明、悠远、长久。就拿天来说，刚一开始也不过是区区一片微光，微光越积越多，以至于无穷无尽，到了这个时候，日月星辰被悬挂在上面，万物被覆盖在下面。再拿地来说，刚一开始也不过是一把泥土而已，后来越积越多，以至于广博深厚到这种程度，承载五岳而不觉得重，容纳河海而不至于漏泄，万物皆可承载于上。再拿山来说，刚一开始不过是拳头大的一小块石头，后来越积越多，以至于广大到这种程度，草木在上面生长，禽兽在上面居住，矿藏从里面开采。再拿水来说，刚一开始也不过是一勺水而已，后来越积越多，以至于达到深不可测的程度，于是鼋鼍、蛟龙、鱼鳖生活在里面，种种货财也从水中繁殖。《诗经》上说："想那天道在运行，庄严肃穆永不停"。说的就是天之所以成为天；"呜呼，多么光明显赫！文王的品德真纯正。"说的就是文王之所以被称为"文"，其纯正也从未间断。

【原文】

　　大哉圣人之道！洋洋①乎发育万物，峻极于天。优优②大哉！礼仪三百，威仪三千，待其人然后行。故曰：苟不至德③，至道不凝④焉。故君子尊德性而道问学，致广大而尽精微，极高明而道中庸。温故而知新，敦厚以崇礼。是故居上不骄，为下不倍⑤；国有道，其言足以兴，国无道，其默足以容。诗曰："既明且哲，以保其身。⑥"其此之谓与！

【注释】

　　①洋洋：浩浩荡荡之意。②优优：充足、富庶之意。③苟不至德：假如说没有很高的德行。苟，假如说。④凝：聚集之意，在这里包含有成功的意义。⑤倍：通"背"，背叛之意。⑥既明且哲，以保其身：出自《诗经·小雅·烝民》。哲，智慧、聪颖、通晓事理之意。

【译文】

　　伟大啊，圣人之道！充满世界，化育万物，高达于天。绰绰有余，真伟大啊！礼的大纲三百条，礼的细则三千条，一定要等到圣人出来才能实行。所以说：如果不是具有至高无上道德的人，圣人的至善之道就不能实行。所以君子尊崇圣人的至诚之性，并通过勤学来达到；既要达到如同地德的广博深厚，又要无微不至；既要达到如同天德的高大光明，又要遵循中庸之道；温习旧有的知识，从而获得新的体会；为人敦厚而崇尚礼仪。所以，身居上位而不骄傲，身居下位而不背叛；如果国家政治清明，他的积极建议足以使国家兴盛；如果国家政治黑暗，他的沉默不语也足以使他保全自身。《诗经》上说："既明白道理而又洞察是非，就可以保全自身。"说的不就是这个道理吗？

【原文】

子曰："愚而好自用①，贱而好自专②，生乎今之世，反③古之道。如此者，灾及其身者也。"非天子，不议礼，不制度④，不考文。今天下车同轨，书同文，行同伦。虽有其位，苟无其德，不敢作礼乐焉；虽有其德，苟无其位，亦不敢作礼乐焉。"

【注释】

①自用：刚愎自用之意，一味按照自己的想法做事情，过于武断专行。②自专：一意孤行。③反：通"返"，恢复、重新回来之意。④制度：作动词用，制定、制度之意。

【译文】

孔子说："愚蠢而好自以为是，卑贱而好自作主张；生活在当代世界，却要恢复古代的那一套。这样做的人，势必要灾祸临头了。"不是天子，就没有资格议礼，没有资格规定制度，没有资格考订文字。当今的天下，车轮之间的轨迹等宽，书写的字体一律，行为的规范相同。虽然处于天子的地位，如果没有相应的道德，就不敢制礼作乐；虽然具有圣人的品德，如果没有相应的地位，也不敢制礼作乐。

【原文】

子曰："吾说夏礼，杞不足征也。吾学殷礼，有宋存焉；吾学周礼，今用之，吾从周。王天下有三重焉，其寡过矣乎！上焉者①虽善无征，无征不信，不信民弗从；下焉者②虽善不尊，不尊不信，不信民弗从。故君子之道本诸身，征诸庶民，考诸三王而不缪，建诸天地而不悖，质诸鬼神而无疑，百世以俟③圣人而不惑。质诸鬼神而无疑，知天也；百世以俟圣人而不惑，知人也。是故君子动而世为天下道，行而世为天下法，言而世为天下则。远之则有望，近之则不厌。《诗》曰：'在彼无恶，在此无射；庶几夙夜，以永终誉！'④君子未有不如此而蚤⑤有誉于天下者也。"

【注释】

①上焉者：处在高堂之上的人，指君王。②下焉者：处在下位的人，指臣子。③俟：等到。④《诗》曰……以永终誉：出自《诗经·周颂·振鹭》。射，与"义"同音。"斁"是其本字，厌恨之意。庶几，差不多的意思。夙夜，从早到晚。⑤蚤：通"早"。

【译文】

孔子说："我想讲说夏礼，但现在的杞国已经不足以验证它了。我想学习殷礼，现在的宋国还保存着一部分。我想学习周礼，这是当今正在使用的礼，所以我遵循周礼。称王天下的人有三件重要的事做好了，大概就可以少犯错误了。周代以前的一套规矩虽然很好却无从验证，无从验证则百姓不信，百姓不信也就不会遵从；处在下位的圣人的一套规矩虽然很好，但其地位不尊，地位不尊则百姓不信，百姓不信也就不会遵从。所以，君子治理天下的办法，应该是首先从自身出发，然后在百姓中求得验证，稽考于三王而没有错误，树立于天地之间而毫无悖逆，质询于鬼神而没有疑问，百世以后等到圣人出来也提不出不同意见。质询于鬼神而没有疑问，这是懂得天理；百世以后等到圣人出来也提不出不同意见，这是懂得人情。所以君子的任何举动都被后世奉为天下的楷模，君子的任何行事都被后世奉为天下的法则，君子的任何言论都被后世奉为典范。远离君子，则有仰慕之心，靠近君子，则无厌倦之意。《诗经》上说：'在那里无人厌恶，在这里无人讨厌。从早到黑不懈怠，交口称赞美名传。'君子没有一个不是这样做了以后才早早地名扬天下的。"

【原文】

仲尼祖述①尧、舜，宪章②文、武；上律天时，下袭水土。辟如天地之无不持载，无不覆帱③，辟如四时之错行，如日月之代明。万物并育而不相害，道并行而不相悖，小德川流，大德敦化，此天地之所以为大也。唯天下至圣为能聪明睿知，足以有临④也；宽裕温柔，足以有容也；发强刚毅，足以有执⑤也；齐庄中正，足以有敬也；文理密察，足以有别⑥也。溥博渊泉，而时出之。溥博如天，渊泉如渊。见而民莫不敬，言而民莫不信，行而民莫不说。是以声名洋溢乎中国，施及蛮貊；舟车所至，人力所通，天之所覆，地之所载，日月所照，霜露所队⑦；凡有血气者，莫不尊亲，故曰配天。

【注释】

①祖述：遵循之意。②宪章：效仿、模仿之意。③覆帱：覆盖之意。帱，与"倒"同音。④有临：能够居上位而统治下民。⑤有执：有很强的决断能力。⑥有别：能够分辨区别是非曲直。⑦霜露所队：霜雪坠落的意思。"队"，通"坠"。

【译文】

从远处说，孔子继承唐尧、虞舜；从近处说，孔子效法文王、武王；上据天时，下据地理。譬如天的无不覆盖，譬如地的无不承载；譬如四季的交替运行，譬如日月的轮流照耀。万物共同生长而不互相妨害，各种规律并行而不互相冲突。小德川流不息，大德敦厚化育，这就是天地之所以伟大的地方。唯有天下最伟大的圣人才能做到聪明睿智，足以君临天下；宽厚温柔，足以包容万物；坚强刚毅，足以决断一切；端庄正直，足以令人起敬；条理清晰，详审明察，足以辨别是非。圣人之德，博大精深，待时而出。其博大犹如苍天，其精深犹如深渊。他一出现，百姓无不起敬；他一说话，百姓无不信服；他一举动，百姓无不喜悦。所以他的声名不但响彻华夏大地，而且传播到少数民族聚居的远方。凡是车船能行驶到的地方，凡是人的足迹所能到的地方；只要是苍天覆盖之处，大地承载之处，日月所照之处，霜露所降之处；凡是有血气的生命，无不尊敬他，无不亲近他，所以说圣人之德可以与天媲美。

【原文】

唯天下至诚，为能经纶①天下之大经，立天下之大本，知天地之化育。夫焉有所倚？肫肫其仁！渊渊其渊！浩浩其天！苟不固聪明圣知达天德者，其孰能知之？诗曰："衣锦尚絅②。"恶其文之着也。故君子之道，闇然③而日章；

中庸

小人之道，的然④而日亡。君子之道：淡而不厌，简而文，温而理，知远之近，知风之自，知微之显，可与入德矣。诗云："潜虽伏矣，亦孔之昭！⑤"故君子内省不疚，无恶于志。君子所不可及者，其唯人之所不见乎！诗云："相在尔室，尚不愧于屋漏。"故君子不动而敬，不言而信。诗曰："奏假无言，时靡有争。⑥"是故君子不赏而民劝，不怒而民威于铁钺。诗曰："不显惟德！百辟其刑之。⑦"是故君子笃恭而天下平。诗曰："予怀明德，不大声以色。"子曰："声色之于以化民，末也。诗曰：'德輶如毛。'毛犹有伦；'上天之载，无声无臭。⑧'至矣！"

【注释】

①经纶：主宰，治理。②衣锦尚䌹：出自《诗经·卫风·硕人》。衣，用作动词，穿衣之意。锦，有花纹装饰物的衣服。尚，添加之意。䌹，与"迥"同音，与"褧"同，指的是用麻布做成的外衣。③闇然：隐蔽起来，避免外露。④的然：指的是鲜艳显著的意思。的，与"地"同音。⑤潜虽伏矣，亦孔之昭：出自《诗经·小雅·正月》。孔，很、特别之意。昭，明显、显眼之意。⑥奏假无言，时靡有争：出自《诗经·商颂·烈祖》。奏，贡献、敬献之意。假，通"格"，与神灵相沟通、对话。靡，无。⑦不显惟德，百辟其刑之：出自《诗经·周颂·烈文》。不显，与前同，大显之意。辟，指称诸侯。刑，通"型"，典范、效仿之意。⑧上天之载，无声无臭：出自《诗经·大雅·文王》。臭，与"袖"同音，指气味、味道。

【译文】

只有天下最至诚的人，才能理顺治理天下的大纲，才能树立天下的根本，才能洞晓天地化育万物的原理。做到这些难道还要依赖别的什么吗？他的仁厚是那样的诚恳！智慧是那样的深沉，盛德如天，浩浩荡荡！如果不是本来聪明睿智而又通晓天地的人，谁能了解他呢？《诗经》上说："身穿锦服罩单衣。"这是讨厌锦服的花纹太招眼。所以君子之道，刚一开始不太显眼，时间长了却日益彰明；小人之道，刚一开始光芒刺目，时间长了却日趋消亡。君子之道：看似淡薄而实则醇厚，令人不厌，简朴而有文采，温和而有条理，由近而知远，溯流而知源，见著而知微，这样就可以说是摸到了进入圣人之德的门径了。《诗经》上说："虽然潜藏水底，仍被看得分明。"所以君子自我反省，问心无愧，也无损自己的志向。君子的不可企及之处，大概就在于在人所看不见的地方也能够严于律己吧！《诗经》上说："看你独自处于室内，做事尚可无愧神明。"所以君子不用举动就能令人起敬，不用说话就能令人信服。《诗经》上说："金声玉振众肃静，太平之世无人争。"所以君子不用赏赐，百姓就受到了鼓励；不用发怒，百姓就觉得比刑罚还要威严。《诗经》上说："文王之德多么光明，四方诸侯都要效法。"因此，君子笃实恭敬就能使天下太平。《诗经》上说："我归心于明德的文王，他从不疾言厉色。"孔子说："用疾言厉色去教化百姓，这是下策。"《诗经》上说："德行轻如鸿毛。"有毛可比就是还有形迹可寻；至于"上天的造生万物，人们既听不到它的声音，也闻不到它的气味。"那才是至高无上的境界啊！

表记

【题解】

郑玄说："名曰《表记》者，以其记君子之德见于仪表。"王夫之则把"表"字解释为表率、仪范。照此说来，本篇所记，皆是树立种种行为的表率，以便有志者对照自勉，身体力行。本篇记述了君子行为的根本、仁与义的相互关系、仁的要素、义的要素、虞夏商周的政教得失、事君之道、言行待人之道以及卜筮等八个方面的内容。篇中所引《诗》《书》，也多有断章取义之处，读时宜体会本篇作者的良苦用心，不可以辞害意。

【原文】

子言之："归乎！君子隐而显，不矜而庄，不厉而威，不言而信。"子曰："君子不失足于人，不失色于人，不失口于人，是故君子貌足畏也，色足惮也，言足信也。甫刑曰：'敬、忌而罔有择言[①]在躬。'"子曰："裼袭之不相因也，欲民之毋相渎也。"子曰："祭极敬，不继之以乐；朝极辨，不继之以倦。"

【注释】

①择言：坏话。择，通"殬"，败也。

【译文】

孔子说："还是回去吧！君子虽然隐居林泉，但道德发扬，声名显著；不必故作矜持而自然端庄，不必故作严厉而自然令人生畏，不必讲话而人们自然相信。"孔子说："君子的一举一动，都不让别人感到有失检点；一颦一笑，都不让别人感到有失检点；一言一语，都不让别人感到有失检点。所以君子的容貌足以令人生畏，君子的脸色足以令人畏惧，君子的讲话足以令人信服。《甫刑》上说：'外貌恭敬，内心戒慎，别人就不会说自己的坏话。'"孔子说："在行礼过程中，有时以露出裼衣为敬，有时以掩好上服不露出裼衣为敬，这样做的目的，是要民众不要亵渎了礼。"孔子说："祭礼要求尽量表达敬意，虽有饮酒之事，但也不能以欢乐告终；朝廷上的政事要求尽量办好，不可因为劳神而以草草了事告终。"

【原文】

子曰："君子慎以辟祸，笃以不掩，恭以远耻。"子曰："君子庄敬日强，安肆日偷。君子不以一日使其躬儳焉，如不终日。"子曰："齐戒以事鬼神，择日月以见君，恐民之不敬也。"子曰："狎侮，死焉而不畏也。"子曰："无辞不相接也，无礼不相见也；欲民之毋相亵也。易曰：'初筮告，再三渎，渎则不告。'"

【译文】

孔子说："君子用谨慎行事来避免灾祸，用道德笃厚来避免受窘，用恭以待人来远离耻辱。"孔子说："君子端庄恭敬，所以道德日益显著；如果耽于安乐，放肆无检，就会日益苟且偷安。君子一天也不让自己的所作所为被人瞧不起，如同小人的无礼而惶惶不可终日。"孔子说："斋戒以后才敬事鬼神，择好日子然后晋见国君，如此慎重地行事，就是恐怕人们失去恭敬之心。"孔子说："小人喜好轻狎侮慢，即使会招致杀身之祸，也不知畏惧。"孔子说："朝聘聚会之时，双方必有言辞以通情意，必有见面的礼物以通情意；如果没有言辞，就不互相交接；没有见面的礼物，就不互相见面。之所以这样做，是要百姓不要忽视礼数而对对方失敬。《易经》上说：'第一次占筮，神告诉你是吉是凶；如果不信，又进行第二次、第三次占筮，那就是对神的亵渎。亵渎了神，神就不再告诉你吉凶了。'"

【原文】

子言之："仁者，天下之表也；义者，天下之制也；报者，天下之利也。"子曰："以德报德，则民有所劝；以怨报怨，则民有所惩[①]。诗曰：'无言不雠，无德不报。'太甲曰：'民非后无能胥以宁；后非民无以辟四方。'"子曰:"以德报怨,则宽身之仁也;以怨报德,则刑戮之民也。"

【注释】

①戮:指受到创伤。

【译文】

孔子说:"仁是天下的仪表,义是裁决天下事物的准则,礼尚往来是天下之利。"孔子说:"以恩德回报别人对自己的恩德,这样百姓就会有所劝勉而友好相处。以怨恨回报别人对自己的怨恨,这样百姓就会两败俱伤。《诗经》上说:'出言未有不答,施德未有不报。'《尚书·太甲》篇说:'百姓没有国君,就不能得到安宁;国君没有百姓,也无法君临四方。'"孔子说:"以恩德回报别人对自己的怨恨,这是委曲求全的人;以怨恨回报别人对自己的恩德,这是应该绳之以法的人。"

【原文】

子曰:"无欲而好仁者,无畏而恶不仁者,天下一人而已矣。是故君子议道自己,而置法以民。"子曰:"仁有三,与仁同功而异情。与仁同功,其仁未可知也;与仁同过,然后其仁可知也。仁者安仁,知者利仁,畏罪者强仁。仁者右也,道者左也。仁者人也,道者义也。厚于仁者薄于义,亲而不尊;厚于义者薄于仁,尊而不亲。道有至,义有考。至道以王,义道以霸,考道以为无失。"

【译文】

孔子说:"不是为了满足私欲而喜好仁的人,也不是因为畏惧才厌恶不仁的人,这样的人在普天之下很少很少。所以君子在议论原则时是以自己为准,在制定法律时是以百姓能做到的为准。"孔子说:"仁的实行有三种情况:一是安于行仁,二是为了利益而行仁,三是勉勉强强而行仁。三者虽然都能达到仁的效果,但出发点却不同。都能达到仁的效果,仅从效果上看,是看不出它是属于哪种仁的。在行仁时遇到了挫折,这时候就可以看出它是属于哪种仁了。真正的仁人,不论在什么情况下都安于行仁;自以为是的人,看到有利可图才去行仁;害怕犯罪受罚的人,是迫不得已而勉强行仁。仁好比是右手，道好比是左手。仁，体现在爱人上；道，体现在义理上。在仁的方面做得多，在义的方面做得少，其结果是赢得了亲近而没有赢得尊敬；在义的方面做得多，在仁的方面做得少，其结果是赢得了尊敬而没有赢得亲近。道有兼行仁义的至道，有只行义而不行仁的义道，有采取仁义的一部分而行之的考道。行至道可以称王，行义道可以称霸，行考道可以避免过失。"

【原文】

子言之："仁有数，义有长短小大。中心僭怛，爱人之仁也；率法而强之，资①仁者也。《诗》云：'丰水有芑，武王岂不仕？诒厥孙谋，以燕翼子，武王烝哉！'数世之人②也。《国风》曰：'我今不阅③，皇恤我后。'终身之仁也。"

【注释】

①资：取。②人：通"仁"。③阅：容纳。

【译文】

孔子说："仁有多少、长短、大小之分，义也有多少、长短、大小之别。对别人的不幸有恻隐之心，这是天性同情他人的仁；遵循法律而勉强行仁，这是以行仁为手段而企图达到个人目的。《诗经》上说：'正如丰水之有芑，武王岂不考虑天下长治久安之计。留下了安邦治国的好谋略，庇护他的子孙享国久长。武王真伟大啊！'这是惠及后世几代的仁。《国风》上说：'我现在自身还难保，哪里有精力为后代着想呢？'这是贯穿自己一生的仁。"

【原文】

子曰："仁之为器重，其为道远，举者莫能胜也，行者莫能致也，取数多者仁也；夫勉于仁者不亦难乎？是故君子以义度人，则难为人；以人望人，则贤者可知已矣。"子曰："中心安仁者，天下一人而已矣。《大雅》曰：'德輶①如毛，民鲜克举之；我仪图②之，惟仲山甫举之，爱莫助之。'《小雅》曰：'高山仰止，景行③行止。'"子曰："《诗》之好仁如此；乡道而行，中道而废，忘身之老也，不知年数之不足，俛焉④日有孳孳，毙而后已。"

【注释】

①辀：轻。②仪图：揣度。③景行：大道。④俛焉：勤奋的样子。

【译文】

孔子说："仁，作为器物，非常非常之重；作为道路，非常非常之远。作为器物，没有人能够把它举得起来；作为道路，没有人能够走得完。我们只能看谁举得较重，走得较远，以数量多的，算作仁了。像这样地勉力于仁，难度够大的了！所以君子如果用先王的标准来衡量人，那么做人就很难达到标准；如果用今天一般人的标准去要求别人，那么就可以知道谁是贤人了。"孔子说："天性乐于行仁的人，天下非常的少。《大雅》上说：'虽然道德轻如鸿毛，但是很少有人能够把它举得起来。我揣度，只有仲山甫能够举得起来，可惜时人没有能够帮助他的。'《小雅》上说：'高山则可仰慕，大道则可行走。'"孔子说："《诗经》是如此的爱好仁。向着仁的大道前进，走到半路，实在没有力气了，才不得已停顿下来，忘掉了身体已经衰老，也忘掉了余日不多；仍然孜孜不懈，奋力向前，死而后已。"

【原文】

子曰："仁之难成久矣！人人失其所好，故仁者之过易辞也。"子曰："恭近礼，俭近仁，信近情，敬让以行此，虽有过，其不甚矣。夫恭寡过，情可信，俭易容也；以此失之者，不亦鲜乎？《诗》曰：'温温恭人，惟德之基。'"

【译文】

孔子说："仁的难以成功，由来已久了！因为人的能力有限，很难全部做到，所以仁者所犯的过失是容易得到解释的。"孔子说："恭敬接近于礼，谦逊接近于仁，诚信接近于人情；如果能以恭敬谦让的态度做人行事，即使有什么过失，也不会是什么大的过失。做到恭敬就会少犯过失，近乎人情就会让人信赖，为人谦逊就容易被人接受。这样做人而犯错误，不是少有的事吗？《诗经》上说：'温和恭敬的人，是道德的基石。'"

【原文】

子曰："仁之难成久矣,惟君子能之。是故君子不以其所能者病人,不以人之所不能者愧人。是故圣人之制行也,不制以己,使民有所劝勉愧耻,以行其言。礼以节之,信以结之,容貌以文之,衣服以移之,朋友以极之,欲民之有壹也。《小雅》曰：'不愧于人,不畏于天。'是故君子服其服,则文以君子之容;有其容,则文以君子之辞;遂其辞,则实以君子之德。是故君子耻服其服而无其容,耻有其容而无其辞,耻有其辞而无其德,耻有其德而无其行。是故君子衰绖则有哀色,端冕则有敬色,甲胄则有不可辱之色。《诗》云：'惟鹈在梁,不濡其翼;彼记之子,不称其服。'"

【译文】

孔子说："仁的难以成功由来已久,只有君子能够成功。所以君子不以自己所能做到的事去责备别人,也不以别人做不到的事让人家感到惭愧。所以圣人在制定行为标准时,不是以自己为标准,而是以中等水平的人为标准,使知道努力的人有所劝勉,不知道努力的人有所愧耻,以便共同实行圣人的教诲。用礼来约束他们,用诚信来团结他们,用恰当的仪容来文饰他们,用合乎身份的衣服来影响他们,用朋友之间的劝勉来鼓励他们,这都是为了使他们专一于为善。《小雅》上说：'难道人前不惭愧？难道不怕天报应？'所以君子穿上了君子的服装,还要用君子的仪容来加以文饰;有了君子的仪容,还要用君子的谈吐来加以文饰;谈吐高雅了,还要用君子的道德来加以充实。所以君子对于穿上君子服装而无君子仪容感到羞耻,对于只有君子仪容而无君子谈吐感到羞耻,对于只有君子谈吐而无君子道德感到羞耻,对于只有君子道德而无君子行为感到羞耻。所以君子穿上了丧服就会有悲哀的神色,穿上了朝服就会有恭敬的神色,穿上了军服就会有不可侵犯的神色。《诗经》上说：'鹈鹕鸟儿立河梁,居然未曾湿翅膀。那些没有德行的官员们,真不配他们穿的那身衣裳。'"

【原文】

子言之："君子之所谓义者,贵贱皆有事于天下;天子亲耕,粢盛秬鬯以事上帝,故诸侯勤以辅事于天子。"子曰："下之事上也,虽有庇民之大德,不敢有君民之心，仁之厚也。是故君子恭俭以求役①仁，信让以求役礼，不自尚其事，不自尊其身，俭于位而寡于欲，让于贤，卑己而尊人，小心而畏义，求以事君，得之自是，不得自是，以听天命。《诗》云：'莫莫葛藟，施于条枚；凯弟君子，求福不回②。'其舜、禹、文王、周公之谓与？有君民之大德，有事君之小心。《诗》云：'惟此文王，小心翼翼，昭事上帝，聿怀多福，厥德不回，以受方国③。'"

【注释】

①役：为。②莫莫：茂密的样子。施：蔓延。条枚：树枝和树干。回：邪僻。③聿：语助词，无义。怀：招徕。方国：四方诸侯之国。

【译文】

孔子说："君子的所谓'义'，是说一个人无论身份贵贱，都要为天下做出应有的贡献。譬如天子，虽然至尊至贵，也要亲耕籍田，生产出粢盛，制造出秬鬯，以祭祀上帝；所以诸侯也要勤勉地辅佐天子。"孔子说："在下位的侍奉在上位的，虽然有了庇护民众的大德，也不敢有统治民众的念头，这是仁厚的表现。所以君子恭敬谦逊以求做到仁，诚信谦让以求做到礼；不自己夸耀自己做过的事，不自己抬高自己的身价；在地位面前表现出谦逊，在名利面前表现出淡泊，让于贤人；贬低自己而推崇别人，小心谨慎而唯恐不得其当，要求自己用这样的态度侍奉国君；得意时自行此道，不得意时也自行此道，一切听天由命，绝不改变信仰以邀取利禄。《诗经》上说：'茂茂密密的葛藤，缠绕着树干和树枝。平易近人的君子，不走邪道把福求。'大概说的就是舜、禹、文王、周公吧！他们都有治理民众的大德，又有侍奉君主的小心。《诗经》上说；'周文王小心翼翼，明白怎样敬奉上帝，得到了许多福佑。他的德行叫人挑不出毛病，最终得到了天下诸侯的拥戴。'"

【原文】

子曰："先王谥以尊名，节以壹惠①，耻名之浮于行也。是故君子不自大其事，不自尚②其功，以求处情；过行弗率，以求处厚；彰人之善而美人之功，以求下贤。是故君子虽自卑，而民敬尊之。"子曰："后稷，天下之为烈也，岂一手一足哉！唯欲行之浮于名也，故自谓便人。"

【注释】

①壹惠：最突出的一种优点。壹，通"一"。②尚：通"上"。

【译文】

孔子说："大臣死了，先王给他加上一个谥号，以表彰他的一生。死者在一生中尽管做了许多好事，但在定谥号时，只截取死者一生中最突出的一点作为依据，其余的都略而不提，这是因为耻于使名声超过实际做过的事。所以君子不夸大自己做过的事，不吹嘘自己的功劳，以求合乎实际；有了过失，不再重犯，以求待人宽厚；表彰别人的优点，赞美别人的功劳，以求贤者能够居于上位。这样一来，君子尽管自己贬低自己，而民众对他却十分尊敬。"孔子说："后稷这个人，建立的是盖世无双的功业，得到他的好处的岂止是一两个人？只是由于他想使实际做过的事超过名声，所以自称是一个懂得种庄稼的人。"

【原文】

子言之："君子之所谓仁者其难乎！诗云：'凯弟君子，民之父母。'凯以强教之；弟以说安之。乐而毋荒，有礼而亲，威庄而安，孝慈而敬。使民有父之尊，有母之亲。如此而后可以为民父母矣，非至德其孰能如此乎？今父之亲子也，亲贤而下无能；母之亲子也，贤则亲之，无能则怜之。母，亲而不尊；父，尊而不亲。水之于民也，亲而不尊；火，尊而不亲。土之于民也，亲而不尊；天，尊而不亲。命之于民也，亲而不尊；鬼，尊而不亲。"

【译文】

孔子说："君子的所谓'仁'，做起来是相当难的呀！《诗经》上说：'和乐平易的君子，是民众的父母。'君子以快乐教人，使人自强不息；以平易安民，使人感到喜悦。使人民快乐而不荒废事业，彬彬有礼而相亲相爱，威严庄重而安宁，孝顺慈爱而恭敬，使人民像尊敬父亲一样尊敬自己，像亲近母亲一样亲近自己，这样做了以后才可以成为民众的父母，如果不具备至高的德行，谁能做到这一点呢？现在做父亲的爱儿子，儿子贤能他就亲，儿子无能他就看不起；做母亲的爱儿子，儿子贤能她就亲，儿子无能她就怜惜。所以母亲可亲而不可尊，父亲可尊而不可亲。对于人们来说，水是可亲而不可尊，火是可尊而不可亲。对于人们来说，土地是可亲而不可尊，天是可尊而不可亲。对于人们来说，国君的教令可亲而不可尊，鬼神可尊而不可亲。"

【原文】

子曰："夏道尊命①，事鬼敬神而远之，近人而忠焉，先禄而后威，先赏而后罚，亲而不尊；其民之敝：惷而愚，乔②而野，朴而不文。殷人尊神，率民以事神，先鬼而后礼，先罚而后赏，尊而不亲；其民之敝：荡而不静，胜而无耻。周人尊礼尚施，事鬼敬神而远之，近人而忠焉，其赏罚用爵列，亲而不尊；其民之敝：利而巧，文而不惭，贼而蔽。"

【注释】

①命：谓政教。②乔：通"骄"。

【译文】

孔子说："夏人的治国之道是尊重君上的政教，虽然敬奉鬼神但却不把它当作政教的内容，接近人情而忠诚，把俸禄放在第一位而把威严放在第二位，把赏赐放在第一位而把刑罚放在第二位，所以他们的政教可亲而不可尊；到了政教衰败的时候，它的百姓就变得愚蠢而无知，骄横而粗野，朴陋而缺乏修养。殷人尊崇鬼神，君上率领百姓敬奉鬼神，把鬼神放在第一位而把礼仪放在第二位，把刑罚放在第一位而把赏赐放在第二位，所以他们的政教可尊而不可亲；到了政教衰败的时候，它的百姓就变得心意放荡而不安静，争强好胜而不知羞耻。周人尊崇礼法，贵尚施惠，虽然敬奉鬼神但却不把它当作政教的内容，接近人情而忠诚，它的赏罚办法既不同于夏，又不同于殷，唯以爵位的高低作为轻重的标准，所以他们的政教可亲而不可尊；到了政教衰败的时候，它的百姓就变得贪利而取巧，花言巧语而大言不惭，互相残害，互相欺骗。"

【原文】

子曰："夏道未渎辞，不求备，不大望①于民，民未厌其亲；殷人未渎礼，而求备于民；周人强民，未渎神，而赏爵刑罚穷矣。"子曰："虞夏之道，寡怨于民；殷周之道，不胜其敝。"子曰："虞夏之质，殷周之文，至矣。虞夏之文不胜其质；殷周之质不胜其文。"

【注释】

①望：奢求。

【译文】

孔子说："夏代的政令清简，对人民不苛求责备，赋税较轻，人民尚怀有亲上之心。殷人的礼法还算简约，但对人民苛求责备，赋税较重。周人设教，强迫人民遵循礼仪，虽尚未亵渎鬼神，而赏赐、晋爵、施刑之类的规定就已经穷极繁多了。"孔子说："虞夏的政令清简，老百姓很少怨恨的。殷周的政令繁杂，老百姓受不了它的繁琐。"孔子说："虞夏的质朴，殷周的文饰，都达到了极点。虞夏虽然也有文饰，但没有它的质朴多；殷周虽然也有质朴，但没有它的文饰多。"

【原文】

子言之曰："后世虽有作者，虞帝弗可及也已矣。君天下，生无私，死不厚其子；子民如父母，有憯①怛之爱，有忠利之教；亲而尊，安而敬，威而爱，富而有礼，惠而能散；其君子尊仁畏义，耻费轻实，忠而不犯，义而顺，文而静，宽而有辨。甫刑曰：'德威惟威，德明惟明。'非虞帝其孰能如此乎？"

【注释】

①憯怛：忧伤悲苦。

【译文】

孔子说："后世虽有明王复起，也赶不上虞舜那么好了。他君临天下，活着时没有半点私心，死了也不把帝位传给儿子；爱护百姓就像父母爱护子女，既有哀其不幸的慈爱，也有为其带来实惠的教育；既有母亲之亲，又有父亲之尊，安详而受到尊敬，严厉而受到亲爱，富有四海而彬彬有礼，施惠于民而无所偏向。他手下的大臣也都尊敬仁义，以光说不做为可耻，重人而轻财，尽心于君而不犯上，尽君臣之义而又顺从，文雅而又稳重，宽容而有分寸。

《甫刑》上说：'道德的威严使人敬畏，道德的光明使人尊敬。'除了虞舜还有哪一个能做到这种地步？"

【原文】

子言之："事君先资①其言，拜自献其身，以成其信。是故君有责于其臣，臣有死于其言。故其受禄不诬，其受罪益寡。"子曰："事君大言入则望大利，小言入则望小利；故君子不以小言受大禄，不以大言受小禄。易曰：'不家食，吉。'"

【注释】

①资：谋定，考虑好。

【译文】

孔子说："臣下侍奉君主，要先考虑好自己的建议，然后拜见君主，亲自向君主进言；君主采纳以后，臣下就要全力以赴地促其实现，兑现自己的诺言。所以君主可以责成臣下，而臣下应当为实现自己的诺言而鞠躬尽瘁死而后已；所以臣下的受禄不是无功受禄，言行相符，受到惩罚的可能性也就很小。"孔子说："侍奉君主，大的建议被采纳，就可以指望得到重赏；小的建议被采纳，就只能指望得到轻赏。所以君子不因小建议被采纳而接受重赏，也不因大建议被采纳而接受轻赏。《易经》上说：'国君有大蓄积，不仅与家人分享，而且与贤人分享，吉利。'"

【原文】

子曰："事君不下达，不尚辞，非其人弗自。小雅曰：'靖共尔位，正直是与；神之听之，式谷以女①。'"子曰："事君远而谏，则谄也；近而不谏，则尸利也。"子曰："迩臣守和，宰正百官，大臣虑四方。"子曰："事君欲谏不欲陈。诗云：'心乎爱矣，瑕不谓矣？中心藏之，何日忘之②？'"

【注释】

①靖：谋划。共：通"恭"，敬也。尔：你，你的。与：亲近。式：用。谷：福禄。②瑕：胡，何。谓：告诉。藏：通"臧"，善。

【译文】

孔子说:"侍奉君主,不应该以私人的事情去麻烦国君,不说华而不实的话,不是正派人的引见就不谋求进身。《小雅》上说:'认真做好本职工作,只和正派的人亲近。神明听到这些,就会赐给你福禄。'"孔子说:"侍奉国君,如果是疏远小臣而越级进谏,那就有谄媚之嫌;如果是国君身边的大臣而不进谏,那就是尸位素餐。"孔子说:"近臣要辅佐国君,不使道德有亏;冢宰负责整饬百官,各部大臣负责考虑四方的事。"孔子说:"侍奉国君,对国君的过失可以进谏,但不可以到外边宣扬。《诗经》上说:'心里爱着君子,为什么不讲出来?内心深处总是希望他好,何尝有一天忘掉?'"

【原文】

子曰:"事君难进而易退,则位有序;易进而难退则乱也。故君子三揖而进,一辞而退,以远乱也。"子曰:"事君三违而不出竟,则利禄也;人虽曰不要,吾弗信也。"子曰:"事君慎始而敬终。"子曰:"事君可贵可贱,可富可贫,可生可杀,而不可使为乱。"

【译文】

孔子说:"侍奉国君,如果是提拔困难而降级容易,那么臣下的贤与不肖就区分清楚了;如果是提拔容易而降级困难,那么臣下的贤与不肖就混淆无别了。所以君子作客,一定要三次揖让之后才随着主人进门,而告辞一次就可离去,这就是为了避免出现混乱。"孔子说:"侍奉君主,如果多次与君主意见不合,还不肯辞职出国,那肯定是贪图俸禄。即使有人说他没有这个念头,我也不信。"孔子说:"侍奉君主,要以谨慎开始,以恭敬告终。"孔子说:"侍奉君主,君主可以使臣下升官,可以使臣下降级,可以使臣下富有,可以使臣下贫穷,可以使臣下活着,可以使臣下死去,但就是不可以使臣下做出非礼之事。"

【原文】

子曰:"事君,军旅不辞难,朝廷不辞贱;处其位而不履其事则乱也。故君使其臣得志,则慎虑而从之;否,则孰虑而从之。终事而退,臣之厚也。

易曰：'不事王侯，高尚其事。'"子曰："唯天子受命于天，士受命于君。故君命顺则臣有顺命；君命逆则臣有逆命。诗曰：'鹊之姜姜，鹑之贲贲①；人之无良，我以为君。'"

【注释】

①姜姜、贲贲：都是激烈争斗的样子。

【译文】

孔子说："侍奉君主，接受任务时，如果是在军旅之中，就应不避艰险；如果是在朝廷之上，就应不辞微贱。处于某种职位而不履行相应的职责，那就乱了套了。所以国君派给臣下差使，臣下认为是力所能及的就应加以慎重考虑而从命；臣下认为不是力所能及的就应加以深思熟虑而从命。完成了差使以后就辞职退位，这表现了臣下的忠厚之处。《易经》上说：'不再侍奉王侯，王侯还称赞臣下所作之事。'"孔子说："天子受命于天，臣下受命于天子。如果天子顺应天命，那么臣下也就跟着顺应天命；如果天子违背天命，那么臣下也就跟着违背天命。《诗经》上说：'大鸟争斗于上，小鸟也跟着争斗于下。做人而无好品行，还要把他当国君。'"

【原文】

子曰："君子不以辞尽人。故天下有道，则行有枝叶；天下无道，则辞有枝叶。是故君子于有丧者之侧，不能赙焉，则不问其所费；于有病者之侧，不能馈焉，则不问其所欲；有客，不能馆，则不问其所舍。故君子之接如水，小人之接如醴；君子淡以成，小人甘以坏。小雅曰：'盗言孔甘，乱是用餤。'"

【译文】

孔子说："君子评价一个人，不是仅仅根据他的言辞。所以在天下有道的太平盛世，人们注重实际行动的多，说漂亮话的少；在天下无道的衰乱之世，人们注重说漂亮话的多，付诸实际行动的少。所以君子和有丧事的人在一起，如果无力资助他办丧事，就不要问他办理丧事所需的费用；和有病的人在一起，如果无力馈赠他，就不要问他需要些什么；有客远道来访，如果自家不能留宿，就不要问他在什么地方落脚。所以君子之交，其淡如水；小人之交，其浓如醴。君子之交虽然其淡如水，但能相辅相成；小人之交虽然其甜如醴，但日久必然败坏。《小雅》上说：'坏人说话非常甜，所以乱子更增添。'"

【原文】

子曰："君子不以口誉人，则民作忠。故君子问人之寒，则衣之；问人之饥，则食之；称人之美，则爵之。国风曰：'心之忧矣，于我归说①。'"子曰："口惠而实不至，怨菑及其身。是故君子与其有诺责也，宁有已怨。国风曰：'言笑晏晏，信誓旦旦，不思其反；反是不思，亦已焉哉②！'"子曰："君子不以色亲人；情疏而貌亲，在小人则穿窬之盗也与？"子曰："情欲信，辞欲巧。"

【注释】

①于：与。说：止息。②晏晏：温柔的样子。不思：想不到。反：反覆，变心。是：这，指赌咒发誓。

【译文】

孔子说："君子不以华而不实的话恭维人，这样就会在百姓中间形成忠实的风气。所以，君子询问人家是否寒冷，就要送衣服给人家穿；询问人家是否饥饿，就要送食物给人家吃；称赞人家的优点，就要给人家加官晋爵。《国风》上说：'心忧他人无所倚，同我一道回家去休息。'"孔子说："嘴上已经许给人家的好处，就是不兑现，这样就会给自己带来怨恨或灾祸。所以，君子与其对人负有承诺的责任，还不如承受拒绝承诺的埋怨。《国风》上说：'从前你言笑多温柔，既是发誓又赌咒。现在你又变了心，海誓山盟全忘完，从此一刀就两断！'"孔子说："君子不用虚假的表情去讨好别人。如果感情疏远而外表上看起来非常亲密，拿小人来作比方，不就是钻墙洞的小偷吗？"孔子说："内心的情要追求真实，嘴上的话要讲究技巧。"

【原文】

子言之："昔三代明王皆事天地之神明，无非卜筮之用，不敢以其私，亵事上帝。是故不犯日月，不违卜筮。卜筮不相袭也。大事有时日；小事无时日，有筮。外事用刚日，内事用柔日。不违龟筮。"子曰："牲牷礼乐齐盛，是以无害乎鬼神，无怨乎百姓。"

【译文】

孔子说："从前夏、商、周三代的圣明君王，都祭祀天地和其他众多神明，祭祀的一切活动无不取决于卜筮，不敢妄逞私意而亵渎对上帝的祭祀，所以不会冲犯不吉利的日子，不会违背卜筮的指示。用了龟卜，就不可再用蓍筮；用了蓍筮，就不可再用龟卜。大的祭祀有固定的时日，小的祭祀没有固定的时日，可以临时用筮来决定时日。祭祀家外的神要用单数日，祭祀家内的神要用双数日。不违背卜筮的指示。"孔子说："由于不违背卜筮的指示，所以祭祀所用的牺牲、礼乐、粢盛，既不亏害于鬼神，又不见怨于百姓。"

【原文】

子曰："后稷之祀易富①也；其辞恭，其欲俭，其禄及子孙。诗曰：'后稷兆②祀，庶无罪悔，以迄于今。'"子曰："大人之器威敬。天子无筮；诸侯有守筮。天子道以筮；诸侯非其国不以筮。卜宅寝室。天子不卜处大庙。"子曰："君子敬则用祭器。是以不废日月，不违龟筮，以敬事其君长，是以上不渎于民，下不亵于上。"

【注释】

①富：就是"备"的意思。②兆：通"肇"，开始。

【译文】

孔子说："后稷的祭祀是很容易备办的，因为他的言辞恭敬，他的作风节俭，他的福禄也传给了子孙。《诗经》上说：'后稷开创祭祀礼，幸蒙神佑无灾殃，至今流传好风尚。'"孔子说："天子、诸侯的龟策，威重而又严敬，不可随意乱用。天子对于征伐出师一类的大事，用卜而不用筮。诸侯有守国之筮。天子出行，已经走在路上，有了事情则用筮，不用卜。诸侯如果不在本国国境之内，不能用筮。诸侯要搬家或迁移寝室，可以用卜。太庙建在什么地方吉利，天子用不着占卜。"孔子说："为了表示对客人的尊敬，可以使用祭器款待客人。所以臣下晋见君长要选择个吉利的日子，不违背龟筮的指示，以敬事其君长。所以君长不随便作践百姓，百姓们也不会冒犯君长。"

缁衣

【题解】

本篇从人的好恶言行出发，论述了治国安民的道理，以及安身立命之道。名为《缁衣》，只是因为文中引用了《缁衣》这首诗而已。王夫之认为：《坊记》《表记》《缁衣》三篇，《表记》是续《坊记》而作，《缁衣》是续《表记》而作。三者"本末相资，脉络相因，文义相肖，盖共为一书，而杂《中庸》于《坊记》之后，则传者乱之耳"。通篇设为孔子之言，文中所引《诗·欢书》，也多有断章取义的情况。

【原文】

子言之曰："为上易事也，为下易知也，则刑不烦矣。"子曰："好贤如缁衣①，恶恶如巷伯②，则爵不渎而民作愿，刑不试③而民咸服。大雅曰：'仪刑文王，万国作孚④。'"子曰："夫民，教之以德，齐之以礼，则民有格心；教之以政，齐之以刑，则民有遯心。故君民者，子以爱之，则民亲之；信以结之，则民不倍；恭以莅之，则民有孙心。甫刑曰：'苗民匪用命，制以刑，惟作五虐之刑曰法。'是以民有恶德，而遂绝其世也。"

【注释】

①《缁衣》：《诗经·郑风》篇名。据《诗序》说，这首诗是赞美郑武公、郑桓公父子的。他们父子都当过周王朝的司徒，非常称职，深得郑国人民爱戴。《缁衣》这首诗就反映了人民的这种心声。缁衣，卿大夫在官署办公时所穿的衣服，颜色是黑的。诗中反复地说：你的缁衣穿破了，我再给你做一件新的，以表示对他们二人的爱戴。②《巷伯》：《诗经·小雅》篇名。诗中淋漓尽致地把好造谣生事的坏蛋痛骂了一通，说是要把这个坏蛋丢到野外喂虎狼，虎狼嫌臭终不愿吃，就把他扔到北大荒；北大荒嫌臭也不愿接受，就送他去西天见阎王。

356

③试：用。④仪刑：效法。孚：信。

【译文】

　　孔子说："君长如果对臣下不苛虐，臣下就会觉得君长容易侍候；臣下如果没有欺诈之心，君长就觉得容易了解臣下的实情。这样一来，刑罚就可以放到一边不用了。"孔子说："如果能够像《缁衣》那首诗所说的那样去尊敬贤人，像《巷伯》那首诗所说的那样去痛恨坏人，官场上就不会那么龌龊，百姓中就会兴起谨厚之风，不用刑罚而百姓就心悦诚服。《大雅》上说：'只要大家都来效法文王，在所有的诸侯国中就会兴起诚信之风。'"孔子说："对于百姓，如果用道德教育他们，用礼法约束他们，那么百姓就会有向善之心；如果用政令教育他们，用刑罚约束他们，那么百姓就会有逃避之心。所以，作为领导百姓的国君，应当像爱护子女一样爱护百姓，百姓就会亲近他；用诚信去团结百姓，百姓就不会背叛；用恭敬的态度去对待百姓，百姓就会产生顺从之心。《甫刑》上说：'苗族百姓不听从蚩尤的命令，于是蚩尤就用刑罚制裁他们，他制定了五种残暴的刑罚叫作法。'于是百姓不讲道德，起而背叛，最终民族灭亡。"

【原文】

　　子曰："下之事上也，不从其所令，从其所行。上好是物，下必有甚者矣。故上之所好恶，不可不慎也，是民之表也。"子曰："禹立三年，百姓以仁遂焉，岂必尽仁？诗云：'赫赫师尹，民具尔瞻。'甫刑曰：'一人有庆，兆民赖之。'大雅曰：'成王之孚，下土之式①。'"子曰："上好仁，则下之为仁争先人。故长民者章志、贞教、尊仁，以子爱百姓；民致行己以说其上矣。诗云：'有梏②德行，四国顺之。'"

【注释】

　　①式：楷模。②梏：正直。

【译文】

　　孔子说："臣下侍奉君长，不是听从君长所下的命令，而是盯着君长的实际行动，君长怎么做臣下就怎么做。君长喜欢某样东西，臣下必定更加喜欢。所以，君长喜欢什么、讨厌什么，不可不格外慎重，因为臣下是把君长的行为作为表率的。"孔子说："禹即帝位三年，百姓在仁的方面就有所成就，这难道是百姓原本都有仁德吗？只是由于禹本人好仁，百姓受其影响罢了。《诗经》上说：'赫赫有名的尹太师，百姓都在注视着你。'《甫刑》上说：'天子一人有美德，普天之下的百姓都会得到好处。'《大雅》上说：'成王守信有威望，身为天下好榜样。'"孔子说："君长好仁，那么臣下就会争先恐后地好仁。所以君长应当表明自己的好仁志向，以正道教育民众，推崇仁道，以爱护子女的态度爱护百姓；百姓就会无不尽力地去行仁，以迎合君长爱仁的所好。《诗经》上说：'天子有正直的德行，四方诸侯就无不服从。'"

【原文】

子曰："王言如丝，其出如纶；王言如纶，其出如綍。故大人不倡①游言。可言也，不可行。君子弗言也；可行也，不可言，君子弗行也。则民言不危②行，而行不危言矣。诗云：'淑慎尔止，不愆③于仪。'"子曰："君子道人以言，而禁人以行。故言必虑其所终，而行必稽其所敝；则民谨于言而慎于行。诗云：'慎尔出话，敬尔威仪。'大雅曰：'穆穆文王，于缉熙④敬止。'"

【注释】

①倡：通"唱"。②危：通"诡"，违背。③淑：美好。止：举止。愆：同"想"，过失言。④缉熙：光明正大的样子。

【译文】

孔子说："君王所说的话本来只有丝那般细，可辗转传到百姓耳里，就变成了有绶带那般粗；君王所说的话本来只有绶带那般细，可辗转传到百姓耳里，就变成了有绳索那般粗。所以君长不能讲华而不实的话。能够说到，但不能做到，君子就不说。能够做到，但不可告人，君子就不做。这样一来，老百姓就会言不违背其行，行不违背其言。《诗经》上说：'谨慎行事且得体，不要超过了礼仪。'"孔子说："君子用言行引导人们行善，用言行禁止人们作恶，所以讲话一定要考虑它的后果，做事一定要考察它会带来什么弊端，这样一来，老百姓就说话谨慎做事小心了。《诗经》上说：'说话开口要谨慎，行为举止要端正。'《大雅》上说：'端重恭敬的文王啊，盛德光明而又举止谨慎！'"

【原文】

子曰："长民者，衣服不贰，从容有常，以齐其民，则民德壹。诗云：'彼都人士，狐裘黄黄，其容不改，出言有章，行归于周，万民所望。'"子曰："为上可望而知也，为下可述而志也，则君不疑于其臣，而臣不惑于其君矣。尹吉曰：'惟尹躬及汤，咸有壹德。'诗云：'淑人君子，其仪不忒。'"

【译文】

孔子说："做百姓君长的人，衣服固定不变，举止有一定之规，以此为百姓树立榜样，那么百姓的道德才会齐一。《诗经》上说：'那位来自西都镐京的君子，狐皮袍子罩黄衫，他的仪容不改常规，他的讲话出口成章。他行将回归周都，实为万民仰望。'"孔子说："君长的外貌和内心如一，臣下看到他的外貌就知道他的内心；臣下竭诚侍君，从他的言貌就可以看出他的为人。这样一来，君就不会怀疑其臣，而臣也不会不了解其君。伊尹告诫太甲说：'只有我伊尹和汤，都有纯一的德行。'《诗经》上说：'善人和君子，他们的仪容不会有差错。'"

【原文】

子曰："有国者章善瘅①恶，以示民厚，则民情不贰。诗云：'靖共尔位，好是正直。'"子曰："上人疑则百姓惑，下难知则君长劳。故君民者，章好以示民俗，慎恶以御民之淫，则民②不惑矣。臣仪行，不重辞，不援其所不及，不烦其所不知，则君不劳矣。诗云：'上帝板板，下民卒。'小雅曰：'匪其止共，惟王之邛③。'"子曰："政之不行也，教之不成也，爵禄不足劝也，刑罚不足耻也。故上不可以亵刑而轻爵。康诰曰：'敬明乃罚。'甫刑曰：'播刑之不迪④。'"

【注释】

①瘅：病，此处是痛恨的意思。②上帝：指国君。③止：达到。共：通

"恭"，指忠于职守。邛：辛劳。④迪：道。

【译文】

孔子说："作为一国的国君，用奖赏表彰善人，用刑罚惩治坏人，让百姓清楚地看到他鼓励什么，这样百姓就会一心为善。《诗经》上说：'安分恭敬地做好你的本职工作，喜欢的都是正直人。'"孔子说："当国君的如果好恶不明，百姓就会迷惑而不知所从；臣下如果心怀鬼胎，就会使君长格外劳神。所以作为民众的国君，应该表彰善人使百姓知道有所效法，谨慎地惩治坏人以儆效尤，这样一来百姓就不会迷惑而不知所从了。作为臣下，符合道义的事就要奉行，不尚清谈，不怂恿国君做他力所不逮的事，不絮叨国君有所不知的事让国君去听，这样一来当国君的就省心了。《诗经》上说：'如果国君好恶无定，百姓都得遭殃。'《小雅》上说：'臣下不忠于他的职守，这是国君辛劳的原因。'"孔子说："政令之所以不能推行，教化之所以不能成功，是由于爵禄的颁发失当，不足以劝人向善，还由于刑罚的惩善而扬恶，不足以使坏人感到羞耻。所以君长不可以随心所欲的动用刑罚，不可随随便便颁发爵禄。《康诰》上说：'动用刑罚一定要慎重。'《甫刑》上说：'施行刑罚要合理。'"

【原文】

子曰："大臣不亲，百姓不宁，则忠敬不足，而富贵已过也；大臣不治而迩臣比矣。故大臣不可不敬也，是民之表也；迩臣不可不慎也，是民之道也。君毋以小谋大，毋以远言近，毋以内图外，则大臣不怨，迩臣不疾，而远臣不蔽矣。叶公之顾命曰：'毋以小谋败大作，毋以嬖御人疾庄后，毋以嬖御士疾庄士、大夫、卿士。'"子曰："大人不亲其所贤，而信其所贱；民是以亲失，而教是以烦。诗云：'彼求我则，如不我得；执我仇仇，亦不我力①。'君陈曰：'未见圣，若己弗克见；既见圣，亦不克由圣。'"

【注释】

①则：语助词。仇仇：缓慢不用力的样子。不我力：不重用我。

【译文】

孔子说:"大臣离心离德,不亲近国君;政教繁苛,百姓不得安宁。究其原因,在于臣不忠于其君,君不敬于其臣,而大臣所享受的富贵已经超过了界限。大臣不肯为国君尽心办事,近臣就会私相勾结。所以,对大臣不可不敬,因为大臣是百姓的楷模;对近臣不可不慎加选择,因为近臣是百姓的导向。应该和大臣商议的事,不应拿去和小臣商议;应该和近臣谈论的事,不应拿去和远臣谈论;应该和内臣谋虑的事,不应拿去和外臣谋虑。如果这样做了,大臣就不会产生怨恨,近臣就不会产生嫉妒,远臣有意见也可以反映上来。叶公的遗嘱说:'不要用小臣的主意败坏大臣的作为,不要因宠幸的姬妾而厌弃庄重守礼的嫡夫人,不要因宠幸的臣子而厌弃庄重守礼的臣子。'"孔子说:"君长不信任他的贤人,而信任卑贱的小人,于是百姓也跟着亲近失德的人,而教令也因此变得烦乱了。《诗经》上说:'当初朝廷需要我,好像唯恐得不到。一旦请去搁一边,不让我把重任挑。'《君陈》上说:'人们在没有见到圣人之道时,好像自己不能见到。等到自己见到了圣人之道,又不能够运用圣人之道。'"

【原文】

子曰:"小人溺于水,君子溺于口,大人溺于民,皆在其所亵也。夫水近于人而溺人,德①易狎而难亲也,易以溺人;口费而烦,易出难悔,易以溺人;夫民闭于人,而有鄙心,可敬不可慢,易以溺人。故君子不可以不慎也。太甲曰:'毋越厥命以自覆也;若虞机张,往省括②于厥度则释。'兑命曰:'惟口起羞,惟甲胄起兵,惟衣裳在笥,惟干戈省厥躬。'太甲曰:'天作孽,可违也;自作孽,不可以逭。'尹吉曰:'惟尹躬天,见于西邑;夏自周有终,相亦惟终。'"

【注释】

①德:此言水性。②括:通"苦",箭的末端。

【译文】

孔子说:"小人喜欢玩水,就容易被水淹死;君子喜欢议论,就容易祸从口出；执政者喜欢玩弄百姓，就容易被百姓推翻。原因都在于对接近最多的东西态度轻慢。水与人们那么接近，而人却往往被水淹死，就是因为水看起来柔和容易接近而实际上却是难于亲近的，所以容易淹死人。好说漂亮话，又好絮絮叨叨，说出去容易，后悔药难吃，所以嘴也容易招致祸害。老百姓不懂道理，心怀鄙诈，对他们可以恭敬而不可以怠慢，否则就容易招来灭顶之灾。所以君子不可以不十分小心。《太甲》上说：'不要颠三倒四地乱下政令以自取灭亡，就像打猎的人，扣住扳机，仔细观察，等到箭头、箭尾、目标三者成一条直线再发射。'《说命》上说：'嘴是用来说话的，如果出言不当就会带来羞辱；盔甲是用以自卫的，如果用得不当就会引起战争；放在箱子里的礼服是准备行礼时穿的，不可随便送人；干戈是用来讨伐坏人的，但在使用之前要反躬自省，不要加害无辜。'《太甲》上说：'上天降下的灾祸，还可以躲避；自己造成的灾祸，无法躲开。'伊尹告诫太甲说：'我伊尹的先祖曾见到过夏代西邑的政治，夏禹以忠信治民而得享天命，辅佐他的人也因此而得享天命。'"

【原文】

子曰："民以君为心，君以民为体；心庄①则体舒，心肃则容敬。心好之，身必安之；君好之，民必欲之。心以体全，亦以体伤；君以民存，亦以民亡。诗云：'昔吾有先正，其言明且清，国家以宁，都邑以成，庶民以生；谁能秉国成？不自为正，卒劳百姓。'君雅曰：'夏日暑雨，小民惟曰怨；资冬祁寒，小民亦惟曰怨。'"

【注释】

①庄：通"壮"，大也。

【译文】

孔子说："人民把君主当作心脏，君主把人民当作身体。心胸广大就会身体安舒，内心严肃就会容止恭敬。内心喜好的东西，身体也一定乐于适应。君主喜好的东西，百姓也一定愿意得到。身体安然无恙的话，心脏也就会得到保护；身体出了毛病，心脏也会跟着受到损伤。君主由于人民的拥护而存在，君主也由于人民的反对而灭亡。《诗经》上说：'从前我们有先君，他的教令通达事理而又条理清楚。国家赖此先君才得以安宁，都城赖此先君才得以建成，百姓赖此先君才得以安居乐业。当今有谁能够执掌国政？自己居官不正，结果劳苦了百姓。'《君雅》上说：'夏天酷热湿闷，老百姓只知道埋怨天；到了冬天严寒来临，老百姓还是只知道埋怨天。'"

【原文】

子曰："下之事上也，身不正，言不信，则义不壹，行无类也。"子曰："言有物而行有格也；是以生则不可夺志，死则不可夺名。故君子多闻，质①而守之；多志，质而亲之；精知，略而行之。君陈曰：'出入自尔师虞②，庶言同。'诗云：'淑人君子，其仪一也。'"

【注释】

①质：质正。提出问题，向人请教。②自：用。师：众。虞：考虑。

【译文】

孔子说："臣下侍奉君上，如果自身不正，说话不讲信用，那么君上就不以为忠，朋友就不以为信。"孔子说："讲话有根据，做事有规矩。所以活着的时候无人能够改变他的志向，死了以后也无人能够剥夺他的美名。所以君子应该博闻，在弄清楚了以后就牢记在心；应该多识，在弄清楚了以后就学而不厌；应该知识精深，求其大体而实行之。《君陈》上说：'颁布政令，接受建议，要让大家都来考虑，使大家的意见一致。'《诗经》上说：'善人和君子，言行总一致。'"

【原文】

子曰："唯君子能好其正，小人毒其正。故君子之朋友有乡，其恶有方；是故迩者不惑，而远者不疑也。诗云：'君子好仇①。'"子曰："轻绝贫贱，而重绝富贵，则好贤不坚，而恶恶不着也。人虽曰'不利'，吾不信也。诗云：'朋友攸摄，摄以威仪。'"

【注释】

①仇：匹，朋友。

【译文】

　　孔子说："只有君子能够喜好对自己正言规劝的人，小人则仇恨对自己正言规劝的人。所以君子的朋友是有一定的，君子厌恶的人也是有一定的。由于君子的好恶有定，所以和君子交往多的人不会产生疑惑，和君子交往少的人也不会产生疑惑。《诗经》上说：'君子必得良友。'"孔子说："能够轻易地和贫贱的朋友绝交，而难于和富贵的朋友绝交，这说明他好贤的意志不坚定和痛恨坏人的态度不明朗。即使有人说他不是为了个人私利，我也不会相信。《诗经》上说：'朋友之间互相督促勉励，督促勉励以礼义。'"

【原文】

　　子曰："私惠不归德，君子不自留焉。诗云：'人之好我，示我周行。'"子曰："苟有车，必见其轼；苟有衣，必见其敝；人苟或言之，必闻其声；苟或行之，必见其成。葛覃曰：'服之无射①。'"

【注释】

　　①射：通"斁"，厌倦。

【译文】

　　孔子说："他人以小恩小惠的礼品相赠，但有违于道德，在这种情况下，君子是不会接受其馈赠的。《诗经》上说：'真正爱我的人，应当给我指出忠信之道。'"孔子说："一个人如果有车子，就一定能够看到他的车轼；一个人如果有衣服，就一定能够看到他的衣袖；一个人如果说过话，就一定能够听到他的声音；一个人如果做了什么事，就一定能够看到它的后果。《葛覃》上说：'旧衣服，穿不厌。'"

【原文】

　　子曰："言从而行之，则言不可饰也；行从而言之，则行不可饰也。故君子寡言，而行以成其信，则民不得大其美而小其恶。诗云：'自圭之玷，尚可磨也；斯言之玷，不可为也。'小雅曰：'允也君子，展也大成①。'君奭曰：'昔在上帝，周田观文王之德，其集大命于厥躬。'"

【注释】

①允：信也。展：诚也。

【译文】

孔子说："说过以后紧接着就是行动，所以说话不能光放空话。做过以后紧接着就是议论，所以做事不能光走过场。所以君子讲究少说话而多做事，以此来成就他的信誉。这样一来，百姓就不能随便地夸大其优点和缩小其缺点。《诗经》上说：'白玉上面有污点，尚可琢磨除干净。开口说话出毛病，再想收回可不行。'《小雅》上说：'信实的君子，必定大有所成。'。《君奭》上说：'过去上帝一再劝勉文王注意品德修养，是为了把治理天下的重任放在他的身上。'"

【原文】

子曰："南人有言曰：'人而无恒，不可以为卜筮。'古之遗言与？龟筮犹不能知也，而况于人乎？诗云：'我龟既厌，不我告犹。'兑命曰：'爵无及恶德，民立而正事。''纯而祭祀，是为不敬；事烦则乱，事神则难。'易曰：'不恒其德，或承之羞。恒其德侦，妇人吉，夫子凶。'"

【译文】

孔子说："南方人有这样一句话：'一个人变化无常，那么即使卜筮，卦兆上也显示不出来是吉是凶。'这大概是古人留下来的谚语吧？这种人的吉凶连神龟灵蓍都不知道，更何况是人呢？《诗经》上说：'我的灵龟已厌恶，不再把吉凶告诉我。'《说命》上说：'爵位不能赏给恶德之人，否则百姓将把他们树为楷模，由他们频繁地对神祭祀，这是对神的大不敬。其事烦则乱于典礼，侍奉鬼神也难以得到福佑。'《易经》上说：'不是长久地保持他的德行，或者要受人耻辱。'又说：'长久地保持德行，占问，这在妇人是吉，而在男子是凶。'"

问丧

【题解】

郑玄说:"名曰《问丧》者,以其善问居丧之礼所由也。"本篇前半部分记述居丧哭泣的礼节,后半部分以问答形式解释了袒、免、拄杖的意义,意在阐明"丧礼主哀"、"悲哀在中故形变于外"的道理。

【原文】

亲始死,鸡斯①徒跣,扱②上衽,交手哭。恻怛之心,痛疾之意,伤肾干肝焦肺,水浆不入口,三日不举火,故邻里为之糜粥以饮食之。夫悲哀在中,故形变于外也,痛疾在心,故口不甘味,身不安美也。

【注释】

①鸡斯:当为"笄缅"。笄是固定发髻的,缅是包裹发髻的帛。到了第三天,笄缅也要去掉,改成用麻绳束发。②扱:插,掖。

【译文】

父母亲刚刚断气,孝子要脱下吉冠,露出发笄和裹髻的帛,光着脚,把深衣前襟的下摆掖在腰带上,双手交替捶着胸口痛哭,那种悲伤万分的心情,那种痛不欲生的心情,真是五内如焚,一点水也喝不进,一口饭也吃不进,一连三天都不生火,所以左右邻居只好熬点糜粥让他喝让他吃。因为内心无限悲哀,所以面色憔悴,形容枯槁;因为痛不欲生,所以不想吃也不想喝,也不讲究穿什么更好看。

【原文】

　　三日而敛，在床曰尸，在棺曰柩，动尸举柩①，哭踊无数。恻怛之心，痛疾之意，悲哀志懑气盛，故袒而踊之，所以动体安心下气也。妇人不宜袒，故发胸击心爵踊②，殷殷田田③，如坏④墙然，悲哀痛疾之至也。故曰"辟⑤踊哭泣，哀以送之。"送形而往，迎精而反也。

【注释】

　　①动尸：小殓、大殓及殡时都要迁动尸体。举柩：谓启殡及葬时。②爵踊：像麻雀那样地双足跳跃。爵，通"雀"。③殷殷田田：象声词。象妇人捶胸、跺脚之声。④坏：当作"培"。培墙，就是添土筑墙。⑤辟：当作"擗"，捶胸的意思。

【译文】

　　士在死后三天举行大殓。死人放在床上叫作尸，装进棺材叫作柩。每一次迁动尸体，每一次抬起灵柩，孝子都要尽情地痛哭跺脚。那种万分悲伤的心情，那种痛不欲生的心情，悲哀烦闷到了即将爆炸的地步，所以孝子才袒露左臂，跺脚痛哭，以此来安定情绪，使烦闷之气得到发泄。妇人不适合袒露左臂，所以敞开外衣前襟，双手捶胸，两脚跺地，乒乒乓乓，发出的声音就像筑墙一般，这都是悲哀万分、痛不欲生的表现啊！所以《孝经》上说："捶胸跺脚，痛哭流涕，用悲伤的心情送别死者。"把死者的形骸送到墓地埋葬，把死者的灵魂迎接回来加以安顿。

【原文】

　　其往送也，望望然、汲汲然如有追而弗及也；其反哭也，皇皇然若有求而弗得也。故其往送也如慕，其反也如疑。求而无所得之也，入门而弗见也，上堂又弗见也，入室又弗见也。亡矣丧矣！不可复见已矣！故哭泣辟踊，尽哀而止矣。心怅焉怆焉、惚焉忾焉，心绝志悲而已矣。祭之宗庙，以鬼飨之，徼幸复反也。成圹而归，不敢入处室，居于倚庐，哀亲之在外也；寝苫枕块，哀亲之在土也。故哭泣无时，服勤三年，思慕之心，孝子之志也，人情之实也。

问丧

【译文】

孝子在往墓地送葬的时候，眼睛瞻望着前方，显出焦急的神情，就像是在追赶死去的亲人而又追赶不上的样子。葬毕哭着返回的时候，孝子的神情彷徨，就好像有什么心事没有了结似的。所以孝子在前往送葬的路上，就像幼儿思慕父母那样哭泣不止；在葬毕返回的路上，又像是担心亲人的神灵不能跟着一道回来而迟疑不前。满腹心事而未曾了结，回到家里，推门一看，却怎么也见不到亲人的影子；上堂看，见不到亲人的影子；进到亲人的住室再看，还是见不到亲人的影子。这样看来，亲人是真正地死了，走了，再也不能相见了！所以哭天嚎地，捶胸跺脚，要把心中的悲哀尽情发泄，只有这样才觉得心中好受点。内心无限的惆怅，无限的悲伤，无限的恍惚，无限的感叹，除了伤心和悲哀以外，还有什么办法呢！在宗庙中致祭，把亲人当作鬼神来祭飨，也不过是希望亲人的灵魂能够幸而回来罢了。孝子把亲人在墓穴中埋好以后从墓地返回家中，不敢进入自己的寝室居住，而是住在简陋的倚庐里，就是因为哀伤死去的亲人还在荒郊野外；睡在草苫上，拿土块当枕头，就是因为哀伤死去的亲人还身埋土中。所以想起来就哭，没有定时，服丧三年，忧心劳思，日夜思慕，这反映了孝子心甘情愿的志尚，也是人的感情的真实流露。

【原文】

或问曰："死三日而后敛者，何也？"曰："孝子亲死，悲哀志懑，故匍匐而哭之，若将复生然，安可得夺而敛之也。故曰：三日而后敛者，以俟其生也。三日而不生，亦不生矣，孝子之心亦益衰矣。家室之计，衣服之具，亦可以成矣；亲戚之远者，亦可以至矣。是故圣人为之断决以三日为之礼制也。"

【译文】

有人问道："人死后三天才入殓，这是为什么呢？"回答是：孝子在父母刚刚去世时，心中悲哀，思想上一下子接受不了，所以趴在尸体上痛哭，就好像是能把父母哭活似的，人们怎么可以不顾及孝子的这点心思而强行马上入殓呢？所以说，三天以后才入殓，是为了等待死者的复生。三天以后还不复生，那就说明没有复生的希望了，孝子企盼父母复生的信念也逐渐动摇了；而且在这三天之内，有关治丧花费的筹划，入殓衣物的准备，也都可以就绪了；远道的亲戚，也可以来到了。所以圣人就根据这种情况做出决断，把死后三天才入殓作为礼制定了下来。

【原文】

或问曰："冠者不肉袒，何也？"曰："冠，至尊也，不居肉袒之体也，故为之免①以代之也。然则秃者不免，伛者不袒，跛者不踊，非不悲也；身有锢疾②，不可以备礼也。故曰：'丧礼唯哀为主矣。'女子哭泣悲哀，击胸伤心；男子哭泣悲哀，稽颡③触地无容④，哀之至也。"

【注释】

①免：一种丧冠。②锢疾：即痼疾。不易医治的病。③稽颡：叩头。丧主拜宾之礼。④无容：不文饰仪容。

【译文】

有人问道："在戴着冠的时候不能袒露左臂，这是什么道理呢？"回答是：冠是至为尊贵的东西，当一个人赤膀露肉时是不能戴冠的，否则就是对冠的亵渎，所以特地制作免来代替冠。这样一来，秃子就不用戴免，驼背的人就不用袒露左臂，瘸子哭时就不用跺脚，但这并不意味着这些人内心就不悲哀，而是因为他们身患痼疾，没法子完成这些礼节。所以说，丧礼只是以悲哀为主。女子哭泣悲哀，捶胸伤心；男子哭泣悲哀，叩头触地，不注意仪容。这都是极度悲哀的表现。

【原文】

或问曰："免者以何为也？"曰："不冠者之所服也。礼曰：'童子不缌，唯当室缌。'缌者其免也，当室则免而杖矣。"或问曰："杖者何也？"曰："竹、桐一也①。故为父苴杖，苴杖，竹也；为母削杖，削杖，桐也。"

【注释】

①一也：作用一样。即都是用来扶病的。

【译文】

有人问道:"童子为什么也要戴丧巾呢?"回答说:"丧巾是尚未加冠的童子所戴的东西。《仪礼》上说:'童子不为族人有缌麻之亲的人服缌,只有当室的童子才为族人服缌。'童子当室,就要为有缌麻之亲的族人服缌,服缌就要戴丧巾,甚至还要拄丧杖。"有人问道:"丧杖是用什么做的呢?"回答说:"有用竹子做的,有用桐木做的。无论用什么做的,其作用是一样的。所以为父亲用苴杖,苴杖是用竹子做成的;为母亲用削杖,削杖是用桐木削成的。"

【原文】

或问曰:"杖者以何为也?"曰:"孝子丧亲,哭泣无数,服勤三年,身病体羸,以杖扶病也。则父在不敢杖矣,尊者在故也;堂上不杖,辟尊者之处也;堂上不趋,示不遽也。此孝子之志也,人情之实也,礼义之经也,非从天降也,非从地出也,人情而已矣。"

【译文】

有人问道:"孝子在居丧期间为什么要拄丧杖呢?"回答说:"孝子由于死去了父母,经常哭泣,不计其数,忧劳勤苦地服丧三年,身体有病,体质很弱,需要用杖来支撑病体。如果父亲健在,就不敢为母亲拄丧杖,这是因为尊者尚健在的缘故;孝子在堂上也不拄丧杖,因为堂上是尊者所在的地方,需要避开。孝子在堂上不应快步行走,以显示从容不迫,否则就容易引起父亲的伤心。这些都是出于孝子的一颗诚心,是人情的真实流露,是合理合情的常规,不是从天上掉下来的,也不是从地下冒出来的,只不过是人情本应如此罢了!"

服问

【题解】

　　服问，就是问有关丧服的事。本篇一共分为三个部分：第一部分阐明从服之等，第二部分阐明有服而遭丧所变易之节，第三部分阐明天子公卿大夫及公门丧服之法。郑玄说："名曰'服问'者，以其善问以知有服而遭丧所变易之节。"

【原文】

　　传曰："有从轻而重。"公子之妻为其皇姑。"有从重而轻。"为妻之父母。"有从无服而有服。"公子之妻为公子之外兄弟。"有从有服而无服。"公子为其妻之父母。传曰："母出，则为继母之党服；母死，则为其母之党服。"为其母之党服，则不为继母之党服。

【译文】

　　《大传》篇在谈到从服时曾说："有的本应跟着穿较轻的丧服而变为穿较重的丧服。"例如，国君的庶子为其生母仅仅头戴练冠，穿用小功布做的丧服，而且葬后即除；而庶子之妻却要为庶子的生母服齐衰期。"有的本应跟着穿较重的丧服而变为穿较轻的丧服。"例如，妻为其娘家父母服齐衰期，是重服；而丈夫为其岳父母仅服缌麻，是轻服。"有的是自己所从的人不为死者穿孝服而自己却要为死者穿孝服。"例如，国君的庶子不为其远房兄弟服丧，而国君的庶子之妻却要为庶子的远房兄弟服丧。"有的是本来应该跟着穿孝服却变为不用跟着穿孝服了。"例如，国君的庶子为其妻之父母，如果他是嫡子，就可以为之服缌麻三月，但因为他是嫡子，所以就从有服变为无服了。古书上又说："如果母亲是被父亲休弃出门，做儿子的就要为继母的娘家人服丧；如果母亲去世了，那就为母亲的娘家人服丧。"凡是已为母亲的娘家人服过丧的，就不再为继母的娘家人服丧。

【原文】

三年之丧，既练矣，有期之丧，既葬矣，则带其故葛带，绖期之绖，服其功衰。有大功之丧，亦如之。小功，无变也。麻之有本者，变三年之葛。既练，遇麻断本者，于免，绖之；既免，去绖。每可以绖必绖；既绖，则去之。小功不易丧之练冠，如免，则绖其缌、小功之绖，因其初葛带。缌之麻不变小功之葛，小功之麻不变大功之葛，以有本为税。殇长、中，变三年之葛，终殇之月筭，而反三年之葛。是非重麻，为其无卒哭之税。下殇则否。

【译文】

本来正在服三年之丧，而且已经过了小祥之祭，该换穿较轻的丧服了，这时候又碰上了期亲之丧，而这位期亲也已经埋葬过了，在这种情况下的丧服打扮是，腰间系上三年之丧该换较轻丧服时所用的葛带，头上戴着为期亲服丧的葛绖，穿的孝服是较轻的功衰。如果碰上的丧事是大功之丧，也照此办理。如果碰上的丧事是小功之丧，那就用不着改变原来的孝服了。三年之丧，下葬以后，已经变麻带为葛带了，而这时又遇上了大功以上之丧，为了表示对后丧的哀悼，就要把前丧的葛带重新变为麻带。三年之丧，到了小祥以后又遇上小功之丧，这样，在需要为小功之丧戴免的时候，就要加戴小功的首绖。小功之丧敛殡已毕，不需要再戴免了，就把首绖也去掉。对于小功以下之丧，当其敛殡之时，凡需要戴绖的就一定要为之戴绖，不需要戴绖的时候就去掉它。三年之丧，小祥以后就应改戴练冠，如果此时又遇上小功之丧，不可改动练冠；如果需要为小功、缌麻之丧戴免，那就要加戴小功、缌麻的首绖，而腰间仍系当初的葛带。二丧相连，改换丧服，不能由轻改重。所以，小功之丧到了以葛易麻的时候，虽然又遇上缌麻之丧，也不能把小功之葛改为缌麻之麻；同样的道理，大功之丧到了以葛易麻的时候，虽然又遇上小功之丧，也不能把大功之葛改为小功之麻。只有大功之麻才可以改变斩衰、齐衰之葛。本来正在服三年之丧，但又遇上了长殇、中殇之丧，虽然此时前丧已经易麻为葛，仍然要改服后丧的麻带。等到后丧的丧服结束，再换成前丧的葛带。这并不意味着殇服的麻带就比前丧的葛带为重，而是因为殇服的礼数简单，没有卒哭以后的易麻为葛之法。如果正在服三年之丧，但又遇上了下殇之丧，就不用这样做了。

【原文】

君为天子三年，夫人如外宗①之为君也。世子不为天子服。君所主：夫人妻、大子、适妇。大夫之适子为君、夫人、大子如士服。君之母非夫人，则群臣无服，唯近臣②及仆骖乘从服，唯君所服服也。公为卿大夫锡衰③以居，出亦如之，当事则弁绖。大夫相为亦然。为其妻，往则服之，出则否。凡见人无免④绖，虽朝于君无免绖，唯公门有税齐衰。传曰："君子不夺人之丧，亦不可夺丧也。"传曰："罪多而刑五，丧多而服五。上附下附，列也。"

【注释】

①外宗：国君的姑、姊妹之女。因为姑、姊妹必嫁于外族，其女是异姓所生，故称外宗。②近臣：在国君身边侍候的人。③锡衰：五服之外的一种丧服，比绍麻还要轻。锡衰和练麻丧服用的布是一样的，区别在于锡衰还要将麻布加灰捶洗使之洁白光滑。④免：去掉。

【译文】

国君要为天子服丧三年，国君的夫人比照外宗的国君为天子服齐衰期。至于国君的嫡子，为了避嫌，就不再为天子服丧了。国君只为其夫人、为其嫡子、为其嫡子之妻主持丧事。大夫的嫡子为国君、为国君的夫人、为国君的太子所穿的丧服，和士为国君、为国君的夫人、为国君的太子所穿的丧服一样。国君的母亲如果是妾，不是夫人，则群臣不为之服丧；只有国君的近臣、驾车的以及车右随着国君为之服丧，国君穿什么样的丧服，这些人就随着穿什么样的丧服。国君为卿大夫服丧则穿锡衰，无论是在宫中还是出门，都是这样；但在前往卿大夫之家参加吊唁等活动时，要在皮弁上加上麻绳。大夫之间互相服丧，也是这样的礼数。为大夫之妻服丧，前往丧家吊唁时可穿锡衰，出门到别的地方去就可以脱掉。凡是在居丧期间外出去求见别人，不可去掉首绖，即使是去朝见国君，也无需去掉首绖。只有进入公门时才要脱掉齐衰孝服，但首绖仍然不可去掉。古书上说：作为君子，既不可强迫他人抛开丧亲的悲痛，也不可忘掉自己丧亲的悲痛。古书上又说：虽然罪行有许多种类，但刑罚只有五等；虽然丧服关系有许多种类，但丧服只有五等。需要重时就往上靠，需要轻时就往下靠，各从其等列。

服问

间传

【题解】

郑玄认为本篇是记载丧服之间轻重所宜,所以称为"间传"。本篇前半部分记述服丧者的悲哀在容貌、声音、言语、饮食、居处、衣服、变除等方面的表现;后半部分是有关易服、兼服的记述。郑玄说:"名曰'间传'者,以其记丧服之间轻重所宜。"总的原则是,所穿丧服要与应有的容貌、哭声、言语等等相称;否则,不是失礼,便是矫情。

【原文】

斩衰何以服苴?苴,恶貌也,所以首其内①而见诸外也。斩衰貌若苴,齐衰貌若枲,大功貌若止,小功、缌麻容貌可也,此哀之发于容体者也。斩衰之哭,若往而不反;齐衰之哭,若往而反;大功之哭,三曲而偯②;小功缌麻,哀容可也。此哀之发于声音者也。斩衰,唯而不对;齐衰,对而不言;大功,言而不议;小功缌麻,议而不及乐。此哀之发于言语者也。

【注释】

①首其内:本着内心的悲哀。②偯:声音从容有余。

【译文】

斩衰丧服为什么要使用苴麻做的首绖和腰带呢?因为苴麻颜色黧黑,非常难看,所以用它来把内心的悲哀表现在服饰上面。穿斩衰丧服的人,其脸色深黑,就像苴麻一样;穿齐衰丧服的人,其脸色浅黑,就像枲麻一样;穿大功丧服的人,其神情呆板;穿小功、缌麻丧服的人,其神情和平常差不多。这是悲哀表现在脸色、神情上的不同。穿斩衰丧服者的哭声,那是一口气地哭下去，直到上气不接下气；穿齐衰丧服者的哭声，虽是一口气地哭下去，但上气还可以接着下气；穿大功丧服者的哭声，听起来时高时低，尾声从容；穿小功、缌麻丧服者的哭声，只要做出有悲哀的表情就可以了。这是悲哀表现在哭声上的不同。居丧之中在和他人交谈时，如果是斩衰之丧，那就只发出"唯唯"的声音而不回答别人的问话；如果是齐衰之丧，那就可以回答别人的问话，但不可主动问人；如果是大功之丧，那就可以主动问人，但不可以发表议论；如果是小功、缌麻之丧，那就可以发表议论，但还不可谈笑风生。这是悲哀表现在言语方面的不同。

【原文】

斩衰，三日不食；齐衰，二日不食；大功，三不食；小功缌麻，再不食；士与敛焉，则壹不食。故父母之丧，既殡食粥，朝一溢米，莫一溢米；齐衰之丧，疏食水饮，不食菜果；大功之丧，不食醯酱；小功缌麻，不饮醴酒。此哀之发于饮食者也。

【译文】

穿斩衰丧服的人，头三天不吃任何东西；穿齐衰丧服的人，头两天不吃任何东西；穿大功丧服的人，三顿不吃任何东西；穿小功、缌麻丧服的人，两顿不吃任何东西。士如果去帮助小敛，则要停吃一顿。所以父母之丧，既殡以后，只喝稀粥，早上吃一溢米，晚上吃一溢米；而齐衰之丧在既殡以后，可以吃粗米饭和喝水，但不可以吃蔬菜瓜果；大功之丧在既殡以后，虽然可以吃蔬菜瓜果，但还不可以吃醋酱一类的调料；小功、缌麻之丧在既殡以后，虽然可以吃醋酱一类的调料，但还不可以喝甜酒。这是悲哀在饮食方面表现出来的不同。

【原文】

父母之丧，既虞卒哭，疏食水饮，不食菜果；期而小祥，食菜果；又期而大祥，有醯酱；中月而禫，禫而饮醴酒。始饮酒者先饮醴酒。始食肉者先食干肉。父母之丧，居倚庐，寝苫枕块，不说绖带；齐衰之丧，居垩室，芐[①]翦不纳；大功之丧，寝有席，小功缌麻，床可也。此哀之发于居处者也。父母之丧，既虞卒哭，柱楣[②]翦屏，芐翦不纳；期而小祥，居垩室，寝有席；又期而大祥，居复寝；中月而禫，禫而床。

【注释】

①苄：蒲苹。可以制席。②柱楣：楣是倚庐的卧地之梁，把它用柱子支起来，可以增加倚庐的空间。

【译文】

为父母服丧，在虞祭、卒哭之后，就可以吃粗米饭和喝水，但还不可以吃蔬菜瓜果；满一周年时举行小祥之祭，此后就可以吃蔬菜瓜果；满两周年时举行大祥之祭，此后就可以吃醋酱一类的调料；大祥以后间隔一个月举行禫祭，禫祭之后就可以喝甜酒。开始饮酒时，要先饮甜酒；开始吃肉时，要先吃干肉。居父母之丧，孝子要住在倚庐里，寝卧在草苫上，拿土块当枕头，睡觉时也不脱首绖和腰绖；居齐衰之丧，就要住在垩室里，睡在剪齐了边却没有扎缘的蒲席上；为大功亲属服丧，睡觉的时候就可以睡在席子上；为小功、缌麻亲属服丧，像平常那样睡在床上也是可以的。这是悲哀表现在居处方面的不同。居父母之丧，在虞祭、卒哭之后，就可以把搭建倚庐时所用的卧地之楣用柱子支起来，遮盖倚庐的草苫也可以稍加修剪，睡觉所用的草苫也可以换成剪齐了边却还没有扎缘的蒲席；满一周年时举行小祥之祭，此后就可以搬到垩室里去住，睡觉也可以使用席子；满两周年时举行大祥之祭，此后就可以搬到自己的寝室去住；再隔一个月举行禫祭，禫祭以后就可以像平常那样睡在床上。

【原文】

斩衰三升，齐衰四升、五升、六升，大功七升、八升、九升，小功十升、十一升、十二升，缌麻十五升去其半，有事其缕、无事其布曰缌。此哀之发于衣服者也。斩衰三升，既虞卒哭，受以成布六升、冠七升；为母疏衰四升，受以成布七升、冠八升。去麻服葛，葛带三重。期而小祥，练冠縓缘，要绖不除，男子除乎首，妇人除乎带。男子何为除乎首也？妇人何为除乎带也？男子重首，妇人重带。除服者先重者，易服者易轻者。又期而大祥，素缟麻衣。中月而禫，禫而纤，无所不佩。

· 376 ·

【译文】

做斩衰丧服所用的布是三升。做齐衰丧服所用的布，有四升的，有五升的，有六升的。做大功丧服所用的布，有七升的，有八升的，有九升的。做小功丧服所用的布，有十升的，有十一升的，有十二升的。做缌麻丧服所用的布，其经线的缕数是十五升布的一半，线缕经过加工，织成布后捶洗时不再加灰，这样的布就叫缌布。这是悲哀表现在衣服方面的不同。斩衰所用的布是三升，但在虞祭、卒哭以后，其孝服所用的布就是六升，丧冠所用的布就是七升。为母亲穿的孝服所用的布是四升，但在虞祭、卒哭以后，其受服所用的布就是七升，丧冠所用的布就是八升。虞祭、卒哭之后，男子要去掉麻腰带而换成葛腰带，葛腰带是用四股线绞制而成。满一周年时举行小祥之祭，此后就可以改戴练冠，中衣也可以换成练衣，并且领子上带有浅红色的镶边，但男子的葛腰带还不能除掉。男子除丧是从首绖开始，妇人除丧是从腰带开始。男子为什么要先除首绖呢？妇人为什么要先除腰带呢？因为首绖在男子的丧服中最为重要，而腰带在妇人的丧服中最为重要。除去丧服的时候，先要除去最为重要的部位；正服重丧，又遭轻丧，需要为轻丧改变丧服的时候，那就只能改变较轻的部位。满两周年时举行大祥之祭，此后孝子就可以头戴用白色生绢所制的冠，冠缘又用白绫镶边，身穿麻衣。再隔一个月举行禫祭，禫祭以后就可以戴用黑经白纬的布所制的冠，无论什么装饰也都可以佩带。

【原文】

易服者，何为易轻者①也？斩衰之丧，既虞卒哭，遭齐衰之丧，轻者包，重者②特。既练，遭大功之丧，麻葛重。齐衰之丧，既虞卒哭，遭大功之丧，麻葛兼服之。斩衰之葛，与齐衰之麻同；齐衰之葛，与大功之麻同；大功之葛，与小功之麻同；小功之葛，与缌之麻同，麻同则兼服之。兼服之服重者，则易轻者也。

【注释】

①轻者：指男子的腰带和妇人的首绖。②重者：指男子的首绖和妇人的腰带。

【译文】

　　男女变易丧服，为什么要改变重丧较轻的部位呢？如果正在服斩衰之丧，在虞祭、卒哭以后，又遇上齐衰之丧，这时候，因为男子的较轻部位在腰，就可以戴上齐衰的麻腰带包括斩衰的葛腰带；而妇人的较轻部位在首，就可以戴上齐衰的麻首绖包括斩衰的葛首绖；而男子的重要部位在首，就可以保留斩衰的首绖不变；而妇人的重要部位在腰，就可以保留斩衰的腰带不变。如果是在斩衰之丧的一周年以后又遇上大功之丧，那么，在后丧卒哭之前，无论是男子还是妇人，都戴着麻首绖和麻腰带，这叫作重麻；在后丧卒哭之后，无论是男子还是妇人，都又改为葛首绖和葛腰带，这叫作重葛。如果原来正在服齐衰之丧，在虞祭、卒哭之后又遇上大功之丧，那么，男子就要以后丧的麻腰带换下前丧的葛腰带，而头上仍戴着前丧的葛首绖。这叫作麻与葛兼而有之。斩衰丧服在卒哭之后要把麻绖改为葛绖，其葛绖的粗细与齐衰丧服在卒哭之前所服的麻绖相同；齐衰丧服在卒哭之后要把麻绖改为葛绖，其葛绖的粗细与大功丧服在卒哭之前所服的麻绖相同；大功丧服在卒哭之后要把麻绖改为葛绖，其葛绖的粗细与小功丧服在卒哭之前所服的麻绖相同；小功丧服在卒哭之后要把麻绖改为葛绖，其葛绖的粗细与缌麻丧服在卒哭之前所服的麻绖相同。既然有此相同，那就可以既服前丧的葛，又服后丧的麻。兼服麻葛时要遵循的原则是，对于丧服的重要部位，仍服前丧的葛，而对于丧服的次要部位，则改为后丧的麻。

三年问

【题解】

　　丧服不同，守丧的时间长短也不同：有三年、一年、九个月、五个月、三个月之分。这种守丧时间的长短，不是随随便便制定的，而是以血缘关系的远近，哀痛程度的深浅为原则的。本篇就是通过设为问答的形式来说明这种道理。因为是以三年之丧的问答为主，所以以《三年问》为名。

【原文】

　　三年之丧何也？曰：称情而立文，因以饰群①，别亲疏贵贱之节，而不可损益也。故曰："无易之道也。"创巨者其日久，痛甚者其愈迟，三年者，称情而立文，所以为至痛极也。斩衰苴杖，居倚庐，食粥，寝苫枕块，所以为至痛饰也。三年之丧，二十五月而毕；哀痛未尽，思慕未忘，然而服以是断之者，岂不送死者有已，复生有节哉！

【注释】

　　①饰群：表明五服之亲的关系。

【译文】

　　守丧三年是根据什么来制定的呢？回答是：这是根据内心哀痛程度而制定的与之相称的礼文，借此来表明亲属的关系，区别亲疏贵贱的界限，因而是不可随意增减的。所以说，这是不可改变的原则。创伤深重，复原的日子就长；悲痛得厉害，平复的时间就慢。守丧三年的规定，就是根据内心哀痛程度而制定的与之相称的礼文，用来表示无以复加的悲痛。身穿斩衰，手持苴杖，住在倚庐，进食稀粥，睡在草苫上，用土块当枕头，凡此种种，都是为了表示无限的悲痛。三年的守丧期限，实际上二十五个月就结束了。虽然孝子的哀痛还没有结束，对父母的思念仍然存在，可是守丧的期限却到此为止，这是因为对死者的怀念总得有个停止，活着的人也总得恢复正常生活吧？

【原文】

凡生天地之间者，有血气之属必有知，有知之属莫不知爱其类；今是大鸟兽，则失丧其群匹，越月逾时焉，则必反巡，过其故乡，翔回焉，鸣号焉，蹢躅焉，踟蹰①焉，然后乃能去之；小者至于燕雀，犹有啁噍之顷焉，然后乃能去之；故有血气之属者，莫知于人，故人于其亲也，至死不穷。将由夫患邪淫之人与？则彼朝死而夕忘之，然而从②之，则是曾鸟兽之不若也，夫焉能相与群居而不乱乎？将由夫修饰之君子与，则三年之丧，二十五月而毕，若驷之过隙③，然而遂之，则是无穷也。故先王焉为之立中制节④，壹使足以成文理，则释之矣。

【注释】

①踟蹰：徘徊不进的样子。②从：通"纵"，放纵。③驷之过隙：四匹马拉的车穿过一条缝隙那样狭窄的地方。比喻极快。④立中制节：制定与哀痛心情相称的服丧日期。

【译文】

天地之间的一切生物，只要是高等的动物，必定都有感情。凡是有感情的动物，没有不知道爱护自己同类的。就说大的鸟兽吧，如果丧失了自己的同伴，过了一月，过了一季，还要拐回来巡视；经过过去居住的巢穴时，必定要盘旋，要号叫，要徘徊良久，然后才依依不舍地离开。即使像燕子、麻雀一类的小鸟，在这种情况下，也要叽叽喳喳地哀鸣一阵，然后才依依不舍地离开。在所有的高等动物之中，没有比人更富于感情的了。所以，人对于死去的双亲，至死也不会忘怀。如果由着那些愚蠢无知或者放荡不羁者的意思去办，他们就会早上死了父母，晚上就会忘掉。如果对他们放任不管，那岂不成了连鸟兽也不如了，还怎么能够让大家过集体生活而不发生混乱呢？如果由着那些讲究礼仪的君子的意思去办，则三年的丧服，二十五个月就宣告结束，就像弹指一挥之间那样地迅速。如果成全他们的心愿，那将是哀痛永远没有结束之日。

所以先王为贤人与小人制定了一个折中的礼节，使大家都感到合情合理，然后除去丧服。

【原文】

然则何以至期①也？曰：至亲以期断。是何也？曰：天地则已易矣，四时则已变矣，其在天地之中者，莫不更始焉，以是象之也。然则何以三年也？曰：加隆焉尔也，焉使倍之，故再期②也。由九月以下何也？曰：焉使弗及也。故三年以为隆，缌小功以为杀，期九月以为间。上取象于天，下取法于地，中取则于人，人之所以群居和壹之理尽矣。故三年之丧，人道之至文者也，夫是之谓至隆。是百王之所同，古今之所壹也，未有知其所由来者也。孔子曰："子生三年，然后免于父母之怀。"夫三年之丧，天下之达丧也。

【注释】

①期：周年。②再期：两周年。三年之丧，二十五月而毕，是过了两个周年。

【译文】

那么丧期为一年的丧服是根据什么制定的呢？回答是：为某些至亲而不至尊的亲属服丧满一年就应除服。这是什么道理呢？回答是：一年之中，天地已经运行了一周，四季已经循环了一遍，天地之间，万象无不更新，所以制定出一年的丧期来效法它。那么为什么有的丧期是三年呢？回答是：这是为了更加隆重其事，于是使丧期延长一倍，所以要过两个周年才除去丧服。那么丧期是九月以下的又是何道理呢？因为有的亲属赶不上至亲那么亲，于是丧期也就达不到一年。所以五服之中，斩衰三年是最为隆重的丧服，缌麻三月和小功五月是最轻的丧服，齐衰一周年和大功九月是处在两者之间的丧服。这种规定，上则取法于天，下则取法于地，中间则取法于人情，人们之所以能够集体生活而又和谐一致的道理都表现出来了。所以三年之丧，是人情味十足的一种礼仪。这种最为隆重的礼仪，是历代天子所共同遵循的，是古往今来无人违背的，也不知道究竟已经实行了多长的时间了。孔子说："孩子生下三年以后才能离开父母的怀抱，所以，父母去世，孩子为之服丧三年，这也是普天之下通行的丧礼。"

儒行

【题解】

本篇主要是通过鲁哀公与孔子的对话，记述儒者的行为和德行。《儒行》从各个方面描述了一个真正儒者的行为是什么样子的，无疑是中国古代知识分子的理想行为准则，是儒者的典范，也是对君子儒的最完整、最确切的诠释。

【原文】

鲁哀公问于孔子曰："夫子之服，其儒服与？"孔子对曰："丘少居鲁，衣逢掖之衣，长居宋，冠章甫之冠。丘闻之也：君子之学也博，其服也乡；丘不知儒服。"哀公曰："敢问儒行。"孔子对曰："遽数之不能终其物，悉数之乃留，更仆未可终也。"哀公命席。孔子侍曰："儒有席上之珍以待聘，夙夜强学以待问，怀忠信以待举，力行以待取，其自立有如此者。

【译文】

鲁哀公向孔子问道："先生的衣服，大概是儒者特有的衣服吧？"孔子回答说："我小时候住在鲁国，就穿鲁国的逢掖之衣；长大了住在宋国，就戴殷代的章甫之冠。我听人们说，君子对自己的要求是：学问要广博，衣服则入乡随俗，不求与众不同。我不知道天底下还有什么儒服。"哀公又问道："请问儒者的行为有哪些特点呢？"孔子答道："仓促地列举，短时间难以说完。全部说完要费很长时间，恐怕值班的仆人到了换班时间也未必说完。"哀公于是命人给孔子设席。孔子陪侍哀公坐着，说："儒者就像筵席上的珍宝，等待着诸侯的聘用；早起晚睡地努力学习，等待着别人的询问；心怀忠信，等待着别人的举荐；身体力行，等待着别人的录取。儒者的修身自立就是这样的。

【原文】

儒有衣冠中，动作慎，其大让如慢，小让如伪，大则如威，小则如愧，其难进而易退也，粥粥①若无能也。其容貌有如此者。儒有居处齐难，其坐起恭敬，言必先信，行必中正，道涂不争险易之利，冬夏不争阴阳之和，爱其死以有待也，养其身以有为也。其备豫有如此者。

【注释】

①粥粥：卑谦的样子。

【译文】

儒者的衣冠和寻常人一样，做事非常谨慎；在大事情上谦让，让人觉得有傲慢之感；在小事情上谦让，让人觉得有做作之感；在处理大问题时，战战兢兢，如履薄冰；在处理小问题时，非常恭谨，好像心中有愧。让他们去争取点什么有点难办，让他们放弃点什么倒比较容易，自卑谦让像是无能之辈。儒者的容貌就是这样的。儒者的日常生活相当严肃，其一起一坐都恭恭敬敬，说话一定要讲究信用，做事一定要讲究公正。在路上不因路的好走难走这等小事和别人争吵，冬天不和别人争有太阳的地方，夏天不和别人争有荫凉的地方。这样做的目的，是为了爱惜生命以等待时机，养精蓄锐以备有所作为。儒者的瞻前顾后就是这样的。

【原文】

儒有不宝金玉，而忠信以为宝；不祈土地，立义以为土地；不祈多积，多文以为富。难得而易禄也，易禄而难畜也，非时不见，不亦难得乎？非义不合，不亦难畜乎？先劳而后禄，不亦易禄乎？其近人有如此者。儒有委之以货财，淹之以乐好，见利不亏其义；劫之以众，沮之以兵，见死不更其守；鸷虫攫搏①不程②勇者，引重鼎③不程其力；往者不悔，来者不豫；过言不再，流言不极；不断其威，不习其谋。其特立有如此者。

【注释】

①鸷虫攫搏：譬喻和邪恶势力作斗争。②程：估量。③引重鼎：譬喻艰巨的

儒行

任务。

【译文】

在儒者的心目中，金玉并不宝贵，忠信才宝贵。他们不祈求土地，树立起道义就是土地；不祈求多有积蓄，多掌握知识就是财富。请他们出来做官很困难，因为他们不在乎高官厚禄，就是请出来也难长期留住。不是可以有所作为的时候，他们就隐居不仕，请儒者出来做官不是很难的吗？即使出来做官，如果国君不尊重他们的正确意见，他们就会辞职，长期留住儒者不是很难的吗？他们先说工作而后才谈俸禄，儒者不是轻视俸禄吗？儒者待人接物就是这样的。有些儒者，即使把许多金银财宝赠送给他们，即使用声色犬马去引诱他们，他们也不会见利而忘义。即使利用人多来威胁他们，用武器来恐吓他们，他们宁愿去死也不会改变节操。和邪恶的势力作斗争，他们也不估量一下自己的本领；领受艰巨的任务，他们也不估量一下自己的能耐；只要认准了就坚决去做。他们认准了的事，做过了就从不后悔，尚未做的也不考虑那么多。说错了的话就不会再说，对于流言蜚语也不去追究。他们时刻保持威严，拿定主意的事说干就干，绝不优柔寡断。儒者的特立独行就是这样的。

【原文】

儒有可亲而不可劫也；可近而不可迫也；可杀而不可辱也。其居处不淫，其饮食不溽①；其过失可微辨而不可面数也。其刚毅有如此者。儒有忠信以为甲胄，礼义以为干橹；戴仁而行，抱义而处，虽有暴政，不更其所。其自立有如此者。儒有一亩之宫②，环堵之室，筚门圭窬，蓬户瓮牖；易衣而出，并日而食，上答之不敢以疑，上不答不敢以谄。其仕有如此者。

【注释】

①溽：通"褥"，丰厚。②宫：围墙。

【译文】

儒者可以亲密而不可以威胁，可以亲近而不可以强迫，可以杀头而不可以羞辱。儒者的住处不讲究豪华，儒者的饮食不讲究丰盛。儒者的过失可以委婉地批评而不可以当面责备。儒者的刚毅有如此者。儒者把忠信当作甲胄，把礼义当作盾牌；无论是出门，还是在家，时时刻刻都谨守着仁义，即使受到暴政的迫害，也不改变自己的操守。儒者的刚强坚毅就是这样的。儒者的居住条件很差：宅院只有十步见方，住室四面的墙只有一堵高，在墙上打个圭形小洞就当作进进出出的门，门是用荆条和竹枝编织而成，有的门则是用蓬草编成，把破瓮嵌在墙上就当作窗户。全家只有一套比较体面的衣服，谁出门谁穿。为了节约，两天只吃一天的粮食。受到君上的赏识重用，不敢怀疑自己的能力不足；受不到君上的赏识重用，也不敢谄媚以求进。儒者的做官态度就是这样的。

【原文】

儒有今人与居，古人与稽；今世行之，后世以为楷；适弗逢世，上弗援，下弗推，谗谄之民有比党而危之者，身可危也，而志不可夺也，虽危起居，竟信其志，犹将不忘百姓之病也。其忧思有如此者。儒有博学而不穷，笃行而不倦；幽居而不淫，上通而不困；礼之以和为贵，忠信之美，优游之法，举贤而容众，毁方而瓦合。其宽裕有如此者。

【译文】

儒者虽然和当代的人生活在一起，但他们的言行却和古代的君子相合；儒者今世之行为，可为后世之楷模。命运多舛，生不逢时，位于其上者不说拉他们一把，位于其下者也不帮他们一下，那些说坏话善拍马的家伙，还要勾结起来算计他们，但这只能危害他们的身体，却改变不了他们的志向。虽然处境险恶，他们还想着施展自己的抱负，还念念不忘老百姓的痛苦。儒者的忧民意识就是这样的。儒者虽然已经博学，但仍然学习不止；虽然操行淳厚，但仍然力行不息。隐居独处时不做坏事，飞黄腾达时力行正道。礼的运用，以和为贵，以忠信为美德，效法和柔。他们既能推举贤人君子，又能容纳凡夫俗子；既有原则性，又有灵活性。儒者的宽容大度就是这样的。

【原文】

儒有内称不辟亲，外举不辟怨，程功积事，推贤而进达之，不望其报；君得其志，苟利国家，不求富贵。其举贤援能有如此者。儒有闻善以相告也，见善以相示也；爵位相先也，患难相死也；久相待也，远相致也。其任举有如此者。

【译文】

儒者在向朝廷推举贤能时，只考虑被推举者有无真才实学，而不管其是自己的亲属，还是自己的仇人。在充分考虑到被推举者的业绩和才能以后，才向朝廷举荐并使之得到任用，这并不是为了得到对方的回报。只要国君能因此而得遂其志，只要能为国家造福，自己并不希望得到什么赏赐。儒者推举贤能就是这样的。儒者在对待朋友时，听到了有益的话便要告诉朋友，见到了有益的事便要指给朋友。爵位有了空缺，首先考虑到朋友；灾祸临头，首先考虑自己献身。朋友长期不得志，自己就不单独出来做官；如果朋友是在远方的他国不得志，自己也要设法把朋友招来一同出仕。儒者对待朋友就是这样的。

【原文】

儒有澡身而浴德，陈言而伏，静而正之，上弗知也；麤而翘之，又不急为也；不临深而为高，不加少而为多；世治不轻，世乱不沮；同弗与，异弗非也。其特立独行有如此者。儒有上不臣天子，下不事诸侯；慎静而尚宽，强毅以与人，博学以知服；近文章砥厉廉隅；虽分国如锱铢，不臣不仕。其规为有如此者。

【译文】

儒者洁身自好，重视道德修养，陈述己言，伏听君命，安静地恪守臣道。如果国君对自己的善言未加重视，他们就在适当的时候委婉地加以提醒，但又不可操之过急。他们不在地位较低的人面前自高自大，不在功劳较少的人面前自夸功高。他们遇到盛世，不自惭形秽；遇到乱世，也不放弃信念。对观点相同的人不随便吹捧，对观点不同的人不妄加非议。儒者的特立行行就是这样的。有这样一种儒者，他们上不侍奉天子，下不侍奉诸侯；性情慎静而崇尚宽和，性格强毅而能从善如流，学问渊博而能服膺胜于己者，多读圣贤之书，磨炼自己的品行气节，即使是要把整个国家分给他们，在他们看来也不过是芝麻般的小事而不为之动心，不会因此就出来称臣做官。儒者规范自己的行为就是这样的。

【原文】

儒有合志同方，营道同术；并立则乐，相下不厌；久不相见，闻流言不信；其行本方立义，同而进，不同而退。其交友有如此者。温良者，仁之本也；敬慎者，仁之地也；宽裕者，仁之作也；孙接者，仁之能也；礼节者，仁之貌也；言谈者，仁之文也；歌乐者，仁之和也；分散者，仁之施也；儒皆兼此而有之，犹且不敢言仁也。其尊让有如此者。

【译文】

儒者和朋友志同道合，做学问的准则也一样；彼此都有成就皆大欢喜，彼此有了差距也互不嫌弃；彼此久不相见，如果听到了有关对方的流言蜚语，也绝不相信。他们行为端正，遵守道义，合乎这一点就是朋友，违背这一点就敬而远之。儒者交友就是这样的。温厚善良是仁的根本，恭敬谨慎是仁的落脚点，胸襟广阔是仁的发扬，谦逊待人是仁的能力，礼节是仁的外表，言谈是仁的文采，唱歌跳舞是仁的和谐，有福同享是仁的施行。儒者具备了上述的种种美德，尚且不敢说自己合乎仁。儒者的重视谦让就是这样的。

【原文】

儒有不陨获于贫贱，不充诎于富贵，不慁君王，不累长上，不闵有司，故曰儒。今众人之命儒也妄，常以儒相诟病。孔子至舍，哀公馆之，闻此言也，言加信，行加义："终没吾世，不敢以儒为戏。"

【译文】

儒者不因贫贱而困顿失志，不因富贵而骄奢失节，不因为国君的侮辱、卿大夫的掣肘、官员们的刁难而改变节操，所以才叫作'儒'。现在很多人自命为儒但却有名无实，所以才经常被作为笑料。孔子从国外返回鲁国，鲁哀公在公馆里接见了他，听了孔子的一席话，鲁哀公对儒者的话更加相信，对儒者的行为更加看重，并且说："我这一辈子，再也不敢和儒者开玩笑了。"

儒行

大学

【题解】

《大学》因篇首有"大学之道"四字，故名。郑玄《目录》曰："名曰'大学'者，以其记博学可以为政矣。此于《别录》属通论。"《大学》先明确提出博学的宗旨是"明明德、亲民、止于至善"，接着提出了达到天下太平的八大步骤，即格物、致知、诚意、正心、修身、齐家、治国、平天下，其中"修身"是最重要的一环，后面引用《诗》《书》，对前面提出的论点进行逐段甚至逐句的解释和阐发。《大学》文辞简约，内涵深刻，影响深远。该文从实用主义角度，对现代人如何做人、做事、立业等均有深刻的启迪意义。

【原文】

大学之道，在明明①德，在亲民②，在止于至善。知止③而后有定，定而后能静，静而后能安，安而后能虑，虑而后能得。物有本末，事有终始，知所先后，则近道矣。

【注释】

①明明：第一个"明"是动词，彰显、发扬之意；第二个"明"是形容词，含有高尚、光辉的意思。②亲民：一说是"新民"，使人弃旧图新，弃恶扬善。引导、教化人民之意。③知止：明确目标所在。

【译文】

大学的宗旨在于彰明自身的光明之德，在于亲爱民众，在于使人达到至善的境界。知道达到至善的境界而后才能确定志向，确定了志向才能心无杂念，心无杂念才能专心致志，专心致志才能虑事周详，虑事周祥才能达到至善。万物都有其本末，凡事都有其终始。知道了应该先做什么，后做什么，那就接近于大学的宗旨了。

【原文】

古之欲明明德于天下者，先治其国；欲治其国者，先齐其家①；欲齐其家者，先修其身②；欲修其身者，先正其心；欲正其心者，先诚其意；欲诚其意者，先致其知③，致知在格物④。物格而后知至，知至而后意诚，意诚而后心正，心正而后身修，身修而后家齐，家齐而后国治，国治而后天下平。自天子以至于庶人，壹是⑤皆以修身为本。其本乱而末治者否矣，其所厚者薄，而其所薄者厚，未之有也⑥！此谓知本，此谓知之至也。

【注释】

①齐其家：将自己家庭或家族的事务安排管理得井井有条，人与人之间的关系和谐，家业繁荣的意思。②修其身：锻造、修炼自己的品行和人格。③致其知：让自己得到知识和智慧。④格物：研究、认识世间万物。⑤壹是：全部、都是之意。⑥未之有也：宾语前置句，"未有之也"。是说还不曾有过这样的做法或是事情。

【译文】

古代的想要把自己的光明之德推广于天下的人，首先要治理好自己的国家；要治理好自己的国家，就要先管理好自己的家庭；要管理好自己的家庭，就要先修养好自身的品德；要修养好自身的品德，就要先端正内心；要端正内心，就要先意念真诚；要意念真诚，就要先知道什么是善恶吉凶。行善则有善报，行恶则有恶报。报应的不爽才能使其辨别善恶。能辨别善恶才能使其意念真诚，意念真诚才能使内心端正，内心端正才能使品德好生修养，品德好生修养才能使家庭管理得好，家庭管理得好才能使国家得到治理，国家得到治理才能使天下太平。上至天子，下至普通百姓，都要把修养自身品德的问题当作根本问题来抓，这个根本问题没有抓好，而要使家庭、国家、天下的问题解决好，那是不可能的。该下力气的地方没有下，不该下力气的地方却下了力气，这样做而希望得到好的结果，也是不可能的。这就叫作知道根本，这就是最高的智慧。

【原文】

所谓诚其意者，毋自欺也，如恶恶臭[1]，如好好色[2]，此之谓自谦[3]，故君子必慎其独[4]也！小人闲居为不善，无所不至，见君子而后厌然[5]，掩其不善，而着其善。人之视己，如见其肺肝然，则何益矣！此谓诚于中，形于外，故君子必慎其独也。曾子曰："十目所视，十手所指，其严乎！"富润屋，德润身[6]，心广体胖[7]，故君子必诚其意。

【注释】

[1]恶恶臭：指的是讨厌恶臭的气味。第一个"恶"与"误"同音。[2]好好色：喜爱容貌出众的女子。第一个"好"与"号"同音。[3]谦：心满意足。[4]慎其独：在独处时要慎重。[5]厌然：遮遮掩掩、躲避之意。[6]润屋：装饰住所。润身：修炼自己。[7]心广体胖：心胸宽广，身体舒适。胖，与"盘"同音，舒适之意。

【译文】

所谓意念真诚，就是不要自己欺骗自己。这就好比厌恶臭秽的气味而嘴上不讲，又好比喜欢漂亮的女人而佯装讨厌，这叫作自我掩饰。所以君子一定谨慎自己的独处。小人在一人独处时做起坏事来，什么坏事都做得出来，只有在见到君子时才躲躲藏藏，掩盖他做过的坏事，炫耀他做过的好事。可是在他人看来，就如同见到了他的五脏六腑那样清清楚楚，这样做又有什么好处呢！这就叫作内心有什么想法，必然要从行动上表现出来，所以君子一定要谨慎自己的独处。曾子说过："很多眼在看着你，很多手在指着你，这多么让人敬畏啊！"人的贫富可以从其住室看得出来，人的道德可以从其行动看得出来，心胸宽广自然身体舒泰，所以君子一定要意念真诚。

【原文】

诗云："瞻彼淇澳，菉竹猗猗。有斐君子，如切如磋，如琢如磨。瑟兮僩兮，赫兮喧兮。有斐君子，终不可諠兮！""如切如磋"者，道学也；"如琢如磨"者，自修也；"瑟兮僩兮"者，恂栗[1]也；"赫兮喧兮"者，威仪也；"有斐君子，终不可諠兮"者，道盛德至善，民之不能忘也。诗云："於戏前王不忘！"君子贤其贤而亲其亲，小人乐其乐而利其利，此以没世[2]不忘也。

【注释】

①恂栗：惊恐、畏惧之意。②此以：所以。没世：过世之意。

【译文】

《诗经》上说："看那弯弯的淇水岸边，绿竹郁郁葱葱。有位风度高雅的君子，好像切磋过的象牙，好像琢磨过的美玉。庄严而又威武，显赫而又坦荡。风度高雅的君子，教人始终难忘。""如切如磋"，是说君子的研究学问；"如琢如磨"，是说君子的修养品德。""瑟兮僩兮"，是说君子的内心恭敬戒惧；"赫兮喧兮"，是说君子的外表威严。"有斐君子，终不可喧兮"，是说君子的道德尽善尽美，让老百姓难以忘怀。《诗经》上又说："呜呼！先王的美德使人难忘。"君子从先王那里学到了尊重贤人和热爱亲人，小人从先王那里享受到快乐和得到实惠，因此，在先王去世以后，无论是谁都对他念念不忘。

【原文】

康诰曰："克①明德。"太甲曰："顾諟天之明命②。"帝典曰："克明峻③德。"皆自明也。汤之盘铭曰："苟日新，日日新，又日新。"康诰曰："作新民④。"诗曰："周虽旧邦，其命惟新。"是故君子无所不用其极⑤。诗云："邦畿千里，惟民所止。"诗云："缗蛮黄鸟，止于丘隅。"子曰："于止，知其所止，可以人而不如鸟乎？"诗云："穆穆文王，於缉熙敬止⑥！"为人君，止于仁；为人臣，止于敬；为人子，止于孝；为人父，止于慈；与国人交，止于信。子曰："听讼，吾犹人也，必也使无讼乎！"无情者⑦不得尽其辞，大畏民志。此谓知本。

【注释】

①克：能够。②顾：顾念之意。諟：此。明命：坦荡正义的禀性。③峻：通"俊"，是崇高之意。④作：激发。新民：使民新的意思，弃旧从新，弃恶从善。⑤极：完善、极致。⑥穆穆文王，於缉熙敬止：引自《诗经·大雅·文王》。穆穆，雍容庄重的样子。於，与"误"同音，感叹词。缉，接着。熙，光明、光亮。止，助词，无意义。⑦无情者：有违实情的人。

【译文】

《康诰》上说:"文王能彰明德行。"《大甲》上说:"你应当关注上天赋予你的光明德行。"《尧典》上说:"帝尧能够彰明崇高的道德。"说的都是人君要自明其德。商汤的《盘铭》上说:"如能一日自新,就能日日自新,每日自新。"《康诰》上说:"要洗心革面,重作新人。"《诗经》上说:"姬周虽然原来是殷商的诸侯国,但已受天命取代殷商为天子。"所以君子在日新其德方面是十分努力的。《诗经》上说:"天子辖地千里,皆是百姓所居。"《诗经》上又说:"黄鸟声声鸣,止息在山麓。"孔子说:"鸟儿都知道应该止息于何处,难道人反而不如鸟吗?"《诗经》上说:"端庄恭敬的文王啊!光明磊落,知其所当自处。"当国君的,要达到仁的境界;当臣子的,要达到敬的境界;当子女的,要达到孝的境界;当父母的,要达到慈的境界;与国人交往,要达到信的境界。孔子说:"审理诉讼,我和别人差不多;一定要说有什么不同的话,那就是我想使诉讼从根本上不再发生。"要使无理的一方不敢凭借狡辩取胜,德行张大到使民众从内心敬畏。这就叫作知道事情的根本。

【原文】

所谓修身在正其心者:身有所忿懥①,则不得其正;有所恐惧,则不得其正;有所好乐,则不得其正;有所忧患,则不得其正。心不在焉,视而不见,听而不闻,食而不知其味。此谓修身在正其心。

【注释】

①忿懥:愤怒之意。懥,与"至"同音。

【译文】

所谓要修养好自身的品德首先要端正内心:是因为自身有所愤怒,内心就不能端正;自身有所恐惧,内心就不能端正;自身有所嗜好,内心就不能端正;自身有所忧患,内心就不能端正。当你心不在焉的时候,就会视而不见,就会听而不闻,就会吃东西不知道滋味。这就叫作要修养好自身的品德首先要端正内心。

【原文】

所谓齐其家在修其身者：人之其所亲爱而辟①焉，之其所贱恶而辟焉，之其所畏敬而辟焉，之其所哀矜②而辟焉，之其所敖惰③而辟焉。故好而知其恶，恶而知其美者，天下鲜矣！故谚有之曰："人莫知其子之恶，莫知其苗之硕。"此谓身不修不可以齐其家。

【注释】

①辟：亲近、偏爱之意。②哀矜：同情、怜悯之意。③敖：轻视。惰：懈怠。

【译文】

所谓要整顿好家庭首先要修养好自身：是因为人的看法往往对自己所亲爱的人会有所偏颇，对自己所厌恶的人会有所偏颇，对自己所敬畏的人会有所偏颇，对自己所怜悯的人会有所偏颇，对自己所轻视的人会有所偏颇。所以，喜爱一个人而能知道他的缺点，厌恶一个人而能知道他的优点，世上少有。所以有句谚语说："没有一个人知道自己儿子的毛病，没有一个人认为他的庄稼长得已经够好了。"这就叫作自身的修养不搞好也就难以管理好家庭。

【原文】

所谓治国必先齐其家者，其家不可教而能教人者，无之。故君子不出家而成教于国：孝者，所以事君也；弟①者，所以事长也；慈者，所以使众也。康诰曰："如保赤子"，心诚求之，虽不中②不远矣。未有学养子而后嫁者也！一家仁，一国兴仁；一家让，一国兴让；一人贪戾，一国作乱。其机③如此。此谓一言偾④事，一人定国。尧、舜率天下以仁，而民从之；桀、纣率天下以暴，而民从之。其所令反其所好，而民不从。是故君子有诸己而后求诸人，无诸己而后非诸人。所藏乎身不恕，而能喻⑤诸人者，未之有也。故治国在齐其家。诗云："桃之夭夭，其叶蓁蓁；之子于归，宜其家人。⑥"宜其家人，而后可以教国人。诗云："宜兄宜弟。"宜兄宜弟，而后可以教国人。诗云："其仪不忒，正是四国。⑦"其为父子兄弟足法，而后民法之也。此谓治国在齐其家。

【注释】

①弟：通"悌"，指弟弟对哥哥要尊重服从。②中：与"重"同音，指的是达到预期的目标。③机：古代弓箭上的机关，这里指的是关键。④偾：与"奋"同音，败坏之意。⑤喻：知晓、明白。⑥桃之夭夭……宜其家人：出自《诗经·周南·桃夭》。夭夭，鲜美的样子。蓁蓁，与"真"同音，浓密茂盛的样子。之子，是说女子出嫁。⑦其仪不忒，正是四国：出自《诗经·曹风·鸤鸠》。仪，仪容。忒，差错。

【译文】

所谓治理好国家首先要管理好家庭，是因为自己的家人都不能管好而能管好别人的事是没有的。所以，如果每个君子都管好了自己的家人，那就等于管好了全体国民。家庭中的"孝"，可以移来侍奉君主；家庭中的"悌"，可以移来侍奉官长；家庭中的"慈"，可以移来爱护百姓。《康诰》上说："如同爱护婴儿那样。"只要诚心诚意去追求，虽然不能完全做到，但也差不多。没有先学会了养儿育女然后才出嫁的。国君一家讲究仁爱，整个国家就会讲究仁爱；国君一家讲究谦让，整个国家就会讲究谦让；国君一人贪暴，全国百姓就会作乱。事情的关键就是这样。这就叫作：一句话能让事情败坏，一个人能让国家安定。尧舜给天下做出仁爱的表率，天下的百姓也就跟着仁爱；桀纣给天下做出残暴的表率，天下的百姓也就跟着残暴。如果君主说的是一套，而做的是又一套，百姓们就不会听从。所以，君子自己能做到才能要求别人做到，自己没有这种缺点才能批评别人。在自己身上看不出有什么仁爱的影子，却要教训别人做到仁爱，这是从来没有的事。所以说，治理好国家的前提是管理好家庭。《诗经》上说："桃花多么好看，枝叶多么茂盛。这个姑娘出嫁，定会使全家和顺。"能够使全家和顺，然后才能教育国人。《诗经》上说："兄弟和睦相处。"兄弟能够和睦相处，然后才能教育国人。《诗经》上说："自己的言行如一不走样，才是四方各国的好榜样。"国君自己是个好的父亲、好的儿子、好的哥哥、好的弟弟，做出了榜样，然后百姓们才会效法他。这就叫作治理好国家首先要管理好家庭。

【原文】

所谓平天下在治其国者：上老老①而民兴孝，上长长②而民兴弟，上恤孤而民不倍，是以君子有絜矩之道也。所恶于上，毋以使下；所恶于下，毋以事上；所恶于前，毋以先后；所恶于后，毋以从前；所恶于右，毋以交于左；所恶于左，毋以交于右。此之谓絜矩之道③。诗云："乐只君子，民之父母。"民之所好好之，民之所恶恶之，此之谓民之父母。诗云："节彼南山，维石岩岩。赫赫师尹，民具尔瞻。④"有国者不可以不慎，辟则为天下僇⑤矣！诗云："殷之未丧师，克配上帝。仪监于殷，峻命不易。⑥"道得众则得国，失众则失国。

【注释】

①老老：尊敬老人之意。第一个"老"是动词，指的是把老人当作老人看待的意思。②长长：敬重长辈之意。与"老老"的结构相同。③絜矩之道：是儒家的伦理思想，指一言一行要有模范作用。絜，度量之意。矩，画矩形所用的尺子，是规则、法度之意。④节彼南山……民具尔瞻：出自《诗经·小雅·节南山》。节，高耸的样子。岩岩，险峻之意。师尹，指的是太师尹氏，太师是周代的三公之一。瞻，瞻仰、仰视之意。⑤僇：通"戮"，杀戮之意。⑥殷之未丧师……峻命不易：出自《诗经·大雅·文王》。师，人民大众。配，与……相符。仪，应该。监，警戒，鉴戒。峻，大。

【译文】

所谓平治天下的前提在于治理好自己的国家，是因为只要国君尊敬老人，国人就会孝顺成风；只要国君尊重长者，国人就会悌道成风；只要国君体恤孤幼，国人就不会遗弃孤幼。所以君子有絜矩之道。所厌恶于上级的行为，就不再用来对待下级；所厌恶于下级的行为，就不再用来对待上级；所厌恶于前人的行为，就不再用来对待后人；所厌恶于后人的行为，就不再用来对待前人；所厌恶于在自己右边的人的行为，就不再用来对待在自己左边的人；所厌恶于在自己左边的人的行为，就不再用来对待在自己右边的人。这就叫作絜矩之道。《诗经》上说："与民同乐的君子，乃是民之父母。"老百姓喜欢什么自己就喜欢什么，老百姓讨厌什么自己就讨厌什么，这就叫作民之父母。《诗经》上说："巍峨的南山啊，山石高又高。显赫的太师啊，万民齐瞩目。"治理国家的人不可以麻痹大意，出了问题就要受到天下人的惩罚。《诗经》上说："殷商未曾丧失民心时，上帝还保佑。我们应该借鉴殷商灭亡的教训，上帝才会永远保佑。"讲的就是这样一个道理：得到民众就得到国家，失去民众就失去国家。

【原文】

是故君子先慎乎德。有德此①有人，有人此有土，有土此有财，有财此有用。德者本也，财者末也，外本内末，争民施夺。是故财聚则民散，财散则民聚。是故言悖而出者，亦悖而入；货悖而入者，亦悖而出。康诰曰："惟命不于常！"道善则得之，不善则失之矣。楚书曰："楚国无以为宝，惟善以为宝。"舅犯曰："亡人无以为宝，仁亲以为宝。"

【注释】

①此：才。

【译文】

所以君子首先要考虑的是德行。有了德行就有了民众，有了民众就有了国土，有了国土就有了财富，有了财富就有了国用。德行是本，财富是末。轻本重末，就会从老百姓手上抢夺财富。所以说，国君聚敛财富，百姓就背离而去；国君布施财富，百姓就络绎而归。所以，国君既然有不中听的话出口，百姓就会有不中听的话进入其耳；国君的财货既然不是从正道而得，也就会不从正道出去。《康诰》上说："天命并不总是保佑某一个人。"意思是说，有好的德行就能得到它，没有好的德行就会失掉它。《楚书》上说："楚国不把别的什么东西当作宝贝，只把德行当作宝贝。"舅犯说："流亡者没有什么可以当作珍宝的，只有把珍视仁义作为珍宝。"

【原文】

秦誓曰："若有一个臣，断断①兮无他技，其心休休②焉，其如有容焉。人之有技，若己有之；人之彦圣③，其心好之，不啻④若自其口出。寔能容之，以能保我子孙黎民，尚亦有利哉！人之有技，媢嫉以恶之；人之彦圣，而违之俾⑤不通。寔不能容，以不能保我子孙黎民，亦曰殆哉！"唯仁人放流之，迸诸四夷，不与同中国⑥，此谓唯仁人为能爱人，能恶人。见贤而不能举，举而不能先，命⑦也；见善而不能退，退而不能远，过也。好人之所恶，恶人之所好，是谓拂人之性，菑必逮夫身。是故君子有大道，必忠信以得之，骄泰⑧以失之。

【注释】

①断断：心地诚实之意。②休休：胸怀宽广之意。③彦圣：德才兼备之意。彦，美好。圣，开明。④不啻：不只是。啻，与"特"同音。⑤俾：使得。⑥迸：与"屏"同，驱逐之意。四夷：东、南、西、北各方之夷。中国，指的是国家的中心地区。⑦命：是"慢"之误字，轻慢之意。⑧骄泰：放肆骄奢。

【译文】

《秦誓》上说："假如有这样的一位大臣，诚恳忠实，无他特长，但其品德高尚，心地宽厚，能够容人容物。别人有了什么本领，就好像他自己有了；别人的才能，别人的美德，他都衷心地赞美，不但口头上加以称道，而且还能包容推荐他们，这就使我的子孙黎民得到保护，也有利于国家。别人有了什么本领，他就嫉妒厌恶；别人的才能，别人的美德，他压着盖着不让国君知道，不能包容推荐，因而使我的子孙黎民不能得到保护，对国家也很危险。"只有仁爱的国君能够流放此辈嫉贤妒能之人，把他们驱逐到四夷，不和他们同居国中。这就是说，只有仁人才懂得要热爱什么样的人，厌恶什么样的人。见到贤人而不能推荐，推荐以后而不能重用，这是怠慢。见到坏人而不能斥退，斥退以后又不能流放远方，这是错误。喜欢人民所讨厌的，讨厌人民所喜欢的，这叫作违背人的本性，其结果势必灾祸临头。所以君子有一条治国大道，一定要忠信才能得到它，骄傲放纵就会失去它。

【原文】

生财有大道。生之者众，食之者寡，为之者疾，用之者舒，则财恒足矣。仁者以财发身①，不仁者以身发财。未有上好仁而下不好义者也，未有好义其事不终者也，未有府库财非其财者也。孟献子曰："畜马乘，不察于鸡豚；伐冰之家②，不畜牛羊；百乘之家，不畜聚敛之臣。与其有聚敛之臣，宁有盗臣。"此谓国不以利为利，以义为利也。长国家③而务财用者，必自小人矣。彼为善之，小人之使为国家，菑害并至。虽有善者，亦无如之何④矣。此谓国不以利为利，以义为利也。

【注释】

①发身：修炼身心。发，发起之意。②伐冰之家：办丧事时能够用冰来保存尸体的人家。卿大夫以上的大官能享受的待遇。③长国家：成为一国之长，指的是帝王。长，与"涨"同音。④无如之何：无济于事。

【译文】

生财有方法、规律可循。这就是干活的要多，吃饭的要少，生产效率要高点，消费速度要慢点，那么财富就永远充裕了。仁者把自己的财富分给别人，赢得好名声；不仁者宁要财富，不要好名声。没有听说过国君爱好仁而臣下却不爱好义的。也没有听说过臣下爱好义而事情却办不成的。也没有听说过臣下不把国家府库的财富当作自己的财富加以爱护的。孟献子说："畜马乘之家，就不必再计较养鸡养猪之利；伐冰之家，就不必再计较养牛养羊之利；百乘之家，就不该再养活一个专门敛财的部下。与其养活一个专门敛财的部下，还不如养活一个强盗做部下。"这就是说，国家不应该以利为利，而应该以义为利。当了国君而致力于聚敛财富，必定是因为小人的怂恿。国君想要施行仁义，却让此辈小人来管理国家，那就要闹到祸不单行，灾害并至的地步。到了这时候，即使有善人帮助，对此也无可奈何了。这就是说，国家不应该以利为利，而应该以义为利啊！

冠义

【题解】

郑玄说:"名曰《冠义》者,以其记冠礼成人之义。"古代贵族男子到了二十岁,要举行隆重的加冠典礼,表示该男子已经成人,可以享受成年人所应享受的权利和义务。本篇全文一则论冠礼的重要性,一则论《士冠礼》中某些具体礼节的含义。

【原文】

凡人之所以为人者,礼义也。礼义之始,在于正容体、齐颜色、顺辞令。容体正,颜色齐,辞令顺,而后礼义备。以正君臣、亲父子、和长幼。君臣正,父子亲,长幼和,而后礼义立。故冠而后服备,服备而后容体正、颜色齐、辞令顺。故曰:冠者,礼之始也。是故古者圣王重冠。

【译文】

人之所以成其为人,在于有礼义。礼义从哪里做起呢?应从举止得体、态度端庄、言谈恭顺做起。举止得体,态度端庄,言谈恭顺,然后礼义才算完备。以此来使君臣各安其位、父子相亲、长幼和睦。君臣各安其位,父子相亲,长幼和睦,然后礼义才算确立。所以说,只有行过冠礼以后才算服装齐备,服装齐备以后才能做到举止得体、态度端庄、言谈恭顺。所以说,冠礼是礼的开始。所以古时候的圣王很重视冠礼。

【原文】

古者冠礼筮日筮宾,所以敬冠事,敬冠事所以重礼;重礼所以为国本也。故冠于阼,以着代也;醮于客位,三加弥尊,加有成也;已冠而字之,成人之道也。见于母，母拜之；见于兄弟，兄弟拜之；成人而与为礼也。玄冠、玄端奠挚①于君，遂以挚见于乡大夫、乡先生②；以成人见也。成人之者，将责成人礼焉也。责成人礼焉者，将责为人子、为人弟、为人臣、为人少者之礼行焉。将责四者之行于人，其礼可不重与？

【注释】

①奠挚：把见面礼放在地上。这是卑者见尊者之礼，表示不敢亲授。②乡大夫：乡人之在朝为大夫者。乡先生：乡人居官之已退休者。

【译文】

古人在举行冠礼时，要先通过占筮选定吉日，通过占筮选择一位可以为子弟加冠的宾，以此来表示对加冠之事的重视。对加冠之事的重视也就体现了对礼的重视，对礼的重视体现了礼是治国的根本。在阼阶上为嫡子加冠，这表示嫡子是未来的继承人。在客位对冠者行醮礼，这表示他已受到了成人的尊重。三次加冠，一次比一次加的冠尊贵，这是要启发冠者立志向上。行过冠礼以后，对冠者要称字而不称名，这是因为他已经是个成年人了。加冠以后去拜见母亲，母亲答拜；去见兄弟，兄弟对他再拜，这都是因为他已是成年人而与之施礼。戴上缁布冠，穿上玄端服，拿着礼品去拜见国君，把礼品放在地上，表示不敢直接授受；接着又拿着礼品去拜见乡大夫和乡先生，都是以成年人的身份前去拜见。既然是成年人的身份，那就要以成年人的礼数来要求他。所谓以成年人的礼数来要求他，也就是将要要求他做一个合格的儿子，做一个合格的弟弟，做一个合格的臣子，做一个合格的后辈。将要要求他具备这四个方面的德行，冠礼能不重要吗？

【原文】

故孝弟忠顺之行立，而后可以为人；可以为人，而后可以治人也。故圣王重礼。故曰：冠者，礼之始也，嘉事之重者也。是故古者重冠；重冠故行之于庙；行之于庙者，所以尊重事；尊重事而不敢擅重事；不敢擅重事，所以自卑而尊先祖也。

【译文】

　　一个人做到了对父母孝顺，对兄长友爱，对国君忠诚，对长辈顺从，然后才能被称为真正的人。能被称为真正的人，然后才可以治理别人。所以圣王很重视礼。所以说，冠礼是成人之礼的开始，是嘉礼当中重要的一项。所以古人很重视冠礼。因为重视冠礼，所以冠礼要在宗庙之内进行。在宗庙之内进行，是表示郑重其事。由于郑重其事，所以不敢擅自处理此事。因为不敢擅自处理此事，所以要在宗庙之内进行，表示自卑，表示对先祖的尊重。

昏义

【题解】

婚礼，古代包括纳采、问名、纳吉、纳征、请期、亲迎六礼。本篇主要是阐述婚礼的意义，首先阐明婚礼的重要性，其次阐明新妇服侍舅姑的意义，最后讲妇女教育。郑玄《三礼目录》云："名曰《昏义》者，以其记娶妻之义，内教之所由成也。"

【原文】

昏礼者，将合二姓之好，上以事宗庙，而下以继后世也。故君子重之。是以昏礼纳采、问名、纳吉、纳征、请期，皆主人筵几①于庙，而拜迎于门外，入，揖让②而升，听命于庙，所以敬慎重正昏礼也。

【注释】

①筵几：铺设坐席和几案。筵可以坐，几可以凭依。②揖让：作揖谦让。

【译文】

婚礼，这是一种将要结合两性之好、对上关系到祭祀宗庙、对下关系到传宗接代的礼仪，所以君子很重视它。所以，在婚礼的纳采、问名、纳吉、纳征、请期这五个步骤中，每逢男方的使者到来时，女方家长都是在庙里铺设筵几，然后拜迎使者于门外。进入庙门，宾主揖让升阶登堂，在庙堂上听使者传达男方家长的意见。之所以这样做，就是为了表示对婚礼的敬慎和郑重其事。

【原文】

父亲醮①子，而命之迎，男先于女也。子承命以迎，主人筵几于庙，而拜迎于门外，婿执雁②入，揖让升堂，再拜奠③雁，盖亲受之于父母也。降，出御妇车，而婿授绥，御轮三周。先俟于门外，妇至，婿揖妇以入，共牢而食，合卺而酳，所以合体同尊卑以亲之也。

【注释】

①酳：古代冠礼、婚礼中的一种敬酒礼，其做法是由尊者向卑者敬酒，卑者将酒饮尽而不回敬。②雁：古代婚礼中男方送女方的礼物。③奠：放置。

【译文】

父亲亲自向儿子敬酒而命其迎亲，这表示男方处于主导地位。儿子奉命前去迎娶，女方的父母在庙里铺筵设几，然后到庙门外拜迎女婿。婿执雁进入庙门，宾主揖让升阶登堂，婿行再拜稽首之礼，把雁放在地上，这表示是从新妇父母手里领回了新妇。然后妇随婿下堂出门。婿亲自驾驶妇所乘坐之车，又将挽以登车的绳索递给妇，这都是有意表示亲爱的举动。婿为妇驾车，待车轮转动三圈后，再由仆人代婿驾驶。婿乘己车前导，在自家的大门外等候。妇到达，婿向妇作揖，请她一同进门。进入婿之寝室，婿与妇共食同一俎中的牲肉，又各执一瓢以饮酒，这表示夫妇一体，不分尊卑，希望他们相亲相爱。

【原文】

敬慎重正而后亲之，礼之大体，而所以成男女之别，而立夫妇之义也。男女有别，而后夫妇有义；夫妇有义，而后父子有亲；父子有亲，而后君臣有正。故曰：昏礼者，礼之本也。夫礼始于冠，本于昏，重于丧祭，尊于朝聘，和于射乡。此礼之大体也。

【译文】

通过敬慎郑重的婚礼而后夫妇相亲，这是婚礼的基本原则，也从而确定了男女之别，建立起夫唱妇随的夫妇关系。正因为男女有别，所以才会有夫唱妇随的夫妇关系；正因为有夫唱妇随的夫妇关系，所以才会有父子相亲；正因为有父子相亲，所以君臣才能各正其位。所以说，婚礼是各种礼的根本。在众礼当中，冠礼是礼的开始，婚礼是礼的根本，丧礼、祭礼最为隆重，朝礼、聘礼最能体现尊敬，射礼、乡饮酒礼最能体现和睦，这就是礼的大概情况。

【原文】

夙兴①，妇沐浴以俟见；质明，赞②见③妇于舅姑，执笲、枣、栗、段修以见，赞醴妇，妇祭脯醢，祭醴，成妇礼也。舅姑入室，妇以特豚馈，明妇顺也。厥明，舅姑共飨妇以一献之礼，奠酬。舅姑先降自西阶，妇降自阼阶，以着代也。

【注释】

①夙兴：早起。②赞：赞礼者，有如今日之司仪。③见：介绍，通报。

【译文】

第二天，新妇早早起床，洗头洗澡，准备拜见公婆。天大亮时，赞礼的人将妇引见给公婆。妇手捧容器，内盛枣子、栗子和肉干，以此作为进见之礼。赞礼的人代表公婆向妇赐以甜酒。妇先以脯醢祭先人，又以甜酒祭先人。行过以上的礼节，就表示作媳妇的礼完成了。公婆进入室内，妇以一只煮熟的小猪向公婆进食，这是表示新妇开始履行孝养的职责。第二天，公婆共同用一献之礼慰劳妇，而妇应把婆婆酬己之酒放下不再饮。公婆先从西阶下堂，然后妇从东阶下堂，这表示新妇已有资格代婆婆主持家中内务了。

【原文】

成妇礼，明妇顺，又申之以着代，所以重责妇顺焉也。妇顺者，顺于舅姑，和于室人；而后当于夫，以成丝麻布帛之事，以审守委积盖藏。是故妇顺备而后内和理；内和理而后家可长久也；故圣王重之。是以古者妇人先嫁三月，祖祢未毁，教于公宫，祖祢既毁，教于宗室，教以妇德、妇言、妇容、妇功。教成祭之，牲用鱼，芼之以苹藻，所以成妇顺也。

【译文】

成就了妇礼，表明了妇顺，又进一步表明了妇有代婆婆主持家务的资格，所有这些，就是为了强调对妇在顺从上的要求。所谓妇的顺从，首先是要顺从公婆，其次是要和家中其他女性和睦相处，然后才是让丈夫称心满意，从而完成妇女应做的女工，谨慎地守护柴米油盐等物的储藏。所以，上述对妇顺的要求都做到了，家庭内部才能和谐安定；内部和谐安定了，然后家才会长久，所以圣王很重视妇顺。因此，古时候妇女在出嫁前的三个月，如果该妇女与国君还是五服以内的亲属，就在国君的祖庙里接受婚前教育；如果已经出了五服，就在大宗子的家里接受这种教育。由女师教以妇德、妇言、妇容、妇功。教成以后，要举行教成玄祭，这是向祖先禀告，婚前教育已经完成。祭时用鱼作俎实，用苹、藻这两种水草作羹菜，这些祭品都属于阴性一类，可以用来造成妇人的顺从。

【原文】

　　古者天子后立六宫、三夫人、九嫔、二十七世妇、八十一御妻，以听天下之内治，以明章妇顺；故天下内和而家理。天子立六官、三公、九卿、二十七大夫、八十一元士，以听天下之外治，以明章天下之男教；故外和而国治。故曰："天子听男教，后听女顺；天子理阳道，后治阴德；天子听外治，后听内职。教顺成俗，外内和顺，国家理治，此之谓盛德。"

【译文】

　　古代王后设立六宫、三夫人、九嫔、二十七世妇、八十一御妻，以管理普天之下对妇女的教育，以显扬妇女应有的顺从，所以天下家庭和睦安定。天子设立六官、三公、九卿、二十七大夫、八十一元士，以管理天下的政事，以显扬男子应有的教化，所以政事和谐，国家安定。所以说："天子管理对男子的教化，王后管理对妇女顺从的教育；天子治理政务，王后治理妇女事务；天子审察三公等官是否尽职，王后审察夫人等官是否尽职。男教与妇顺形成风俗，内外协调一致，国与家都安定有序，做到了这一步，就叫作盛德。"

【原文】

　　是故男教不修，阳事不得，适①见于天，日为之食；妇顺不修，阴事不得，适见于天，月为之食。是故日食则天子素服而修六官之职，荡天下之阳事；月食则后素服而修六宫之职，荡天下之阴事。故天子与后，犹日之与月、阴之与阳，相须而后成者也。天子修男教，父道也；后修女顺，母道也。故曰："天子之与后，犹父之与母也。"故为天王服斩衰，服父之义也；为后服

昏义

·405·

资衰，服母之义也。

【注释】

①适：通"谪"，谴责。

【译文】

所以，如果男子的教化没有搞好，政事失当，上天就会表示谴责，发生日蚀；如果妇人的顺从没有搞好，妇人的事务处理失当，上天就会表示谴责，发生月蚀。所以，发生日蚀的时候，天子就身穿白色衣服，表示自我反省，还要督促六官改进工作，彻底除掉政事中的错误；发生月食的时候，王后就身穿白色衣服，表示自我反省，还要督促六宫改进工作，彻底除掉在妇女问题上发生的错误。所以，天子和王后，就好比日之与月，阴之与阳，是相辅而后相成的关系。因为天子掌管男教，所以属于父辈；因为王后掌管女顺，所以属于母辈。所以说："天子和王后，就好比父亲和母亲。"因此，天子死了，诸侯和大臣就要为他服斩衰，这和为父亲服斩衰是同样道理；王后死了，就要为她服齐衰，这和为母亲服齐衰是同样道理。

聘义

【题解】

聘是访问之义。诸侯之间如果久无盟会，就要派遣使者到友好国家致意。如果派的使者是卿，级别高，礼物重，这就叫聘，即所谓"大问曰聘"。如果派的使者是大夫，级别较低，礼物较轻，这就叫小聘，即所谓"小聘曰问"。《聘义》主要是记大聘的礼仪。本篇分三大段。第一段讲聘礼之义，这是本篇的主干。第二段讲聘、射二礼的隆重及其收效。第三段讲玉之所以可贵，是因为圭、璋是送给主国国君及其夫人的珍贵礼物。

【原文】

聘礼：上公七介，侯、伯五介①，子、男三介，所以明贵贱也。介绍而传命，君子于其所尊弗敢质，敬之至也。三让而后传命，三让而后入庙门，三揖而后至阶，三让而后升，所以致尊让也。君使士迎于竟，大夫郊劳，君亲拜迎于大门之内而庙受，北面拜贶②，拜君命之辱，所以致敬也。敬让也者，君子之所以相接也。故诸侯相接以敬让，则不相侵陵。

【注释】

①介：聘宾的随从。聘宾是正使，介可以说是副使。但介有多人，其身份不一，有的是大夫身份，有的是士的身份。②贶：赠送。

【译文】

聘礼的含义：爵为上公的诸侯，派卿出聘用七个介；爵为侯伯的诸侯，派卿出聘用五个介；爵为子男的诸侯，派卿出聘用三个介。这是为了表明贵贱。聘宾将介并列排开，一个挨着一个地站着，然后才传达聘君的命令，这是君子对于他所尊敬的人极其尊敬，不敢有所简慢的表示。聘宾辞让三次以后才传达聘君的问候，谦让了三次以后才随着傧者进入庙门，进门之后，聘宾与主君又互行了三次揖礼才来到堂阶跟前，升堂之前，彼此又互相谦让了三次，然后才主君率先登阶，聘宾接着登阶。这些都是表示尊敬谦让的。聘宾到达主国国境，主君派士将聘宾迎入境内；聘宾来至近郊，主君又派大夫前去慰劳；聘宾来至主国庙门之外，主君亲自拜迎于庙门之内，然后在庙中接受聘宾转达聘君派其来访之意；聘宾献上带来的礼物，主君面朝北拜谢厚赐，拜谢聘君的派遣使者光临。这些都是表示主君对聘宾、聘君的尊敬谦让的。尊敬谦让，这是君子之间互相交往应有的态度。所以诸侯之间互相尊敬谦让，就不会互相侵略欺凌了。

【原文】

卿为上摈，大夫为承摈，士为绍摈。君亲礼宾，宾私面、私觌①、致饔饩、还圭璋、贿赠、飨食燕，所以明宾客君臣之义也。故天子制诸侯，比年小聘，三年大聘，相厉以礼。使者聘而误，主君弗亲飨食也。所以愧厉之也。诸侯相厉以礼，则外不相侵，内不相陵。此天子之所以养诸侯，兵不用而诸侯自为正之具也。

【注释】

①私面：聘宾以私人身份拜访主国的卿大夫。私觌：聘宾以私人身份晋见主国国君。

【译文】

主国接待聘宾，由卿为上摈，大夫为承摈，士为绍摈。主君亲自用醴酒酬宾，聘宾又以个人的名义拜访主国卿大夫，以个人名义晋见主国国君；主君又派人前往宾馆向聘宾馈送饔饩，退还聘宾作为信物奉献的圭璋；聘宾归国之前，主国的卿通过聘宾向聘君转赠一束纺绸；访问期间，主君要举行一次食礼和两次飨礼来招待聘宾，而举行燕礼的次数则没有一定。上述种种，都是为了表示宾主之间、君臣之间应有的礼数。所以，天子为诸侯订立制度：每年派大夫互相聘问，每三年派卿互相聘问，以礼来互相勉励。如果使者来聘时，礼节上有错误，主国国君就不亲自为使者举行飨礼和食礼，以此来使使者感到羞愧并激发他自我勉励。如果诸侯都能够以礼互相勉励，那就对外不会互相侵犯，对内不会互相欺凌。这就是天子为什么能够驾驭诸侯而不必使用武力，而使诸侯自己管理好自己的方法。

【原文】

　　以圭璋①聘，重礼也；已聘而还圭璋，此轻财而重礼之义也。诸侯相厉以轻财重礼，则民作让矣。主国待客，出入三积②，饩客于舍，五牢之具陈于内，米三十车，禾三十车，刍薪倍禾，皆陈于外，乘禽③日五双，群介皆有饩牢，壹食再飨，燕与时赐无数，所以厚重礼也。古之用财者不能均如此，然而用财如此其厚者，言尽之于礼也。尽之于礼，则内君臣不相陵，而外不相侵。故天子制之，而诸侯务焉尔。

【注释】

　　①圭璋：圭是聘国君的礼物，璋是聘夫人的礼物。②积：谓当、米之类物品，用以供给聘宾道路之所需。③乘禽：成双而群居的鸟。

【译文】

　　用圭璋这样珍贵的玉器作为行聘的礼物，可以说是一份重礼了。聘宾归国之前，主国又将圭璋归还给聘宾，这是轻视财物而重视礼仪的意思。如果诸侯都能以轻财重礼的道理互相勉励，那么他们的百姓就会跟着讲究谦让了。主国对客人的招待，在其出入国境时，要馈送粮草之类的物品各三次；客人住进宾馆之后，主君要派人馈送饔饩五牢，置于宾馆门内；另外还有三十车米，三十车禾，六十车饲草，六十车薪柴，皆置于宾馆门外。另外每天还要提供鹅鸭之类的家禽五双，向聘宾的随从馈送饔饩；主君要为客人举行一次正式的食礼、两次正式的飨礼，至于燕礼和四时当令新物的馈赠，则没有固定的数目。这些都是为了表示对礼的高度重视。古人的使用财物并非事事如此，然而在聘礼这件事上却舍得如此花费，是为了说明对礼的极其重视。如果大家都对礼极其重视，那就会对内君臣不相欺凌，对外国家不相侵略。所以天子特地制定聘礼，而诸侯也都乐意推行。

聘义

【原文】

聘射之礼，至大礼也。质明而始行事，日几中而后礼成，非强有力者弗能行也。故强有力者，将以行礼也。酒清①，人渴而不敢饮也；肉干，人饥而不敢食也；日莫人倦，齐庄正齐，而不敢解惰。以成礼节，以正君臣，以亲父子，以和长幼。此众人之所难，而君子行之，故谓之有行；有行之谓有义，有义之谓勇敢。故所贵于勇敢者，贵其能以立义也；所贵于立义者，贵其有行也；所贵于有行者，贵其行礼也。故所贵于勇敢者，贵其敢行礼义也。故勇敢强有力者，天下无事，则用之于礼义；天下有事，则用之于战胜。用之于战胜则无敌，用之于礼义则顺治；外无敌，内顺治，此之谓盛德。故圣王之贵勇敢强有力如此也。勇敢强有力而不用之于礼义战胜，而用之于争斗，则谓之乱人。刑罚行于国，所诛者乱人也。如此则民顺治而国安也。

【注释】

①清：通"凊"冷寒。

【译文】

聘礼和射礼，是最重大的礼。天刚亮时开始举行，差不多到了中午时才能结束，不是强健有力的人便做不到。所以，只有强健有力的人才能行此重大之礼。酒已凉了，人虽然渴了也不敢喝；肉也要晾干了，人虽然饿了也不敢吃；天色已晚，人们都疲倦了，但还神态端庄，班列整齐，不敢有丝毫懈怠。坚持完成各种应有的礼节。以此来使君臣正位，父子相亲，长幼和睦。这是一般人所办不到的，而君子却能办得到，所以称君子为有行。有行就是有义，有义就是勇敢。所以说，勇敢之所以可贵，在于他能够立义；立义之所以可贵，在于他能够有行；有行之所以可贵，在于他能够行礼。所以人们之所以看重勇敢，是看重了他敢于实行礼义。所以勇敢坚强有力的人，在天下无事之时，就把他的勇敢坚强有力用到实行礼义方面；在天下有事之时，就把他的勇敢坚强有力用到克敌制胜方面。用到克敌制胜方面就会所向无敌，用到实行礼义方面就会无为而治。对外做到了所向无敌，对内做到了无为而治，这就叫作盛德。所以圣王对勇敢坚强有力的人是如此的看重。一个人如果勇敢坚强有力，但不把它用到实行礼义和克敌制胜方面，而用到私人的争强斗胜上去，那就叫作乱人。国家制定刑罚，就是要处罚这类乱人。这样一来，百姓就会服从管教而国家也得以安宁。

【原文】

子贡问于孔子曰："敢问君子贵玉而贱碈者何也？为玉之寡而碈之多与？"孔子曰："非为碈之多故贱之也、玉之寡故贵之也。夫昔者君子比德于玉焉：温润而泽，仁也；缜密以栗，知也；廉而不刿①，义也；垂之如队，礼也；叩之其声清越以长，其终诎然，乐也；瑕不掩瑜、瑜不掩瑕，忠也；孚尹旁达，信也；气如白虹，天也；精神见于山川，地也；圭璋特达，德也。天下莫不贵者，道也。诗云：'言②念君子，温其如玉。'故君子贵之也。"

【注释】

①刿：刺伤。②言：助词，无实义。

【译文】

子贡向孔子问道："请问君子为什么都看重玉而轻视碈呢？是因为玉的数量少而碈的数量多吗？"孔子回答说："不是因为碈的数量多，因而就轻视它；也不是因为玉的数量少，因而就看重它。从前的君子，都是拿玉来和人的美德相比：玉的温厚而又润泽，就好比仁；缜密而又坚实，就好比智；有棱角而不伤人，就好比义；玉佩垂而下坠，就好比礼；轻轻一敲，玉声清脆悠扬，响到最后，又戛然而止，就好比动听的音乐；既不因其优点而掩盖其缺点，也不因其缺点而掩盖其优点，就好比人的忠诚；光彩晶莹，表里如一，就好比人的言而有信；宝玉所在，其上有气如白虹，就好比与天息息相通；产玉之所，山川草木津润丰美，又好比与地息息相通。圭璋作为朝聘时的礼物可以单独使用，不像其他礼物还需要加上别的什么东西才能算数，这是玉的美德在起作用。普天之下没有一个人不看重玉的美德，这就好像普天之下没有一个人不看重道那样。《诗经》上说：'多么想念君子啊，他就像玉那样温文尔雅。'所以君子才看重玉。"

丧服四制

【题解】

郑玄说："名曰《丧服四制》者，以其记丧服之制取于仁义礼知也。"本文主要论述丧服制度，认为丧服应符合仁义礼智四种德行。这是汉儒受阴阳五行学说的影响，用五常来和丧服相配。

【原文】

凡礼之大体，体天地，法四时，则阴阳，顺人情，故谓之礼。訾①之者，是不知礼之所由生也。夫礼，吉凶异道，不得相干，取之阴阳也。丧有四制，变而从宜，取之四时也。有恩有理，有节有权，取之人情也。恩者仁也，理者义也，节者礼也，权者知也。仁义礼智，人道具矣。

【注释】

①訾：诋毁。

【译文】

制定礼的总的原则是，取法天地，效法四时，顺乎阴阳，体乎人情，本着这样的原则去制定才叫作礼。那些诋毁礼的人，压根儿就不知道礼是怎样制定出来的。礼有吉礼、凶礼，二者的做法大不相同，不可混为一谈，就是取法于阴阳。丧服有四条原则，因时制宜地采取其中某条原则，就是取法于四时。在四条原则中，或属于感情上的，或属于理智上的，或属于原则性，或属于灵活性，就是取法于人情。属于感情上的东西，是仁的表现；属于理智上的东西，是义的表现；属于原则性的东西，是礼的表现；属于灵活性的东西，是智的表现。仁义礼智都有了，做人的道德也就齐备了。

【原文】

其恩厚者，其服重；故为父斩衰三年，以恩制者也。门内之治，恩掩义；门外之治，义断恩。资①于事父以事君，而敬同，贵贵尊尊，义之大者也。故为君亦斩衰三年，以义制者也。三日而食，三月而沐，期而练②，毁不灭性，不以死伤生也。丧不过三年，苴衰③不补，坟墓不培；祥④之日，鼓素琴⑤，告民有终也；以节制者也。资于事父以事母，而爱同。天无二日，土无二王，国无二君，家无二尊，以一治之也。故父在，为母齐衰期者，见无二尊也。

【注释】

①资：拿取。②练：练冠。用煮练得柔软洁白的布做的丧冠。③苴衰：即斩衰。苴是用雌麻做成的首纽和腰绖，穿斩衰丧服者服之。④祥：大祥。父母去世两周年时的祭礼。⑤素琴：没有雕饰的琴。

【译文】

如果感情深，丧服就重，所以父亲死了要服斩衰，守丧三年，这就是以感情原则为依据的。为有血缘关系的人服丧，感情重于理智；为没有血缘关系的人服丧，理智重于感情。以侍奉父亲的态度来侍奉君，把对二者的敬爱拉平。家臣尊敬卿大夫，臣民尊敬天子、诸侯，这是义中的头等大事。所以，天子、诸侯、卿大夫死了，作为他的臣民或家臣也要服斩衰，守丧三年。这是以理智原则为依据的。父母之丧，三天以后就可以喝粥，三个月以后就可以洗头，周年以后就可以改戴练冠，虽然极其悲伤，身体非常羸弱，但也不至于危及性命，这体现了不因死者而伤害生者的道理。丧期最长也不超过三年，斩衰丧服破了也不再补，坟头不再添土，到了大祥就可以弹奏素琴。凡此种种，是要告诉人们哀伤是有限度的，这是以原则性的精神为依据的。以侍奉父亲的态度来侍奉母亲，对二者的亲爱程度是相同的。但是因为天无二日，地无二王，国无二君，家无二主，都只能由一个人来作最高领导，所以父亲健在时母亲去世，那就只能降服齐衰，丧期一年，以体现家无二主的道理。

【原文】

杖者何也？爵也。三日授子杖，五日授大夫杖，七日授士杖。或曰担主；或曰辅病，妇人、童子不杖，不能病也。百官备，百物具，不言而事行者，扶而起；言而后事行者，杖而起；身自执事而后行者，面垢而已。秃者不髽，伛者不袒，跛者不踊。老病不止酒肉。凡此八者，以权制者也。

【译文】

　　服丧者为什么要拄着丧杖呢？因为服丧者是有爵位的人。天子去世，第三天授给太子丧杖，第五天授给大夫丧杖，第七天授给士丧杖。有的人没有爵位为什么也拄着丧杖呢？据说是因为他是嫡子，担任丧主，需要主持丧礼。有的人不是嫡子为什么也拄着丧杖呢？据说是，他们虽然不是嫡子，但为父母之丧哀痛太甚，因而致病，需要用杖来扶持病体。女孩子、男孩子不用拄杖，因为他们年龄还小，哀痛不深，不会生病。办丧事所需要的各色人等一应齐备，所需要的各种物品也应有尽有，丧主不用发话就把事情办了，这样的丧主可以哀痛得厉害些，哀痛到别人搀扶才能站起。其次一等，事事都要等待丧主发话才能办理，这样的丧主哀痛就要减轻些，哀痛到自己拄着丧杖站起。再次一等，事事都要丧主亲自动手才能办理，这样的丧主哀痛就要更轻些，只要蓬头垢面就够意思了。居丧时，秃头的妇女不需露出发髻，驼背的人不需袒衣露体，瘸子在哭泣时不需顿足跳起，年老和有病的人不需停止喝酒吃肉。以上八件事，都是根据灵活性的原则制定的。

【原文】

　　始死，三日不怠，三月不解，期悲哀，三年忧，恩之杀也。圣人因杀以制节，此丧之所以三年。贤者不得过，不肖者不得不及，此丧之中庸也，王者之所常行也。书曰："高宗谅闇，三年不言。"善之也；王者莫不行此礼。何以独善之也？曰：高宗者武丁；武丁者，殷之贤王也。继世即位而慈良于丧，当此之时，殷衰而复兴，礼废而复起，故善之。善之，故载之书中而高之，故谓之高宗。三年之丧，君不言，书云："高宗谅闇，三年不言。"此之谓也。然而曰"言不文"者，谓臣下也。

【译文】

　　亲人刚死，头三天哭泣不止，不吃不喝，头三个月仍时时哭奠，周年之内则哀容满面，三年之内则怀忧在心。这是随着时间的流逝，丧亲的哀痛也跟着递减。圣人就根据这哀痛的逐渐递减来制定礼，这就是为什么丧期一定要规定成三年，再孝顺的子女也不得超过，再不孝顺的子女也不得达不到。这是丧礼中的折中之处，历代君王也都是照此实行的。《尚书》上说："殷高宗居庐守丧，三年不谈国事。"这是在夸奖他啊。凡是君王，莫不照此规矩办事，为什么要单独夸奖殷高宗呢？回答是：殷高宗就是武丁。武丁是殷代的贤王，即位以后，专心致志地居庐守丧。在他即位期间，殷代由衰败而转向复兴，礼由废弃而又被重视，所以夸奖他。因为夸奖他，所以特地在《尚书》中记载此事并加以赞扬，所以称他作"高宗"。三年之丧，天子、诸侯不用发话就把事情办了，《尚书》上说的"殷高宗居庐守丧，三年不谈国事"，说的就是这个意思。然而《孝经》却说"孝子在居丧期间，说话不讲究修辞"，似乎和《尚书》讲的有点矛盾，须知《孝经》讲的是臣下呀。

【原文】

礼：斩衰之丧，唯而不对；齐衰之丧，对而不言；大功之丧，言而不议；缌小功之丧，议而不及乐。父母之丧，衰冠绳缨菅屦，三日而食粥，三月而沐，期十三月而练冠，三年而祥。比终兹三节者，仁者可以观其爱焉，知者可以观其理焉，强者可以观其志焉。礼以治之，义以正之，孝子弟弟贞妇，皆可得而察焉。

【译文】

按照礼的规定，居丧的人在和他人交往时，如果是斩衰之丧，那就只发出"唯唯"的声音而不回答别人的问话；如果是齐衰之丧，那就可以回答别人的问话，但不可主动问人；如果是大功之丧，那就可以主动问人，但不可以发表议论；如果是缌麻、小功之丧，那就可以发表议论，但还不可谈笑风生。为父母服丧，要身穿孝服，头戴孝帽，帽带用麻绳编成，脚穿草鞋，三天以后才开始喝点稀粥，三个月以后才开始洗头，十三个月满一周年才开始换上练冠，第三年过了大祥之祭以后才开始恢复正常生活。到了这三个阶段都完成以后，孝子如果是仁者，就可以从中看出他的爱心，是智者就可以看出他的理性，是强者就可以看出他的意志。用礼来治理丧事，用义来匡正丧事，是不是真正的孝子，是不是真正的敬兄爱弟，是不是真正的贞妇，都可以看得一清二楚。

丧服四制

中华传统文化核心读本书目

【处世经典】

《论语全集》
享有"半部《论语》治天下"美誉的儒家圣典
传世悠久的中国人修身养性安身立命的智慧箴言

《大学全集》
阐述诚意正心修身的儒家道德名篇
构建齐家治国平天下体系的重要典籍

《中庸全集》
倡导诚敬忠恕之道修养心性的平民哲学
讲求至仁至善经世致用的儒家经典

《孟子全集》
论理雄辩气势充沛的语录体哲学巨著
深刻影响中华民族精神与性格的儒家经典

《礼记精粹》
首倡中庸之道与修齐治平的儒家经典
研究中国古代社会情况、典章制度的必读之书

《道德经全集》
中国历史上最伟大的哲学名著,被誉为"万经之王"
影响中国思想文化史数千年的道家经典

中华传统文化核心读本书目

《菜根谭全集》
旷古稀世的中国人修身养性的奇珍宝训
集儒释道三家智慧安顿身心的处世哲学

《曾国藩家书精粹》
风靡华夏近两百年的教子圣典
影响数代国人身心的处世之道

《挺经全集》
曾国藩生前的一部"压案之作"
总结为人为官成功秘诀的处世哲学

《孝经全集》
倡导以"孝"立身治国的伦理名篇
世人奉为准则的中华孝文化经典

【成功谋略】

《孙子兵法全集》
中国现存最早的兵书，享有"兵学圣典"之誉
浓缩大战略、大智慧，是全球公认的成功宝典

《三十六计全集》
历代军事家政治家企业家潜心研读之作
中华智圣的谋略经典，风靡全球的制胜宝鉴

中华传统文化核心读本书目

《鬼谷子全集》
风靡华夏两千多年的谋略学巨著
成大事谋大略者必读的旷世奇书

《韩非子精粹》
法术势相结合的先秦法家集大成之作
蕴涵君主道德修养与政治策略的帝王宝典

《管子精粹》
融合先秦时期诸家思想的恢弘之作
解密政治家齐家治国平天下的大经大法

《贞观政要全集》
彰显大唐盛世政通人和的政论性史书
阐述治国安民知人善任的管理学经典

《尚书全集》
中国现存最早的政治文献汇编类史书
帝王将相视为经时济世的哲学经典

《周易全集》
八八六十四卦，上测天下测地中测人事
睥睨三千余年，被后世尊为"群经之首"

中华传统文化核心读本书目

《素书全集》
阐发修身处世治国统军之法的神秘谋略奇书
以道家为宗集儒法兵思想于一体的智慧圣典

《智囊精粹》
比通鉴有生活，比通鉴有血肉，堪称平民版通鉴
修身可借鉴，齐家可借鉴，古今智慧尽收此囊中

【文史精华】

《左传全集》
中国现存的第一部叙事详细的编年体史书
在"春秋三传"中影响最大，被誉为"文史双巨著"

《史记·本纪精粹》
中国第一部贯通古今、网罗百代的纪传体通史
享有"史家之绝唱，无韵之离骚"赞誉的史学典范

《庄子全集》
道家圣典，兼具思想性与启发性的哲学宝库
汪洋恣肆的传世奇书，中国寓言文学的鼻祖

《容斋随笔精粹》
宋代最具学术价值的三大笔记体著作之一
历史学家公认的研究宋代历史必读之书

中华传统文化核心读本书目

《世说新语精粹》
记言则玄远冷隽，记行则高简瑰奇
名士的教科书，志人小说的代表作

《古文观止精粹》
囊括古文精华，代表我国古代散文的最高水准
与《唐诗三百首》并称中国传统文学通俗读物之双璧

《诗经全集》
中国第一部具有浓郁现实主义风格的诗歌总集
被称为"纯文学之祖"，开启中国数千年来文学之先河

《山海经全集》
内容怪诞包罗万象，位列上古三大奇书之首
山怪水怪物怪，实为先秦神话地理开山之作

《黄帝内经精粹》
中国现存最早、地位最高的中医理论巨著
讲求天人合一、辨证论治的"医之始祖"

《百喻经全集》
古印度原生民间故事之中国本土化版本
大乘法中少数平民化大众化的佛教经典